CNEY

中国核能年鉴

2012年卷

中国核能行业协会 编

CHINA
NUCLEAR
ENERGY
YEARBOOK

中国原子能出版社

编辑说明

一、《中国核能年鉴》是由中国核能行业协会组织编纂的一份综合性资料年刊，于2009年创刊。创办此刊旨在如实记载我国核能行业各个领域改革发展的历程和情况，力求具有全面、系统、详实、准确、权威的特点。《中国核能年鉴》的出版发行，可以为政府有关部门和各级领导科学决策提供支持，为广大会员单位提供丰富的行业信息资源，也为国内外各界人士了解、认识我国核能行业开启一扇窗口。

二、《中国核能年鉴》2012年卷采用分类编辑法，主体内容分为栏目、分目、条目3个层次，少数条目下设子目。全书除了“编辑说明”、“序”和“《中国核能年鉴》编委会、编辑部组成人员名单”之外，共设特载、核能行业发展、核能骨干企业、行业协会与学会、企业风采、大事记、核能协会活动报道、附录等8个栏目。

三、本卷为《中国核能年鉴》2012年卷。文中记述时间，原则上截至2011年12月31日。年鉴资料均取自政府有关部门、中国核能行业协会和协会会员单位提供的材料。

四、本年鉴开设了企业风采栏目，以广泛展示核能领域企事业单位的成就和风采。

五、由于编辑水平所限，缺点和错误在所难免。我们祈盼广大读者批评指正。《中国核能年鉴》编辑部将坚持中国核能行业协会的宗旨，不断提高年鉴质量，更好地为政府服务，为企业服务，为我国核能事业的发展服务。

本卷年鉴在编辑出版的过程中，得到了广大会员单位和政府有关部门的大力支持，在此，谨表诚挚的谢意。

《中国核能年鉴》2012年卷 编辑部

《中国核能年鉴》2012 年卷编辑委员会

主　任：张华祝

副主任：（按姓氏笔画为序）

云公民 王　森 王毅韧 吕亚臣 吕华祥 刘　华 米树华 时传清
张廷克 张炜清 陆启洲 郝卫平 高立刚 韩建伟 斯泽夫 程建平
魏　锁

编　委：（按姓氏笔画为序）

王宝忠 卢长申 刘　巍 刘志颖 李大宽 李明亮 严嘉鹏 束国刚
吴秀江 林　坚 罗　琦 郑明光 夏进禄 曹水林 蒋国元 雷鸣泽

《中国核能年鉴》2012 年卷编辑部

主　编：马鸿琳

副主编：徐玉明 龙茂雄 汪兆富

成　员：（按姓氏笔画为序）

马文军 乌兰陶克 邓林涛 阮大伟 孙晓东 杨　波 杨文伟 杨剑非
张　璎 陈　愚 郑玉辉 贾建平 高玉兰 高克立 唐洪驹 黄雪梅
董凡汇 蒲玉波 雷梅芳 廖　勇

封面设计：张　录

《中国核能年鉴》2012 年卷

序

中国核能行业协会主编的《中国核能年鉴》今年已经是连续第四年编辑出版了。它的出版在核能行业内、在会员单位中都产生了一定的影响。同时，大家对于年鉴的内容和质量抱以更高的期待。

就在《中国核能年鉴》付梓前，业界人士期盼多时的《核电安全规划（2011—2020 年）》和《核电中长期发展规划（2011—2020 年）》经国务院常务会议讨论通过。我国核电在沉寂 19 个月后获得重启。

这是一个新的起点，是我国核能界不断进取、不断努力的结果。在这个起点上，回望在福岛核事故后所付出的那些努力、所经历的那些坎坷，我们心中既有对取得成绩的欣慰，又有对未来发展的信心。《中国核能年鉴》2012 年卷里记载的核能行业在 2011 年所取得的成绩，展示了核能企业的风采，忠实地记录了我国核能行业不断发展、不断前行的足迹。

2011 年，在世界核能发展史上深深地刻下了自己的印记。3 月 11 日发生的里氏 9 级东日本大地震及其引发的大海啸，造成日本福岛第一核电厂发生放射性泄漏的严重事故。这次事故给全球的核能发展带来了深刻的影响，核能产业前行的脚步因此而更加谨慎并放缓。

2011 年，我国核能产业在福岛核事故的冲击下依然取得了骄人的业绩。两台新机组（岭澳二期 2 号和秦山二期 4 号）投入商业运行，我国运行核电机组达到 15 台，装机容量达到 1254 万千瓦。核电站安全运行业绩良好，运行水平不断提高，主要运行业绩指标好于世界均值；未发生国际核事件分级 1 级及 1 级以上的运行事件；工作人员所受到的辐照剂量，放射性废物排放总量及个人剂量水平均低于国家的限值，没有发生影响环境与公众健康的事件；全年发电量为 872.01 亿千瓦时，同比增长 16.67%；在建核电机组 26 台，机组数占世界的 40%，装机容量占世界的 45%，仍然是世界上在建核电规模最大的国家。

2011 年，按照 3 月 16 日国务院常务会议的要求（即“国四条”），国家核安全局、国家能源局和中国地震局对全国

41 台运行、在建核电机组，3 台待建机组，以及所有民用研究堆和核燃料循环设施等，进行了综合安全检查。经检查确认，我国核设施的安全是有保障的。同时，根据检查结果，提出了各类核设施核安全改进项。全行业切实落实各项整改要求，加强核电运行和建设管理；认真研究和汲取福岛核事故的经验教训，抓紧制定新的核安全标准、编制核安全规划，并在此基础上调整完善核电发展的中长期规划。这一切，都为核电发展构建了更加坚实的安全基础。

2012 年 10 月，国务院批复了《核安全与放射性污染防治“十二五”规划及 2020 年远景目标》。《规划》结合全国核设施综合安全检查和日常持续开展的安全评价结果，以确保核安全、环境安全、公众健康为目标，统筹规划了 9 项重点任务、5 项重点工程、8 项保障措施，力争至“十二五”末我国核能与核技术利用安全水平进一步提高，辐射环境安全风险明显降低。2012 年 10 月 24 日，国务院常务会议再次讨论并通过了《核电安全规划（2011—2020 年）》和《核电中长期发展规划（2011—2020 年）》，对当前和今后一个时期的核电建设作出部署，对核安全提出了明确要求——“安全是核电的生命线。发展核电，必须按照确保环境安全、公众健康和社会和谐的总体要求，把安全第一的方针落实到核电规划、建设、运行、退役全过程及所有相关产业。要用最先进的成熟技术，持续开展在役在建核电机组安全改造，不断提升我国既有核电机组安全性能。全面加强核电安全管理。加大核电安全技术装备研发力度，加快建设核电安全标准法规体系，提高核事故应急管理和响应能力。强化核电安全社会监督和舆论监督。积极开展国际合作。”

我国核电的正常建设开始恢复，我们对“十二五”后几年以及中长期的核电发展前景充满希望。

我期望，在我国核能行业发展进程中，《中国核能年鉴》能够继续秉承办刊宗旨，发挥交流平台作用，为我国核能事业安全高效发展贡献自己力所能及的力量。

中国核能行业协会理事长

张华祝

目录

特载

党和国家领导人对发展我国核能事业的关怀及重要指示 2

胡锦涛见证中广核集团公司与哈萨克斯坦国家原子能工业公司签署核电产业基金合作备忘录 2

胡锦涛见证中广核集团公司与乌兹别克斯坦地质与矿产资源委员会签署合作框架协议 3

吴邦国参观“十一五”国家重大科技成就展 3

温家宝主持国务院常务会议，部署加强核电安全工作 4

温家宝视察东方电气集团东汽新基地 4

贾庆林视察中国一重大连核电制造基地 5

李长春视察东方电气酒泉新能源基地 5

习近平视察东方电气集团东方汽轮机厂 6

李克强参观“十一五”环保成就展 6

李克强视察中国大唐集团成员单位 7

张德江视察国家核电技术有限公司 7

中央领导同志关于岭澳核电二期 2 号机组投产的贺信、批示 8

法律法规 9

电力安全事故应急处置和调查处理条例 9

放射性废物安全管理条例 18

放射性同位素与射线装置安全和防护管理办法 26

国家质量监督检验检疫总局关于修改《特种设备作业人员监督管理办法》的决定 36

特种设备作业人员监督管理办法 37

清洁发展机制项目运行管理办法（修订） 42

核动力厂环境辐射防护规定 48

核电厂放射性液态流出物排放技术要求 55

低、中水平放射性废物固化体性能要求——水泥固化体 59

核能行业发展

核能行业综述......64

核　电......66

发展现状......66

在役核电机组运行情况......70

在建核电项目进展情况......80

核燃料循环......93

发展现状......93

铀矿勘查与采冶......93

核燃料生产......94

乏燃料后处理和放射性废物处理及处置......95

核能科研......96

国家科技重大专项......96

核能科研开发成果......98

核能领域国家能源研发（实验）中心......99

核电工程设计、建设与管理......115

发展现状......115

核电工程设计与管理......115

核电工程建设......118

核设备制造......120

发展现状......120

设备自主化研制生产情况......120

核安全监管和核事故应急......126

核安全监管......126

核事故应急......128

核专业人才培养和职工培训......131

国际合作与交流......136

政府方面......136

企业集团......139

中国核能行业协会......142

国际热核聚变实验堆（ITER）计划......145

核能骨干企业

中国核工业集团公司 148

中国核工业建设集团公司 152

中国广东核电集团有限公司 156

中国电力投资集团公司 161

国家核电技术有限公司 164

中国华能集团公司 168

中国大唐集团公司 171

中国华电集团公司 173

中国国电集团公司 175

哈尔滨电气集团公司 177

东方电气股份有限公司 180

上海电气（集团）总公司 182

中国第一重型机械集团公司 185

中国第二重型机械集团公司 188

行业协会与学会

中国核能行业协会 192

中国核学会 197

中国核仪器行业协会 203

中国核工业教育学会 205

中国核工业档案学会 207

企业风采

上海核工程研究设计院……210
中国电力工程顾问集团华东电力设计院……211
中电投江西核电有限公司……212
山东核电有限公司……213
上海第一机床厂有限公司……214
中国能建广东火电工程总公司……215
上海自动化仪表股份有限公司……216
阿海珐集团……217
艾默生电气(中国)投资有限公司……218
瓦卢瑞克核电管材（广州）有限公司……219

大事记

中国核能行业 2011 年度十大新闻……222
2011 年中国核能行业大事记……227

核能协会活动报道

2011 年中国核能行业协会主要活动报道……246

附 录

2011 年第九届中国国际核电工业展览会......290

一、概况......290

二、开幕辞......291

三、展会全景......292

2011 年度中国核能行业协会科学技术奖获奖项目......296

中国核能行业协会......304

中国核能行业协会组织结构......304

中国核能行业协会第一届理事会、常务理事会及协会负责人名单......305

中国核能行业协会会员名录......306

中国核能行业协会网站与出版物......316

特　　载

党和国家领导人

对发展我国核能事业的关怀及重要指示

胡锦涛见证中广核集团公司与哈萨克斯坦国家原子能工业公司签署核电产业基金合作备忘录

2011 年 2 月 22 日，在国家主席胡锦涛和哈萨克斯坦总统纳扎尔巴耶夫的见证下，中广核集团公司与哈萨克斯坦国家原子能工业公司签署核电产业基金合作备忘录。

胡锦涛见证中广核集团公司与乌兹别克斯坦地质与矿产资源委员会签署合作框架协议

2011年4月19日，在国家主席胡锦涛和乌兹别克斯坦总统卡里莫夫的见证下，中广核集团公司与乌兹别克斯坦地质与矿产资源委员会签署了深化和扩大双方在铀资源开发领域合作的框架协议。

吴邦国参观 十一五 国家重大科技成就展

2011年3月14日，中共中央政治局常委、全国人大常委会委员长吴邦国参观“十一五”国家重大科技成就展中国国电集团公司展区。

温家宝主持国务院常务会议，部署加强核电安全工作

国务院总理温家宝 2011 年 3 月 16 日主持召开国务院常务会议，听取应对日本福岛核电站核泄漏有关情况的汇报。

会议决定：

（一）立即组织对我国核设施进行全面安全检查。通过全面细致的安全评估，切实排查安全隐患，采取相关措施，确保绝对安全。

（二）切实加强正在运行核设施的安全管理。核设施所在单位要健全制度，严格操作规程，加强运行管理。监管部门要加强监督检查，指导企业及时发现和消除隐患。

（三）全面审查在建核电站。要用最先进的标准对所有在建核电站进行安全评估，存在隐患的要坚决整改，不符合安全标准的要立即停止建设。

（四）严格审批新上核电项目。抓紧编制核安全规划，调整完善核电发展中长期规划，核安全规划批准前，暂停审批核电项目包括开展前期工作的项目。

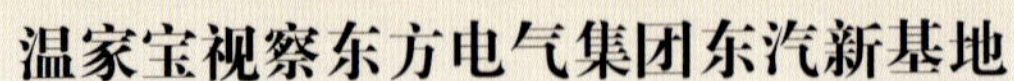

温家宝视察东方电气集团东汽新基地

2011 年 5 月 8 日，中共中央政治局常委、国务院总理温家宝到东方电气集团东汽新基地视察工作。

贾庆林视察中国一重大连核电制造基地

2011年7月2日，中共中央政治局常委、全国政协主席贾庆林视察中国一重大连核电制造基地。贾庆林指出，要按照“十二五”规划的要求，坚持走中国特色新型工业化道路，大力振兴装备制造业，着力突破和掌握关键核心技术和前沿技术，加快打造世界级的一流企业和知名品牌，为振兴东北地区等老工业基地、建设创新型国家奠定坚实的基础。

李长春视察东方电气酒泉新能源基地

2011年7月16日，中共中央政治局常委李长春视察东方电气酒泉新能源基地。

习近平视察东方电气集团东方汽轮机厂

2011 年 8 月 20 日，中共中央政治局常委、中央书记处书记、国家副主席习近平到东方电气集团东方汽轮机厂视察，详细了解东汽在火电、核电、燃气轮机叶片方面的研发成果。

李克强参观 十一五 环保成就展

2011 年 6 月 8 日，中共中央政治局常委、国务院副总理李克强参观“十一五”环保成就展中国国电集团公司展台。

李克强视察中国大唐集团成员单位

2011年3月22日，中共中央政治局常委、国务院副总理李克强到内蒙古大唐国际再生资源开发有限公司视察。

张德江视察国家核电技术有限公司

2011年4月12日，中共中央政治局委员、国务院副总理张德江到国家核电技术有限公司视察，勉励国家核电技术有限公司坚持创新精神，总结经验，再接再厉，取得更好的成绩，为中国核电事业的安全可持续发展作出应有贡献。

中央领导同志关于岭澳核电二期 2 号机组投产的贺信、批示

中共中央政治局常委、全国人大常委会委员长吴邦国 2011 年 8 月 22 日批示：“祝贺岭澳核电站二期 2 号机组投入商业运行。福岛核事故发生后对核电发展造成重大负面影响，希更加注重核电的安全。”

中共中央政治局常委、国家副主席习近平 2011 年 9 月批示：“欣闻岭澳核电站二期工程全面建成投产，并实现技术、质量、效益、安全同步提升，谨表祝贺。发展核电，安全第一。希望你们积极借鉴国际核电发展经验教训，不断提高核电安全水平和核能利用水平，努力走出一条科学发展、安全发展核电的新路。”

中共中央政治局委员、国务院副总理张德江 2011 年 8 月 11 日批示：“祝贺中广核取得的显著业绩！希望你们再接再厉，深入贯彻落实科学发展观，努力成为中国核电安全发展的排头兵。”

中共中央政治局委员、广东省委书记汪洋 2011 年 8 月 15 日批示：“欣闻岭澳核电二期 2 号机组投入商业运行，代表省委、省政府表示热烈祝贺！并向参与工程建设的同志们致以诚挚的问候！岭澳二期 2 号机组的投产，表明我国自主品牌的核电技术上了一个新台阶，为我国核电事业的可持续发展打下了坚实的基础。希望认真总结经验，吸取日本福岛核电事故教训，为广东的发展作出更大的贡献。”

法律法规

中华人民共和国国务院令

（第599号）

《电力安全事故应急处置和调查处理条例》已经2011年6月15日国务院第159次常务会议通过，现予公布，自2011年9月1日起施行。

总理　温家宝

二〇一一年七月七日

电力安全事故应急处置和调查处理条例

第一章　总则

第一条　为了加强电力安全事故的应急处置工作，规范电力安全事故的调查处理，控制、减轻和消除电力安全事故损害，制定本条例。

第二条　本条例所称电力安全事故，是指电力生产或者电网运行过程中发生的影响电力系统安全稳定运行或者影响电力正常供应的事故（包括热电厂发生的影响热力正常供应的事故）。

第三条　根据电力安全事故（以下简称事故）影响电力系统安全稳定运行或者影响电力（热力）正常供应的程度，事故分为特别重大事故、重大事故、较大事故和一般事故。事故等级划分标准由本条例附表列示。事故等级划分标准的部分项目需要调整的，由国务院电力监管机构提出方案，报国务院批准。

由独立的或者通过单一输电线路与外省连接的省级电网供电的省级人民政府所在地城市，以及由单一输电线路或者单一变电站供电的其他设区的市、县级市，其电网减供负荷或者造成供电用户停电的事故等级划分标准，由国务院电力监管机构另行制定，报国务院批准。

第四条　国务院电力监管机构应当加强电力安全监督管理，依法建立健全事故应急处置和调查处理的各项制度，组织或者参与事故的调查处理。

国务院电力监管机构、国务院能源主管部门和国务院其他有关部门、地方人民政府及有关部门按照国家规定的权限和程序，组织、协调、参与事故的应急处置工作。

第五条　电力企业、电力用户以及其他有关单位和个人，应当遵守电力安全管理规定，落实事故预防措施，防止和避免事故发生。

县级以上地方人民政府有关部门确定的重要电力用户，应当按照国务院电力监管机构的规定配置自备应急电源，并加强安全使用管理。

第六条　事故发生后，电力企业和其他有关单位应当按照规定及时、准确报告事故情况，开展应急处置工作，防止事故扩大，减轻事故损害。电力企业应当尽快恢复电力生产、电网运行和电力（热力）

正常供应。

第七条 任何单位和个人不得阻挠和干涉对事故的报告、应急处置和依法调查处理。

第二章 事故报告

第八条 事故发生后，事故现场有关人员应当立即向发电厂、变电站运行值班人员、电力调度机构值班人员或者本企业现场负责人报告。有关人员接到报告后，应当立即向上一级电力调度机构和本企业负责人报告。本企业负责人接到报告后，应当立即向国务院电力监管机构设在当地的派出机构（以下称事故发生地电力监管机构）、县级以上人民政府安全生产监督管理部门报告；热电厂事故影响热力正常供应的，还应当向供热管理部门报告；事故涉及水电厂（站）大坝安全的，还应当同时向有管辖权的水行政主管部门或者流域管理机构报告。

电力企业及其有关人员不得迟报、漏报或者瞒报、谎报事故情况。

第九条 事故发生地电力监管机构接到事故报告后，应当立即核实有关情况，向国务院电力监管机构报告；事故造成供电用户停电的，应当同时通报事故发生地县级以上地方人民政府。

对特别重大事故、重大事故，国务院电力监管机构接到事故报告后应当立即报告国务院，并通报国务院安全生产监督管理部门、国务院能源主管部门等有关部门。

第十条 事故报告应当包括下列内容：

（一）事故发生的时间、地点（区域）以及事故发生单位；

（二）已知的电力设备、设施损坏情况，停运的发电（供热）机组数量、电网减供负荷或者发电厂减少出力的数值、停电（停热）范围；

（三）事故原因的初步判断；

（四）事故发生后采取的措施、电网运行方式、发电机组运行状况以及事故控制情况；

（五）其他应当报告的情况。

事故报告后出现新情况的，应当及时补报。

第十一条 事故发生后，有关单位和人员应当妥善保护事故现场以及工作日志、工作票、操作票等相关材料，及时保存故障录波图、电力调度数据、发电机组运行数据和输变电设备运行数据等相关资料，并在事故调查组成立后将相关材料、资料移交事故调查组。

因抢救人员或者采取恢复电力生产、电网运行和电力供应等紧急措施，需要改变事故现场、移动电力设备的，应当作出标记、绘制现场简图，妥善保存重要痕迹、物证，并作出书面记录。

任何单位和个人不得故意破坏事故现场，不得伪造、隐匿或者毁灭相关证据。

第三章 事故应急处置

第十二条 国务院电力监管机构依照《中华人民共和国突发事件应对法》和

《国家突发公共事件总体应急预案》，组织编制国家处置电网大面积停电事件应急预案，报国务院批准。

有关地方人民政府应当依照法律、行政法规和国家处置电网大面积停电事件应急预案，组织制定本行政区域处置电网大面积停电事件应急预案。

处置电网大面积停电事件应急预案应当对应急组织指挥体系及职责，应急处置的各项措施，以及人员、资金、物资、技术等应急保障作出具体规定。

第十三条　电力企业应当按照国家有关规定，制定本企业事故应急预案。

电力监管机构应当指导电力企业加强电力应急救援队伍建设，完善应急物资储备制度。

第十四条　事故发生后，有关电力企业应当立即采取相应的紧急处置措施，控制事故范围，防止发生电网系统性崩溃和瓦解；事故危及人身和设备安全的，发电厂、变电站运行值班人员可以按照有关规定，立即采取停运发电机组和输变电设备等紧急处置措施。

事故造成电力设备、设施损坏的，有关电力企业应当立即组织抢修。

第十五条　根据事故的具体情况，电力调度机构可以发布开启或者关停发电机组、调整发电机组有功和无功负荷、调整电网运行方式、调整供电调度计划等电力调度命令，发电企业、电力用户应当执行。

事故可能导致破坏电力系统稳定和电网大面积停电的，电力调度机构有权决定采取拉限负荷、解列电网、解列发电机组等必要措施。

第十六条　事故造成电网大面积停电的，国务院电力监管机构和国务院其他有关部门、有关地方人民政府、电力企业应当按照国家有关规定，启动相应的应急预案，成立应急指挥机构，尽快恢复电网运行和电力供应，防止各种次生灾害的发生。

第十七条　事故造成电网大面积停电的，有关地方人民政府及有关部门应当立即组织开展下列应急处置工作：

（一）加强对停电地区关系国计民生、国家安全和公共安全的重点单位的安全保卫，防范破坏社会秩序的行为，维护社会稳定；

（二）及时排除因停电发生的各种险情；

（三）事故造成重大人员伤亡或者需要紧急转移、安置受困人员的，及时组织实施救治、转移、安置工作；

（四）加强停电地区道路交通指挥和疏导，做好铁路、民航运输以及通信保障工作；

（五）组织应急物资的紧急生产和调用，保证电网恢复运行所需物资和居民基本生活资料的供给。

第十八条　事故造成重要电力用户供电中断的，重要电力用户应当按照有关技术要求迅速启动自备应急电源；启动自备应急电源无效的，电网企业应当提供必要的支援。

事故造成地铁、机场、高层建筑、商场、影剧院、体育场馆等人员聚集场所停电的，应当迅速启用应急照明，组织人员有序疏散。

第十九条　恢复电网运行和电力供应，应当优先保证重要电厂厂用电源、重要输变电设备、电力主干网架的恢复，优先恢复重要电力用户、重要城市、重点地区的电力供应。

第二十条　事故应急指挥机构或者电力监管机构应当按照有关规定，统一、准确、及时发布有关事故影响范围、处置工作进度、预计恢复供电时间等信息。

第四章　事故调查处理

第二十一条　特别重大事故由国务院或者国务院授权的部门组织事故调查组进行调查。

重大事故由国务院电力监管机构组织事故调查组进行调查。

较大事故、一般事故由事故发生地电力监管机构组织事故调查组进行调查。国务院电力监管机构认为必要的，可以组织事故调查组对较大事故进行调查。

未造成供电用户停电的一般事故，事故发生地电力监管机构也可以委托事故发生单位调查处理。

第二十二条　根据事故的具体情况，事故调查组由电力监管机构、有关地方人民政府、安全生产监督管理部门、负有安全生产监督管理职责的有关部门派人组成；有关人员涉嫌失职、渎职或者涉嫌犯罪的，应当邀请监察机关、公安机关、人民检察院派人参加。

根据事故调查工作的需要，事故调查组可以聘请有关专家协助调查。

事故调查组组长由组织事故调查组的机关指定。

第二十三条　事故调查组应当按照国家有关规定开展事故调查，并在下列期限内向组织事故调查组的机关提交事故调查报告：

（一）特别重大事故和重大事故的调查期限为60日；特殊情况下，经组织事故调查组的机关批准，可以适当延长，但延长的期限不得超过60日。

（二）较大事故和一般事故的调查期限为45日；特殊情况下，经组织事故调查组的机关批准，可以适当延长，但延长的期限不得超过45日。

事故调查期限自事故发生之日起计算。

第二十四条　事故调查报告应当包括下列内容：

（一）事故发生单位概况和事故发生经过；

（二）事故造成的直接经济损失和事故对电网运行、电力（热力）正常供应的影响情况；

（三）事故发生的原因和事故性质；

（四）事故应急处置和恢复电力生产、电网运行的情况；

（五）事故责任认定和对事故责任单位、责任人的处理建议；

（六）事故防范和整改措施。

事故调查报告应当附具有关证据材料和技术分析报告。事故调查组成员应当在事故调查报告上签字。

第二十五条　事故调查报告报经组织事故调查组的机关同意，事故调查工作即告结束；委托事故发生单位调查的一般事故，事故调查报告应当报经事故发生地电力监管机构同意。

有关机关应当依法对事故发生单位和有关人员进行处罚，对负有事故责任的国家工作人员给予处分。

事故发生单位应当对本单位负有事故责任的人员进行处理。

第二十六条　事故发生单位和有关人员应当认真吸取事故教训，落实事故防范和整改措施，防止事故再次发生。

电力监管机构、安全生产监督管理部门和负有安全生产监督管理职责的有关部门应当对事故发生单位和有关人员落实事故防范和整改措施的情况进行监督检查。

第五章　法律责任

第二十七条　发生事故的电力企业主要负责人有下列行为之一的，由电力监管机构处其上一年年收入40%至80%的罚款；属于国家工作人员的，并依法给予处分；构成犯罪的，依法追究刑事责任：

（一）不立即组织事故抢救的；

（二）迟报或者漏报事故的；

（三）在事故调查处理期间擅离职守的。

第二十八条　发生事故的电力企业及其有关人员有下列行为之一的，由电力监管机构对电力企业处100万元以上500万元以下的罚款；对主要负责人、直接负责的主管人员和其他直接责任人员处其上一年年收入60%至100%的罚款，属于国家工作人员的，并依法给予处分；构成违反治安管理行为的，由公安机关依法给予治安管理处罚；构成犯罪的，依法追究刑事责任：

（一）谎报或者瞒报事故的；

（二）伪造或者故意破坏事故现场的；

（三）转移、隐匿资金、财产，或者销毁有关证据、资料的；

（四）拒绝接受调查或者拒绝提供有关情况和资料的；

（五）在事故调查中作伪证或者指使他人作伪证的；

（六）事故发生后逃匿的。

第二十九条　电力企业对事故发生负有责任的，由电力监管机构依照下列规定处以罚款：

（一）发生一般事故的，处10万元以上20万元以下的罚款；

（二）发生较大事故的，处20万元以上50万元以下的罚款；

（三）发生重大事故的，处50万元以上200万元以下的罚款；

（四）发生特别重大事故的，处200万元以上500万元以下的罚款。

第三十条　电力企业主要负责人未依法履行安全生产管理职责，导致事故发生的，由电力监管机构依照下列规定处以罚款；属于国家工作人员的，并依法给予处分；构成犯罪的，依法追究刑事责任：

（一）发生一般事故的，处其上一年

年收入30%的罚款；

（二）发生较大事故的，处其上一年年收入40%的罚款；

（三）发生重大事故的，处其上一年年收入60%的罚款；

（四）发生特别重大事故的，处其上一年年收入80%的罚款。

第三十一条　电力企业主要负责人依照本条例第二十七条、第二十八条、第三十条规定受到撤职处分或者刑事处罚的，自受处分之日或者刑罚执行完毕之日起5年内，不得担任任何生产经营单位主要负责人。

第三十二条　电力监管机构、有关地方人民政府以及其他负有安全生产监督管理职责的有关部门有下列行为之一的，对直接负责的主管人员和其他直接责任人员依法给予处分；直接负责的主管人员和其他直接责任人员构成犯罪的，依法追究刑事责任：

（一）不立即组织事故抢救的；

（二）迟报、漏报或者瞒报、谎报事故的；

（三）阻碍、干涉事故调查工作的；

（四）在事故调查中作伪证或者指使他人作伪证的。

第三十三条　参与事故调查的人员在事故调查中有下列行为之一的，依法给予处分；构成犯罪的，依法追究刑事责任：

（一）对事故调查工作不负责任，致使事故调查工作有重大疏漏的；

（二）包庇、袒护负有事故责任的人员或者借机打击报复的。

第六章　附则

第三十四条　发生本条例规定的事故，同时造成人员伤亡或者直接经济损失，依照本条例确定的事故等级与依照《生产安全事故报告和调查处理条例》确定的事故等级不相同的，按事故等级较高者确定事故等级，依照本条例的规定调查处理；事故造成人员伤亡，构成《生产安全事故报告和调查处理条例》规定的重大事故或者特别重大事故的，依照《生产安全事故报告和调查处理条例》的规定调查处理。

电力生产或者电网运行过程中发生发电设备或者输变电设备损坏，造成直接经济损失的事故，未影响电力系统安全稳定运行以及电力正常供应的，由电力监管机构依照《生产安全事故报告和调查处理条例》的规定组成事故调查组对重大事故、较大事故、一般事故进行调查处理。

第三十五条　本条例对事故报告和调查处理未作规定的，适用《生产安全事故报告和调查处理条例》的规定。

第三十六条　核电厂核事故的应急处置和调查处理，依照《核电厂核事故应急管理条例》的规定执行。

第三十七条　本条例自2011年9月1日起施行。

附：

电力安全事故等级划分标准

<table>
<tr><th>判定项
事故等级</th><th>造成电网减供负荷的比例</th><th>造成城市供电用户停电的比例</th><th>发电厂或者变电站因安全故障造成全厂（站）对外停电的影响和持续时间</th><th>发电机组因安全故障停运的时间和后果</th><th>供热机组对外停止供热的时间</th></tr>
<tr><td>特别重大事故</td><td>区域性电网减供负荷30%以上
电网负荷20000兆瓦以上的省、自治区电网，减供负荷30%以上
电网负荷5000兆瓦以上20000兆瓦以下的省、自治区电网，减供负荷40%以上
直辖市电网减供负荷50%以上
电网负荷2000兆瓦以上的省、自治区人民政府所在地城市电网减供负荷60%以上</td><td>直辖市60%以上供电用户停电
电网负荷2000兆瓦以上的省、自治区人民政府所在地城市70%以上供电用户停电</td><td></td><td></td><td></td></tr>
<tr><td>重大事故</td><td>区域性电网减供负荷10%以上30%以下
电网负荷20000兆瓦以上的省、自治区电网，减供负荷13%以上30%以下
电网负荷5000兆瓦以上20000兆瓦以下的省、自治区电网，减供负荷16%以上40%以下
电网负荷1000兆瓦以上5000兆瓦以下的省、自治区电网，减供负荷50%以上
直辖市电网减供负荷20%以上50%以下
省、自治区人民政府所在地城市电网减供负荷40%以上（电网负荷2000兆瓦以上的，减供负荷40%以上60%以下）
电网负荷600兆瓦以上的其他设区的市电网减供负荷60%以上</td><td>直辖市30%以上60%以下供电用户停电
省、自治区人民政府所在地城市50%以上供电用户停电（电网负荷2000兆瓦以上的，50%以上70%以下）
电网负荷600兆瓦以上的其他设区的市70%以上供电用户停电</td><td></td><td></td><td></td></tr>
</table>

事故等级 \ 判定项	造成电网减供负荷的比例	造成城市供电用户停电的比例	发电厂或者变电站因安全故障造成全厂（站）对外停电的影响和持续时间	发电机组因安全故障停运的时间和后果	供热机组对外停止供热的时间
较大事故	区域性电网减供负荷7%以上10%以下 电网负荷20000兆瓦以上的省、自治区电网，减供负荷10%以上13%以下 电网负荷5000兆瓦以上20000兆瓦以下的省、自治区电网，减供负荷12%以上16%以下 电网负荷1000兆瓦以上5000兆瓦以下的省、自治区电网，减供负荷20%以上50%以下 电网负荷1000兆瓦以下的省、自治区电网，减供负荷40%以上 直辖市电网减供负荷10%以上20%以下 省、自治区人民政府所在地城市电网减供负荷20%以上40%以下 其他设区的市电网减供负荷40%以上（电网负荷600兆瓦以上的，减供负荷40%以上60%以下） 电网负荷150兆瓦以上的县级市电网减供负荷60%以上	直辖市15%以上30%以下供电用户停电 省、自治区人民政府所在地城市30%以上50%以下供电用户停电 其他设区的市50%以上供电用户停电（电网负荷600兆瓦以上的，50%以上70%以下） 电网负荷150兆瓦以上的县级市70%以上供电用户停电	发电厂或者220千伏以上变电站因安全故障造成全厂（站）对外停电，导致周边电压监视控制点电压低于调度机构规定的电压曲线值20%并且持续时间30分钟以上，或者导致周边电压监视控制点电压低于调度机构规定的电压曲线值10%并且持续时间1小时以上	发电机组因安全故障停止运行超过行业标准规定的大修时间两周，并导致电网减供负荷	供热机组装机容量200兆瓦以上的热电厂，在当地人民政府规定的采暖期内同时发生2台以上供热机组因安全故障停止运行，造成全厂对外停止供热并且持续时间48小时以上

一般事故	区域性电网减供负荷4%以上7%以下 电网负荷20000兆瓦以上的省、自治区电网，减供负荷5%以上10%以下 电网负荷5000兆瓦以上20000兆瓦以下的省、自治区电网，减供负荷6%以上12%以下 电网负荷1000兆瓦以上5000兆瓦以下的省、自治区电网，减供负荷10%以上20%以下 电网负荷1000兆瓦以下的省、自治区电网，减供负荷25%以上40%以下 直辖市电网减供负荷5%以上10%以下 省、自治区人民政府所在地城市电网减供负荷10%以上20%以下 其他设区的市电网减供负荷20%以上40%以下 县级市减供负荷40%以上（电网负荷150兆瓦以上的，减供负荷40%以上60%以下）	直辖市10%以上15%以下供电用户停电 省、自治区人民政府所在地城市15%以上30%以下供电用户停电 其他设区的市30%以上50%以下供电用户停电 县级市50%以上供电用户停电（电网负荷150兆瓦以上的，50%以上70%以下）	发电厂或者220千伏以上变电站因安全故障造成全厂（站）对外停电，导致周边电压监视控制点电压低于调度机构规定的电压曲线值5%以上10%以下并且持续时间2小时以上	发电机组因安全故障停止运行超过行业标准规定的小修时间两周，并导致电网减供负荷	供热机组装机容量200兆瓦以上的热电厂，在当地人民政府规定的采暖期内同时发生2台以上供热机组因安全故障停止运行，造成全厂对外停止供热并且持续时间24小时以上

注：1. 符合本表所列情形之一的，即构成相应等级的电力安全事故。

2. 本表中所称的“以上”包括本数，“以下”不包括本数。

3. 本表下列用语的含义：

（1）电网负荷，是指电力调度机构统一调度的电网在事故发生起始时刻的实际负荷；

（2）电网减供负荷，是指电力调度机构统一调度的电网在事故发生期间的实际负荷最大减少量；

（3）全厂对外停电，是指发电厂对外有功负荷降到零（虽电网经发电厂母线传送的负荷没有停止，仍视为全厂对外停电）；

（4）发电机组因安全故障停止运行，是指并网运行的发电机组（包括各种类型的电站锅炉、汽轮机、燃气轮机、水轮机、发电机和主变压器等主要发电设备），在未经电力调度机构允许的情况下，因安全故障需要停止运行的状态。

中华人民共和国国务院令

（第 612 号）

《放射性废物安全管理条例》已经 2011 年 11 月 30 日国务院第 183 次常务会议通过，现予公布，自 2012 年 3 月 1 日起施行。

总 理 温家宝

二○一一年十二月二十日

放射性废物安全管理条例

第一章 总则

第一条 为了加强对放射性废物的安全管理，保护环境，保障人体健康，根据《中华人民共和国放射性污染防治法》，制定本条例。

第二条 本条例所称放射性废物，是指含有放射性核素或者被放射性核素污染，其放射性核素浓度或者比活度大于国家确定的清洁解控水平，预期不再使用的废弃物。

第三条 放射性废物的处理、贮存和处置及其监督管理等活动，适用本条例。

本条例所称处理，是指为了能够安全和经济地运输、贮存、处置放射性废物，通过净化、浓缩、固化、压缩和包装等手段，改变放射性废物的属性、形态和体积的活动。

本条例所称贮存，是指将废旧放射源和其他放射性固体废物临时放置于专门建造的设施内进行保管的活动。

本条例所称处置，是指将废旧放射源和其他放射性固体废物最终放置于专门建造的设施内并不再回取的活动。

第四条 放射性废物的安全管理，应当坚持减量化、无害化和妥善处置、永久安全的原则。

第五条 国务院环境保护主管部门统一负责全国放射性废物的安全监督管理工作。

国务院核工业行业主管部门和其他有关部门，依照本条例的规定和各自的职责负责放射性废物的有关管理工作。

县级以上地方人民政府环境保护主管部门和其他有关部门依照本条例的规定和各自的职责负责本行政区域放射性废物的有关管理工作。

第六条 国家对放射性废物实行分类管理。

根据放射性废物的特性及其对人体健康和环境的潜在危害程度，将放射性废物分为高水平放射性废物、中水平放射性废物和低水平放射性废物。

第七条 放射性废物的处理、贮存和处置活动，应当遵守国家有关放射性污染防治标准和国务院环境保护主管部门的规定。

第八条 国务院环境保护主管部门会同国务院核工业行业主管部门和其他有关部门建立全国放射性废物管理信息系统，实现信息共享。

国家鼓励、支持放射性废物安全管理的科学研究和技术开发利用，推广先进的放射性废物安全管理技术。

第九条 任何单位和个人对违反本条例规定的行为，有权向县级以上人民政府环境保护主管部门或者其他有关部门举报。接到举报的部门应当及时调查处理，并为举报人保密；经调查情况属实的，对举报人给予奖励。

第二章　放射性废物的处理和贮存

第十条　核设施营运单位应当将其产生的不能回收利用并不能返回原生产单位或者出口方的废旧放射源（以下简称废旧放射源），送交取得相应许可证的放射性固体废物贮存单位集中贮存，或者直接送交取得相应许可证的放射性固体废物处置单位处置。

核设施营运单位应当对其产生的除废旧放射源以外的放射性固体废物和不能经净化排放的放射性废液进行处理，使其转变为稳定的、标准化的固体废物后自行贮存，并及时送交取得相应许可证的放射性固体废物处置单位处置。

第十一条　核技术利用单位应当对其产生的不能经净化排放的放射性废液进行处理，转变为放射性固体废物。

核技术利用单位应当及时将其产生的废旧放射源和其他放射性固体废物，送交取得相应许可证的放射性固体废物贮存单位集中贮存，或者直接送交取得相应许可证的放射性固体废物处置单位处置。

第十二条　专门从事放射性固体废物贮存活动的单位，应当符合下列条件，并依照本条例的规定申请领取放射性固体废物贮存许可证：

（一）有法人资格；

（二）有能保证贮存设施安全运行的组织机构和 3 名以上放射性废物管理、辐射防护、环境监测方面的专业技术人员，其中至少有 1 名注册核安全工程师；

（三）有符合国家有关放射性污染防治标准和国务院环境保护主管部门规定的放射性固体废物接收、贮存设施和场所，以及放射性检测、辐射防护与环境监测设备；

（四）有健全的管理制度以及符合核安全监督管理要求的质量保证体系，包括质量保证大纲、贮存设施运行监测计划、辐射环境监测计划和应急方案等。

核设施营运单位利用与核设施配套建设的贮存设施，贮存本单位产生的放射性固体废物的，不需要申请领取贮存许可证；贮存其他单位产生的放射性固体废物的，应当依照本条例的规定申请领取贮存许可证。

第十三条　申请领取放射性固体废物贮存许可证的单位，应当向国务院环境保护主管部门提出书面申请，并提交其符合本条例第十二条规定条件的证明材料。

国务院环境保护主管部门应当自受理申请之日起 20 个工作日内完成审查，对符合条件的颁发许可证，予以公告；对不符合条件的，书面通知申请单位并说明理由。

国务院环境保护主管部门在审查过程中，应当组织专家进行技术评审，并征求国务院其他有关部门的意见。技术评审所需时间应当书面告知申请单位。

第十四条　放射性固体废物贮存许可

证应当载明下列内容：

（一）单位的名称、地址和法定代表人；

（二）准予从事的活动种类、范围和规模；

（三）有效期限；

（四）发证机关、发证日期和证书编号。

第十五条　放射性固体废物贮存单位变更单位名称、地址、法定代表人的，应当自变更登记之日起20日内，向国务院环境保护主管部门申请办理许可证变更手续。

放射性固体废物贮存单位需要变更许可证规定的活动种类、范围和规模的，应当按照原申请程序向国务院环境保护主管部门重新申请领取许可证。

第十六条　放射性固体废物贮存许可证的有效期为10年。

许可证有效期届满，放射性固体废物贮存单位需要继续从事贮存活动的，应当于许可证有效期届满90日前，向国务院环境保护主管部门提出延续申请。

国务院环境保护主管部门应当在许可证有效期届满前完成审查，对符合条件的准予延续；对不符合条件的，书面通知申请单位并说明理由。

第十七条　放射性固体废物贮存单位应当按照国家有关放射性污染防治标准和国务院环境保护主管部门的规定，对其接收的废旧放射源和其他放射性固体废物进行分类存放和清理，及时予以清洁解控或者送交取得相应许可证的放射性固体废物处置单位处置。

放射性固体废物贮存单位应当建立放射性固体废物贮存情况记录档案，如实完整地记录贮存的放射性固体废物的来源、数量、特征、贮存位置、清洁解控、送交处置等与贮存活动有关的事项。

放射性固体废物贮存单位应当根据贮存设施的自然环境和放射性固体废物特性采取必要的防护措施，保证在规定的贮存期限内贮存设施、容器的完好和放射性固体废物的安全，并确保放射性固体废物能够安全回取。

第十八条　放射性固体废物贮存单位应当根据贮存设施运行监测计划和辐射环境监测计划，对贮存设施进行安全性检查，并对贮存设施周围的地下水、地表水、土壤和空气进行放射性监测。

放射性固体废物贮存单位应当如实记录监测数据，发现安全隐患或者周围环境中放射性核素超过国家规定的标准的，应当立即查找原因，采取相应的防范措施，并向所在地省、自治区、直辖市人民政府环境保护主管部门报告。构成辐射事故的，应当立即启动本单位的应急方案，并依照《中华人民共和国放射性污染防治法》、《放射性同位素与射线装置安全和防护条例》的规定进行报告，开展有关事故应急工作。

第十九条　将废旧放射源和其他放射性固体废物送交放射性固体废物贮存、处置单位贮存、处置时，送交方应当一并提供放射性固体废物的种类、数量、活度等资料和废旧放射源的原始档案，并按照规定承担贮存、处置的费用。

第三章　放射性废物的处置

第二十条　国务院核工业行业主管部门会同国务院环境保护主管部门根据地质、环境、社会经济条件和放射性固体废物处置的需要，在征求国务院有关部门意见并进行环境影响评价的基础上编制放射性固体废物处置场所选址规划，报国务院批准后实施。

有关地方人民政府应当根据放射性固体废物处置场所选址规划，提供放射性固体废物处置场所的建设用地，并采取有效措施支持放射性固体废物的处置。

第二十一条　建造放射性固体废物处置设施，应当按照放射性固体废物处置场所选址技术导则和标准的要求，与居住区、水源保护区、交通干道、工厂和企业等场所保持严格的安全防护距离，并对场址的地质构造、水文地质等自然条件以及社会经济条件进行充分研究论证。

第二十二条　建造放射性固体废物处置设施，应当符合放射性固体废物处置场所选址规划，并依法办理选址批准手续和建造许可证。不符合选址规划或者选址技术导则、标准的，不得批准选址或者建造。

高水平放射性固体废物和 α 放射性固体废物深地质处置设施的工程和安全技术研究、地下实验、选址和建造，由国务院核工业行业主管部门组织实施。

第二十三条　专门从事放射性固体废物处置活动的单位，应当符合下列条件，并依照本条例的规定申请领取放射性固体废物处置许可证：

（一）有国有或者国有控股的企业法人资格。

（二）有能保证处置设施安全运行的组织机构和专业技术人员。低、中水平放射性固体废物处置单位应当具有 10 名以上放射性废物管理、辐射防护、环境监测方面的专业技术人员，其中至少有 3 名注册核安全工程师；高水平放射性固体废物和 α 放射性固体废物处置单位应当具有 20 名以上放射性废物管理、辐射防护、环境监测方面的专业技术人员，其中至少有 5 名注册核安全工程师。

（三）有符合国家有关放射性污染防治标准和国务院环境保护主管部门规定的放射性固体废物接收、处置设施和场所，以及放射性检测、辐射防护与环境监测设备。低、中水平放射性固体废物处置设施关闭后应满足 300 年以上的安全隔离要求；高水平放射性固体废物和 α 放射性固体废物深地质处置设施关闭后应满足 1 万年以上的安全隔离要求。

（四）有相应数额的注册资金。低、中水平放射性固体废物处置单位的注册资金应不少于 3000 万元；高水平放射性固体废物和 α 放射性固体废物处置单位的注册资金应不少于 1 亿元。

（五）有能保证其处置活动持续进行直至安全监护期满的财务担保。

（六）有健全的管理制度以及符合核安全监督管理要求的质量保证体系，包括质量保证大纲、处置设施运行监测计划、辐射环境监测计划和应急方案等。

第二十四条　放射性固体废物处置许

可证的申请、变更、延续的审批权限和程序，以及许可证的内容、有效期限，依照本条例第十三条至第十六条的规定执行。

第二十五条 放射性固体废物处置单位应当按照国家有关放射性污染防治标准和国务院环境保护主管部门的规定，对其接收的放射性固体废物进行处置。

放射性固体废物处置单位应当建立放射性固体废物处置情况记录档案，如实记录处置的放射性固体废物的来源、数量、特征、存放位置等与处置活动有关的事项。放射性固体废物处置情况记录档案应当永久保存。

第二十六条 放射性固体废物处置单位应当根据处置设施运行监测计划和辐射环境监测计划，对处置设施进行安全性检查，并对处置设施周围的地下水、地表水、土壤和空气进行放射性监测。

放射性固体废物处置单位应当如实记录监测数据，发现安全隐患或者周围环境中放射性核素超过国家规定的标准的，应当立即查找原因，采取相应的防范措施，并向国务院环境保护主管部门和核工业行业主管部门报告。构成辐射事故的，应当立即启动本单位的应急方案，并依照《中华人民共和国放射性污染防治法》、《放射性同位素与射线装置安全和防护条例》的规定进行报告，开展有关事故应急工作。

第二十七条 放射性固体废物处置设施设计服役期届满，或者处置的放射性固体废物已达到该设施的设计容量，或者所在地区的地质构造或者水文地质等条件发生重大变化导致处置设施不适宜继续处置放射性固体废物的，应当依法办理关闭手续，并在划定的区域设置永久性标记。

关闭放射性固体废物处置设施的，处置单位应当编制处置设施安全监护计划，报国务院环境保护主管部门批准。

放射性固体废物处置设施依法关闭后，处置单位应当按照经批准的安全监护计划，对关闭后的处置设施进行安全监护。放射性固体废物处置单位因破产、吊销许可证等原因终止的，处置设施关闭和安全监护所需费用由提供财务担保的单位承担。

第四章 监督管理

第二十八条 县级以上人民政府环境保护主管部门和其他有关部门，依照《中华人民共和国放射性污染防治法》和本条例的规定，对放射性废物处理、贮存和处置等活动的安全性进行监督检查。

第二十九条 县级以上人民政府环境保护主管部门和其他有关部门进行监督检查时，有权采取下列措施：

（一）向被检查单位的法定代表人和其他有关人员调查、了解情况；

（二）进入被检查单位进行现场监测、检查或者核查；

（三）查阅、复制相关文件、记录以及其他有关资料；

（四）要求被检查单位提交有关情况说明或者后续处理报告。

被检查单位应当予以配合，如实反映情况，提供必要的资料，不得拒绝和阻碍。

县级以上人民政府环境保护主管部门和其他有关部门的监督检查人员依法进行监督检查时，应当出示证件，并为被检查单位保守技术秘密和业务秘密。

第三十条　核设施营运单位、核技术利用单位和放射性固体废物贮存、处置单位，应当按照放射性废物危害的大小，建立健全相应级别的安全保卫制度，采取相应的技术防范措施和人员防范措施，并适时开展放射性废物污染事故应急演练。

第三十一条　核设施营运单位、核技术利用单位和放射性固体废物贮存、处置单位，应当对其直接从事放射性废物处理、贮存和处置活动的工作人员进行核与辐射安全知识以及专业操作技术的培训，并进行考核；考核合格的，方可从事该项工作。

第三十二条　核设施营运单位、核技术利用单位和放射性固体废物贮存单位应当按照国务院环境保护主管部门的规定定期如实报告放射性废物产生、排放、处理、贮存、清洁解控和送交处置等情况。

放射性固体废物处置单位应当于每年3月31日前，向国务院环境保护主管部门和核工业行业主管部门如实报告上一年度放射性固体废物接收、处置和设施运行等情况。

第三十三条　禁止将废旧放射源和其他放射性固体废物送交无相应许可证的单位贮存、处置或者擅自处置。

禁止无许可证或者不按照许可证规定的活动种类、范围、规模和期限从事放射性固体废物贮存、处置活动。

第三十四条　禁止将放射性废物和被放射性污染的物品输入中华人民共和国境内或者经中华人民共和国境内转移。具体办法由国务院环境保护主管部门会同国务院商务主管部门、海关总署、国家出入境检验检疫主管部门制定。

第五章　法律责任

第三十五条　负有放射性废物安全监督管理职责的部门及其工作人员违反本条例规定，有下列行为之一的，对直接负责的主管人员和其他直接责任人员，依法给予处分；直接负责的主管人员和其他直接责任人员构成犯罪的，依法追究刑事责任：

（一）违反本条例规定核发放射性固体废物贮存、处置许可证的；

（二）违反本条例规定批准不符合选址规划或者选址技术导则、标准的处置设施选址或者建造的；

（三）对发现的违反本条例的行为不依法查处的；

（四）在办理放射性固体废物贮存、处置许可证以及实施监督检查过程中，索取、收受他人财物或者谋取其他利益的；

（五）其他徇私舞弊、滥用职权、玩忽职守行为。

第三十六条　违反本条例规定，核设施营运单位、核技术利用单位有下列行为之一的，由审批该单位立项环境影响评价文件的环境保护主管部门责令停止违法行为，限期改正；逾期不改正的，指定有相应许可证的单位代为贮存或者处置，所需费用由核设施营运单位、核技术利用单位承担，可以处20万元以下的罚款；构成犯罪的，依法追究刑事责任：

（一）核设施营运单位未按照规定，将其产生的废旧放射源送交贮存、处置，或者将其产生的其他放射性固体废物送交处置的；

（二）核技术利用单位未按照规定，将其产生的废旧放射源或者其他放射性固体废物送交贮存、处置的。

第三十七条　违反本条例规定，有下列行为之一的，由县级以上人民政府环境保护主管部门责令停止违法行为，限期改正，处10万元以上20万元以下的罚款；造成环境污染的，责令限期采取治理措施消除污染，逾期不采取治理措施，经催告仍不治理的，可以指定有治理能力的单位代为治理，所需费用由违法者承担；构成犯罪的，依法追究刑事责任：

（一）核设施营运单位将废旧放射源送交无相应许可证的单位贮存、处置，或者将其他放射性固体废物送交无相应许可证的单位处置，或者擅自处置的；

（二）核技术利用单位将废旧放射源或者其他放射性固体废物送交无相应许可证的单位贮存、处置，或者擅自处置的；

（三）放射性固体废物贮存单位将废旧放射源或者其他放射性固体废物送交无相应许可证的单位处置，或者擅自处置的。

第三十八条　违反本条例规定，有下列行为之一的，由省级以上人民政府环境保护主管部门责令停产停业或者吊销许可证；有违法所得的，没收违法所得；违法所得10万元以上的，并处违法所得1倍以上5倍以下的罚款；没有违法所得或者违法所得不足10万元的，并处5万元以上10万元以下的罚款；造成环境污染的，责令限期采取治理措施消除污染，逾期不采取治理措施，经催告仍不治理的，可以指定有治理能力的单位代为治理，所需费用由违法者承担；构成犯罪的，依法追究刑事责任：

（一）未经许可，擅自从事废旧放射源或者其他放射性固体废物的贮存、处置活动的；

（二）放射性固体废物贮存、处置单位未按照许可证规定的活动种类、范围、规模、期限从事废旧放射源或者其他放射性固体废物的贮存、处置活动的；

（三）放射性固体废物贮存、处置单位未按照国家有关放射性污染防治标准和国务院环境保护主管部门的规定贮存、处置废旧放射源或者其他放射性固体废物的。

第三十九条　放射性固体废物贮存、处置单位未按照规定建立情况记录档案，或者未按照规定进行如实记录的，由省级以上人民政府环境保护主管部门责令限期改正，处1万元以上5万元以下的罚款；逾期不改正的，处5万元以上10万元以下的罚款。

第四十条　核设施营运单位、核技术利用单位或者放射性固体废物贮存、处置单位未按照本条例第三十二条的规定如实报告有关情况的，由县级以上人民政府环境保护主管部门责令限期改正，处1万元以上5万元以下的罚款；逾期不改正的，处 5 万元以上 10 万元以下的罚款。

第四十一条　违反本条例规定，拒绝、阻碍环境保护主管部门或者其他有关部门的监督检查，或者在接受监督检查时弄虚作假的，由监督检查部门责令改正，处 2 万元以下的罚款；构成违反治安管理行为的，由公安机关依法给予治安管理处罚；构成犯罪的，依法追究刑事责任。

第四十二条　核设施营运单位、核技术利用单位或者放射性固体废物贮存、处置单位未按照规定对有关工作人员进行技术培训和考核的，由县级以上人民政府环境保护主管部门责令限期改正，处 1 万元以上 5 万元以下的罚款；逾期不改正的，处 5 万元以上 10 万元以下的罚款。

第四十三条　违反本条例规定，向中华人民共和国境内输入放射性废物或者被放射性污染的物品，或者经中华人民共和国境内转移放射性废物或者被放射性污染的物品的，由海关责令退运该放射性废物或者被放射性污染的物品，并处 50 万元以上 100 万元以下的罚款；构成犯罪的，依法追究刑事责任。

第六章　附则

第四十四条　军用设施、装备所产生的放射性废物的安全管理，依照《中华人民共和国放射性污染防治法》第六十条的规定执行。

第四十五条　放射性废物运输的安全管理、放射性废物造成污染事故的应急处理，以及劳动者在职业活动中接触放射性废物造成的职业病防治，依照有关法律、行政法规的规定执行。

第四十六条　本条例自 2012 年 3 月 1 日起施行。

环境保护部令

（第18号）

《放射性同位素与射线装置安全和防护管理办法》已由环境保护部2011年第一次部务会议于2011年3月24日审议通过。现予公布，自2011年5月1日起施行。

环境保护部部长 周生贤

二〇一一年四月十八日

放射性同位素与射线装置安全和防护管理办法

第一章 总 则

第一条 为了加强放射性同位素与射线装置的安全和防护管理，根据《中华人民共和国放射性污染防治法》和《放射性同位素与射线装置安全和防护条例》，制定本办法。

第二条 本办法适用于生产、销售、使用放射性同位素与射线装置的场所、人员的安全和防护，废旧放射源与被放射性污染的物品的管理以及豁免管理等相关活动。

第三条 生产、销售、使用放射性同位素与射线装置的单位，应当对本单位的放射性同位素与射线装置的辐射安全和防护工作负责，并依法对其造成的放射性危害承担责任。

第四条 县级以上人民政府环境保护主管部门，应当依照《中华人民共和国放射性污染防治法》、《放射性同位素与射线装置安全和防护条例》和本办法的规定，对放射性同位素与射线装置的安全和防护工作实施监督管理。

第二章 场所安全和防护

第五条 生产、销售、使用、贮存放射性同位素与射线装置的场所，应当按照国家有关规定设置明显的放射性标志，其入口处应当按照国家有关安全和防护标准的要求，设置安全和防护设施以及必要的防护安全联锁、报警装置或者工作信号。

射线装置的生产调试和使用场所，应当具有防止误操作、防止工作人员和公众受到意外照射的安全措施。

放射性同位素的包装容器、含放射性同位素的设备和射线装置，应当设置明显的放射性标识和中文警示说明；放射源上能够设置放射性标识的，应当一并设置。运输放射性同位素和含放射源的射线装置的工具，应当按照国家有关规定设置明显的放射性标志或者显示危险信号。

第六条 生产、使用放射性同位素与射线装置的场所，应当按照国家有关规定采取有效措施，防止运行故障，并避免故障导致次生危害。

第七条 放射性同位素和被放射性污染的物品应当单独存放，不得与易燃、易爆、腐蚀性物品等一起存放，并指定专人负责保管。

贮存、领取、使用、归还放射性同位素时，应当进行登记、检查，做到账物相符。对放射性同位素贮存场所应当采取防火、防水、防盗、防丢失、防破坏、防射线泄漏的安全措施。

对放射源还应当根据其潜在危害的大小，建立相应的多重防护和安全措施，并对可移动的放射源定期进行盘存，确保其处于指定位置，具有可靠的安全保障。

第八条 在室外、野外使用放射性同位素与射线装置的，应当按照国家安全和防护标准的要求划出安全防护区域，设置明显的放射性标志，必要时设专人警戒。

第九条 生产、销售、使用放射性同位素与射线装置的单位，应当按照国家环境监测规范，对相关场所进行辐射监测，并对监测数据的真实性、可靠性负责；不具备自行监测能力的，可以委托经省级人民政府环境保护主管部门认定的环境监测机构进行监测。

第十条 建设项目竣工环境保护验收涉及的辐射监测和退役核技术利用项目的终态辐射监测，由生产、销售、使用放射性同位素与射线装置的单位委托经省级以上人民政府环境保护主管部门批准的有相应资质的辐射环境监测机构进行。

第十一条 生产、销售、使用放射性同位素与射线装置的单位，应当加强对本单位放射性同位素与射线装置安全和防护状况的日常检查。发现安全隐患的，应当立即整改；安全隐患有可能威胁到人员安全或者有可能造成环境污染的，应当立即停止辐射作业并报告发放辐射安全许可证的环境保护主管部门（以下简称“发证机关”），经发证机关检查核实安全隐患消除后，方可恢复正常作业。

第十二条 生产、销售、使用放射性同位素与射线装置的单位，应当对本单位的放射性同位素与射线装置的安全和防护状况进行年度评估，并于每年1月31日前向发证机关提交上一年度的评估报告。

安全和防护状况年度评估报告应当包括下列内容：

（一）辐射安全和防护设施的运行与维护情况；

（二）辐射安全和防护制度及措施的制定与落实情况；

（三）辐射工作人员变动及接受辐射安全和防护知识教育培训（以下简称“辐射安全培训”）情况；

（四）放射性同位素进出口、转让或者送贮情况以及放射性同位素、射线装置台账；

（五）场所辐射环境监测和个人剂量监测情况及监测数据；

（六）辐射事故及应急响应情况；

（七）核技术利用项目新建、改建、扩建和退役情况；

（八）存在的安全隐患及其整改情况；

（九）其他有关法律、法规规定的落实情况。

年度评估发现安全隐患的，应当立即整改。

第十三条 使用Ⅰ类、Ⅱ类、Ⅲ类放射源的场所，生产放射性同位素的场所，按照《电离辐射防护与辐射源安全基本标准》（以下简称《基本标准》）确定的甲级、乙级非密封放射性物质使用场所，以及终结运行后产生放射性污染的射线装置，应当依法实施退役。

依照前款规定实施退役的生产、使用

放射性同位素与射线装置的单位，应当在实施退役前完成下列工作：

（一）将有使用价值的放射源按照《放射性同位素与射线装置安全和防护条例》的规定转让；

（二）将废旧放射源交回生产单位、返回原出口方或者送交有相应资质的放射性废物集中贮存单位贮存。

第十四条 依法实施退役的生产、使用放射性同位素与射线装置的单位，应当在实施退役前编制环境影响评价文件，报原辐射安全许可证发证机关审查批准；未经批准的，不得实施退役。

第十五条 退役工作完成后六十日内，依法实施退役的生产、使用放射性同位素与射线装置的单位，应当向原辐射安全许可证发证机关申请退役核技术利用项目终态验收，并提交退役项目辐射环境终态监测报告或者监测表。

依法实施退役的生产、使用放射性同位素与射线装置的单位，应当自终态验收合格之日起二十日内，到原发证机关办理辐射安全许可证变更或者注销手续。

第十六条 生产、销售、使用放射性同位素与射线装置的单位，在依法被撤销、依法解散、依法破产或者因其他原因终止前，应当确保环境辐射安全，妥善实施辐射工作场所或者设备的退役，并承担退役完成前所有的安全责任。

第三章 人员安全和防护

第十七条 生产、销售、使用放射性同位素与射线装置的单位，应当按照环境保护部审定的辐射安全培训和考试大纲，对直接从事生产、销售、使用活动的操作人员以及辐射防护负责人进行辐射安全培训，并进行考核；考核不合格的，不得上岗。

第十八条 辐射安全培训分为高级、中级和初级三个级别。

从事下列活动的辐射工作人员，应当接受中级或者高级辐射安全培训：

（一）生产、销售、使用Ⅰ类放射源的；

（二）在甲级非密封放射性物质工作场所操作放射性同位素的；

（三）使用Ⅰ类射线装置的；

（四）使用伽玛射线移动探伤设备的。

从事前款所列活动单位的辐射防护负责人，以及从事前款所列装置、设备和场所设计、安装、调试、倒源、维修以及其他与辐射安全相关技术服务活动的人员，应当接受中级或者高级辐射安全培训。

本条第二款、第三款规定以外的其他辐射工作人员，应当接受初级辐射安全培训。

第十九条 从事辐射安全培训的单位，应当具备下列条件：

（一）有健全的培训管理制度并有专职培训管理人员；

（二）有常用的辐射监测设备；

（三）有与培训规模相适应的教学、实践场地与设施；

（四）有核物理、辐射防护、核技术应用及相关专业本科以上学历的专业教师。

拟开展初级辐射安全培训的单位，应当有五名以上专业教师，其中至少两名具有注册核安全工程师执业资格。

拟开展中级或者高级辐射安全培训的单位，应当有十名以上专业教师，其中至少五名具有注册核安全工程师执业资格，外聘教师不得超过教师总数的30%。

从事辐射安全培训的专业教师应当接受环境保护部组织的培训，具体办法由环境保护部另行制定。

第二十条　省级以上人民政府环境保护主管部门对从事辐射安全培训的单位进行评估，择优向社会推荐。

环境保护部评估并推荐的单位可以开展高级、中级和初级辐射安全培训；省级人民政府环境保护主管部门评估并推荐的单位可以开展初级辐射安全培训。

省级以上人民政府环境保护主管部门应当向社会公布其推荐的从事辐射安全培训的单位名单，并定期对名单所列从事辐射安全培训的单位进行考核；对考核不合格的，予以除名，并向社会公告。

第二十一条　从事辐射安全培训的单位负责对参加辐射安全培训的人员进行考核，并对考核合格的人员颁发辐射安全培训合格证书。辐射安全培训合格证书的格式由环境保护部规定。

取得高级别辐射安全培训合格证书的人员，不需再接受低级别的辐射安全培训。

第二十二条　取得辐射安全培训合格证书的人员，应当每四年接受一次再培训。

辐射安全再培训包括新颁布的相关法律、法规和辐射安全与防护专业标准、技术规范，以及辐射事故案例分析与经验反馈等内容。

不参加再培训的人员或者再培训考核不合格的人员，其辐射安全培训合格证书自动失效。

第二十三条　生产、销售、使用放射性同位素与射线装置的单位，应当按照法律、行政法规以及国家环境保护和职业卫生标准，对本单位的辐射工作人员进行个人剂量监测；发现个人剂量监测结果异常的，应当立即核实和调查，并将有关情况及时报告辐射安全许可证发证机关。

生产、销售、使用放射性同位素与射线装置的单位，应当安排专人负责个人剂量监测管理，建立辐射工作人员个人剂量档案。个人剂量档案应当包括个人基本信息、工作岗位、剂量监测结果等材料。个人剂量档案应当保存至辐射工作人员年满七十五周岁，或者停止辐射工作三十年。

辐射工作人员有权查阅和复制本人的个人剂量档案。辐射工作人员调换单位的，原用人单位应当向新用人单位或者辐射工作人员本人提供个人剂量档案的复制件。

第二十四条　生产、销售、使用放射性同位素与射线装置的单位，不具备个人剂量监测能力的，应当委托具备下列条件的机构进行个人剂量监测：

（一）具有保证个人剂量监测质量的设备、技术；

（二）经省级以上人民政府计量行政主管部门计量认证；

（三）法律法规规定的从事个人剂量监测的其他条件。

第二十五条 环境保护部对从事个人剂量监测的机构进行评估，择优向社会推荐。

环境保护部定期对其推荐的从事个人剂量监测的机构进行监测质量考核；对考核不合格的，予以除名，并向社会公告。

第二十六条 接受委托进行个人剂量监测的机构，应当按照国家有关技术规范的要求进行个人剂量监测，并对监测结果负责。

接受委托进行个人剂量监测的机构，应当及时向委托单位出具监测报告，并将监测结果以书面和网上报送方式，直接报告委托单位所在地的省级人民政府环境保护主管部门。

第二十七条 环境保护部应当建立全国统一的辐射工作人员个人剂量数据库，并与卫生等相关部门实现数据共享。

第四章 废旧放射源与被放射性污染的物品管理

第二十八条 生产、进口放射源的单位销售Ⅰ类、Ⅱ类、Ⅲ类放射源给其他单位使用的，应当与使用放射源的单位签订废旧放射源返回协议。

转让Ⅰ类、Ⅱ类、Ⅲ类放射源的，转让双方应当签订废旧放射源返回协议。进口放射源转让时，转入单位应当取得原出口方负责回收的承诺文件副本。

第二十九条 使用Ⅰ类、Ⅱ类、Ⅲ类放射源的单位应当在放射源闲置或者废弃后三个月内，按照废旧放射源返回协议规定，将废旧放射源交回生产单位或者返回原出口方。确实无法交回生产单位或者返回原出口方的，送交具备相应资质的放射性废物集中贮存单位（以下简称“废旧放射源收贮单位”）贮存，并承担相关费用。

废旧放射源收贮单位，应当依法取得环境保护部颁发的使用（含收贮）辐射安全许可证，并在资质许可范围内收贮废旧放射源和被放射性污染的物品。

第三十条 使用放射源的单位依法被撤销、依法解散、依法破产或者因其他原因终止的，应当事先将本单位的放射源依法转让、交回生产单位、返回原出口方或者送交废旧放射源收贮单位贮存，并承担上述活动完成前所有的安全责任。

第三十一条 使用放射源的单位应当在废旧放射源交回生产单位或者送交废旧放射源收贮单位贮存活动完成之日起二十日内，报其所在地的省级人民政府环境保护主管部门备案。

废旧放射源返回原出口方的，应当在返回活动完成之日起二十日内，将放射性同位素出口表报其所在地的省级人民政府环境保护主管部门备案。

第三十二条 废旧放射源收贮单位，应当建立废旧放射源的收贮台账和相应的计算机管理系统。

废旧放射源收贮单位，应当于每季度末对已收贮的废旧放射源进行汇总统计，每年年底对已贮存的废旧放射源进行核实，并将统计和核实结果分别上报环境保护部和所在地省级人民政府环境保护主管部门。

第三十三条 对已经收贮入库或者交

回生产单位的仍有使用价值的放射源，可以按照《放射性同位素与射线装置安全和防护条例》的规定办理转让手续后进行再利用。具体办法由环境保护部另行制定。

对拟被再利用的放射源，应当由放射源生产单位按照生产放射源的要求进行安全性验证或者加工，满足安全和技术参数要求后，出具合格证书，明确使用条件，并进行放射源编码。

第三十四条 单位和个人发现废弃放射源或者被放射性污染的物品的，应当及时报告所在地县级以上地方人民政府环境保护主管部门；经所在地省级人民政府环境保护主管部门同意后，送废旧放射源收贮单位贮存。

废旧放射源收贮单位应当对废弃放射源或者被放射性污染的物品妥善收贮。

禁止擅自转移、贮存、退运废弃放射源或者被放射性污染的物品。

第三十五条 废旧金属回收熔炼企业，应当建立辐射监测系统，配备足够的辐射监测人员，在废旧金属原料入炉前、产品出厂前进行辐射监测，并将放射性指标纳入产品合格指标体系中。

新建、改建、扩建建设项目含有废旧金属回收熔炼工艺的，应当配套建设辐射监测设施；未配套建设辐射监测设施的，环境保护主管部门不予通过其建设项目竣工环境保护验收。

辐射监测人员在进行废旧金属辐射监测和应急处理时，应当佩戴个人剂量计等防护器材，做好个人防护。

第三十六条 废旧金属回收熔炼企业发现并确认辐射监测结果明显异常时，应当立即采取相应控制措施并在四小时内向所在地县级以上人民政府环境保护主管部门报告。

环境保护主管部门接到报告后，应当对辐射监测结果进行核实，查明导致辐射水平异常的原因，并责令废旧金属回收熔炼企业采取措施，防止放射性污染。

禁止缓报、瞒报、谎报或者漏报辐射监测结果异常信息。

第三十七条 废旧金属回收熔炼企业送贮废弃放射源或者被放射性污染物品所产生的费用，由废弃放射源或者被放射性污染物品的原持有者或者供货方承担。

无法查明废弃放射源或者被放射性污染物品来源的，送贮费用由废旧金属回收熔炼企业承担；其中，对已经开展辐射监测的废旧金属回收熔炼企业，经所在地省级人民政府环境保护主管部门核实、同级财政部门同意后，省级人民政府环境保护主管部门所属废旧放射源收贮单位可以酌情减免其相关处理费用。

第五章 监督检查

第三十八条 省级以上人民政府环境保护主管部门应当对其依法颁发辐射安全许可证的单位进行监督检查。

省级以上人民政府环境保护主管部门委托下一级环境保护主管部门颁发辐射安全许可证的，接受委托的环境保护主管部门应当对其颁发辐射安全许可证的单位进行监督检查。

第三十九条 县级以上人民政府环境保护主管部门应当结合本行政区域的工作实际，配备辐射防护安全监督员。

各级辐射防护安全监督员应当具备三年以上辐射工作相关经历。

省级以上人民政府环境保护主管部门辐射防护安全监督员应当具备大学本科以上学历，并通过中级以上辐射安全培训。

设区的市级、县级人民政府环境保护主管部门辐射防护安全监督员应当具备大专以上学历，并通过初级以上辐射安全培训。

第四十条 省级以上人民政府环境保护主管部门辐射防护安全监督员由环境保护部认可，设区的市级、县级人民政府环境保护主管部门辐射防护安全监督员由省级人民政府环境保护主管部门认可。

辐射防护安全监督员应当定期接受专业知识培训和考核。

取得高级职称并从事辐射安全与防护监督检查工作十年以上，或者取得注册核安全工程师资格的辐射防护安全监督员，可以免予辐射安全培训。

第四十一条 省级以上人民政府环境保护主管部门应当制定监督检查大纲，明确辐射安全与防护监督检查的组织体系、职责分工、实施程序、报告制度、重要问题管理等内容，并根据国家相关法律法规、标准制定相应的监督检查技术程序。

第四十二条 县级以上人民政府环境保护主管部门应当根据放射性同位素与射线装置生产、销售、使用活动的类别，制定本行政区域的监督检查计划。

监督检查计划应当按照辐射安全风险大小，规定不同的监督检查频次。

第六章 应急报告与处理

第四十三条 县级以上人民政府环境保护主管部门应当会同同级公安、卫生、财政、新闻、宣传等部门编制辐射事故应急预案，报本级人民政府批准。

辐射事故应急预案应当包括下列内容：

（一）应急机构和职责分工；

（二）应急人员的组织、培训以及应急和救助的装备、资金、物资准备；

（三）辐射事故分级与应急响应措施；

（四）辐射事故的调查、报告和处理程序；

（五）辐射事故信息公开、公众宣传方案。

辐射事故应急预案还应当包括可能引发辐射事故的运行故障的应急响应措施及其调查、报告和处理程序。

生产、销售、使用放射性同位素与射线装置的单位，应当根据可能发生的辐射事故的风险，制定本单位的应急方案，做好应急准备。

第四十四条 发生辐射事故或者发生可能引发辐射事故的运行故障时，生产、销售、使用放射性同位素与射线装置的单位应当立即启动本单位的应急方案，采取应急措施，并在两小时内填写初始报告，向当地人民政府环境保护主管部门报告。

发生辐射事故的，生产、销售、使用放射性同位素与射线装置的单位还应当同时向当地人民政府、公安部门和卫生主管部门报告。

第四十五条　接到辐射事故或者可能引发辐射事故的运行故障报告的环境保护主管部门，应当立即派人赶赴现场，进行现场调查，采取有效措施，控制并消除事故或者故障影响，并配合有关部门做好信息公开、公众宣传等外部应急响应工作。

第四十六条　接到辐射事故报告或者可能发生辐射事故的运行故障报告的环境保护部门，应当在两小时内，将辐射事故或者故障信息报告本级人民政府并逐级上报至省级人民政府环境保护主管部门；发生重大或者特别重大辐射事故的，应当同时向环境保护部报告。

接到含Ⅰ类放射源装置重大运行故障报告的环境保护部门，应当在两小时内将故障信息逐级上报至原辐射安全许可证发证机关。

第四十七条　省级人民政府环境保护主管部门接到辐射事故报告，确认属于特别重大辐射事故或者重大辐射事故的，应当及时通报省级人民政府公安部门和卫生主管部门，并在两小时内上报环境保护部。

环境保护部在接到事故报告后，应当立即组织核实，确认事故类型，在两小时内报告国务院，并通报公安部和卫生部。

第四十八条　发生辐射事故或者运行故障的单位，应当按照应急预案的要求，制定事故或者故障处置实施方案，并在当地人民政府和辐射安全许可证发证机关的监督、指导下实施具体处置工作。

辐射事故和运行故障处置过程中的安全责任，以及由事故、故障导致的应急处置费用，由发生辐射事故或者运行故障的单位承担。

第四十九条　省级人民政府环境保护主管部门应当每半年对本行政区域内发生的辐射事故和运行故障情况进行汇总，并将汇总报告报送环境保护部，同时抄送同级公安部门和卫生主管部门。

第七章 豁免管理

第五十条　省级以上人民政府环境保护主管部门依据《基本标准》及国家有关规定，负责对射线装置、放射源或者非密封放射性物质管理的豁免出具备案证明文件。

第五十一条　已经取得辐射安全许可证的单位，使用低于《基本标准》规定豁免水平的射线装置、放射源或者少量非密封放射性物质的，经所在地省级人民政府环境保护主管部门备案后，可以被豁免管理。

前款所指单位提请所在地省级人民政府环境保护主管部门备案时，应当提交其使用的射线装置、放射源或者非密封放射性物质辐射水平低于《基本标准》豁免水平的证明材料。

第五十二条　符合下列条件之一的使用单位，报请所在地省级人民政府环境保护主管部门备案时，除提交本办法第五十一条第二款规定的证明材料外，还应当提交射线装置、放射源或者非密封放射性物质的使用量、使用条件、操作方式以及防护管理措施等情况的证明：

（一）已取得辐射安全许可证，使用较大批量低于《基本标准》规定豁免水平的非密封放射性物质的；

（二）未取得辐射安全许可证，使用低于《基本标准》规定豁免水平的射线装置、放射源以及非密封放射性物质的。

第五十三条 对装有超过《基本标准》规定豁免水平放射源的设备，经检测符合国家有关规定确定的辐射水平的，设备的生产或者进口单位向环境保护部报请备案后，该设备和相关转让、使用活动可以被豁免管理。

前款所指单位，报请环境保护部备案时，应当提交下列材料：

（一）辐射安全分析报告，包括活动正当性分析，放射源在设备中的结构，放射源的核素名称、活度、加工工艺和处置方式，对公众和环境的潜在辐射影响，以及可能的用户等内容。

（二）有相应资质的单位出具的证明设备符合《基本标准》有条件豁免要求的辐射水平检测报告。

第五十四条 省级人民政府环境保护主管部门应当将其出具的豁免备案证明文件，报环境保护部。

环境保护部对已获得豁免备案证明文件的活动或者活动中的射线装置、放射源或者非密封放射性物质定期公告。

经环境保护部公告的活动或者活动中的射线装置、放射源或者非密封放射性物质，在全国有效，可以不再逐一办理豁免备案证明文件。

第八章 法律责任

第五十五条 违反本办法规定，生产、销售、使用放射性同位素与射线装置的单位有下列行为之一的，由原辐射安全许可证发证机关给予警告，责令限期改正；逾期不改正的，处一万元以上三万元以下的罚款：

（一）未按规定对相关场所进行辐射监测的；

（二）未按规定时间报送安全和防护状况年度评估报告的；

（三）未按规定对辐射工作人员进行辐射安全培训的；

（四）未按规定开展个人剂量监测的；

（五）发现个人剂量监测结果异常，未进行核实与调查，并未将有关情况及时报告原辐射安全许可证发证机关的。

第五十六条 违反本办法规定，废旧放射源收贮单位有下列行为之一的，由省级以上人民政府环境保护主管部门责令停止违法行为，限期改正；逾期不改正的，由原发证机关收回辐射安全许可证：

（一）未按规定建立废旧放射源收贮台账和计算机管理系统的；

（二）未按规定对已收贮的废旧放射源进行统计，并将统计结果上报的。

第五十七条 违反本办法规定，废旧放射源收贮单位有下列行为之一的，依照《放射性同位素与射线装置安全和防护条例》第五十二条的有关规定，由县级以上人民政府环境保护主管部门责令停止违法行为，限期改正；逾期不改正的，责令停业或者由原发证机关吊销辐射安全许可证；有违法所得的，没收违法所得；违法所得十万元以上的，并处违法所得一倍以上五倍以下的罚款；没有违法所得或者违法所得不足十万元的，并处一万元以上十万元以下的罚款。

（一）未取得环境保护部颁发的使用（含收贮）辐射安全许可证，从事废旧放射源收贮的；

（二）未经批准，擅自转让已收贮入库废旧放射源的。

第五十八条 违反本办法规定，废旧金属回收熔炼企业未开展辐射监测或者发现辐射监测结果明显异常未如实报告的，由县级以上人民政府环境保护主管部门责令改正，处一万元以上三万元以下的罚款。

第五十九条 生产、销售、使用放射性同位素与射线装置的单位违反本办法的其他规定，按照《中华人民共和国放射性污染防治法》、《放射性同位素与射线装置安全和防护条例》以及其他相关法律法规的规定进行处罚。

第九章 附 则

第六十条 本办法下列用语的含义：

（一）废旧放射源，是指已超过生产单位或者有关标准规定的使用寿命，或者由于生产工艺的改变、生产产品的更改等因素致使不再用于初始目的的放射源。

（二）退役，是指采取去污、拆除和清除等措施，使核技术利用项目不再使用的场所或者设备的辐射剂量满足国家相关标准的要求，主管部门不再对这些核技术利用项目进行辐射安全与防护监管。

第六十一条 本办法自 2011 年 5 月 1 日起施行。

国家质量监督检验检疫总局令

（第 140 号）

《国家质量监督检验检疫总局关于修改<特种设备作业人员监督管理办法>的决定》已经 2010 年 11 月 23 日国家质量监督检验检疫总局局务会议审议通过，现予公布，自 2011 年 7 月 1 日起施行。

局长 支树平

二○一一年五月三日

国家质量监督检验检疫总局关于修改《特种设备作业人员监督管理办法》的决定

国家质量监督检验检疫总局决定对《特种设备作业人员监督管理办法》作如下修改：

一、第二条第一款修改为：“锅炉、压力容器（含气瓶）、压力管道、电梯、起重机械、客运索道、大型游乐设施、场（厂）内专用机动车辆等特种设备的作业人员及其相关管理人员统称特种设备作业人员。特种设备作业人员作业种类与项目目录由国家质量监督检验检疫总局统一发布。”

二、第四条修改为：“申请《特种设备作业人员证》的人员，应当首先向省级质量技术监督部门指定的特种设备作业人员考试机构（以下简称考试机构）报名参加考试。

对特种设备作业人员数量较少不需要在各省、自治区、直辖市设立考试机构的，由国家质检总局指定考试机构。”

三、第六条修改为：“特种设备作业人员考核发证工作由县以上质量技术监督部门分级负责。省级质量技术监督部门决定具体的发证分级范围，负责对考核发证工作的日常监督管理。

申请人经指定的考试机构考试合格的，持考试合格凭证向考试场所所在地的发证部门申请办理《特种设备作业人员证》。”

四、删除第十条第一款第（四）项。

五、第十一条第一款改为：“用人单位应当对作业人员进行安全教育和培训，保证特种设备作业人员具备必要的特种设备安全作业知识、作业技能和及时进行知识更新。作业人员未能参加用人单位培训的，可以选择专业培训机构进行培训。”

六、第二十条增加一款，作为第二款：“用人单位可以指定一名本单位管理人员作为特种设备安全管理负责人，具体负责前款规定的相关工作。”

七、第二十二条修改为：“《特种设备作业人员证》每 4 年复审一次。持证人员应当在复审期届满 3 个月前，向发证部门提出复审申请。对持证人员在 4 年内符合有关安全技术规范规定的不间断作业要求和安全、节能教育培训要求，且无违章操作或者管理等不良记录、未造成事故的，发证部门应当按照有关安全技术规范的规定准予复审合格，并在证书正本上加盖发证部门复审合格章。

复审不合格、逾期未复审的，其《特种设备作业人员证》予以注销。”

八、增加一条，作为第二十三条："有下列情形之一的，应当撤销《特种设备作业人员证》：

（一）持证作业人员以考试作弊或者以其他欺骗方式取得《特种设备作业人员证》的；

（二）持证作业人员违反特种设备的操作规程和有关的安全规章制度操作，情节严重的；

（三）持证作业人员在作业过程中发现事故隐患或者其他不安全因素未立即报告，情节严重的；

（四）考试机构或者发证部门工作人员滥用职权、玩忽职守、违反法定程序或者超越发证范围考核发证的；

（五）依法可以撤销的其他情形。

违反前款第（一）项规定的，持证人3年内不得再次申请《特种设备作业人员证》。"

九、第二十七条增加一款作为第二款："发证部门应当在发证或者复审合格后20个工作日内，将特种设备作业人员相关信息录入国家质检总局特种设备作业人员公示查询系统。"

十、删除第三十条。

十一、第三十六条修改为："特种设备作业人员未取得《特种设备作业人员证》上岗作业，或者用人单位未对特种设备作业人员进行安全教育和培训的，按照《特种设备安全监察条例》第八十六条的规定对用人单位予以处罚。"

十二、第三十八条修改为："考试收费按照财政和价格主管部门的规定执行。省级质量技术监督部门负责对本辖区内《特种设备作业人员证》考试收费工作进行监督检查，并按有关规定通报相关部门。"

十三、第三十九条修改为："本办法不适用于从事房屋建筑工地和市政工程工地起重机械、场（厂）内专用机动车辆作业及其相关管理的人员。"

十四、删除附件《特种设备作业人员作业种类与项目目录》。

此外，对条文的顺序作相应的调整和修改。

本决定自2011年7月1日起施行。

《特种设备作业人员监督管理办法》根据本决定作相应的修订，重新公布。

特种设备作业人员监督管理办法

（2005年1月10日国家质量监督检验检疫总局令第70号公布，根据2011年5月3日《国家质量监督检验检疫总局关于修改<特种设备作业人员监督管理办法>的决定》修订）

第一章　总则

第一条　为了加强特种设备作业人员监督管理工作，规范作业人员考核发证程序，保障特种设备安全运行，根据《中华人民共和国行政许可法》、《特种设备安全监察条例》和《国务院对确需保留的行政审批项目设定行政许可的决定》，制定本办法。

第二条 锅炉、压力容器（含气瓶）、压力管道、电梯、起重机械、客运索道、大型游乐设施、场（厂）内专用机动车辆等特种设备的作业人员及其相关管理人员统称特种设备作业人员。特种设备作业人员作业种类与项目目录由国家质量监督检验检疫总局统一发布。

从事特种设备作业的人员应当按照本办法的规定，经考核合格取得《特种设备作业人员证》，方可从事相应的作业或者管理工作。

第三条 国家质量监督检验检疫总局（以下简称国家质检总局）负责全国特种设备作业人员的监督管理，县以上质量技术监督部门负责本辖区内的特种设备作业人员的监督管理。

第四条 申请《特种设备作业人员证》的人员，应当首先向省级质量技术监督部门指定的特种设备作业人员考试机构（以下简称考试机构）报名参加考试。

对特种设备作业人员数量较少不需要在各省、自治区、直辖市设立考试机构的，由国家质检总局指定考试机构。

第五条 特种设备生产、使用单位（以下统称用人单位）应当聘（雇）用取得《特种设备作业人员证》的人员从事相关管理和作业工作，并对作业人员进行严格管理。

特种设备作业人员应当持证上岗，按章操作，发现隐患及时处置或者报告。

第二章 考试和审核发证程序

第六条 特种设备作业人员考核发证工作由县以上质量技术监督部门分级负责。省级质量技术监督部门决定具体的发证分级范围，负责对考核发证工作的日常监督管理。

申请人经指定的考试机构考试合格的，持考试合格凭证向考试场所所在地的发证部门申请办理《特种设备作业人员证》。

第七条 特种设备作业人员考试机构应当具备相应的场所、设备、师资、监考人员以及健全的考试管理制度等必备条件和能力，经发证部门批准，方可承担考试工作。

发证部门应当对考试机构进行监督，发现问题及时处理。

第八条 特种设备作业人员考试和审核发证程序包括：考试报名、考试、领证申请、受理、审核、发证。

第九条 发证部门和考试机构应当在办公处所公布本办法、考试和审核发证程序、考试作业人员种类、报考具体条件、收费依据和标准、考试机构名称及地点、考试计划等事项。其中，考试报名时间、考试科目、考试地点、考试时间等具体考试计划事项，应当在举行考试之日 2 个月前公布。

有条件的应当在有关网站、新闻媒体上公布。

第十条 申请《特种设备作业人员证》的人员应当符合下列条件：

（一）年龄在 18 周岁以上；

（二）身体健康并满足申请从事的作业种类对身体的特殊要求；

（三）有与申请作业种类相适应的文化程度；

（四）具有相应的安全技术知识与技能；

（五）符合安全技术规范规定的其他要求。

作业人员的具体条件应当按照相关安全技术规范的规定执行。

第十一条　用人单位应当对作业人员进行安全教育和培训，保证特种设备作业人员具备必要的特种设备安全作业知识、作业技能和及时进行知识更新。作业人员未能参加用人单位培训的，可以选择专业培训机构进行培训。

作业人员培训的内容按照国家质检总局制定的相关作业人员培训考核大纲等安全技术规范执行。

第十二条　符合条件的申请人员应当向考试机构提交有关证明材料，报名参加考试。

第十三条　考试机构应当制订和认真落实特种设备作业人员的考试组织工作的各项规章制度，严格按照公开、公正、公平的原则，组织实施特种设备作业人员的考试，确保考试工作质量。

第十四条　考试结束后，考试机构应当在 20 个工作日内将考试结果告知申请人，并公布考试成绩。

第十五条　考试合格的人员，凭考试结果通知单和其他相关证明材料，向发证部门申请办理《特种设备作业人员证》。

第十六条　发证部门应当在 5 个工作日内对报送材料进行审查，或者告知申请人补正申请材料，并作出是否受理的决定。能够当场审查的，应当当场办理。

第十七条　对同意受理的申请，发证部门应当在 20 个工作日内完成审核批准手续。准予发证的，在 10 个工作日内向申请人颁发《特种设备作业人员证》；不予发证的，应当书面说明理由。

第十八条　特种设备作业人员考核发证工作遵循便民、公开、高效的原则。为方便申请人办理考核发证事项，发证部门可以将受理和发放证书的地点设在考试报名地点，并在报名考试时委托考试机构对申请人是否符合报考条件进行审查，考试合格后发证部门可以直接办理受理手续和审核、发证事项。

第三章　证书使用及监督管理

第十九条　持有《特种设备作业人员证》的人员，必须经用人单位的法定代表人（负责人）或者其授权人雇（聘）用后，方可在许可的项目范围内作业。

第二十条　用人单位应当加强对特种设备作业现场和作业人员的管理，履行下列义务：

（一）制订特种设备操作规程和有关安全管理制度；

（二）聘用持证作业人员，并建立特种设备作业人员管理档案；

（三）对作业人员进行安全教育和培训；

（四）确保持证上岗和按章操作；

（五）提供必要的安全作业条件；

（六）其他规定的义务。

用人单位可以指定一名本单位管理人员作为特种设备安全管理负责人，具体负责前款规定的相关工作。

第二十一条　特种设备作业人员应当遵守以下规定：

（一）作业时随身携带证件，并自觉接受用人单位的安全管理和质量技术监督部门的监督检查；

（二）积极参加特种设备安全教育和安全技术培训；

（三）严格执行特种设备操作规程和有关安全规章制度；

（四）拒绝违章指挥；

（五）发现事故隐患或者不安全因素应当立即向现场管理人员和单位有关负责人报告；

（六）其他有关规定。

第二十二条　《特种设备作业人员证》每4年复审一次。持证人员应当在复审期届满3个月前，向发证部门提出复审申请。对持证人员在4年内符合有关安全技术规范规定的不间断作业要求和安全、节能教育培训要求，且无违章操作或者管理等不良记录、未造成事故的，发证部门应当按照有关安全技术规范的规定准予复审合格，并在证书正本上加盖发证部门复审合格章。

复审不合格、逾期未复审的，其《特种设备作业人员证》予以注销。

第二十三条　有下列情形之一的，应当撤销《特种设备作业人员证》：

（一）持证作业人员以考试作弊或者以其他欺骗方式取得《特种设备作业人员证》的；

（二）持证作业人员违反特种设备的操作规程和有关的安全规章制度操作，情节严重的；

（三）持证作业人员在作业过程中发现事故隐患或者其他不安全因素未立即报告，情节严重的；

（四）考试机构或者发证部门工作人员滥用职权、玩忽职守、违反法定程序或者超越发证范围考核发证的；

（五）依法可以撤销的其他情形。

违反前款第（一）项规定的，持证人3年内不得再次申请《特种设备作业人员证》。

第二十四条　《特种设备作业人员证》遗失或者损毁的，持证人应当及时报告发证部门，并在当地媒体予以公告。查证属实的，由发证部门补办证书。

第二十五条　任何单位和个人不得非法印制、伪造、涂改、倒卖、出租或者出借《特种设备作业人员证》。

第二十六条　各级质量技术监督部门应当对特种设备作业活动进行监督检查，查处违法作业行为。

第二十七条　发证部门应当加强对考试机构的监督管理，及时纠正违规行为，必要时应当派人现场监督考试的有关活动。

第二十八条　发证部门要建立特种设备作业人员监督管理档案，记录考核发证、复审和监督检查的情况。发证、复审及监督检查情况要定期向社会公布。

发证部门应当在发证或者复审合格后20个工作日内，将特种设备作业人员相关信息录入国家质检总局特种设备作业人员公示查询系统。

第二十九条　特种设备作业人员考试报名、考试、领证申请、受理、审核、发证等环节的具体规定，以及考试机构的设立、《特种设备作业人员证》的注销和复审等事项，按照国家质检总局制定的特种设备作业人员考核规则等安全技术规范执行。

第四章　罚则

第三十条　申请人隐瞒有关情况或者提供虚假材料申请《特种设备作业人员证》的，不予受理或者不予批准发证，并在1年内不得再次申请《特种设备作业人员证》。

第三十一条　有下列情形之一的，责令用人单位改正，并处1000元以上3万元以下罚款：

（一）违章指挥特种设备作业的；

（二）作业人员违反特种设备的操作规程和有关的安全规章制度操作，或者在作业过程中发现事故隐患或者其他不安全因素未立即向现场管理人员和单位有关负责人报告，用人单位未给予批评教育或者处分的。

第三十二条　非法印制、伪造、涂改、倒卖、出租、出借《特种设备作业人员证》，或者使用非法印制、伪造、涂改、倒卖、出租、出借《特种设备作业人员证》的，处1000元以下罚款；构成犯罪的，依法追究刑事责任。

第三十三条　发证部门未按规定程序组织考试和审核发证，或者发证部门未对考试机构严格监督管理影响特种设备作业人员考试质量的，由上一级发证部门责令整改；情节严重的，其负责的特种设备作业人员的考核工作由上一级发证部门组织实施。

第三十四条　考试机构未按规定程序组织考试工作，责令整改；情节严重的，暂停或者撤销其批准。

第三十五条　发证部门或者考试机构工作人员滥用职权、玩忽职守、以权谋私的，应当依法给予行政处分；构成犯罪的，依法追究刑事责任。

第三十六条　特种设备作业人员未取得《特种设备作业人员证》上岗作业，或者用人单位未对特种设备作业人员进行安全教育和培训的，按照《特种设备安全监察条例》第八十六条的规定对用人单位予以处罚。

第五章　附则

第三十七条　《特种设备作业人员证》的格式、印制等事项由国家质检总局统一规定。

第三十八条　考试收费按照财政和价格主管部门的规定执行。省级质量技术监督部门负责对本辖区内《特种设备作业人员证》考试收费工作进行监督检查，并按有关规定通报相关部门。

第三十九条　本办法不适用于从事房屋建筑工地和市政工程工地起重机械、场（厂）内专用机动车辆作业及其相关管理的人员。

第四十条　本办法由国家质检总局负责解释。

第四十一条　本办法自2005年7月1日起施行。原有规定与本办法要求不一致的，以本办法为准。

中华人民共和国国家发展和改革委员会　中华人民共和国科学技术部　中华人民共和国外交部　中华人民共和国财政部令

（第11号）

为进一步推进清洁发展机制项目在中国的有序开展，促进清洁发展机制市场的健康发展，我们对《清洁发展机制项目运行管理办法》进行了修订。现予发布，自发布之日起施行。2005年10月12日施行的《清洁发展机制项目运行管理办法》同时废止。

国家发展改革委主任：张平

科技部部长：万钢

外交部部长：杨洁篪

财政部部长：谢旭人

二〇一一年八月三日

清洁发展机制项目运行管理办法（修订）

第一章 总则

第一条 为促进和规范清洁发展机制项目的有效有序运行，履行《联合国气候变化框架公约》（以下简称《公约》）、《京都议定书》（以下简称《议定书》）以及缔约方会议的有关决定，根据《中华人民共和国行政许可法》等有关规定，制定本办法。

第二条 清洁发展机制是发达国家缔约方为实现其温室气体减排义务与发展中

国家缔约方进行项目合作的机制，通过项目合作，促进《公约》最终目标的实现，并协助发展中国家缔约方实现可持续发展，协助发达国家缔约方实现其量化限制和减少温室气体排放的承诺。

第三条 在中国开展清洁发展机制项目应符合中国的法律法规，符合《公约》、《议定书》及缔约方会议的有关决定，符合中国可持续发展战略、政策，以及国民经济和社会发展的总体要求。

第四条 清洁发展机制项目合作应促进环境友好技术转让，在中国开展合作的重点领域为节约能源和提高能源效率、开发利用新能源和可再生能源、回收利用甲烷。

第五条 清洁发展机制项目的实施应保证透明、高效，明确各项目参与方的责任与义务。

第六条 在开展清洁发展机制项目合作过程中，中国政府和企业不承担《公约》和《议定书》规定之外的任何义务。

第七条 清洁发展机制项目国外合作方用于购买清洁发展机制项目减排量的资金，应额外于现有的官方发展援助资金和其在《公约》下承担的资金义务。

第二章 管理体制

第八条 国家设立清洁发展机制项目审核理事会（以下简称项目审核理事会）。项目审核理事会组长单位为国家发展改革委和科学技术部，副组长单位为外交部，成员单位为财政部、环境保护部、农业部和中国气象局。

第九条 国家发展改革委是中国清洁发展机制项目合作的主管机构，在中国开展清洁发展机制合作项目须经国家发展改革委批准。

第十条 中国境内的中资、中资控股企业作为项目实施机构，可以依法对外开展清洁发展机制项目合作。

第十一条 项目审核理事会主要履行以下职责：

（一）对申报的清洁发展机制项目进行审核，提出审核意见；

（二）向国家应对气候变化领导小组报告清洁发展机制项目执行情况和实施过程中的问题及建议，提出涉及国家清洁发展机制项目运行规则的建议。

第十二条 国家发展改革委主要履行以下职责：

（一）组织受理清洁发展机制项目的申请；

（二）依据项目审核理事会的审核意见，会同科学技术部和外交部批准清洁发展机制项目；

（三）出具清洁发展机制项目批准函；

（四）组织对清洁发展机制项目实施监督管理；

（五）处理其他相关事务。

第十三条 项目实施机构主要履行以下义务：

（一）承担清洁发展机制项目减排量交易的对外谈判，并签订购买协议；

（二）负责清洁发展机制项目的工程建设；

（三）按照《公约》、《议定书》和有关缔约方会议的决定，以及与国外合作方签订购买协议的要求，实施清洁发展机制项目，履行相关义务，并接受国家发展改革委及项目所在地发展改革委的监督；

（四）按照国际规则接受对项目合格性和项目减排量的核实，提供必要的资料和监测记录。在接受核实和提供信息过程中依法保护国家秘密和商业秘密；

（五）向国家发展改革委报告清洁发展机制项目温室气体减排量的转让情况；

（六）协助国家发展改革委及项目所在地发展改革委就有关问题开展调查，并接受质询；

（七）企业资质发生变更后主动申报；

（八）根据本办法第三十六条规定的比例，按时足额缴纳减排量转让交易额；

（九）承担依法应由其履行的其他义务。

第三章 申请和实施程序

第十四条 附件所列中央企业直接向国家发展改革委提出清洁发展机制合作项目的申请，其余项目实施机构向项目所在地省级发展改革委提出清洁发展机制项目申请。有关部门和地方政府可以组织企业提出清洁发展机制项目申请。国家发展改革委可根据实际需要适时对附件所列中央企业名单进行调整。

第十五条 项目实施机构向国家发展改革委或项目所在地省级发展改革委提出清洁发展机制项目申请时必须提交以下材料：

（一）清洁发展机制项目申请表；

（二）企业资质状况证明文件复印件；

（三）工程项目可行性研究报告批复（或核准文件，或备案证明）复印件；

（四）环境影响评价报告（或登记表）批复复印件；

（五）项目设计文件；

（六）工程项目概况和筹资情况说明；

（七）国家发展改革委认为有必要提供的其他材料。

第十六条 如果项目在申报时尚未确定国外买方，项目实施机构在填报项目申请表时必须注明该清洁发展机制合作项目为单边项目。获国家批准后，项目产生的减排量将转入中国国家账户，经国家发展改革委批准后方可将这些减排量从中国国家账户中转出。

第十七条 国家发展改革委在接到附件所列中央企业申请后，对申请材料不齐全或不符合法定形式的申请，应当场或在五日内一次告知申请人需要补正的全部内容。

第十八条 项目所在地省级发展改革委在受理除附件所列中央企业外的项目实施机构申请后二十个工作日内，将全部项目申请材料及初审意见报送国家发展改革委，且不得以任何理由对项目实施机构的申请作出否定决定。对申请材料不齐全或不符合法定形式的申请，项目所在地省级发展改革委应当场或在五日内一次告知申请人需要补正的全部内容。

第十九条 国家发展改革委在受理本办法附件所列中央企业提交的项目申请，或项目所在地省级发展改革委转报的项目申请后，组织专家对申请项目进行评审，评审时间不超过三十日。项目经专家评审后，由国家发展改革委提交项目审核理事会审核。

第二十条 项目审核理事会召开会议对国家发展改革委提交的项目进行审核，提出审核意见。项目审核理事会审核的内容主要包括：

（一）项目参与方的参与资格；

（二）本办法第十五条规定提交的相关批复；

（三）方法学应用；

（四）温室气体减排量计算；

（五）可转让温室气体减排量的价格；

（六）减排量购买资金的额外性；

（七）技术转让情况；

（八）预计减排量的转让期限；

（九）监测计划；

（十）预计促进可持续发展的效果。

第二十一条 国家发展改革委根据项目审核理事会的意见，会同科学技术部和外交部作出是否出具批准函的决定。对项目审核理事会审核同意批准的项目，从项目受理之日起二十个工作日内（不含专家评审的时间）办理批准手续；对项目审核理事会审核同意批准，但需要修改完善的项目，在接到项目实施机构提交的修改完善材料后会同科学技术部和外交部办理批准手续；对项目审核理事会审核不同意批准的项目，不予办理批准手续。

第二十二条 项目经国家发展改革委批准后，由经营实体提交清洁发展机制执行理事会申请注册。

第二十三条 国家发展改革委负责对清洁发展机制项目的实施进行监督。项目实施机构在清洁发展机制项目成功注册后十个工作日内向国家发展改革委报告注册状况，在项目每次减排量签发和转让后十个工作日内向国家发展改革委报告签发和转让有关情况。

第二十四条 工程建设项目的审批程序和审批权限，按国家有关规定办理。

第四章 法律责任

第二十五条 本办法涉及的行政机关及其工作人员，在清洁发展机制项目申请过程中，对符合法定条件的项目申请不予受理，或当项目实施机构提交的申请材料不齐全、不符合法定形式时，不一次告知项目实施机构必须补正的全部内容的，由其上级行政机关或者监察机关责令改正；情节严重的，对直接负责的主管人员和其他直接责任人员依法给予行政处分。

第二十六条 本办法涉及的行政机关及其工作人员，在接收、受理、审批项目申请，以及对项目实施监督检查过程中，索取或者收受他人财物或者谋取其他利益，构成犯罪的，依法追究刑事责任；尚不构成犯罪的，依法给予行政处分。

第二十七条 本办法涉及的行政机关及其工作人员，对不符合法定条件的项目申请予以批准，或者超越法定职权作出批准决定的，由其上级行政机关或者监察机关责令改正，对直接负责的主管人员和其他直接责任人员依法给予行政处分；构成犯罪的，依法追究刑事责任。

第二十八条 项目实施机构在清洁发展机制项目申请及实施过程中，如隐瞒有关情况或者提供虚假材料的，国家发展改革委可不予受理或者不予行政许可，并给予警告。

第二十九条 项目实施机构以欺骗、贿赂等不正当手段取得批准函的，国家发展改革委依法处以与项目减排量转让收入相当的罚款，罚款收入按照《行政处罚法》等有关规定，就地上缴中央国库。构成犯罪的，依法追究刑事责任。

第三十条 项目实施机构在取得国家发展改革委出具的批准函后，企业股权变更为外资或外资控股的，自动丧失清洁发展机制项目实施资格，股权变更后取得的项目减排量转让收入归国家所有。

第三十一条 项目实施机构在减排量交易完成后，未按照相关规定向国家按时足额缴纳减排量交易额分成的，国家发展改革委依法对项目实施机构给予行政处罚。

第三十二条 项目实施机构伪造、涂改批准函，或在接受监督检查时隐瞒有关情况、提供虚假材料或拒绝提供相关材料的，国家发展改革委依法给予行政处罚；构成犯罪的，依法追究刑事责任。

第五章 附则

第三十三条 本办法中的发达国家缔约方是指《公约》附件一中所列的国家。

第三十四条 本办法中的清洁发展机制执行理事会是指《议定书》下为实施清洁发展机制项目而专门设置的管理机构。

第三十五条 本办法中的经营实体是指由清洁发展机制执行理事会指定的审定和核证机构。

第三十六条 清洁发展机制项目因转让温室气体减排量所获得的收益归国家和项目实施机构所有，其他机构和个人不得参与减排量转让交易额的分成。国家与项目实施机构减排量转让交易额分配比例如下：

（一）氢氟碳化物（HFC）类项目，国家收取温室气体减排量转让交易额的65%；

（二）己二酸生产中的氧化亚氮（NO）项目，国家收取温室气体减排量转让交易额的30%；

（三）硝酸等生产中的氧化亚氮（NO）项目，国家收取温室气体减排量转让交易额的10%；

（四）全氟碳化物（PFC）类项目，国家收取温室气体减排量转让交易额的5%；

（五）其他类型项目，国家收取温室气体减排量转让交易额的2%。

国家从清洁发展机制项目减排量转让交易额收取的资金，用于支持与应对气候变化相关的活动，由中国清洁发展机制基金管理中心根据《中国清洁发展机制基金管理办法》收取。

第三十七条 国家发展改革委已批准

项目2012年后产生的减排量，须经国家发展改革委同意后才可转让，项目实施按照本办法管理。

第三十八条 本办法由国家发展改革委商科学技术部、外交部、财政部解释。

第三十九条 本办法自发布之日起施行。2005年10月12日起实施的《清洁发展机制项目运行管理办法》即行废止。

附：可直接向国家发展改革委提交清洁发展机制项目申请的中央企业名单

1. 中国核工业集团公司
2. 中国核工业建设集团公司
3. 中国化工集团公司
4. 中国化学工程集团公司
5. 中国轻工集团公司
6. 中国盐业总公司
7. 中国中材集团公司
8. 中国建筑材料集团公司
9. 中国电子科技集团公司
10. 中国有色矿业集团有限公司
11. 中国石油天然气集团公司
12. 中国石油化工集团公司
13. 中国海洋石油总公司
14. 国家电网公司
15. 中国华能集团公司
16. 中国大唐集团公司
17. 中国华电集团公司
18. 中国国电集团公司
19. 中国电力投资集团公司
20. 中国铁路工程总公司
21. 中国铁道建筑总公司
22. 神华集团有限责任公司
23. 中国交通建设集团有限公司
24. 中国农业发展集团总公司
25. 中国林业集团公司
26. 中国铝业公司
27. 中国航空集团公司
28. 中国中化集团公司
29. 中粮集团有限公司
30. 中国五矿集团公司
31. 中国建筑工程总公司
32. 中国水利水电建设集团公司
33. 国家核电技术有限公司
34. 中国节能投资公司
35. 中国中煤能源集团公司
36. 中国煤炭科工集团有限公司
37. 中国机械工业集团有限公司
38. 中国中钢集团公司
39. 中国冶金科工集团有限公司
40. 中国钢研科技集团公司
41. 中国广东核电集团

核动力厂环境辐射防护规定

(GB 6249-2011 代替 GB 6249-86 2011-09-01 实施)

前 言

为贯彻《中华人民共和国环境保护法》和《中华人民共和国放射性污染防治法》，防治放射性污染，改善环境质量，保护人体健康，制定本标准。

本标准规定了陆上固定式核动力厂厂址选择、设计、建造、运行、退役、扩建和修改等的环境辐射防护要求。

本标准是对《核电厂环境辐射防护规定》(GB 6249-86)的修订。

本标准首次发布于1986年，原标准起草单位为清华大学和中国原子能研究院。本次为第一次修订。修订的主要内容如下：

——将原标准中设计基准事故的分类修订为稀有事故和极限事故两类，同时给出了界定稀有事故和极限事故的频率；

——将原标准中厂址审批阶段的事故释放源项最大可信事故修改为选址假想事故，并给出其相应的剂量接受准则；

——本标准按堆型、按功率实施放射性流出物年排放总量的控制；对轻水堆，明确规定了液态放射性流出物中碳-14的年排放总量控制，并增加了轻水堆和重水堆气载放射性流出物中碳-14和氚的控制值；

——本标准分别规定了滨海厂址和内陆厂址在槽式排放出口处浓度控制值。

自本标准实施之日起，《核电厂环境辐射防护规定》(GB 6249-86)废止。

本标准由环境保护部科技标准司、核安全管理司组织制订。

本标准主要起草单位：苏州热工研究院有限公司、环境保护部核与辐射安全中心。

本标准环境保护部2011年1月25日批准。

本标准自2011年9月1日起实施。

本标准由环境保护部解释。

1 适用范围

本标准规定了陆上固定式核动力厂厂址选择、设计、建造、运行、退役、扩建和修改等的环境辐射防护要求。

本标准适用于采用轻水堆或重水堆发电的陆上固定式核设施，其他堆型的核动力厂可参照执行。

2 规范性引用文件

本标准内容引用了下列文件中的条款。凡是不注日期的引用文件，其有效版本适用于本标准。

GB18871-2002 电离辐射防护与辐射源安全基本标准

3 术语和定义

下列术语和定义适用于本标准。

3.1 非居住区 exclusion area

指反应堆周围一定范围内的区域，该区域内严禁有常住居民，由核动力厂的营运单位对这一区域行使有效的控制，包括任何个人和财产从该区域撤离；公路、铁路、水路可以穿过该区域，但不得干扰核动力厂的正常运行；在事故情况下，可以做出适当和有效的安排，管制交通，以保证工作人员和居民的安全。在非居住区内，与核动力厂运行无关的活动，只要不产生影响核动力厂正常运行和危及居民健康与安全是允许的。

3.2 规划限制区 planning restricted area

指由省级人民政府确认的与非居住区直接相邻的区域。规划限制区内必须限制人口的机械增长，对该区域内的新建和扩建的项目应加以引导或限制，以考虑事故应急状态下采取适当防护措施的可能性。

3.3 多堆厂址 multi-reactor site

指一个厂址有两个以上反应堆且各反应堆之间的距离小于5km的核动力厂厂址。

3.4 剂量约束 dose constraint

对源可能造成的个人剂量预先确定的一种限制，它是源相关的，被用作对所考虑的源进行防护和安全最优化时的约束条件。对于公众照射，剂量约束是公众成员从一个受控源的计划运行中接受的年剂量的上界。剂量约束所指的照射是任何关键人群组在受控源的预期运行过程中、经所有照射途径所接受的年剂量之和。对每个源的剂量约束应保证关键人群组所受的来自所有受控源的剂量之和保持在剂量限值以内。

3.5 环境敏感区

environmental sensitive area

指具有需特殊保护地区、生态敏感及脆弱区以及社会关注区特征的区域。

3.6 放射性流出物

radioactive effluents

通常情况下，核动力厂以气体、气溶胶、粉尘和液体等形态排入环境并在环境中得到稀释和弥散的放射性物质。

3.7 运行状态 operational states

正常运行和预计运行事件两类状态的统称。正常运行是指核动力厂在规定的运行限值和条件范围内的运行。预计运行事件是指在核动力厂运行寿期内预计至少发生一次的偏离正常运行的各种运行过程；由于设计中已采取相应措施，此类事件不至于引起安全重要物项的严重损坏，也不至于导致事故工况。

3.8 事故工况 accident conditions

比预计运行事件更严重的工况，包括设计基准事故和严重事故。

3.9 设计基准事故

design basis accidents

核动力厂按确定的设计准则进行设计，并在设计中采取了针对性措施的那些事故工况，且确保燃料的损坏和放射性物质的释放不超过事故控制值。

设计基准事故包括稀有事故和极限事故两类。

3.10 稀有事故 infrequent accidents

在核动力厂运行寿期内发生频率很低的事故（预计为10^{-4} ~ 10^{-2}/堆年），这类事故可能导致少量燃料元件损坏，但单一的稀有事故不会导致反应堆冷却剂系统或安全壳屏障丧失功能。

3.11 极限事故 limiting accidents

在核动力厂运行寿期内发生频率极低的事故（预计为10^{-6} ~ 10^{-4}/堆年），这类事故的后果包含了大量放射性物质释放的可能性，但单一的极限事故不会造成应对事故所需的系统（包括应急堆芯冷却系统和安全壳）丧失功能。

3.12 选址假想事故

postulated siting accident

该事故仅适用于审批厂址阶段，作为确定厂址非居住区、规划限制区边界的依据。对于水冷反应堆，该事故一般应考虑全堆芯熔化，否则应进行充分有效的论证。

3.13 严重事故 severe accidents

严重性超过设计基准事故并造成堆芯明显恶化的事故工况。

4 环境辐射防护总则

4.1 核动力厂所有导致公众辐射照射的实践活动均应符合辐射防护实践的正当性原则。

4.2 在考虑了经济和社会因素之后，个人受照剂量的大小、受照射的人数以及受照射的可能性均保持在可合理达到的尽量低水平。

4.3 剂量限制和潜在照射危险限制，按照 GB18871–2002 的相关规定：

（a）在运行状态条件下，应对可能受到核动力厂辐射照射的公众个人实行剂量限制。

（b）应对个人所受到的潜在照射危险加以限制，使所有潜在照射所致的个人危险与正常照射剂量限值所相应的健康危险处于同一数量级水平。

4.4 对于多堆厂址的各核动力厂，在环境辐射防护方面应实施统一的放射性流出物排放量申请、流出物和环境监测管理以及应急管理。

4.5 核动力厂应采取一切可合理达到的措施对放射性废物实施管理，实现废物最小化，包括在核动力厂的设计、运行和退役的全过程。废物管理应采用最佳可行技术实施对所有废气、废液和固体废物流的整体控制方案的优化和对废物从产生到处置的全过程的优化，力求获得最佳的环境、经济和社会效益，并有利于可持续发展。

5 厂址选择要求

5.1 在核动力厂厂址选择的过程中必须考虑与厂址所在区域的城市或工业发展规划、土地利用规划、水域环境功能区划之间的相容性，尤其应避开饮用水水源保护区、自然保护区、风景名胜区等环境敏感区。

5.2 在评价核动力厂厂址的适宜性时，必须综合考虑厂址所在区域的地质、地震、水文、气象、交通运输、土地和水的利用、厂址周围人口密度及分布等厂址周围的环境特征，必须考虑厂址所在区域内可能发生的自然的或人为的外部事件对核动力厂安全的影响，必须充分论证核动力厂放射性流出物排放（特别是事故工况下的流出物排放）、热排放及化学流出物排放对环境、当地生态系统和公众的影响，必须考虑新燃料、乏燃料及放射性固体废物的贮存和转运。

5.3 在核动力厂厂址选择中，应结合厂址周围的环境特征现状和预期发展，论证实施场外应急计划的可行性。

5.4 在核动力厂厂址选择时，应考虑核动力厂放射性废物的安全处置。

5.5 在核动力厂的厂址选择过程中，

应考虑环境保护和辐射安全因素，经比选，对候选厂址进行优化分析。

5.6 必须在核动力厂周围设置非居住区和规划限制区。非居住区和规划限制区边界的确定应考虑选址假想事故的放射性后果。不要求非居住区是圆形，可以根据厂址的地形、地貌、气象、交通等具体条件确定，但非居住区边界离反应堆的距离不得小于 500m；规划限制区半径不得小于 5km。

5.7 核动力厂应尽量建在人口密度相对较低、离大城市相对较远的地点。规划限制区范围内不应有 1 万人以上的乡镇，厂址半径 10km 范围内不应有 10 万人以上的城镇。

5.8 对于多堆厂址，应综合考虑各反应堆的特点，确定非居住区和规划限制区边界。

5.9 在发生选址假想事故时，考虑保守大气弥散条件，非居住区边界上的任何个人在事故发生后的任意 2h 内通过烟云浸没外照射和吸入内照射途径所接受的有效剂量不得大于 0.25Sv；规划限制区边界上的任何个人在事故的整个持续期间内（可取 30d）通过上述两条照射途径所接受的有效剂量不得大于 0.25Sv。在事故的整个持续期间内，厂址半径 80km 范围内公众群体通过上述两条照射途径接受的集体有效剂量应小于 2×10^4 人·Sv。

6 运行状态下的剂量约束值和排放控制值

6.1 任何厂址的所有核动力堆向环境释放的放射性物质对公众中任何个人造成的有效剂量，每年必须小于 0.25mSv 的剂量约束值。

核动力厂营运单位应根据经审管部门批准的剂量约束值，分别制定气载放射性流出物和液态放射性流出物的剂量管理目标值。

6.2 核动力厂必须按每堆实施放射性流出物年排放总量的控制，对于 3000MW 热功率的反应堆，其控制值如下。

表 1 气载放射性流出物控制值

	轻水堆	重水堆
惰性气体	6×10^{14}Bq/a	
碘	2×10^{10}Bq/a	
粒子（半衰期≥ 8d）	5×10^{10}Bq/a	
碳 -14	7×10^{11}Bq/a	1.6×10^{12}Bq/a
氚	1.5×10^{13}Bq/a	4.5×10^{14}Bq/a

表 2 液态放射性流出物控制值

	轻水堆	重水堆
氚	7.5×10^{13}Bq/a	3.5×10^{14}Bq/a
碳 -14	1.5×10^{11}Bq/a	2×10^{11}Bq/a（除氚外）
其余核素	5.0×10^{10}Bq/a	

6.3 对于热功率大于或小于 3000MW 的反应堆，应根据其功率按照 6.2 条款规定适当调整。

6.4 对于同一堆型的多堆厂址，所有机组的年总排放量应控制在 6.2 条款规定值的 4 倍以内。对于不同堆型的多堆厂址，所有机组的年总排放量控制值则由审管部门批准。

6.5 核动力厂放射性排放量设计目标

值不超过上述6.2、6.3和6.4条款确定年排放量控制值。营运单位应针对核动力厂厂址的环境特征及放射性废物处理工艺技术水平，遵循可合理达到的尽量低的原则，向审管部门定期申请或复核（首次装料前提出申请，以后每隔5年复核一次）放射性流出物排放量。申请的放射性流出物排放量不得高于放射性排放量设计目标值，并经审管部门批准后实施。

6.6 核动力厂的年排放总量应按季度和月控制，每个季度的排放总量不应超过所批准的年排放总量的二分之一，每个月的排放总量不应超过所批准的年排放总量的五分之一。若超过，则必须迅速查明原因，采取有效措施。

6.7 核动力厂液态放射性流出物必须采用槽式排放方式，液态放射性流出物排放应实施放射性浓度控制，且浓度控制值应根据最佳可行技术，结合厂址条件和运行经验反馈进行优化，并报审管部门批准。

6.8 对于滨海厂址，槽式排放出口处的放射性流出物中除氚和碳14外其他放射性核素浓度不应超过1000Bq/L；对于内陆厂址，槽式排放出口处的放射性流出物中除氚和碳14外其他放射性核素浓度不应超过100Bq/L，并保证排放口下游1km处受纳水体中总β放射性不超过1Bq/L，氚浓度不超过100Bq/L。如果浓度超过上述规定，营运单位在排放前必须得到审管部门的批准。

7 事故工况下的辐射防护要求

7.1 按可能导致环境危害程度和发生概率的大小，可将核动力厂事故工况分为设计基准事故（包括稀有事故和极限事故）和严重事故。

7.2 核动力厂事故工况的环境影响评价可采用设计基准事故，在设计中应采取针对性措施，使设计基准事故的潜在照射后果符合下列要求：

在发生一次稀有事故时，非居住区边界上公众在事故后2h内以及规划限制区外边界上公众在整个事故持续时间内可能受到的有效剂量应控制在5mSv以下，甲状腺当量剂量应控制在50mSv以下。

在发生一次极限事故时，非居住区边界上公众在事故后2h内以及规划限制区外边界上公众在整个事故持续时间内可能受到的有效剂量应控制在0.1Sv以下，甲状腺当量剂量应控制在1Sv以下。

7.3 根据国家相关法规要求，核动力厂及有关部门应制订相应的场内外应急计划，做好应急准备。确定应急计划区范围时应考虑严重事故产生的后果，并防止确定性效应的发生。

8 流出物排放管理和流出物监测

8.1 流出物排放管理

8.1.1 气载放射性流出物必须经净化处理后，经由烟囱释入大气环境。

8.1.2 液态放射性流出物排放前应对槽内液态放射性流出物取样监测，槽式排放口应明显标志。排放管线上应安装自动报警和排放控制装置。

8.1.3 核动力厂液态流出物总排放口的位置应根据下游取水、热排放和放射性核素排放等因素的影响进行充分的论证，并应避开集中式取水口、及水生生物的产卵场、洄游路线、养殖场等环境敏感区。

8.2 流出物监测

8.2.1 核动力厂营运单位必须制定流出物监测大纲，并依据该大纲对所排放的气载和液态放射性流出物进行监测。测量内容应包括排放总量、排放浓度及主要核素的含量。测量结果应及时分析和评价，并定期上报相关环境保护行政主管部门。

8.2.2 气载放射性流出物的监测项目应包括惰性气体、碘、粒子（半衰期≥ 8d）、碳 -14 和总氚；液态放射性流出物的监测项目应包括氚、碳 14 和其他核素。对于惰性气体等项目应采用连续监测的方法进行测量。

8.2.3 核动力厂营运单位应建立可靠的流出物监测质量保证体系，对正常运行期间流出物监测应采用具有合适的量程范围的测量设备与测量方法。对于低于探测限的相关测量结果应通过实验分析进行合理估算，确实无法估算的，在排放量统计时按探测限的二分之一取值进行。

8.2.4 流出物监测的取样应有足够的代表性，在流出物取样系统设计中应采取有效的工程设计方案，以减少流出物在取样过程中的管道损失。

8.2.5 流出物监测系统应保证正常运行和事故工况下均能获得可靠的监测结果。

9 辐射环境监测

9.1 运行前的环境调查

9.1.1 在核动力厂厂址首台机组首次装料前，营运单位必须完成环境本底辐射水平的调查，至少应获得最近两年的调查数据。同一厂址后续建造的机组应至少获得最近一年的辐射环境水平现状调查数据。

9.1.2 调查的环境介质应结合厂址的环境特征和核动力厂机组特征进行确定，一般应包括：空气、地表水和地下水、陆生和水生生物、食物、土壤、水体底泥和沉降灰等。

9.1.3 监测内容一般包括：环境 γ 辐射水平、环境介质中与核动力厂放射性排放有关的主要放射性核素浓度。

9.1.4 环境 γ 辐射水平的调查范围的半径一般取 50km，其余项目的调查范围的半径一般取 20~30km。

9.2 运行期间的常规环境辐射监测

9.2.1 在核动力厂首次装料前，营运单位必须制定环境监测大纲。在首次装料后，依据该大纲进行常规环境辐射监测，并对监测数据及时分析和评价，定期上报相关环境保护行政主管部门。

9.2.2 在进行常规环境辐射监测时，应与运行前的辐射环境本底（或现状）调查工作相衔接，充分利用运行前环境调查所获得的资料。项目采样点要与运行前环境调查保持适当比例的同位点。环境监测关注的重点是对关键人群组影响较大的主要放射性核素和环境介质。

9.2.3 常规环境辐射监测的环境介质、监测内容原则上与运行前环境监测相同。

9.2.4 环境 γ 辐射水平的调查范围的半径一般取 20km，其余项目的调查范围的半径一般取 10km。

9.2.5 常规环境辐射监测大纲要根据

环境监测的经验反馈、监测技术进步以及厂址周围可能的环境变化，定期（通常为5年）进行优化，并报环境保护行政主管部门认可。

9.3 事故环境应急监测

环境应急监测是核动力厂事故应急计划的重要组成部分。监测原则、监测方法和步骤、监测项目、监测路线、监测网点、监测工作的组织机构、监测数据报告、发布办法等按核动力厂营运单位制定的应急计划中的相关规定执行。

9.4 环境监测的质量保证

9.4.1 核动力厂应建立环境监测质量保证体系。

9.4.2 核动力厂应编制质量保证大纲，并制定详细的质量控制措施。

9.4.3 核动力厂开展的环境监测应与国务院环境保护行政主管部门依法开展的监督性监测定期进行比对。

10 放射性固体废物管理

10.1 反应堆系统、安全系统和辅助系统的设计，应采用安全、先进的生产工艺和设备，合理选择和利用原材料，尽可能实施废物的循环利用，尽量减少放射性固体废物的产生量。

10.2 应选择先进的固化工艺和减容工艺，减少固体废物的产生量，固体废物装桶前应进行放射性监测。

10.3 应在核动力厂厂内设置放射性固体废物暂存库，放射性固体废物暂存库的库容应与固体废物的产生量及暂存时间相适应。暂存库内贮存的废物应满足低、中放固体废物处置场的接受要求，并及时转运到处置场。放射性废物在暂存库内暂存期限不应超过5年。

10.4 放射性废物的处理和贮存，应确保地表水和地下水不被污染，必要时应开展专项评价论证。

10.5 应在首次装料前制定放射性废物管理大纲，并在运行期间定期修订。设计、运行和退役中应贯彻放射性废物分类管理的原则，严禁将放射性废物与易燃、易爆、易腐蚀、非放射性物质混合运输和贮存。

11 核动力厂的退役

11.1 在核动力厂设计时，应考虑未来便利于实施退役的要求，制定初步退役计划，并在核动力厂的运行过程中对初步退役计划定期修订。

11.2 核动力厂退役前，应制定详细的退役计划。经批准后，按退役计划有步骤地实施安全退役。

11.3 应记录和保存核动力厂辐射本底、设计和建造资料、反应堆运行历史（特别是事件及事件的处理情况）、核动力厂设计修改和维护情况，便于退役计划的制定和实施。

11.4 在退役过程中和退役后，应加强辐射防护、废物管理、环境监测工作。

核电厂放射性液态流出物排放技术要求

(GB 14587-2011 代替 GB 14587-93 2011-09-01 实施)

前 言

为贯彻《中华人民共和国环境保护法》和《中华人民共和国放射性污染防治法》，防治放射性污染，改善环境质量，保护人体健康，制定本标准。

本标准规定了核电厂放射性液态流出物排放的技术要求。

本标准是对《轻水堆核电厂放射性废水排放系统技术规定》（GB14587–93）的修订。

本标准首次发布于1993年，原标准起草单位为原北京核工程研究设计院。本次为第一次修订。本次修订的主要内容如下：

——修改了标准名称和适用范围；

——修改了放射性液态流出物排放管理原则；

——规定了对放射性液态流出物实施总量控制和浓度控制；

——增加了放射性液态流出物排放浓度限值和在线报警阈值；

——增加了液态放射性流出物排放系统设计和运行管理上的技术要求特别是优化要求；

——修改了放射性液态流出物排放管理、总排放口设置和监测等方面的一些要求。特别是，针对我国即将建造滨河、滨湖或滨水库等内陆核电厂的现状，增加了对滨河、滨湖或滨水库的具体要求。

自本标准实施之日起，《轻水堆核电厂放射性废水排放系统技术规定》（GB14587–93）废止。

本标准由环境保护部科技标准司、核安全管理司组织制订。

本标准主要起草单位：环境保护部核与辐射安全中心、苏州热工研究院有限公司。

本标准环境保护部2011年1月25日批准。

本标准自2011年9月1日起实施。

本标准由环境保护部解释。

1 适用范围

本标准规定了核电厂放射性液态流出物排放的技术要求。

本标准适用于轻水堆和重水堆型核电厂放射性液态流出物排放系统的设计和运行以及放射性液态流出物排放的管理。其他类型的核动力厂和核反应堆设施可参照采用。

2 规范性引用文件

本标准内容引用了下列文件中的条款。凡是不注日期的引用文件，其有效版本适用于本标准。

GB 6249 核动力厂环境辐射防护规定

GB11216 核设施流出物和环境放射性监测质量保证计划的一般要求

GB11217 核设施流出物监测的一般规定

GB 18871 电离辐射防护与辐射源安全基本标准

3 术语和定义

下列术语和定义适用于本标准。

3.1 放射性液态流出物 radioactive liquid effluents

指实践中源所造成的以液体形态排入环境得到稀释和弥散的放射性物质。

3.2 核电厂放射性液态流出物排放系统 discharge system of radioactive liquid effluents from nuclear power plant

指核电厂用以收集、贮存、监测和排放运行产生的放射性液态流出物的系统。

3.3 系统排放口 discharge point of removal system

指核电厂放射性液态流出物排放系统的出口。

3.4 总排放口 plant discharge point

指核电厂排水渠与环境受纳水体接口处。

3.5 排放限值 discharge limit

指包括年排放总量限值和排放浓度上限值。允许核电厂放射性液态流出物向环境排放的放射性活度最大值，包括年排放总量最大值和排放浓度最大值。

3.6 排放量控制值 authorized discharge limit

指包括年排放总量控制值和排放浓度控制值。由核电厂营运单位在设计排放量的基础上，根据厂址特征和同类电站的运行经验反馈，按照“辐射防护最优化”和“废物最小化”的原则，提出的放射性液态流出物年排放总量和排放浓度申请值，并经审批确定。

3.7 排放管理目标值 release management target

指营运单位设置的用于流出物排放管理的内部控制值。

4 一般要求

4.1 核电厂营运单位应采取有效措施，保证放射性液态流出物排放系统的设计和运行以及核电厂放射性液态流出物排放的管理满足 GB18871 的相关要求，遵循“辐射防护最优化”和“废物最小化”的原则，实施放射性液态流出物年排放总量控制和排放浓度控制。

4.2 核电厂放射性液态流出物向环境排放应采用槽式排放，排放的放射性总量应符合 GB6249 中有关放射性液态流出物年排放总量限值的相关规定。同时，对于滨海厂址，系统排放口处除 H–3、C–14 外其他放射性核素的总排放浓度上限值为 1000 Bq/L；对于滨河、滨湖或滨水库厂址，系统排放口处除 H–3、C–14 外其他放射性核素的总排放浓度上限值为 100Bq/L，且总排放口下游 1km 处受纳水体中总 β 放射性浓度不得超过 1Bq/L，H–3 浓度不得超过 100Bq/L。

4.3 核电厂址受纳水体的稀释能力应满足冷却水或冷却塔排污水和放射性液态流出物排放的环境要求，并作为核电厂址比选的一项主要指标。

4.4 在核电厂设计阶段，核电厂设计单位应根据 4.1、4.2 和 4.3 的规定，提出核电厂放射性液态流出物中包括 H–3 和 C–14 在内的各放射性核素的年设计排放总量，并经审批确定。对于核电厂不同来源的放射性液态流出物，核电厂设计单位应根据其排水量、所含放射性核素的种类和活度浓度，分别提出各系统排放口放射性液态流出物中除H-3、C-14外其他放射性核素的设计排放浓度，并经审批确定。

4.5 在首次装料前，核电厂营运单位应在设计排放量基础上，根据厂址环境特征以及同类核电厂的运行经验反馈，对放射性液态流出物的排放管理进行优化，提出电厂放射性液态流出物年排放总量和排放浓度申请值，经审批后作为电厂放射性液态流出物年排放总量和排放浓度控制值。对于多机组厂址，应统一提出放射性液态流出物年排放总量申请值。

4.6 在运行期间，核电厂营运单位应结合运行经验反馈和厂址条件的变化情况，对放射性液态流出物的排放管理进一步进行优化分析，每5年对核电厂放射性液态流出物排放量申请值进行一次复核或修订。当厂址条件发生明显变化时，应在半年内对核电厂放射性液态流出物排放量申请值进行复核或修订。

4.7 核电厂营运单位应按季度控制放射性液态流出物年排放总量，核电厂连续三个月内的放射性液态流出物排放总量不应超过年排放总量控制值的二分之一，每一个月内的放射性液态流出物排放总量不应超过年排放总量控制值的五分之一。滨河、滨湖或滨水库核电厂，可以结合受纳水域的特性，制订更合理的排放方式，报批后实施。

4.8 核电厂放射性液态流出物排放系统的设计应保证来自核岛系统的放射性液态流出物和来自常规岛系统的放射性液态流出物进入不同的排放系统，严禁将电厂非放射性废水纳入电厂放射性液态流出物排放系统。

4.9 核电厂营运单位应制订针对不同排放系统和不同运行工况的液态流出物排放浓度管理目标值，用于流出物排放管理的内部控制。

4.10 核电厂营运单位应制定放射性液态流出物排放的相关管理和执行程序并有效实施，减少和杜绝核电厂放射性液态流出物的异常排放。

为有效防止和控制核电厂放射性液态流出物的异常排放，核电厂设计时应设置足够容量的应急滞留贮槽，以保持对放射性废液的容纳和控制能力。

4.11 核电厂营运单位在选址阶段应按照参考电厂的设计排放量进行环境影响评价，设计阶段和首次装料阶段应分别按照核电厂设计排放量和排放量申请值进行环境影响评价。

5 排放管理

5.1 对于单机组或双机组核电厂，放射性液态流出物应集中排放。对于滨海厂址，不得漫滩排放，鼓励实现离岸排放。

5.2 对于采用直流循环冷却的核电厂，所有放射性液态流出物在排入环境受纳水体之前，应经该核电厂循环冷却水排水渠，与冷却水混合后由总排放口排出，其排出流量应根据冷却水稀释能力确定。

5.3 为有效防止和控制核电厂放射性液态流出物的异常排放，系统排放口在线监测仪表联锁报警阈值应不超过排放浓度控制值的5倍。

5.4 对于每一个排放系统，应设置 2 个足够容量的贮存排放槽和至少 1 个备用贮存排放槽。

贮存排放槽应设有将超过排放浓度控制值的液态流出物返回废液处理系统进行净化处理的装置。

贮存排放槽应设置混合装置（例如循环混合泵），以便排放前能从槽中取得有代表性的样品。

从取样开始到排放过程结束，不应有放射性液态流出物流入该贮存排放槽。

5.5 低于排放浓度控制值的放射性液态流出物，在由核电厂指定的辐射防护人员或授权人签字认可后，按照核电厂放射性液态流出物排放管理和执行程序进行排放。

高于排放浓度控制值但低于排放浓度限值的放射性液态流出物，在满足 4.8 规定的前提下，由核电厂经理或授权人签字认可后，才准排放。同时，应查明放射性液态流出物浓度增高的原因，采取必要的措施避免再次发生。

不得采用稀释方法，将超过排放浓度限值的放射性液态流出物排入电厂排水渠。

5.6 经处理后达到复用要求的放射性液态流出物，应尽量在本电厂内复用，以减少排放量。

6 总排放口设置

6.1 总排放口的设置应充分考虑受纳水体的环境容量、功能以及生态特征等因素。总排放口应避开集中式取水水源保护区、经济鱼类产卵场、洄游路线、水生生物养殖场等环境敏感点。

6.2 总排放口设计时，应有多种核电厂冷却水取水口和总排放口的具体位置和型式的多种设计方案，经数值模拟计算并充分考虑环境影响因素后，从中确定优选方案，经水工模型试验加以验证后审批确定。

6.3 确定总排放口的位置时，应尽量避开受纳水体中悬浮沉积物较多的地方，以降低排放口附近放射性物质的沉积积累。

6.4 总排放口应设有明显的警示标志。

6.5 对于滨河、滨湖或滨水库厂址，总排放口下游 1km 范围内禁止设置取水口。

7 监测和记录

7.1 核电厂放射性液态流出物的监测和记录应满足 GB11217 和 GB11216 的相关要求，监测结果的报告应按有关规定执行。液态流出物中非放射性物质和温度的监测应按有关标准的规定进行。

7.2 应对核电厂放射性液态流出物进行取样监测和在线连续监测。对于核电厂不同来源的放射性液态流出物，排放前应进行取样，测量总 γ 或总 β 放射性，并随后测量包括 H-3 和 C-14 在内的各种放射性核素的活度浓度。应在排入核电厂排水渠的每根放射性排水管线上都设置放射性浓度在线连续监测装置。

7.3 在线连续监测装置应有报警和联锁功能。应在满足 5.3 和 5.5 规定的前提下，评定取样监测结果和在线连续监测结果的差异，合理确定第一报警阈值和联锁报警阈值。当放射性液态流出物的排放浓度超过联锁报警阈值或监测装置发生故障时，应在主控室或就地控制室发出声和光报警，自动停止排放。

7.4 在线连续监测装置应具有足够的量程范围、准确性和短的响应时间，并由计量检测单位定期校准和检定，量值溯源应有详细记录。

7.5 滨河、滨湖或滨水库核电厂在其总排放口下游 1km 处应设置监测点，在液态流出物排放期间，每天定时取样分析。

7.6 应绘制放射性液态流出物排放监测点的分布图。

7.7 监测记录应包括排放时间、排水量、排放的核素浓度、总活度和人员签字，并定期编制成文件长期保存。

低、中水平放射性废物固化体性能要求——水泥固化体

(GB 14569.1-2011 代替 GB 14569.1-93 2011-09-01 实施)

前 言

为贯彻《中华人民共和国环境保护法》和《中华人民共和国放射性污染防治法》，防治放射性污染，改善环境质量，保护人体健康，制定本标准。

本标准规定了低、中水平放射性废物水泥固化体（以下简称水泥固化体）的最低性能要求和检验方法。

本标准适用于近地表处置的水泥固化体，大体积水泥浇注固化体除外。

本标准是对《低、中水平放射性废物固化体性能要求 水泥固化体》（GB 14569.1–93）的修订。

本标准首次发布于 1993 年，原标准起草单位为原核工业第二研究设计院。本次为第一次修订。本次修订的主要内容如下：

——修订了标准的适用范围；

——修订了规范性引用文件。引用了最新发布的规范性文件，删除了《低、中水平放射性固体废物的岩洞处置规定》（GB 13600）；

——增加了“水泥固化体”和“游离液体”的定义；

——修订了水泥固化体抗浸出性的性能要求；

——修订了水泥固化体抗压强度的检

验方法。采用了《水泥胶砂强度检验方法（ISO 法）》（GB/T 17671）规定的养护条件，增加了检验结果的数据处理要求；

——增加了不进行水泥固化体抗冻融性性能检验的条件。

自本标准实施之日起，《低、中水平放射性废物固化体性能要求 水泥固化体》（GB 14569.1–93）废止。

本标准由环境保护部科技标准司、核安全管理司组织制订。

本标准主要起草单位：环境保护部核与辐射安全中心、中国辐射防护研究院。

本标准环境保护部 2011 年 1 月 25 日批准。

本标准自 2011 年 9 月 1 日起实施。

本标准由环境保护部解释。

1 适用范围

本标准规定了低、中水平放射性废物水泥固化体（以下简称水泥固化体）的最低性能要求和检验方法。

本标准适用于近地表处置的水泥固化体，大体积水泥浇注固化体除外。

2 规范性引用文件

本标准内容引用了下列文件中的条款。凡是不注日期的引用文件，其有效版本适用于本标准。

GB 7023　放射性废物固化体长期浸出试验

GB 9132　低、中水平放射性固体废物的浅地层处置规定

GB 9133　放射性废物的分类

GB 11806 放射性物质安全运输规程

GB/T 17671　水泥胶砂强度检验方法（ISO 法）

3 术语和定义

下列术语和定义适用于本标准。

3.1 水泥固化体 cemented waste form

指放射性废物与水泥基材按照一定配方混合形成的均匀固化体。

3.2 游离液体 free liquid

指不为固体基质所束缚的未结合的液体。

4 水泥固化体放射性活度浓度限值

水泥固化体的放射性活度浓度应满足 GB 9132 和 GB 9133 的有关要求。

5 性能要求

水泥固化体的性能应满足 GB 9132 和 GB 11806 的有关要求。

5.1 游离液体

在室温、密闭条件下，经过养护后的水泥固化体不应存在泌出的游离液体。

5.2 机械性能

在室温、密闭条件下，经过养护、完全硬化后的水泥固化体，应是密实、均匀、稳定的块体，并应满足下列要求：

a）抗压强度　水泥固化体试样的抗压强度不应小于 7MPa；

b）抗冲击性能　从 9m 高处竖直自由下落到混凝土地面上的水泥固化体试样或带包装容器的固化体不应有明显的破碎。

5.3 抗水性

5.3.1 抗浸出性

水泥固化体试样在 25℃的去离子水中浸出，应满足浸出率和累积浸出分数的限值要求。

核素第 42 天的浸出率应低于下列限值：

—— ^{60}Co：2×10^{-3}cm/d；

—— ^{137}Cs：4×10^{-3}cm/d；

—— ^{90}Sr：1×10^{-3}cm/d；

—— ^{239}Pu：1×10^{-5}cm/d；

—— 其他 β、γ 放射性核素（不包括 ^{3}H）：4×10^{-3}cm/d；

—— 其他 α 核素：1×10^{-5}cm/d。

核素 42 天的累积浸出分数应低于下列限值：

—— ^{137}Cs：0.26 cm；

—— 其他放射性核素（不包括 ^{3}H）：0.17 cm。

5.3.2 抗浸泡性

水泥固化体试样抗浸泡试验后，其外观不应有明显的裂缝或龟裂，抗压强度损失不超过 25%。

5.4 抗冻融性

水泥固化体试样抗冻融试验后，其外观不应有明显的裂缝或龟裂，抗压强度损失不超过 25%。

当水泥固化体在常年最低气温高于 0℃的环境下贮存、运输和处置时，可不进行本项试验。

5.5 耐 γ 辐照性

水泥固化体试样进行 γ 辐照试验后，其外观不应有明显的裂缝或龟裂，抗压强度损失不超过 25%。

当水泥固化体在 300a 内累积吸收剂量小于 1×10^{4}Gy 时，可不进行本项试验。

6 性能检验方法

6.1 游离液体

用非放射性的模拟废物按照规定的配方制备水泥固化体，水泥固化体的高度应尽量接近工程上水泥固化体的实际高度（直径不小于 80mm，高度不小于 750mm），在密闭条件下养护 7d 后，观察水泥固化体的上表面有无游离液体，并在盛装水泥固化体的容器底部用钻孔或其他适当的方法开口，开口的面积应不小于 650mm^{2}，从开口处检查有无游离液体流出或滴落。

6.2 机械性能

6.2.1 样品制备

将按规定配方制备的水泥浆倒入圆柱体试模，抹平后放入养护箱内养护 28d，养护温度为 25±5℃、相对湿度 ≥90%。脱模后试样进行打磨，保持上下端面平行。试样的直径与高度应保持为 ϕ50×50mm。

6.2.2 抗压强度

抗压强度的测定参照 GB/T 17671 中有关要求进行。

抗压强度性能检验应至少对六个水泥固化体平行样品进行测量。以一组六个抗压强度测定值的算术平均值为试验结果。

如六个测定值中有一个超出六个平均值的 ±20%，应剔除这个结果，而以剩下五个的平均数为结果。如果五个测定值中再有超过它们平均值 ±20% 的，则此组结果作废。

6.2.3 抗冲击性

对满足抗压强度要求的水泥固化体试样或带包装容器的固化体进行抗冲击试验，试验时试样从 9m 高处竖直自由下落到混凝土地面上，观察试样是否明显破碎（出现棱角小碎块和裂纹不作为破碎看待）。

6.3 抗水性

6.3.1 抗浸出性

抗浸出性试验应采用真实物料的水泥固化体试样进行。试样的制备和养护同6.2.1的制样规定。对满足抗压强度要求的水泥固化体试样进行水泥固化体浸出试验，浸出试验应遵照GB 7023中的有关规定进行。

6.3.2 抗浸泡性

试样的制备和养护同6.2.1的制样规定。对满足抗压强度要求的水泥固化体试样进行抗浸泡试验，采用去离子水，在25±5℃条件下浸泡，浸泡时间90d，观察其外观，并测定其抗压强度。

6.4 抗冻融性

试样的制备和养护同6.2.1的制样规定。对满足抗压强度要求的水泥固化体试样进行抗冻融试验，当冷冻箱内温度达到－20℃时，将装在密闭塑料袋中的试样放入箱中，当箱内温度重新降至－20℃时，起算冻结时间，每次冻结时间不少于3h（冻结温度应保持在－20℃～－15℃），冻结完毕后取出试样（连同塑料袋），立即放在15℃～20℃的水槽中融解，每次试样的融解时间不少于4h。融解完毕即为该次冻融循环结束。每块水泥固化体试样进行5次冻融循环，观察其外观，并测定其抗压强度。

6.5 耐γ辐照性

试样的制备和养护同6.2.1的制样规定。对满足抗压强度要求的水泥固化体试样封装在玻璃管中，并留有5%～10%的自由空间体积，把封装好的试样放入专门的^{60}Co辐射源辐照孔道内照射（辐照剂量率应低于2×10^3Gy/h），直至试样累积吸收剂量达到相应活度浓度水泥固化体所可能受到的累积吸收剂量时，取出玻璃管，观察其外观，并测定其抗压强度。

核能行业发展

核能行业综述

2011年，突如其来的东日本大地震和海啸引发的福岛核事故使我国核电发展面临严峻的挑战。在党中央、国务院的正确领导下，我国核能行业认真贯彻国务院的四项决定，沉着应对，扎实工作，在困难的情况下，取得了核能建设新的业绩。

一、在役核电机组安全稳定运行，创造了良好业绩

2010年以来，岭澳核电二期1、2号机组，秦山二期3、4号机组先后投入商业运行，新增核电装机容量346万千瓦，使我国大陆在役核电机组数达到15台，总装机容量达到1254万千瓦。2011年，核发电量达到872亿千瓦时，占全国总发电量的1.85%。

二、核电中长期发展规划加快推进，在建规模世界领先

2005年12月以来，我国核准10个核电项目共34台机组，核准规模3702万千瓦。截至2011年年底，在建核电机组数为26台，装机容量为2924万千瓦，占世界在建核电机组数的40%。三代核电自主化依托项目、世界首批4台AP1000机组，与法国合作建设的2台EPR三代核电机组，已先后于2009年、2010年开工，三代核电引进、消化、吸收、再创新的工作顺利实施。

三、以核电工程建设为依托，我国核电装备国产化取得新突破

通过消化吸收引进技术、自主创新和大规模技术改造，建成了具有国际先进水平的核电装备制造基地，掌握了核岛和常规岛关键设备设计、制造核心技术，初步建立了核安全文化和质量保证体系，产品质量稳定性逐步提高。二代改进型压水堆核电站设备国产化率达80%以上，已经具备每年生产10～12套核电关键设备的能力。通过消化吸收AP1000三代核电关键设备制造技术、合作生产和开展科技攻关，三代核电设备制造国产化取得重要进展。

四、核电工程设计、建设和管理自主化能力持续提升

随着核电的快速发展，我国核电建设项目普遍采用了“精干业主加工程公司总承包、专业分包”的管理模式，提高了核电工程建设效率，成功地实现了多项目、多基地同步建设。以中国核工业建设集团公司为主的核岛工程建造队伍，全面掌握了多种堆型、多种容量的核电建造技术，同时承担的核电站核岛

工程机组数量最多时达到29台。在建核电项目质量、进度和投资等得到有效控制。

五、铀资源、核燃料保障能力进一步加强

铀矿地质勘查工作不断取得新的进展，天然铀产能连续五年保持两位数增长。铀纯化转化、铀浓缩、核燃料元件制造产能大幅提高，放射性废物得到妥善处理，一批新的生产线正在按计划进行建设，保证了核电加快发展的需要。

六、积极推进核科技创新，核专业人才培养取得显著成绩

核能领域国家重大科技专项——大型先进压水堆和高温气冷堆核电站研发和示范工程全面推进。AP1000国产标准化设计已经完成，CAP1400概念设计已通过国家评审；高温气冷堆核电站示范工程项目具备开工的条件。国家能源研发（实验）中心、企业研发中心建设加快推进，核能领域科技研发能力进一步提升。在实验快堆、先进研究堆、超大型铀矿地质勘查、专用设备研制、乏燃料后处理等领域取得了一批新的重大科技成果。

核专业人才教育培训工作受到高度重视。我国已有44所高校设立了核专业，在校生规模达到1万人。企业教育培训工作进一步加强，校企合作，已成为核专业人才培养的重要途径。高校核专业人才培养和企业培训工作的推进，有效地缓解了核电快速发展与核专业人才不足的矛盾。

七、核能国际合作进一步深化，海外开发取得重大成果

与国际原子能机构等国际组织的合作不断加强，与美国、法国、俄罗斯等国在核电、核燃料、核安全等领域的合作进一步深化。海外铀资源开发成效显著，在哈萨克斯坦、乌兹别克斯坦、尼日尔、纳米比亚等的合作项目进展顺利。与国外签署的铀资源开发和采购协议的落实，为满足我国核电发展对铀资源的需求提供了保障。

八、我国核能行业管理进一步加强，核电安全高效发展的基础更加牢固

为适应核能行业加快发展的需要，国务院核能行业主管部门和安全监管部门大力加强管理，在完善法律法规、编制“十二五”规划、规范行业行为、加强安全监管等方面做了大量工作。特别是日本福岛核事故后，认真贯彻国务院的四项决定，开展安全检查，制定核安全规划、核电安全规划，调整核电中长期发展规划，增设管理机构，增加人员编制，有效地促进了核能行业的健康有序发展。

核电

发展现状

2011年，我国核电厂的安全运行业绩良好，运行水平不断提高，主要运行业绩指标好于世界均值；未发生国际核事件分级1级及1级以上的运行事件（事故）；工作人员所受到的辐照剂量低于国家规定的限值，放射性废物排放总量及个人剂量水平均低于国家限值，没有发生影响环境与公众健康的事件。

截至2011年年底，我国大陆有15台商业运行核电机组，装机容量1253.82万千瓦，核电年发电量872.01亿千瓦时，同比增长16.67%；上网电量822.03亿千瓦时，同比增长16.43%；核电约占全国发电装机总容量的1.19%，占全国总发电量的1.85%。

2011年，核电对节能减排贡献显著，与燃煤发电相比，核电相当于少燃烧标准煤2877.63万吨，减少排放二氧化碳8417.07万吨、二氧化硫47.81万吨、氮氧化物21.20万吨。

截至2011年年底，我国在建核电机组有26台，装机容量2924万千瓦；世界在建核电机组共65台，总装机容量6459.7万千瓦。我国在建核电机组数占世界的40%，在建核电装机容量占世界的45%，是世界在建核电规模最大的国家。

（中国台湾省核电厂数据暂缺）

一、2011年我国发电量统计

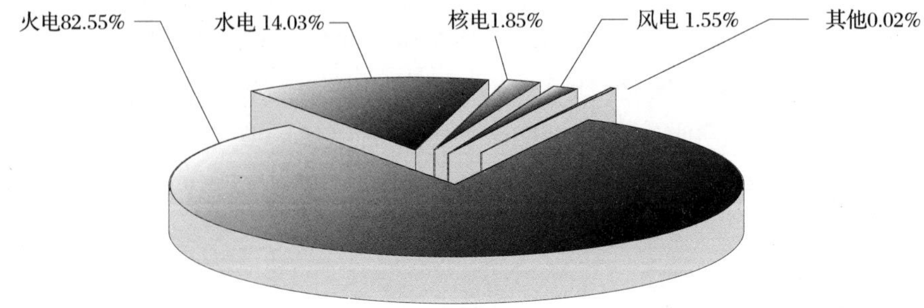

（注：数据来自2011年全国电力工业统计快报）

二、2002—2011 年我国核电机组数量统计

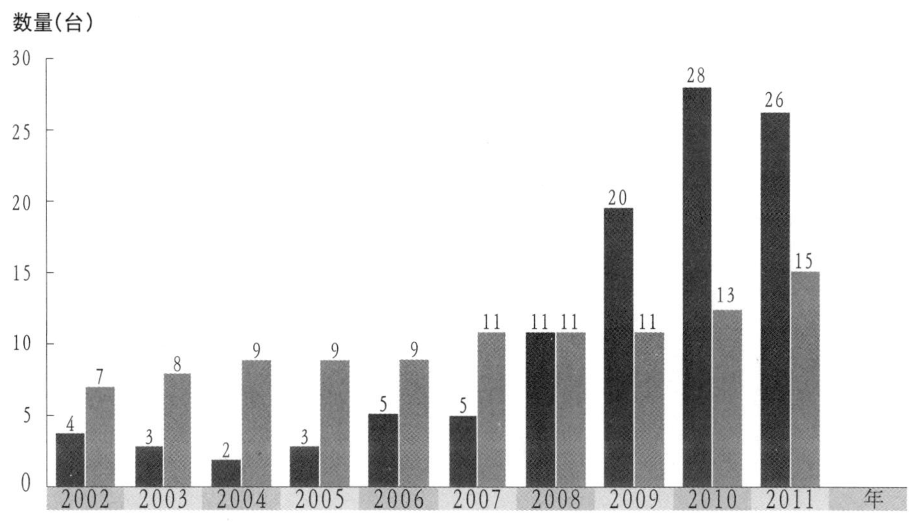

三、2002—2011 年我国核电装机容量统计

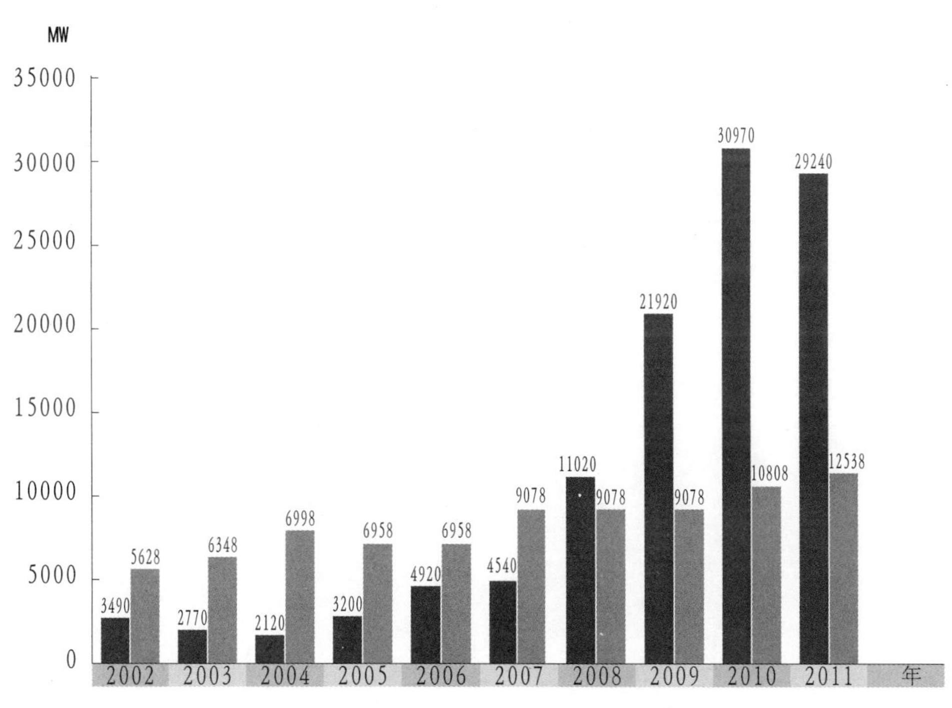

四、2011年中国大陆运行、在建、拟建核电厂分布图

辽宁省
北京 Beijing
山东省
江苏省
浙江省
福建省
台湾省
广东省
广西壮族自治区
香港
海南省
南海诸岛

徐大堡核电厂
红沿河核电厂
石岛湾核电厂
海阳核电厂
田湾核电厂
秦山核电厂
秦山第二核电厂
秦山第三核电厂
三门核电厂
宁德核电厂
福清核电厂
陆丰核电厂
大亚湾核电厂
岭澳核电厂
台山核电厂
阳江核电厂
防城港红沙核电厂
昌江核电厂

堆型	商业运行中	建设中	拟建
压水堆	●	◍	○
重水堆	▲	◭	△
高温气冷堆	■	▨	□

五、2011 年中国核电厂名录

状态	核电厂名称		堆型	额定功率（兆瓦）	开工日期	首次并网日期	商业运行日期
运行中	秦山核电厂		压水堆	310	1985.03.20	1991.12.15	1994.04.01
	大亚湾核电厂	1 号机组 2 号机组	压水堆	2×983.8	1987.08.07 1988.04.07	1993.08.31 1994.02.07	1994.02.01 1994.05.06
	秦　山 第二核电厂	1 号机组 2 号机组 3 号机组 4 号机组	压水堆	4×650	1996.06.02 1997.04.01 2006.04.28 2007.01.28	2002.02.06 2004.03.11 2010.08.01 2011.11.25	2002.04.15 2004.05.03 2010.10.05 2011.12.30
	岭澳核电厂	1 号机组 2 号机组 3 号机组 4 号机组	压水堆	2×990.3 2×1080	1997.05.15 1997.11.28 2005.12.15 2006.06.15	2002.02.26 2002.09.14 2010.07.15 2011.05.03	2002.05.28 2003.01.08 2010.09.20 2011.08.07
	秦　山 第三核电厂	1 号机组 2 号机组	重水堆	2×700	1998.06.08 1998.09.25	2002.11.19 2003.06.12	2002.12.31 2003.07.24
	田湾核电厂	1 号机组 2 号机组	压水堆	2×1060	1999.10.20 2000.09.20	2006.05.12 2007.05.14	2007.05.17 2007.08.16
合计		15 台		12538.2			
建造中	红沿河 核电厂	1 号机组 2 号机组 3 号机组 4 号机组	压水堆	4×1080	2007.08.18 2008.03.28 2009.03.07 2009.08.15		
	宁德核电厂	1 号机组 2 号机组 3 号机组 4 号机组	压水堆	4×1080	2008.02.18 2008.11.12 2010.01.08 2010.09.29		
	福清核电厂	1 号机组 2 号机组 3 号机组	压水堆	3×1080	2008.11.21 2009.06.17 2010.12.31		
	阳江核电厂	1 号机组 2 号机组 3 号机组	压水堆	3×1080	2008.12.16 2009.06.04 2010.11.15		
	秦山核电厂扩建项目 （方家山核电工程）	1 号机组 2 号机组	压水堆	2×1080	2008.12.26 2009.07.17		
	三门核电厂	1 号机组 2 号机组	压水堆	2×1250	2009.03.29 2009.12.15		
	海阳核电厂	1 号机组 2 号机组	压水堆	2×1250	2009.09.24 2010.06.20		
	台山核电厂	1 号机组 2 号机组	压水堆	2×1750	2009.11.18 2010.04.15		
	海南昌江核电厂	1 号机组 2 号机组	压水堆	2×650	2010.04.25 2010.11.21		
	防城港红沙核电厂	1 号机组 2 号机组	压水堆	2×1080	2010.07.30 2010.12.28		
合计		26 台		29240			
已核准未开工项目	福清核电厂	4 号机组					
	阳江核电厂	4 号机组 5 号机组 6 号机组					
	石岛湾核电厂	示范工程					
合计		5 台					
同意开展前期工作项目	海阳核电厂	3 号机组 4 号机组					
	田湾核电厂	3 号机组 4 号机组 5 号机组 6 号机组					
	辽宁徐大堡核电厂	1 号机组 2 号机组					
	陆丰核电厂	1 号机组 2 号机组					
	红沿河核电厂二期	5 号机组 6 号机组					
	福清核电厂	5 号机组 6 号机组					
	三门核电厂	3 号机组 4 号机组					
合计		16 台					

（注：本报告数据不包括中国台湾省）

在役核电机组运行情况

2011年，我国运行核电机组通过技术改进，不断建立健全管理机制，提高处理突发事件和风险识别的能力，通过严格控制机组的运行风险，使运行核电机组继续保持良好的安全运行纪录。本年度未发生国际核事件分级1级及1级以上的运行事件（事故）。核电厂运行期间，职业照射剂量水平、放射性流出物的排放均远低于国家限值。

一、发电量和上网电量统计

2011年，我国核电15台运行机组全年完成发电量872.01亿千瓦时，上网电量822.03亿千瓦时，较2010年发电量增加16.67%，上网电量增加16.43%。

1. 2002–2011年我国核电发电量和上网电量统计

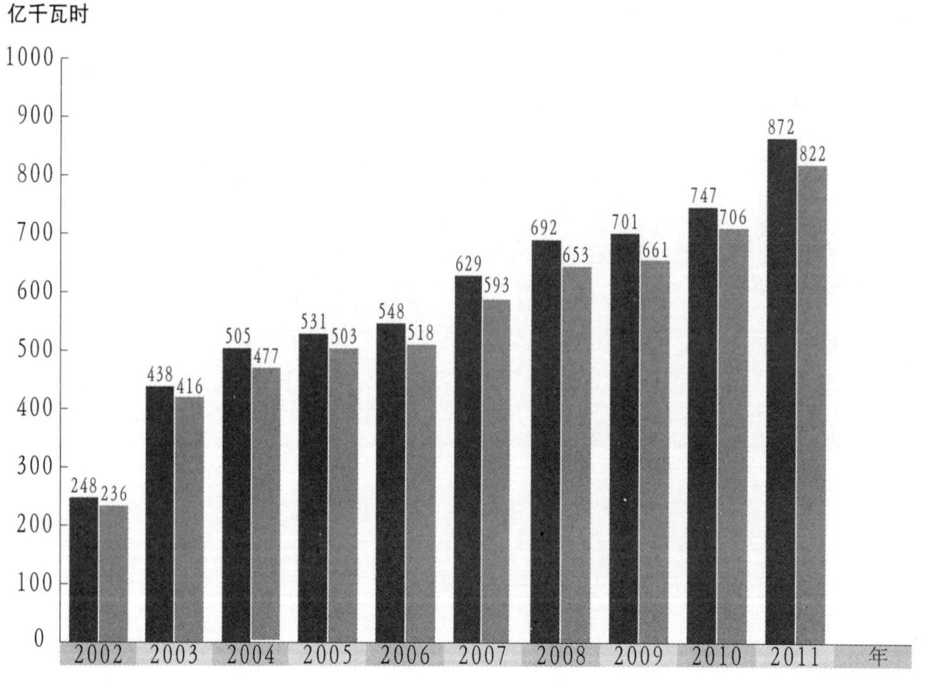

2. 2002–2011 年我国各运行核电厂发电量和上网电量

核电厂名称	项目	发电量（亿千瓦时）	上网电量（亿千瓦时）
秦山核电厂	2002	17.83	16.78
	2003	24.09	22.67
	2004	27.17	25.65
	2005	23.55	21.95
	2006	24.83	23.10
	2007	22.17	20.63
	2008	26.24	24.31
	2009	23.62	21.95
	2010	23.24	21.69
	2011	24.98	23.33
大亚湾核电厂	2002	147.48	141.16
	2003	150.03	143.84
	2004	139.00	133.11
	2005	154.51	148.47
	2006	155.15	148.58
	2007	154.41	147.75
	2008	160.81	154.30
	2009	163.74	156.62
	2010	157.04	150.15
	2011	160.18	153.36
秦山第二核电厂	2002(1 号机组)	34.9	32.47
	2003(1 号机组)	46.17	43.27
	2004	87.37	81.06
	2005	101.32	94.66
	2006	82.85	77.29
	2007	89.05	83.20
	2008	99.58	93.13
	2009	99.41	92.86
	2010（含 3 号机组）	119.41	112.36
	2011（含 4 号机组）	146.03	136.81
岭澳核电厂	2002	47.67	45.84
	2003	138.93	133.10
	2004	145.81	140.01
	2005	150.25	144.37
	2006	156.99	150.62
	2007	147.40	141.23
	2008	152.44	146.20
	2009	154.67	148.25
	2010（含 3 号机组）	176.59	169.55
	2011（含 4 号机组）	265.09	251.53
秦山第三核电厂	2003	78.84	72.74
	2004	105.34	97.64
	2005	101.24	93.87
	2006	114.58	106.16
	2007	115.41	106.96
	2008	112.38	104.12
	2009	117.23	108.53
	2010	114.12	105.57
	2011	115.01	106.53
田湾核电厂	2006 (1 号机组)	14.06	12.34
	2007	100.18	92.85
	2008	140.75	131.19
	2009	142.67	132.81
	2010	157.02	146.71
	2011	160.72	150.16

二、机组能力因子和负荷因子

2002—2011 年机组能力因子和负荷因子

项目 / 年份 核电厂名称		机组能力因子（%）										机组负荷因子（%）									
		2002	2003	2004	2005	2006	2007	2008	2009	2010	2011	2002	2003	2004	2005	2006	2007	2008	2009	2010	2011
秦山核电厂		68.37	89.15	99.81	87.02	91.84	82.22	95.55	87.43	83.35	88.04	66.92	88.74	99.78	86.72	91.44	81.62	96.36	86.98	83.99	89.11
大亚湾核电厂	1 号机组	89.74	90.13	87.77	99.95	80.32	91.20	99.79	91.23	89.08	99.98	89.55	89.57	87.24	99.80	80.31	90.85	99.61	90.20	88.90	99.67
	2 号机组	82.02	84.79	73.91	79.76	99.88	88.80	86.25	99.99	92.80	86.56	81.55	84.48	73.57	79.44	99.68	88.29	86.44	99.76	93.29	86.17
秦山第二核电厂	1 号机组	74.86	79.69	80.18	90.57	55.24	64.12	85.35	82.66	91.70	73.71	74.86	81.15	82.22	92.76	55.20	65.69	87.41	84.46	93.45	75.17
	2 号机组	/	/	/	82.82	88.78	88.30	85.21	88.21	86.64	90.95	/	/	/	85.19	90.30	90.70	87.00	90.12	88.71	93.27
	3 号机组	/	/	/	/	/	/	/	/	/	81.60	/	/	/	/	/	/	/	/	/	83.12
岭澳核电厂	1 号机组	99.92	80.68	88.54	83.10	90.08	83.16	92.11	90.38	93.71	91.39	92.03	76.83	87.76	82.69	89.16	82.65	90.72	89.05	92.93	91.05
	2 号机组	/	90.44	80.43	91.22	92.44	87.73	85.24	91.09	91.12	94.05	/	85.00	79.92	90.56	91.86	87.31	84.57	89.30	90.52	93.12
	3 号机组	/	/	/	/	/	/	/	/	98.60	72.06	/	/	/	/	/	/	/	/	98.75	71.14
	4 号机组	/	/	/	/	/	/	/	/	/	99.58	/	/	/	/	/	/	/	/	/	98.78
秦山第三核电厂	1 号机组	/	90.38	76.16	82.34	96.34	86.42	91.21	91.93	89.73	92.53	/	90.21	77.28	84.05	98.18	88.35	93.52	93.88	91.92	94.87
	2 号机组	/	87.67	92.85	79.61	86.73	97.55	87.32	95.37	92.07	91.02	/	90.42	94.03	81.05	88.68	99.87	89.43	97.30	94.19	92.69
田湾核电厂	1 号机组	/	/	/	/	/	/	70.97	74.12	87.02	86.55	/	/	/	/	/	/	74.76	77.84	86.92	86.16
	2 号机组	/	/	/	/	/	/	81.20	80.70	82.28	87.05	/	/	/	/	/	/	85.47	85.02	82.18	86.92

三、非计划自动紧急停堆

2011 年，我国已投入商业运行的 15 台机组中有 14 台机组实现了全年无非计划自动紧急停堆情况的良好业绩。

2002—2011 年运行核电机组非计划自动紧急停堆次数统计

核电厂名称＼年份		2002	2003	2004	2005	2006	2007	2008	2009	2010	2011
秦山核电厂		0	0	0	2	0	0	1	1	1	0
大亚湾核电厂	1 号机组	1	0	0	0	0	0	0	0	0	0
	2 号机组	2	0	1	0	0	2	1	0	0	0
秦山第二核电厂	1 号机组	4	1	1	0	1	0	0	0	0	1
	2 号机组	/	/	1	0	0	0	1	0	1	0
	3 号机组	/	/	/	/	/	/	/	/	0	0
	4 号机组	/	/	/	/	/	/	/	/	/	0
岭澳核电厂	1 号机组	0	0	1	1	0	0	0	0	0	0
	2 号机组	/	0	0	1	1	1	0	0	0	0
	3 号机组	/	/	/	/	/	/	/	/	0	0
	4 号机组	/	/	/	/	/	/	/	/	/	0
秦山第三核电厂	1 号机组	/	3	0	0	0	0	0	0	0	0
	2 号机组	/	0	0	1	0	0	0	0	0	0
田湾核电厂	1 号机组	/	/	/	/	/	1	1	2	0	0
	2 号机组	/	/	/	/	/	1	0	0	0	0
合计		7	4	4	5	2	5	4	3	2	1

四、职业照射

国家标准《电离辐射防护与辐射源安全基本标准》(GB18871-2002) 中规定了工作人员职业照射的剂量限值为：连续 5 年的年平均有效剂量不超过 20mSv；任何一年中的有效剂量不超过 50mSv。2002 年至 2011 年，我国已投入商业运行核电厂工作人员所受到的照射剂量均低于国家标准规定的限值。

2002—2011 年核电厂工作人员职业照射情况

核电厂名称	年份	年人均有效剂量 mSv	年度最大个人剂量 mSv	年度集体有效剂量 人 · Sv	归一化集体有效剂量 人 · mSv/GWh
秦山核电厂	2002	1.030	15.760	1.250	0.700
	2003	0.710	10.370	0.798	0.310
	2004	0.110	3.530	0.064	0.024
	2005	0.694	10.300	0.932	0.396
	2006	0.400	8.050	0.538	0.217
	2007	0.650	8.450	0.997	0.450
	2008	0.153	3.577	0.149	0.057
	2009	0.336	4.257	0.453	0.192
	2010	0.265	4.814	0.401	0.172
	2011	0.282	5.106	0.421	0.017
大亚湾核电厂	2002	0.370	6.780	0.730	0.050
	2003	0.704	8.098	1.848	0.123
	2004	0.674	12.140	1.817	0.310
	2005	0.486	8.146	1.307	0.085
	2006	0.436	5.921	1.205	0.078
	2007	0.378	9.476	1.053	0.068
	2008	0.305	5.988	0.826	0.051
	2009	0.283	5.194	0.715	0.044
	2010	0.343	10.843	0.946	0.060
	2011	0.327	8.434	0.993	0.062
秦山第二核电厂	2003	0.158	4.242	0.316	0.069
	2004	0.353	5.443	0.590	0.068
	2005	0.362	7.210	0.738	0.073
	2006	0.335	6.318	0.713	0.086
	2007	0.347	8.164	0.785	0.088
	2008	0.300	4.881	0.588	0.059
	2009	0.345	7.899	0.710	0.071
	2010	0.218	4.940	0.440	0.042
	2011	0.330	11.707	1.217	0.083
岭澳核电厂	2003	0.620	11.331	1.530	0.110
	2004	0.417	8.050	1.006	0.069
	2005	0.433	8.910	1.088	0.072
	2006	0.284	7.155	0.722	0.046
	2007	0.456	8.533	1.231	0.083
	2008	0.599	12.169	1.772	0.116
	2009	0.495	10.586	1.531	0.099
	2010	0.346	10.490	0.957	0.076
	2011	0.419	8.326	1.392	0.087
秦山第三核电厂	2003	0.185	3.274	0.171	0.019
	2004	0.369	8.015	0.810	0.077
	2005	0.594	9.350	1.368	0.135
	2006	0.272	5.990	0.519	0.045
	2007	0.277	5.900	0.572	0.0495
	2008	0.364	9.102	0.788	0.0701
	2009	0.327	6.415	0.748	0.064
	2010	0.329	5.430	0.727	0.064
	2011	0.361	14.637	0.832	0.072
田湾核电厂	2007	0.136	2.693	0.327	0.0326
	2008	0.209	3.460	0.557	0.0396
	2009	0.244	3.200	0.548	0.0384
	2010	0.174	2.16	0.426	0.0271
	2011	0.224	3.788	0.604	0.0376
岭澳核电厂二期	2011	0.208	5.665	0.747	0.071

五、放射性排出流的排放和环境监测

按照国家环境保护法规和环境辐射监测标准，依据管理部门批准的排放限值，我国核电厂对放射性排出流的排放进行了严格控制，对核电厂周围环境进行了有效监测。2011 年环境监测结果表明，各商业运行核电厂运行期间放射性排出流的排放量均远低于国家标准限值。

2011 年核电厂放射性排出流的排放量及占国家规定年限值百分比的统计

核电厂名称		秦山核电厂		大亚湾核电厂		秦山第二核电厂		岭澳核电厂		秦山第三核电厂		田湾核电厂		岭澳核电厂二期	
项目		年累计排放量（Bq）	占国家标准规定排放年限值的百分比	年累计排放量（Bq）	占国家标准规定排放年限值的百分比	年累计排放量（Bq）	占国家标准规定排放年限值的百分比	年累计排放量（Bq）	占国家标准规定排放年限值的百分比	年累计排放量（Bq）	占国家标准规定排放年限值的百分比	年累计排放量（Bq）	占国家标准规定排放年限值的百分比	年累计排放量（Bq）	占国家标准规定排放年限值的百分比
气态排出流	惰性气体	3.15E+12	4.09%	1.71E+12	0.177%	8.13E+11	0.277%	9.25E+11	0.095%	3.65E+12	1.97%	4.52E+12	0.545%	2.35E+12	0.242%
	卤素	9.66E+06	0.11%	4.84E+07	0.141%	6.68E+06	0.378%	4.83E+06	0.014%	6.99E+06	1.32%	1.28E+07	0.051%	7.29E+06	0.021%
	气溶胶	7.46E+06	7.17%	2.72E+06	0.072%	3.25E+06	0.068%	3.45E+06	0.091%	6.71E+06	0.14%	6.12E+07	0.408%	5.11E+06	0.135%
液态排出流	氚	3.19E+12	47.64%	4.75E+13	21.10%	4.40E+13	62.86%	5.45E+13	24.23%	4.05E+13	5.79%	2.39E+13	47.82%	1.03E+13	4.59%
	其余核素	2.08E+08	1.6%	1.50E+08	0.036%	1.56E+09	0.419%	1.34E+08	0.032%	2.09E+09	7.27%	1.29E+09	0.517%	9.72E+07	0.023%

六、运行事件

2011 年，我国投运核电厂共发生 21 起 0 级运行事件，没有发生 1 级及 1 级以上的运行事件。

2002—2011 年核电机组运行事件数量统计

INES 级别 / 核电厂名称		0 级运行事件										1 级运行事件									
		2002	2003	2004	2005	2006	2007	2008	2009	2010	2011	2002	2003	2004	2005	2006	2007	2008	2009	2010	2011
秦山核电厂		7	3	3	5	2	3	3	1	3	0	1	0	1	0	0	1	0	0	0	0
大亚湾核电厂	1 号机组	7	4	3	2	1	0	0	2	1	0	1	0	0	0	1	1	0	0	1	0
	2 号机组	2	6	5	1	0	1	1	0	1	0	2	0	2	1	0	2	0	0	0	0
秦山第二核电厂	1 号机组	21	6	4	0	1	0	2	1	0	1	1	0	0	0	0	0	0	0	0	0
	2 号机组	/	/	3	0	0	0	3	0	1	0	/	/	1	0	0	0	0	0	0	0
	3 号机组	/	/	/	/	/	/	/	/	6	2	/	/	/	/	/	/	/	/	1	0
	4 号机组	/	/	/	/	/	/	/	/	/	3	/	/	/	/	/	/	/	/	/	0
岭澳核电厂	1 号机组	13	6	1	3	0	3	0	1	0	1	0	1	0	1	0	0	0	0	0	0
	2 号机组	4	5	2	1	1	2	1	0	1	0	1	2	0	0	1	3	0	0	0	0
	3 号机组	/	/	/	/	/	/	/	/	12	1	/	/	/	/	/	/	/	/	0	0
	4 号机组	/	/	/	/	/	/	/	/	/	8	/	/	/	/	/	/	/	/	/	0
秦山第三核电厂	1 号机组	7	11	9	4	1	2	1	0	1	2	1	0	0	0	0	0	0	0	0	0
	2 号机组	/	12	3	3	1	0	3	0	1	2	/	0	0	1	0	0	0	0	0	0
田湾核电厂	1 号机组	/	/	/	2	7	4	1	3	1	1	/	/	/	/	/	1	0	0	0	0
	2 号机组	/	/	/	/	/	1	1	1	1	0	/	/	/	/	/	0	0	0	0	0
合计		61	53	33	21	14	16	16	9	29	21	7	3	4	3	2	8	0	0	2	0

注：数据来源 CINNO 网事件报告数据库；含调试期间运行事件

七、机组大修

2011 年，我国投运核电机组按计划共进行了 12 台·次换料大修。

2011 年商业运行核电机组大修情况

<table>
<tr><th>核电厂名称</th><th>机组号</th><th>工　期</th></tr>
<tr><td colspan="2">秦山核电厂</td><td>2011.11.01 ~ 2011.12.12　40.83 天</td></tr>
<tr><td rowspan="2">大亚湾核电厂</td><td>1 号机组</td><td>未安排大修</td></tr>
<tr><td>2 号机组</td><td>2011.10.26 ~ 2011.12.11　46.29 天</td></tr>
<tr><td rowspan="3">秦山第二核电厂</td><td>1 号机组</td><td>2011.01.10 ~ 2011.03.16　65.67 天</td></tr>
<tr><td>2 号机组</td><td>2011.05.20 ~ 2011.06.20　31.08 天</td></tr>
<tr><td>3 号机组</td><td>2011.10.20 ~ 2011.12.23　63.92 天</td></tr>
<tr><td rowspan="3">岭澳核电厂</td><td>1 号机组</td><td>2011.01.26 ~ 2011.02.23　28.65 天</td></tr>
<tr><td>2 号机组</td><td>2011.12.12 ~ 2012.01.10　29.56 天</td></tr>
<tr><td>3 号机组</td><td>2011.08.27 ~ 2011.11.14　79.03 天</td></tr>
<tr><td rowspan="2">秦山第三核电厂</td><td>1 号机组</td><td>2011.12.12 ~ 2012.01.12　31.58 天</td></tr>
<tr><td>2 号机组</td><td>2011.05.15 ~ 2011.06.15　31.73 天</td></tr>
<tr><td rowspan="2">田湾核电厂</td><td>1 号机组</td><td>2011.03.01 ~ 2011.04.18　48.04 天</td></tr>
<tr><td>2 号机组</td><td>2011.05.10 ~ 2011.06.18　39.2 天</td></tr>
</table>

八、2011 年运行核电机组 WANO 性能指标

与 WANO 公布的全世界核电厂 2011 年度 WANO 11 类 13 项中值、先进值数据相比：秦山核电厂有 11 项达到或超过中值水平，其中 6 项达到先进水平。广东大亚湾核电厂 1 号机组 13 项达到先进水平；2 号机组有 9 项达到先进水平。秦山第二核电厂 1 号机组有 7 项达到或超过中值水平，其中 5 项达到先进水平；2 号机组有 13 项达到或超过中值水平，其中 10 项达到先进水平；3 号机组有 10 项达到或超过中值水平，其中 8 项达到先进水平。岭澳核电厂 1 号机组有 10 项达到或超过中值水平，其中 9 项达到先进水平；2 号机组有 10 项达到或超过中值水平，其中 9 项达到先进水平；3 号机组有 7 项达到或超过中值水平，其中 6 项达到先进水平；4 号机组有 10 项达到或超过中值水平，其中 8 项达到先进水平。秦山第三核电厂 1 号机组有 9 项达到或超过中值水平，其中 7 项达到先进水平；2 号机组有 11 项达到或超过中值水平，其中 9 项达到先进水平。田湾核电厂 1 号机组有 12 项达到或超过中值水平，其中 10 项达到先进水平；2 号机组有 12 项达到或超过中值水平，其中 11 项达到先进水平。

1. 2011 年我国运行核电机组 WANO 性能指标统计

性能指标＼机组		秦山核电厂	大亚湾核电厂		秦山第二核电厂			岭澳核电厂				秦山第三核电厂		田湾核电厂		WANO 中值	WANO 先进值
			1 号机组	2 号机组	1 号机组	2 号机组	3 号机组	1 号机组	2 号机组	3 号机组	4 号机组	1 号机组	2 号机组	1 号机组	2 号机组		
机组能力因子（%）		88.04	99.98	86.56	73.71	90.95	81.60	91.39	94.05	72.06	99.58	92.53	91.02	86.55	87.05	87.16	92.75
非计划能力损失因子（%）		1.20	0.00	2.55	3.97	0.00	0.16	0.00	0.02	6.97	0.34	1.85	0.00	0.06	0.00	1.68	0.17
强迫损失率（%）		0.41	0.00	0.00	2.88	0.00	0.20	0.00	0.02	6.88	0.34	1.96	0.00	0.07	0.00	0.91	0.09
电网相关损失率（%）		0.00	0.00	0.00	0.00	0.00	0.00	0.00	0.02	0.00	0.00	0.00	0.00	0.00	0.00	0.00	0.00
临界 7000 小时非计划自动停堆次数		0.00	0.00	0.00	1.04	0.00	0.00	0.00	0.00	0.00	0.00	0.00	0.00	0.00	0.00	0.00	0.00
安全系统性能	高压安注	0.0001	0.0000	0.0000	0.0000	0.0000	0.0000	0.0000	0.0000	0.0000	0.0000	0.0011	0.0006	0.0000	0.0000	0.0001	0.0000
	辅助给水	0.0001	0.0000	0.0000	0.0002	0.0000	0.0000	0.0000	0.0000	0.0000	0.0000	0.0000	0.0000	0.0000	0.0000	0.0000	0.0000
	应急交流电	0.0000	0.0000		0.0005		0.0443	0.0000		0.0004	0.0000	0.0021	0.0021	0.0000	0.0000	0.0015	0.0000
燃料可靠性（Bq/g）		0.037	0.037	40.677	0.037	0.037	0.037	10.791	1.683	0.037	27.101	0.037	0.037	0.728	0.037	0.955	0.037
化学性能		1.00	1.00	1.00	1.01	1.00	1.05	1.00	1.00	1.31	1.92	1.00	1.00	1.00	1.00	1.00	1.00
累计集体剂量 (man.Sv)		0.4214	0.0601	0.9332	0.3886	0.3886	0.4386	0.8587	0.5335	0.7405	0.0068	0.4112	0.4206	0.302	0.302	0.575	0.2783
电厂员工工业安全事故率		0.00	0.00		0.00	0.00	0.00	0.12		0.00		0.00	0.00	0.00	0.00	0.06	0.00
承包商工业安全事故率		0.17	0.00		0.00	0.00	0.00	0.00		0.21		0.00	0.00	0.00	0.00	0.00	0.00

注：□表示该指标没有达到 WANO 中值，□表示该指标介于 WANO 中值、先进值之间，■表示该指标达到 WANO 先进值。

2. 2010—2011 年我国运行核电机组综合指数排名统计

核电厂名称 \ 项目			世界机组范围内排名	PWR 机组范围内排名	PHWR 机组范围内排名	INPO 机组范围内排名
秦山核电厂		2010	151	131	/	62
		2011	102	95	/	46
大亚湾核电厂	1 号机组	2010	1	1	/	1
		2011	1	1	/	1
	2 号机组	2010	1	1	/	1
		2011	60	56	/	29
秦山第二核电厂	1 号机组	2010	90	82	/	41
		2011	146	129	/	58
	2 号机组	2010	87	79	/	38
		2011	67	62	/	32
	3 号机组	2011	219	178	/	80
岭澳核电厂	1 号机组	2010	49	42	/	22
		2011	40	35	/	21
	2 号机组	2010	45	40	/	19
		2011	1	1	/	1
	3 号机组	2011	368	262	/	114
秦山第三核电厂	1 号机组	2010	43	/	6	18
		2011	36	/	5	18
	2 号机组	2010	1	/	1	1
		2011	30	/	4	15
田湾核电厂	1 号机组	2010	199	166	/	78
		2011	96	90	/	45
	2 号机组	2010	149	129	/	61
		2011	115	105	/	50

注：分数相同的情况下，采用的是并列排名方式。

在建核电项目进展情况

2011年，岭澳核电厂4号机组、秦山第二核电厂4号机组建成并正式投入商业运行。此外，红沿河核电厂1～4号机组，宁德核电厂1～4号机组，福清核电厂1～3号机组，阳江核电厂1～3号机组，秦山核电厂扩建项目1、2号机组，三门核电厂1、2号机组，海阳核电厂1、2号机组，台山核电厂1、2号机组，昌江核电厂1、2号机组，防城港核电厂1、2号机组等在建工程项目进展顺利，完成了年度任务目标。

2011年世界在建核电机组信息

国 家	机组数	装机容量（万千瓦）
阿根廷	1	69.2
巴西	1	124.5
保加利亚	2	190.6
中国	26	2924
芬兰	1	160
法国	1	160
印度	7	482.4
日本	2	265
韩国	5	556
俄罗斯	10	820.3
斯洛伐克	2	78.2
乌克兰	2	190
美国	1	116.5
巴基斯坦	2	63

注：取自IAEA数据。未列入中国台湾在建机组2台（总装机容量为260万千瓦）。

一、岭澳核电厂 4 号机组

一、基本情况	
业主单位	岭东核电有限公司
主要股东	中国广东核电集团有限公司、中国广东核电投资有限公司
厂址	广东省深圳市大亚湾岭澳厂址
机组堆型	CPR1000
设计电功率	1087MW
开工日期	2006 年 6 月 15 日
计划完工日期	2011 年 8 月 15 日（实际日期：2011 年 8 月 7 日）
二、建设亮点	
2011 年 8 月 7 日，岭澳 4 号机组正式投入商业运行，标志着岭澳核电厂二期工程全部建成投产。 岭澳二期核电厂项目是我国首个“自主设计、自主制造、自主建设、自主运营”的百万千瓦级核电厂，设备国产化率达 64%。	

岭澳核电厂 4 号机组里程碑完成情况

里程碑	完成年份	里程碑	完成年份
核岛主设备供应合同签字	2005	汽轮机 1 号低压缸到货	2009
DCS 供应合同签字	2005	反应堆压力容器到货	2009
T/G 供应合同签字	2005	500kV 可用	2009
颁发建造许可证	2005	发电机到货	2009
核岛第一罐混凝土	2006	泵站进水	2009
泵站第一罐混凝土	2006	核岛主回路冷试开始	2010
常规岛第一罐混凝土	2007	核岛主回路热试开始	2010
BOP 安装开始	2007	装料	2010
首个单系统（SDA）调试开始	2008	首次临界	2011
安全壳穹顶吊装	2008	首次并网	2011
反应堆厂房环吊可用	2008	商业运行	2011

二、秦山第二核电厂4号机组

一、基本情况	
业主单位	核电秦山联营有限公司
主要股东	中核核电有限公司、浙江省电力开发公司、申能股份有限公司、江苏省国信资产管理集团有限公司、中电投核电有限公司、安徽省能源集团有限公司
厂址	浙江海盐秦山
机组堆型	CNP600
设计电功率	650MW
开工日期	2007年1月28日
完工日期	2011年12月30日
二、建设亮点	
2011年12月29日，秦山第二核电厂4号机组圆满完成100小时满功率运行考核。4号机组投入商业运行，标志着秦山二期扩建工程顺利建设完成。	

秦山第二核电厂4号机组里程碑完成情况

里程碑	完成年份	里程碑	完成年份
核岛主设备供应合同签字	2005	反应堆压力容器到货	2010
颁发建造许可证	2006	220kV可用	2010
泵站第一罐混凝土	2006	500kV可用	2010
核岛第一罐混凝土	2007	发电机到货	2010
常规岛第一罐混凝土	2007	泵站进水	2011
BOP安装开始	2007	核岛主回路冷试开始	2011
安全壳穹顶吊装	2008	核岛主回路热试开始	2011
反应堆厂房环吊可用	2009	装料	2011
冷凝器到货	2009	首次临界	2011
汽轮机开始到货	2009	首次并网	2011
首个系统移交调试	2010	商业运行	2011
汽轮机扣缸	2010		

三、红沿河核电厂 1 ~ 4 号机组

一、基本情况	
业主单位	辽宁红沿河核电有限公司
主要股东	中国广东核电集团公司、中电投核电公司、大连市建设投资公司
厂址	辽宁省瓦房店市红沿河镇东岗村
机组堆型	CPR1000
设计电功率	1118.79 MW
开工日期	1 号机组 : 2007 年 8 月 18 日 2 号机组 : 2008 年 3 月 28 日 3 号机组 : 2009 年 3 月 7 日 4 号机组 : 2009 年 8 月 15 日
计划完工日期	1 号机组 : 2012 年 12 月 15 日 2 号机组 : 2013 年 8 月 15 日 3 号机组 : 2014 年 4 月 15 日 4 号机组 : 2014 年 10 月 15 日
二、建设亮点	
1 号机组于 2011 年 10 月完成冷试。2 号机组泵站于 12 月可用。10 月 15 日实现 1、2 号机组 500kV 倒送电。3 号机组于 4 月 8 日完成穹顶吊装。4 号机组于 9 月 20 日完成穹顶吊装。	

红沿河核电厂 1 ~ 4 号机组里程碑完成情况

里程碑	完成年份（1 号机组）	完成年份（2 号机组）	完成年份（3 号机组）	完成年份（4 号机组）
颁发建造许可证	2007	2007	2009	2009
核岛第一罐混凝土	2007	2008	2009	2009
常规岛第一罐混凝土	2008	2008	2009	2009
泵站第一罐混凝土	2008	2008	2009	2009
BOP 安装开始	2008	2008	2010	2010
核岛安装开始	2009	2010	2010	2011
穹顶吊装	2009	2010	2011	2011
反应堆厂房环吊可用	2010	2010	2011	
常规岛安装开始	2009	2010	2011	
反应堆压力容器到货	2010	2011		
汽轮机首台低压缸到货	2010	2011	2011	
发电机到货	2011	2011		
泵站进水	2011	2011		
500kV 可用	2011	2011		
核岛主回路冷试开始	2011			

四、宁德核电厂 1 ~ 4 号机组

一、基本情况	
业主单位	福建宁德核电有限公司
主要股东	广东核电投资有限公司、大唐国际发电股份有限公司、福建省能源集团有限责任公司
厂址	福建省宁德市辖福鼎市太姥山镇备湾村
机组堆型	CPR1000
设计电功率	1089MW
开工日期	1 号机组 : 2008 年 2 月 18 日 2 号机组 : 2008 年 11 月 12 日 3 号机组 : 2010 年 1 月 8 日 4 号机组 : 2010 年 9 月 29 日
计划完工日期	1 号机组 : 2012 年 12 月 31 日 2 号机组 : 2013 年 8 月 31 日 3 号机组 : 2014 年 9 月 30 日 4 号机组 : 2015 年 5 月 31 日
二、建设亮点	
2011 年，宁德核电厂 1 号机组顺利实现泵站进水、常规岛首台低压缸到货，并于 11 月份实现 1 号机组冷试；2 号机组顺利实现首台低压缸到货以及 2RPV 到货；3 号机组成功实现穹顶吊装以及安装开始等重要节点；4 号机组土建施工稳步有序进行。	

宁德核电厂 1 ~ 4 号机组里程碑完成情况

里程碑	完成年份（1 号机组）	完成年份（2 号机组）	完成年份（3 号机组）	完成年份（4 号机组）
核岛主设备供应合同签订	2007	2007	2009	2009
T/G 供应合同签订	2007	2007	2008	2008
DCS 供应合同签订	2007	2007	2009	2009
颁发建造许可证	2008	2008	2010	2010
核岛第一罐混凝土	2008	2008	2010	2010
常规岛第一罐混凝土	2008	2009	2010	2011
泵房第一罐混凝土	2008	2008	2010	2010
BOP 安装开始	2009	2009	2010	2010
核岛安装开始	2009	×	2011	×
核岛穹顶吊装	2009	2011	2011	
常规岛安装开始	2010	×		×
核岛环吊可用	2010	2010		
首个单系统（SDA）调试开始	2010	2010	×	×
核岛 RPV 到货	2010	2011		
常规岛首台低压缸到货	2010	2011		
常规岛发电机到货	2010			
泵站进水	2011	×		×
500kV 可用	2011	2011		
核岛主回路冷试开始	2011			

注 :× 为该机组没有此项里程碑。

五、福清核电厂1～3号机组

一、基本情况	
业主单位	福建福清核电有限公司
主要股东	中国核能电力股份有限公司、华电福新能源股份有限公司、福建省投资开发集团有限责任公司
厂址	福建省福州市福清市三山镇前薛村
机组堆型	M310
设计电功率	1087MW
开工日期	1号机组：2008年11月21日 2号机组：2009年6月17日 3号机组：2010年12月31日
计划完工日期	1号机组：2013年11月18日 2号机组：2014年6月18日 3号机组：2015年8月31日
二、建设亮点	
福清核电现场安全、质量、费用均处于受控状态，各项管理井然有序，为2012年核岛、常规岛安装工作进入高峰奠定了基础。	

福清核电厂1～3号机组里程碑完成情况

里程碑	完成年份（1号机组）	完成年份（2号机组）	完成年份（3号机组）
核岛主设备采购招投标启动	2007	×	2009
项目核准	2008	×	2010
可研报告上报	2008	×	×
总承包合同签订	2008	×	×
初步设计完成	2008	×	×
颁发建造许可证	2008	×	2010
核岛第一罐混凝土	2008	2009	2010
常规岛第一罐混凝土	2009	2009	2011
泵房第一罐混凝土	2009	×	2011
BOP安装开始	2010	×	×
核岛安装开始	2010	2011	
穹顶吊装	2010	2011	
常规岛安装开始	2011		×
环吊可用	2011		
反应堆厂房压力容器安装开始	2011		
1号蒸汽发生器就位	2011		×
220kV倒送电	2011	×	

注：×为该机组没有此项里程碑。

六、阳江核电厂 1 ~ 3 号机组

<table>
<tr><td colspan="2">一、基本情况</td></tr>
<tr><td>业主单位</td><td>阳江核电有限公司</td></tr>
<tr><td>主要股东</td><td>中国广东核电集团公司、广东核电投资有限公司、广东省粤电集团有限公司、中广核一期产业投资基金有限公司</td></tr>
<tr><td>厂址</td><td>广东省阳江市东平镇沙环村</td></tr>
<tr><td>机组堆型</td><td>CPR1000</td></tr>
<tr><td>设计电功率</td><td>1086MW</td></tr>
<tr><td>开工日期</td><td>1 号机组：2008 年 12 月 16 日
2 号机组：2009 年 6 月 4 日
3 号机组：2010 年 11 月 15 日</td></tr>
<tr><td>计划完工日期</td><td>1 号机组 : 2013 年 8 月 15 日
2 号机组 : 2014 年 4 月 15 日
3 号机组 : 2015 年 3 月 15 日</td></tr>
<tr><td colspan="2">二、建设亮点</td></tr>
<tr><td colspan="2">2011 年，阳江核电厂工程建设稳步推进。
工程设计有序开展，全年施工图纸按期出版率超过 96%，满足现场施工所需。
设备采购保障有力，按计划签订设备采购合同 663 个，按计划签约率达 97.4%。1 号机组的 RPV、SG、主管道、主泵泵壳、冷凝器、高低压外缸、汽轮机和发电机等主要设备均已到货。
现场建安顺利开展，按期实现了重要工程节点。截至 12 月 31 日，1、2 号机组完成了工程总量的 72.11%；3、4 号机组完成了工程总量的 26.25%。一级里程碑除 4 号核岛受日本福岛核事故影响未实现 FCD 一级里程碑目标外均按期完成。
系统调试工作稳步推进，调试标杆建设取得成效，指标完成率达 98.9%，调试质量控制体系初步建立。
生产准备工作稳步进行，五项生产准备里程碑均按期实现，RO 队伍已达到 68 人。
CPR1000+ 部分改进项顺利落地，实现了 3 号机堆腔注水改进项首层墙体浇筑完成和 3 号机组三个钢衬里模块的吊装完成。</td></tr>
</table>

阳江核电厂 1 ~ 3 号机组里程碑完成情况

里程碑	完成年份（1 号机组）	完成年份（2 号机组）	完成年份（3 号机组）
核岛第一罐混凝土	2008	2009	2010
常规岛第一罐混凝土	2009	2009	2010
核岛安装开始	2010	×	
核岛穹顶吊装	2010	2011	
常规岛安装开始	2011	×	
核岛环吊可用	2011	2011	
汽轮机首台低压缸模块到货	2011		
发电机到货	2011		
泵站进水	2011		
RPV 与 SG 全部到货	2011		

注 :× 为该机组没有此项里程碑。

七、秦山核电厂扩建项目1、2号机组

一、基本情况	
业主单位	秦山核电有限公司
主要股东	中核核电有限公司
厂址	浙江海盐秦山
机组堆型	M310
设计电功率	1080MW
开工日期	1号机组：2008年12月26日 2号机组：2009年7年17日
计划完工日期	1号机组：2013年12月31日 2号机组：2014年10月28日
二、建设亮点	
2011年，秦山核电厂扩建项目现场安全、质量、费用均处于受控状态，EPC总承包管理模式的优势日益凸显，各项管理井然有序，为2012年的各大重要节点及目标的顺利实现创造了条件。	

秦山核电厂扩建工程1、2号机组里程碑完成情况

里程碑	完成年份（1号机组）	完成年份（2号机组）
“四通一平”开始	2007	×
核岛负挖开始	2008	×
项目核准	2008	×
核岛防水层施工开始	2008	×
颁发建造许可证	2008	×
核岛第一罐混凝土	2008	2009
常规岛第一罐混凝土	2009	2010
泵房第一罐混凝土	2009	×
安全壳穹顶吊装	2010	×
汽轮机厂房吊车可用	×	
反应堆压力容器到货	×	
冷凝器到货	×	
发电机到货	×	
反应堆厂房环吊可用	2011	
压力容器安装		×
辅助电源可用	2011	×

注：× 为该机组没有此项里程碑。

八、三门核电厂 1、2 号机组

一、基本情况	
业主单位	三门核电有限公司
主要股东	中核核电有限公司、浙江省能源集团有限公司、中电投核电有限公司、中国华电集团公司、中国核工业建设集团公司
厂址	浙江省台州市三门县健跳镇
机组堆型	AP1000
设计电功率	1250MW
开工日期	1 号机组 : 2009 年 3 月 29 日 2 号机组 : 2009 年 12 月 17 日
计划完工日期	1 号机组 : 2013 年 11 月 30 日 2 号机组 : 2014 年 9 月 30 日
二、建设亮点	
三门核电工程自开工建设以来，从未发生重伤事故。	

三门核电厂 1、2 号机组里程碑完成情况

里程碑	完成年份（1 号机组）	完成年份（2 号机组）
第一罐混凝土	2009	2009
CA20 模块就位	2009	2010
CV 底封头就位	2009	2010
常规岛第一罐混凝土	2009	2010
CA01 模块就位	2010	2010
CV1 号环就位	2010	2010
CV2 号环就位	2010	2011
CV3 号环就位	2010	2011
汽轮机厂房吊车可用	2011	
反应堆压力容器到货	2011	
汽轮机区域向安装移交	2011	
冷凝器到货	2011	
发电机到货	2011	

九、海阳核电厂 1、2 号机组

一、基本情况	
业主单位	山东核电有限公司
主要股东	中国电力投资集团公司、山东省国际信托有限公司、烟台蓝天投资控股有限公司、中国国电集团公司、中国核能电力股份有限公司、华能核电开发有限公司
厂址	山东省海阳市大辛家
机组堆型	AP1000
设计电功率	1250 MW
开工日期	1 号机组 : 2009 年 9 月 24 日 2 号机组 : 2010 年 6 月 20 日
计划完工日期	1 号机组 : 2014 年 5 月 31 日 2 号机组 : 2015 年 3 月 31 日
二、建设亮点	
2011 年，1 号机组循环水泵、压力容器、冷凝器交付现场，核岛安全壳 4 环就位，反应堆厂房内部结构具备压力容器就位条件，常规岛主行车可用，常规岛进入设备安装阶段。2 号机组核岛安全壳 1、2、3 环就位，CA01 模块就位，常规岛地下室顶板施工完成。	

海阳核电厂 1、2 号机组里程碑完成情况

里程碑	完成年份 （1 号机组）	完成年份 （2 号机组）
ATP 授权开工	2007	2007
颁发建造许可证	2009	2009
开始核岛负挖	2008	2008
第一罐混凝土	2009	2010
CI 第一罐混凝土	2010	2010
CA20 模块就位	2010	2010
安全壳底封头就位	2010	2010
压力容器交付至现场	2011	

十、台山核电厂 1、2 号机组

一、基本情况	
业主单位	台山核电合营有限公司
主要股东	中国广东核电集团公司、广东核电投资有限公司、法国电力国际公司
厂址	广东省台山市赤溪镇
机组堆型	EPR
设计电功率	1750MW
开工日期	1 号机组 : 2009 年 10 月 26 日 2 号机组 : 2010 年 4 月 15 日
计划完工日期	1 号机组 : 2013 年 12 月 31 日 2 号机组 : 2014 年 10 月 31 日
二、建设亮点	
2011 年，基本按期完成全年一级里程碑对应的各项工作，工程进展顺利。1 号核岛在 24 个月内完成了从 FCD 到穹顶吊装的各项工作，与同类项目相比优势明显，与成熟的 CPR1000 项目工期基本相当。 在设备制造和现场施工方面，台山核电采取了多项创新措施，如大体积混凝土一次浇筑、钢衬里模块化施工、反应堆先内壳后外壳施工逻辑安排等，丰富和发展了 EPR 技术。	

台山核电厂 1、2 号机组里程碑完成情况

里程碑	完成年份 （1 号机组）	完成年份 （2 号机组）
核岛设计采购合同签订	2007	2007
汽轮机供应合同签订	2008	2008
颁发建造许可证	2009	2009
核岛第一罐混凝土	2009	2010
常规岛第一罐混凝土	2009	2010
泵房第一罐混凝土	2009	2009
汽轮机基座开始施工	2010	2010
核岛安装开始	2010	2011
穹顶吊装	2011	
除盐水生产系统调试开始	2011	2011
主行车可用	2011	
汽轮机低压缸模块到货	2011	
压力容器到货	2011	

十一、昌江核电厂 1、2 号机组

一、基本情况	
业主单位	海南核电有限公司
主要股东	中国核能电力股份有限公司、中国华能集团公司、华能国际电力股份有限公司
厂址	海南省昌江县海尾镇塘兴村
机组堆型	CNP600
设计电功率	650MW
开工日期	1 号机组 : 2010 年 4 月 25 日 2 号机组 : 2010 年 11 月 21 日
计划完工日期	1 号机组 : 2015 年 2 月 25 日 2 号机组 : 2015 年 10 月 25 日
二、建设亮点	
2011 年，昌江核电厂安全生产状况良好，未出现较大及以上生产安全事故、人身伤亡事故；未出现重大及以上火灾爆炸事故和交通责任事故，全年安全目标责任考核全部兑现。质保体系有效运作，监督管理有效，未发生重大质量事故。全年 20 个年度重要考核节点全面完成，1 号反应堆穹顶比里程碑进度计划提前 28 天实现吊装，1 号机组主体工程全面转入设备安装阶段。设备制造进展总体良好，主设备锻件全部落实，工程总承包范围内设备发标率为 98%，设备采购累计投资 87.14 亿元。项目全年完成投资 30.74 亿元，为年度计划的 103.7%，累计完成投资 64.97 亿元。多措并举，后备人才培养形成闭环，22 人通过首批预备操纵员资格考试，生产准备、调试准备、设计工作有序开展。公司内部重要管理举措成效显著，全面预算管理、TOP10 管理、总承包合同考核、全员绩效考核、效能监察等精益化管理进一步深化，形成“组合拳”。公司的规范化、程序化和信息化运作水平持续提升。现场施工临建区投入使用，公司首批人员进驻现场办公、生活，现场生活后勤保障条件进一步得到完善。	

昌江核电厂 1、2 号机组里程碑完成情况

里程碑	完成年份（1 号机组）	完成年份（2 号机组）
核岛第一罐混凝土	2010	2010
常规岛第一罐混凝土	2010	2011
泵房第一罐混凝土	2010	×
核岛开始安装	2011	
穹顶吊装	2011	

注 :× 为该机组没有此项里程碑。

十二、防城港核电厂1、2号机组

一、基本情况	
业主单位	广西防城港核电有限公司
主要股东	中国广东核电集团公司、广西投资集团有限公司
厂址	广西壮族自治区防城港市光坡镇红沙澫
机组堆型	CPR1000
设计电功率	1086MW
开工日期	1号机组：2010年7月24日 2号机组：2010年12月23日
计划完工日期	1号机组：2015年3月31日 2号机组：2015年11月30日
二、建设亮点	

2011年，防城港项目一期工程土建施工进入高峰阶段，现场安装逐渐展开，实现了PX泵房正式开工、2号机组核岛筏基全部施工完成、BOP安装工程正式开工、重件码头工程正式投入试运行、硼注罐完成引入、1MX框架施工完成等重要工程节点。截至2011年年底，一期工程总体进度完成率为33.16%。2011年一级里程碑有4项，按时完成率为100%。

2011年，设计工作总体进展正常，初步设计工作基本结束；设备采购技术规格书出版率为99%，满足采购要求；施工图设计文件按时出版，满足现场施工需求；工程采购进展正常，设备采购包合同签订提前，重要设备制造进展基本正常；核岛施工进展正常，1RX内部结构施工至+16m标高墙体，2RX内部结构施工至+3.35m标高墙体；BOP各子项如期开工。

一年来，防城港项目认真开展国际安全标杆建设工作，项目安全管理水平得到了全面提升，工程质量始终处于受控状态。

防城港核电厂1、2号机组里程碑完成情况

里程碑	完成年份（1号机组）	完成年份（2号机组）
场平工程开工	2009	2009
核岛负挖工程开工	2009	×
RPV、SG合同签订	2009	2009
常规岛第一罐混凝土	2010	2011
核岛第一罐混凝土	2010	2010
DCS合同签订	2010	2010
泵站第一罐混凝土	2011	×
BOP安装开始	2011	2011

注：× 为该机组没有此项里程碑。

（“核电”章节的数据除注明来源外，均取自《中国核能行业协会核电运行与建设年度报告（2011年度）》）

核燃料循环

发展现状

2011 年，我国完成铀矿地质钻探全年工作量，切实推进重点矿田大基地勘查，加强重点铀成矿区带的区域评价，积极开辟后备勘查基地，开展老矿山接替资源勘查和矿床补充勘查，均取得了一批新成果。伊犁盆地和蒙其古尔的找矿成果继续扩大。新疆伊犁铀矿资源综合利用示范基地建设全面启动。科技创新取得一定进展。新一轮全国铀矿资源潜力评价取得重要成果，在深部成矿环境探测、资源扩大等关键技术和成矿理论攻关上取得初步成效，为伊犁、相山、二连、鄂尔多斯的资源勘查提供了技术支持。蒙其古尔矿突破了中性浸出技术；相山基地碱性矿石分级强化堆浸技术取得重要进展；通辽铀业公司在突破碱法地浸的工程应用后，连续 3 年实现稳定生产并达到国际先进水平。

在核燃料产能建设方面，建成了 2 个项目，4 个在建项目完成建设目标，几个新建项目获得国家批复。四〇五厂四期工程提前 9 个月投产。五〇四厂示范工程首批机组实现启动。AP1000 元件生产线开始基础施工。与阿海珐合作成立的锆材制造专业公司生产出合格锆合金材料。中国原子能工业公司按计划完成铀储备任务。积极开拓国际市场，核燃料保税库正式启用。

铀资源国内、国外的“两条线”开发，提升了核燃料保障能力，为我国核工业的可持续发展奠定了基础。

铀矿勘查与采冶

1. 铀矿地质勘查

围绕大基地建设目标，进一步突出铀矿找矿，切实推进重点矿田大基地勘查，加强重点铀成矿区带的区域评价，积极开辟后备勘查基地，开展了老矿山接替资源勘查和矿床补充勘查，取得了一批新成果。

新疆伊犁盆地南缘、吐哈盆地，内蒙古鄂尔多斯盆地、巴音戈壁盆地塔木素地区、松辽盆地宝龙山（白兴吐）地区砂岩型铀矿找矿成果持续扩大。

广东长排、甘肃龙首山、江西再里、湖南汝城、广西苗儿山等硬岩地区勘查成果也较为突出，新探明一批规模较大、品位较高的工业矿体或有利地段。

齐哈日格图地区、陆家堡坳陷、万昌隆－银宫山地区、宝昌－多伦地区、阿克秋白和车库泉地区等新区的探索取得了重要进展，大致查明了找矿靶区内铀矿的控矿因素和找矿标志，并利用钻探，揭露到一定规模的铀矿化，有望落实为新的铀矿产地。

2. 天然铀采冶与纯化

天然铀产能稳步增长。切实抓好采掘技术计划管理，规范和完善采掘生产组织，做好各矿井的系统配置，加大生产探矿和补充探矿工作力度，不断优化水冶工艺，提升处理能力。8家天然铀生产企业在役矿山实现稳产增产，天然铀年产量达到历史最高点；9个天然铀在建产能项目稳步推进，“四大控制”执行良好；4个新建产能项目由国家有关部门受理，2个取得立项批复。

铀纯化新线试车成功。中核二七二铀业有限责任公司、清华大学、核工业北京化工冶金研究院等单位产、学、研紧密结合，联合攻关，突破了清液制备、结晶反萃取等关键技术，研制了萃取筛板塔等重点设备，用于纯化新线试车，一举获得成功。

国家级铀矿资源综合利用示范基地获批。国土资源部、财政部按照“关系全局、意义深远、带动性强”的原则，批准新疆伊犁铀矿示范基地为全国首批40个矿产资源综合利用示范基地之一。该工程计划投资12.8亿元，对于加快新疆铀矿基地建设，实现立足国内、提升我国天然铀保障能力意义重大。

绿色矿山建设取得成效。积极推进矿山安全标准化建设，15座在役矿井全部自评达到三级标准，其中10座通过地方安监局认证，达到三级以上标准。大力开展铀矿冶环保整治、矿山通风整治和尾矿库治理三大专项行动，全年未发生环境污染事件。

3. 海外开发

2011年，中国广东核电集团有限公司抓住国际铀市场价格走低的契机，周密策划，精心组织各方资源，有效平衡风险。在国家和有关方面的大力支持下，在英国、澳洲资本市场要约收购纳米比亚罗辛南项目。该项目达产后的年产量有望超过6500吨，占当前世界天然铀年产量的13%，提高了国家和中广核集团的铀资源保障能力。在中央企业中，中广核集团率先与国土资源部中央地勘基金管理中心签署了《铀资源勘查合作框架协议》，推动国内铀资源勘查市场化改革迈出新步伐。中核集团积极开拓国际市场，尼日尔阿泽里克铀矿实现试生产，核燃料保税库正式启用。中国原子能工业公司按计划完成天然铀储备任务。

核燃料生产

1. 主营业务快速增长

2011年，中核集团核燃料企业全面完成铀转化、分离功、压水堆燃料组件、重水堆燃料组件生产任务，保证了核电用户的供料需求。

2. 自主创新不断推进，专项研发成果显著

持续推进关键技术和设备的自主创新，积极开展对外合作；专项研究成果显著，自主品牌核燃料组件研发迈出重要步伐。

3. 重点项目提前投产，产能建设再上台阶

二〇二厂AP1000元件项目建设稳步推进，可以保证三门核电首次国产化换料。

积极研究实施福岛核事故后核燃料产业发展应对方案。中核集团燃料公司完成了全年项目竣工验收计划。

4. 产业结构调整工作取得进展

中核集团积极推进元件业务专业化重

组，2011 年 6 月 27 日，中核燃料元件有限公司注册成立；11 月，南方分公司与北方分公司注册登记。11 月 17 日，中核瑞能科技有限公司挂牌成立，我国后处理产业化进程迈出关键一步。

5. 中法、中韩锆材合资敲定，对外合作再结硕果

八一二厂成功控股上海高泰，与AREVA 合资成立锆管公司，已生产出合格产品。中核燃料公司与韩国进荣就条带合资项目签署了合资合同。八一二厂、原子能公司积极履行中哈核燃料芯块委托加工合同。

6. 首个长期燃料合同签署

中核集团与中广核集团于 4 月签署了天然铀转化及浓缩加工服务供应、首炉燃料组件供应、换料燃料组件供应及首批哈芯块采购等 8 个合同，2020 年前中广核集团核电站所需核燃料全部由中核集团加工。

乏燃料后处理和放射性废物处理及处置

1.2011 年 5 月，中核瑞能科技有限公司注册成立。该公司是中国核工业集团公司的全资子公司，经营范围包括核电站乏燃料后处理工程与铀钚混合氧化物燃料（MOX）制造工程的选址、设计、建造、投资与管理；核电站乏燃料元件的离堆贮存与后处理设施运行；核电站乏燃料后处理与再循环的科学技术研究与开发以及技术咨询与服务。中核瑞能作为中国核工业集团公司先进核燃料循环的专业化管理公司，以全国核电站乏燃料离堆安全管理和建成后处理基地为目标，实现国家核燃料闭式循环战略，打造具有创新能力强、成长潜力大、发展速度快的后处理产业。中核瑞能当前的主要任务是建立核电站乏燃料接收贮存管理服务模式，与核电企业签订乏燃料离堆贮存服务管理协议，开展核电站乏燃料后处理工程建设等。

2.2011 年 1 月，国家核安全局向中核清原公司颁发了《西北低、中放固体废物处置场运行许可证》，标志着西北处置场转入正式运行，建立了完整的放射性废物处置以及处置管理和技术体系。

3. 退役治理工作有序推进。中核清原公司与田湾核电站签订了我国首个乏燃料运输长期服务协议。

核能科研

国家科技重大专项

一、大型先进压水堆核电站

上海核工程研究设计院和国核电力规划设计院承担的CAP1400初步设计基本完成，设计目标满足福岛核电站事故后国际国内对沿海和内陆核电厂址的最新要求。关键实验按计划推进，六大项关键课题的方案均已完成，实验台架都已开工建设，水分配实验台架建设工作已经完成。国核软件技术中心的“核电关键设计软件自主化研究”课题获得立项批准，课题年度节点全部按时完成；国核自仪系统工程有限公司和马丁公司合作完成了保护系统平台NuPAC原理样机系统的详细设计评审和系统集成测试工作，初步具备了向国家核安全局申请民用核安全设备设计和制造许可证的条件。确定了以SupMax-2000为基础研发电站控制系统平台的技术方案。完成了CAP1400屏蔽电机泵的方案设计。与上海电气－凯士比签订了CAP1400湿绕组主泵研制合同，完成了主泵基本设计预评审，主泵试验台架开工建设。

二、高温气冷堆核电站示范工程

中核建设集团所属中核能源科技有限公司承担了高温气冷堆重大专项的设计及相关技术研究项目的10个课题、建造技术研究项目的2个课题、条件保障建设项目的1个课题。

1. 高温气冷堆技术工程化研究中心。

该中心是高温气冷堆重大专项的条件保障建设项目，于2008年9月开工建设。2011年1月，工程化研究中心基建项目通过验收。目前，该中心已拥有模拟仿真系统集成与验证系统，具备了联合调试演示、培训的基本条件；拥有控制棒冷态试验台架，可开展1:1控制棒系统的冷态试验；形成了三维设计、模块化设计、模拟仿真等研发设计平台，成果已应用于示范工程；完成了高温气冷堆示范工程的核岛防雷接地系统、核岛照明系统等BOP方面的设计工作。

2. 设计及相关技术研究和建造技术研究课题进展情况。

(1) 主氦风机工程验证已完成主氦风机总体设计方案及配套电机、风机叶轮样机、电机冷却器、中压电气贯穿件等关键部件的设计方案；风机挡板传动机构验证试验台架制造、装配，试验样机的加工已完成。

(2) 控制棒驱动机构设计与工程验证已完成控制棒冷态试验台架以及热态试验台架的搭建；控制棒驱动机构样机完成制造并通过出厂验收；控制棒台架样机的安装工作已结束，完成了控制棒驱动机构测控系统的安装、布线、调试；2011年7～9月进行了为期3个月的冷态试验调试工作，完成了控制棒驱动机构棒位测量系统的测试、步进电机带控制棒运行试验及保持试验；完成了限位装置及上下极限开关性能验证试验；完成了紧急停堆工况下落棒时间的测定。此外，热态试验台架的施工已于2011年7月完成。

(3) 成功搭建完成了拥有自主知识产权的堆芯物理热工模型，形成了包括成套软硬件系统在内的模拟机平台。堆芯物理热工模型和模拟机平台已成为高温堆电站的重要辅助设计工具，可进行模块式高温气冷堆核电厂的设计方案研究、事故安全分析等，同时，还可通过该模拟样机验证高温气冷堆核电站的操作规程，提供示范电厂操纵员的初步培训等。

(4) 开发并建立了20万千瓦级高温气冷堆核电站核岛厂房、主要设备（包括压力容器、蒸汽发生器、堆内构件、燃料卸料机构等）、工艺系统等的三维模型；搭建了三维设计平台，形成了高温气冷堆核岛厂房三维综合布置图出图手段；已定制开发 –15.50m 的 UJA 厂房、UKA 厂房的综合布置图，完成 –15m ~ 0m 碰撞检查，完成初版四维模型。通过该三维立体模型的审核，减少不同专业间的空间碰撞，提高厂房布置的合理性。

(5) 高温气冷堆模块化设计技术研究已完成模块化效益分析报告，对高温气冷堆可采用模块化的区域开展了模块化设计的分析和研究工作。区域包括：屏蔽冷却水系统、氦净化系统、氦辅助系统的排水系统、反应堆厂房屋顶、余热排出系统、一回路压力泄放系统等。目前完成了氦净化系统、余热排出系统的模块化初步方案研究；屏蔽冷却水系统模块化设计方案已正式进入示范工程应用。

(6) 高温气冷堆的概率安全分析技术研究已于2010年底完成全部研究内容，2011年课题成果通过了内部组织的专家评审，并根据评审意见完成了成果报告修改。国家核安全局以《高温气冷堆核电站安全审评原则》的方式发布了该课题为高温气冷堆示范工程推荐的概率安全目标，课题成果正式应用于示范工程。

(7) 在高温气冷堆核电站核岛 EPC 集成管理与控制技术研究中，在业务流程体系研究方面，已形成一系列规程及制度，规范了高温气冷堆示范工程核岛管理流程；在工法体系研究方面，已形成44个土建施工方案，8个安装施工方案，其中《核岛深基坑喷锚支护施工工法》等6个土建施工方案形成工法；信息化系统建设方面，已完成管理计划系统、任务跟踪系统、合同管理系统、施工管理系统（土建模块）、文档管理系统、经验反馈系统、采购管理系统、预算与费用管理系统等多个信息化系统的建设，并投入使用。

(8) 高温气冷堆退役技术方案论证已完成了全部研究内容，形成《退役关键问题分析报告》、《高温气冷堆主要退役策略》、《退役相关设计反馈意见》、《高温气冷堆特有退役过程及技术难度分析》等4项成果报告。

(9) 高温气冷堆模块化建造技术研究是2011年新开项目，课题目标是以高温气冷堆示范电站核岛三个系统典型模块（屏蔽冷却水系统预埋模块、余热排出系统水冷壁模块、乏燃料贮存系统圆筒热屏模块）为对象，根据模块化设计要求，对其预制、组装、运输、吊装、安装等展开研究，形成一套切实可用的模块化建造工艺流程、技术方案。2011 年度完成了屏蔽冷却水系统预埋模块制作、安装等技术方案的研究。

核能科研开发成果

1. 铀矿大基地勘查采冶技术

地质方面。完成了全国各大类型铀矿成矿规律的系统总结，定量估算了全国潜在铀资源总量；针对老区资源扩大和新区资源勘查，圈定了一批铀成矿远景带和找矿靶区。“全国铀矿资源潜力评价”和“内蒙古二连盆地努和廷矿床详查及外围评价”两项成果分别入选中国地质学会 2011 年度“十大地质科技进展”和“十大找矿成果”。“地浸砂岩型铀矿快速评价技术及应用研究”、“中国高放废物地质处置库场址区域筛选”两项科研成果荣获国防科学进步一等奖，“新疆和布克赛尔县白杨河矿区铍铀矿勘查及资源潜力评价”项目获得国防科技进步二等奖。

矿冶方面。“CO_2+O_2”地浸采铀技术实现突破，达到了国际先进水平。“微酸中性浸出工艺”在新疆基地蒙其古尔项目中成功应用，这对加快新疆大基地建设步伐、提高生产效率和经营效益意义重大。铀矿强化堆浸技术获得国家发明专利，并在工业生产中成功应用。

2. 中国实验快堆

中国实验快堆工程于 2011 年 2 月 9 日正式启动功率运行阶段的调试工作，按计划先后完成了反应堆核功率提升实验项目。2011 年 7 月 21 日，中国实验快堆成功并网发电。

3. ACP1000 三代核电技术

吸收福岛经验反馈，根据最先进的标准确立了安全要求，借鉴国际先进理念，充分利用现有成熟技术开展了自主知识产权的三代核电技术研究，完成了顶层方案设计。2011 年 10 月，ACP1000 已转入工程设计阶段。

4. ACPR1000 及 ACPR1000+ 核电技术

在 20 多年引进、消化、吸收国外核电技术的基础上，参照最新安全标准，依托阳江 5、6 号机组，加快开发具有三代核电特征的 ACPR1000 新机型，其安全指标达到核安全规划要求，有望成为“十二五”期间批量建设的堆型之一；以国际市场为目标，加快研发具有自主知识产权、完全符合三代核电标准的 ACPR1000+，已经完成第一批设计输入与验证试验；设计科研、试验研究、设备研制、软件研发、知识产权保护等工作按计划顺利推进。

5. 模块式多用途小型压水堆技术

吸收福岛经验反馈，完成了总体方案设计，已转入初步设计工作阶段。

6. NHR200-II 型核供热堆关键技术研究和关键设备验证

以实现 NHR200–II 型低温核供热堆技术的核能耦合热、汽、水等非电领域的综合利用为目标，通过验证 NHR200–II 型低温核供热堆部分关键技术和关键设备及工艺，解决核供热堆由于堆内参数提高所带来的一系列工程设计和设备验证问题，提高核供热堆产业化技术的安全性、经济性和可靠性。该项目 2010 年获国防科工局批复立项，列入核能开发科研计划。项目总经费 5500 万元，其中国拨经费 4400 万元；项目周期 4 年（2011 年～2014 年）。项目研究内容包括一回路自然循环热工水力学研究、控制棒水压驱动系统工程验证试验、燃料组件关键技术研究、集成优化控制技术研究与实验验证等 4 个子课题。目前，一回路自然循环热工水力学研究子课题已完成初步设计方案和实验相似分析，得到主回路流场、温度场等数值模拟结果，确定了加热方案、电气贯穿等关键试验技术，完成了工作站、柱塞泵、高温高压空气冷却塔等设备选型和合同签订工作。控制棒水压驱动系统工程验证试验子课题完成了驱动机构的定型设计，完成了冷态、热态、寿命综合试验台架的设计和设备选型订货。燃料组件关键技术研究子课题完成了组件定位格架设计、格架冲压模具设计、锆盒研制工艺报告和冷压成型模具设计。集成优化控制技术研究与试验验证子课题完成了运行控制指标要求及稳态运行方案设计。

7. 压水堆燃料元件设计制造技术

完成先进燃料组件格架的初步设计评审、模拟组件的制造；新型锆合金研制取得突破，小批量铸锭及管材加工获得成功，完成了用于特征化组件的管材生产，确定了新型锆合金特征化组件入堆考验方案。

8. 燃料元件运输容器设计制造技术

已完成新燃料元件运输容器的研发工作，取得了设计、制造许可证，已开始加工。

9. 快堆 MOX 燃料元件技术

已完成了组件设计，针对工业钚的操作要求，完成了试验线设计和大部分改造工作。

核能领域国家能源研发（实验）中心

1. 国家能源核级锆材研发中心

研发中心依托国核宝钛锆业股份公司建设，以实现核级锆材国产化、自主化为目标，充分利用国内外优势资源，在核燃料循环体系下，形成核级锆合金成分与腐蚀性能、核级锆合金加工工艺与微观组织、核级锆合金加工成型与工模具技术、核级锆合金表征及评价等四大研究方向。

研发中心自成立以来，全面开展了我国核级锆材研发与检测分析平台建设，目前已建成熔炼及返回料产业化研究、坯料制备和条带产业化研究、管棒材产业化研究等三个产业化研究平台，一个理化检测中心（包括化学、力学、微观组织及腐蚀性能等四个检测室）和一个中试车间。其中熔炼及返回料产业化研究平台拥有各类先进研究生产设备共 48 台（套），坯料制备和条带产业化研究平台拥有设备 54 台（套），管棒材产业化研究平台拥有设备 57 台（套）；理化检测中心拥有各类先进检测分析设备及仪器共 53 台（套）；中试车间拥有设备 12 台（套）。

研发中心以实现我国田湾核电站用核

级锆材国产化为目标，开展了一系列卓有成效的研发工作。一是开展了 E110 锆合金国产化研制工作，完成了由铸锭到成品管、板、棒材的加工制造技术研究，全面通过了俄罗斯的现场认证，标志着我国 E110 锆合金完全实现了国产化，具备了向田湾核电站提供合格核级锆材的能力。二是以实现我国第三代核电站用核级锆材国产化为目标，开展了 AP1000 核级锆材制造技术的研究，完成了实验室阶段和中试阶段的研究任务，掌握了 AP1000 用 ZIRLO 合金铸锭、管材、带材加工制造过程中的关键技术，在我国首条核级锆材生产线上打通了从海绵锆到成品锆材的加工生产链。同时，在消化吸收的基础上，通过自主创新成功研制出我国第一个直径达 ϕ720mm 的大型 Zr-4 合金铸锭，设计制作出我国第一副核级锆材轧制孔型和芯头，为我国第三代核电站用锆材国产化提供了有力的技术支持。三是以我国 CAP1400 核电用自主知识产权新锆合金为目标，开展了国产新锆合金研制及应用性能的研究，完成了第一轮合金成分筛选实验，根据实验结果确定了三种合金成分点，开展了 100kg 级铸锭的合金成分筛选工作。在熔炼及返回料产业化研究平台上，研发中心完成了铸锭的熔炼技术研究工作，在我国自主品牌核用锆合金开发中迈出了重要的一步。四是以研制出可替代 M5 的具有自主知识产权的新锆合金为目标，通过与中国广东核电集团合作，开展了中国自主知识产权高性能锆合金熔炼及加工技术研究，完成了两种具有自主知识产权新锆合金的熔炼及加工技术初步探索性研究。依托各项科研项目，研发中心共申请专利 13 项，其中 6 项已被授权，形成新产品、新工艺、新技术 57 项，获得国家级奖项 4 个、省部级奖励 5 项，在国内核心期刊上发表论文 20 余篇。

在人才队伍建设方面，研发中心建立了包括两位院士在内，由材料加工、冶金、工模具设计、检测技术等领域的 15 位国内知名专家学者组成的专家委员会，培养了一批从事锆合金熔炼、锆铪冶金、锆合金热加工技术研究、锆合金管材制造技术研究、锆合金条带材料制造技术研究和核级锆材检测技术研究的专业技术带头人及技术骨干。

在标准制定方面，研发中心建立了与国际对标的检测方法与体系，并建立了三代核电用锆材生产中原辅材料、中间产品、成品及检测标准等一套完整的企业标准体系，目前正在按照我国核电技术产业发展规划，开展核级锆材产业行业标准制定的申报工作。

研发中心将紧紧围绕《国家能源科技“十二五”规划》的指导思想和任务要求，以引进消化吸收国外先进技术为基础，为实现我国核级锆材国产化、自主化，进行开创性的研究工作。研发中心将在整合国内现有研究力量的基础上，以项目为纽带，采用多种形式进一步加强产学研相结合的研究力量，在消化吸收三代核电站引进技术的基础上，加快我国核级锆材产业化研究平台建设，在核级锆材的基础研究、应用研究和评价技术研究等领域加大投入与探索，立足我国核工业体系基础和发展现状，建立适用于我国核工业体系的核级锆材检测标准体系和材料评估体系，实现我国核级锆材制造及其产业链中关键装备和原辅材料的自主化，建成代表国家能力、达到世界先进水平的核级锆材研发中心。

2. 国家能源核电站核级设备研发中心

研发中心依托中国广东核电集团有限公司下属子公司中科华核电技术研究院有限公司建设，主要任务是对二代和三代核级装备技术进行引进、消化、吸收和再创新，通过开展国际合作交流等方式掌握核级装备的关键技术，通过自主研制关键部件，与制造企业开展关键工艺试验研究，建设填补国内空白的核级装备所需的试验设施，结合在役核电机组的技术创新实践积累技术，与国内企业合作完成核级装备工程样机的研制，实现核电站核级装备的自主化、国产化和产业化，并推动中国制造的核级产品走出国门。

研发中心自成立以来，在基础设施及实验平台建设方面已取得了重要进展。研发中心已经完成了拥有世界上最大型LOCA 环境鉴定炉的 LOCA 模拟环境鉴定实验室、反应堆再循环杂质鉴定实验室、大型核级设备辐照鉴定实验室、核主泵 1 号密封鉴定实验室以及具有世界先进水平的控制棒驱动机构综合热态实验室的建设工作。上述实验设施的建设填补了我国在该领域的空白。目前已经完成了多项核级设备的鉴定试验，部分核级产品已经获得工程应用。

研发中心在核级设备研制领域已经取得了突破性的进展。一是在核燃料运输贮存系统方面，完成了装卸料机和传输系统研制，并通过了国家能源局和中国机械联合会组织的专家鉴定，主要性能指标达到国外同类产品水平，目前已经应用到广西防城港核电站。二是完成了反应堆再循环地坑过滤器研制，并通过了国家能源局和中国机械联合会组织的专家鉴定，产品主要性能指标达到国外同类产品水平，已签订了 14 台机组的供货合同。三是完成了LOCA 裕度监视系统的研制。产品已应用到大亚湾核电站，主要性能指标达到国外同类产品水平，目前已签订 12 台机组的供货合同。四是与上海沪东联合完成了核级应急柴油发电机组的研制并通过了鉴定。五是在控制棒驱动机构（CRDM）方面，完成了二代加机组的 CRDM 研制，各项性能参数均达到设计要求。六是完成了棒控棒位系统的研制，工程样机整体性能指标达到国外同类产品水平。

中心成立以来，在人才队伍建设、合作交流、标准制（修）订等方面开展了一系列特色鲜明的工作，并取得显著成绩。一是在人才队伍建设方面，研发中心现有在职职工 200 余人，各类工程技术人员170 余人，硕博以上学历比例超过 60%，涉及 20 多个工程专业和学科。迄今为止，研发中心有10余人获得国家和省部级奖，其中国家科技进步二等奖 2 名。二是在合作交流方面，研发中心通过产学研相结合，与有关高校、科研机构建立战略合作，并策划与法国 EDF 和 AREVA 不定期进行学术交流，以及与 IAEA 联合举办学术交流活动。三是在标准制（修）订方面，研发中心已经编制了涵盖二代加机组所有需要鉴定的核级设备鉴定类标准约 40 项。研发中心还承担了国家能源局 20 多份标准的编制工作。

研发中心今后将根据《国家能源科技“十二五”规划》的指导思想和任务要求，进一步在研发试验平台建设、核级设备研发、标准建设、国际交流和人才培养引进等方面积极展开工作：一是重点建设核电站安全壳内不可接近设备研发试验中心二期项目；二是开展核电站安全壳内不可接近设备研发试验中心三期工程可行性研究和初步设计工作，消化吸收第三代 AP1000 先进型压水堆核电技术，开展适用于第三代压水堆核电站的核级系统和设备研制；三是持续开展二代加压水堆核电站核级系统和设备研制；四是积极开展三代核电机组设备鉴定试验规范和标准编制，形成三代核电设备的鉴定试验和标准体系；五是加大人才引进和培养力度，引进国外优秀的核级设备研发人才，加快培养青年科研人才；六是加强国际交流，深化与国外研究机构的合作，对国外先进核电技术装备进行消化、吸收和再创新，最终形成具有自主知识产权的先进核电技术装备。通过以上六个方面的工作，将研发中心建成代表国家能力、达到世界先进水平的核电站核级设备研发中心。

3. 国家能源核电站数字化仪控系统研发中心

研发中心依托中国广东核电集团有限公司下属公司北京广利核系统工程有限公司建设。

研发中心自成立以来，积极开展基础设施及实验平台建设。在基础设施建设方面，研发中心在北京永丰基地设立的七个研究室和两个实验室目前已启动工作，满足了研发中心技术研究、调试测试、实验分析、验证与确认和日常办公等工作的开展。在实验平台建设方面，已经建成了核电站安全级数字化仪控系统、核电站非安全级数字化仪控系统、核电站计算机系统、核电站专用仪控系统等四类研发 / 验证平台，并且完成了四类平台功能的测试、验证。目前，四类平台已经全部用于新技术研发和产品试制等工作，并持续进行建设和维护。

研发中心重视重点技术领域和重大项目的科研工作，确立了产品设计技术、软件验证与确认（V&V）技术、测试技术与设备鉴定、系统集成技术等四类主要研发方向，并以此为基础，针对核安全级数字化控制保护技术领域，重点开展了核安全级控制保护系统样机研制、国产化二代改进型核电站反应堆保护系统工程样机研制、核安全级软件验证与确认 (V&V) 技术研究、核电站数字化仪控系统产品可靠性技术研究等七项重点研发课题。目前，各研发课题都取得了阶段性的成果，其中工程样机已经研制成功并通过专家评审，核安全级软件验证与确认技术已经形成了完整的流程方法并开展了核安全级仪控系统本身的全面的 V&V 活动。

2011 年，研发中心承接了国家能源

局牵头组织的国家重大科技专项“自主知识产权的核电站数字化仪控系统平台研制”课题，其主要任务是：自主完成核电站数字化仪控系统平台需求设计；研制核安全级数字化仪控系统平台工程样机，实现产品化并完成应用技术研究，可直接应用于二代改进型和AP1000、EPR等三代先进压水堆机组，直接替代进口产品，实现全面自主国产化；开展核电站多样性及纵深防御原则在仪控系统的应用技术研究，并开展相关数字化仪控系统平台研制；研究具有可操作性的核安全级数字化仪控系统设备鉴定和软件验证与确认技术标准体系架构和实施方法。研发中心目前已经按时完成了2011年度的各项工作任务，形成了法规、标准以及需求等部分分析报告，完成了核安全级数字化仪控系统总体设计等课题关键任务。

研发中心根据自身的情况，开展了一系列独具特色的管理工作，取得良好的成绩。一是已经建立了一套有效的科研组织和运作规则，形成了科研管理、技术创新、仪控系统研制、生产成套和工程集成平台。二是科研管理采取统一的电子化管理手段和方法，实现研发过程数据的统一管理，实现全生命周期中的信息、数据和工作成果的有效管理和应用，实现工作流程电子化、研发过程自动化。三是重视国内外合作交流，密切关注国外核电仪控技术发展，紧密结合国内核电建设发展实际情况，以市场需求和市场竞争作为技术创新的重要动力，开展技术引进、消化、吸收和再创新。四是将人才工作作为中心生存和发展之本，重视人才引进和培养，加快培养具有世界前沿水平的高级专家，加大关键人才引进力度，并持续完善科研运作管理机制。五是多位专家已入选能源行业核电行业标准化技术委员会，参与制定行业标准，利于及时获取行业最新动态，推动和保持研发中心在核电行业的领先优势，积极发挥研发中心在核电行业相关领域的引导作用和影响力。

研发中心今后将以“重大技术研究、重大技术装备、重大示范工程及技术创新平台”四位一体的国家能源科技创新体系为指导，积极消化吸收三代核电仪控系统关键技术，逐步形成满足二代改进型和三代先进型压水堆的核电站数字化仪控系统平台，储备自主知识产权的核电仪控系统关键技术，力争在提高在运、在建核电站的安全性和经济性方面作出贡献。

4. 国家能源快堆工程研发（实验）中心

研发（实验）中心依托中国原子能科学研究院建设，发展方向和目标定位是：发展成为国家核能发展战略研究咨询中心、国家快堆技术研发中心、国家示范快堆电站建设的技术支持中心、国家先进燃料循环体系的技术研发中心以及国家核电装备制造技术研发基地。

研发中心成立以来，在实验平台建设方面取得了丰硕的成果。2011年7月21日，中国实验快堆并网发电并实现工程建设总目标，标志着研发中心大型技术实验应用平台建设取得突破性进展。该平台的建成将为研发工作的开展起到极大的推动作用。按照建设计划，研发中心基础设施改建工作已全部完成，新增基础设施项目的建设工作正在有序进行。

研发中心以快堆电站产业化和建立先进闭式燃料循环体系为导向，依托中国实验快堆和配套实验室，在快堆关键技术、工程设计、安全技术等方面取得突破，掌握了快堆核心技术并取得多项科技创新成果。在关键技术方面，自主完成了中国实验快堆的堆芯、堆容器、堆内构件和旋塞等主要设备及全厂工艺系统设计，实现了换料系统的自动化和全厂监控系统的数字化，掌握了钠及覆盖气体的制备、净化、储存、保护、分析等全部钠工艺技术；在工程设计方面，建立了实验快堆设计和安全评价的准则、标准、规范体系，开发了近 70 个池式钠冷快堆设计和安全评价的计算机软件，具备了涵盖堆芯、系统、设备、仪控电等方面的快堆工程设计能力；在先进安全技术应用方面，设计并验证了非能动事故余热排出系统和非能动超压保护系统，采用了防止一回路钠净化管道破裂导致钠大量泄漏的虹吸破坏装置，符合国内外相关安全标准要求。

自成立以来，研发中心取得了丰富的研究成果，中国实验快堆燃料操作系统设计与研制、堆容器及堆内构件设计与研制等 27 项成果获省部级奖。同时，围绕快堆系统、关键设备、关键工艺等核心技术，研发中心申请专利 162 件，已获授权专利 98 件。为早日建立工业示范规模快堆核能系统，研发中心正在积极开展运行维护技术研究及相关工艺、燃料、材料、设备、仪表研究。

自成立以来，研发中心在人才队伍建设、合作交流、标准制（修）订等方面开展了大量的工作并取得了显著成绩。一是在人才队伍建设方面，建立了以中国工程院院士徐銤为领导的 400 余人的快堆技术和管理的队伍，其中国家“511 人才”1 人、“111 人才”1 人、享受政府特殊津贴 12 人。二是在合作交流方面，与国内多家研究（设计）院所、高校及大中型国企共同组建了快堆产业化技术创新战略联盟（简称联盟）。另外，按照“以我为主、中外合作”的思路积极开展国际合作，研发中心已先后与俄罗斯、法国等国在快堆领域建立了稳定的合作渠道和明确的合作项目，为我国快堆技术的发展提供了助力。三是在标准制定方面，已编制并发布 29 个企业标准。同时，积极组织钠冷快中子增殖堆安全设计准则、钠冷快中子增殖堆核设计准则等近 60 个行业标准的制定工作。这些标准的制定将为建立完整、合理、有针对性的钠冷快中子堆的设计标准体系打下坚实基础。

2011 年 12 月，国家能源局发布了《国家能源科技“十二五”规划》，明确了“十二五”期间快堆领域的重点发展任务。根据该规划部署，研发中心将进行相关法规、标准、规范以及工程建造、调试和运行技术研究，为进一步开发大型先进快堆提供技术支撑；研究堆容器、钠循环泵、蒸汽发生器等示范快堆核电站关键设备设计和制造技术，为实现关键设备和材料的国产化夯实基础；进行商业示范快堆电站工程的设计、关键设备验证试验、燃料元件研发及辐照考验。通过稳中求进式的发展，研发中心将建立更为完善的快堆科技创新体系，进一步提升能力，全面形成快堆技术研发能力，推动快堆产业化发展。

5. 国家能源重大装备材料研发中心

研发中心依托中国第一重型机械集团公司，按照“构思一代、研发一代、试制一代、生产一代”的思路，建立了系统的“基础科学—工程化—产业化—批量化”研究体系，已成为我国能源装备材料研究开发和成果转化、技术输出的重要基地。

自成立以来，研发中心积极开展基础设施及实验平台建设并取得了很大进展。研发中心已在天津和齐齐哈尔市分别投资建设两座集实验和科研于一体的研发大楼，并配备了用于材料研发的高端检测、分析仪器，建设了热工艺实验室、焊材实验室等实验平台。下一步将重点以能源装备材料科学研究所（天津）为依托，建设中试和工业化试验平台，充分发挥中国一重铸锻钢制造基地的优势，开展产业化和批量化研究。

依托强大的科研团队，研发中心在重大技术装备材料领域取得了重大突破，特别是在核电、火电、重型压力容器等重大技术装备制造领域得到了长足发展。一是在核电领域，全力投入百万千瓦级核电关键装备的自主开发。在中广核联合研发中心及其他相关单位的大力帮助和密切配合下，开发工作取得了重大突破，率先完成了二代加全套核岛 14 种大锻件的 M140 工艺评定，已掌握二代加压力容器、稳压器、主泵泵壳等核岛关键设备的制造技术，顺利实现了 CPR1000 核岛锻件的批量化生产。AP1000 不锈钢主管道已研制成功，并获得国家核安全局制造许可。在核电常规岛汽轮机低压整锻转子锻件研制中，研发中心已掌握 600 吨钢锭制造技术、AP1000 常规岛低压整锻转子锻造技术。AP1000 常规岛低压整锻转子已完成精加工，各项力学性能指标均满足设计要求。二是在火电领域，对以钢包精炼和大型喷淬设备为中心的热加工进行了技术改造，使大型火电锻件合格率从 60% ~ 70% 提高到 95% 左右。超超临界 12%Cr 高中压转子技术的攻克，属国际首创，标志着我国转子锻造技术已达到国际先进水平。三是在重型压力容器领域，成功制造世界上最大的 1600 吨加氢裂化反应器和世界上最大的 2044 吨煤液化反应器。另外，研发中心还通过与哈尔滨工业大学、大连理工大学等科研机构的合作，成功研制国内最大的万米管壳式换热器，打破了超大型换热器制造技术被国外垄断的局面。

目前，研发中心已吸纳海外高层次人才 20 多名，其中 4 人列入国家“千人计划”。另外，研发中心积极构建科研人才梯队，与 30 余所高等院校和科研院所建立了人才培养合作机制。

研发中心将进一步提升自主创新能力，建立产学研战略联盟，把研发中心作为技术创新和科技成果转化的重要基地，为国家重大技术装备国产化工作作出贡献。同时，研发中心将不断加大科技投入，加强创新制度建设、文化建设等，大力提升技术创新能力与水平，最终建成国际一流的能源重大装备材料研发中心。

6. 国家能源大型清洁高效发电设备研发中心

研发中心依托中国东方电气集团有限公司建设，主要目标是研究开发大型高参数火电机组、大型水电机组、核电、重型燃机及联合循环、风电等大型清洁、高效发电设备及节能环保产品，并致力于高效太阳能光伏技术，高效低成本储能、智能装备，电动汽车动力系统，新型电力电子系统等领域的研究。

研发中心拥有世界先进的理化检验中心、无损检测中心和计量检定中心，国家级“国防科技工业晶体材料加工技术研究应用中心”，清洁高效燃烧技术实验中心，具有国际先进水平的透平核心技术实验平台（多级空气透平实验台）、燃料电池－质子交换膜燃料电池实验平台、钒电池实验平台、蒸发冷却大型实验平台，汽轮机材料研究中心高温合金叶片真空定向凝固实验室、机械工业高温高压材料与焊接重点实验室、兆瓦级双馈风力发电机实验室、煤气化基础实验室、机器人实验室等。同时，研发中心正在建设燃气轮机核心技术实验室、汽轮机制造工艺实验研究室、6MW 级风机全功率及 LVRT 实验室、电力电子实验室及超导实验室、电动车电驱动实验室等。

研发中心成立以来，围绕火电、水电、核电等产品开发，开展了涉及材料、工艺、设计技术等多方面的科研工作，完成了一大批具备国际先进水平的科研项目。一是在火电方面，自主开发了世界首台 1000MW 超超临界空冷机组并投入运行；自主研发的 600MW 超临界“W”型火焰锅炉已交付并完成验收；国内首台 60HZ/660MW 机组的汽轮机和发电机均完成了试制和相关试验。二是在水电方面，三峡右岸水电机组在与国际同行的同台竞标中胜出；以完全自主知识产权技术取得世界单机容量最大的巴西杰瑞 75MW 贯流机组项目；自主开发的仙游 300MW 抽水蓄能机组水泵水轮机综合水力性能指标达到世界先进水平；大型混流式水轮发电机组研发水平达到国际先进，转轮直径世界第一。三是在核电方面，国产首台百万千瓦级压水堆核电站反应堆压力容器制造技术研究通过中国核能行业协会科技成果鉴定。此外，在燃机、风电、太阳能光伏发电方面完成了一大批科研项目。

研发中心在知识产权和标准制定工作方面也取得显著成绩。在知识产权方面，截至 2011 年 12 月，研发中心拥有有效专利 401 件，其中发明专利 126 件。在标准制定方面，研发中心主持和参与制定国家标准 8 项、行业标准 23 项。此外，研发中心的多项科技成果获得各级奖励，继 2010 年获得省部级以上科技奖励 15 项之后，2011 年又获得省部级以上科技奖励 19 项。

“十二五”期间，研发中心将加快基础研发平台建设，突破主导产品的技术瓶颈，提高关键技术和重大装备制造水平；积极研究开发新能源技术和电力电子技术，引领和支撑新产业发展；进一步打造和完善技术创新体系；实施人才强企战略，切实加强科技人才队伍建设；加强科技投入力度，持续推进科研能力建设，形成国际先进、国内一流的研发实验设施和研发技术水平，为国家未来能源建设和保障国家能源安全提供装备和技术支撑。

7. 国家能源压水反应堆技术研发中心

研发中心依托中国核动力研究设计院建设。中心紧密围绕先进核电系统研发、反应堆关键技术攻关、反应堆安全运行及保障技术研究、核电标准研究等四个研究方向，解决制约核电产业发展的关键技术及瓶颈问题，强化核电技术创新体系，提升我国核电产业整体技术水平，为国家重点工程提供技术支持和保障，为国家核能科技发展及战略规划提供技术支持。

自成立以来，研发中心积极开展基础设施和实验平台建设。在基础设施建设方面，完成了科研大楼施工设计和反应堆非能动安全系统综合实验设施初步设计，建设了反应堆水化学、反应堆用材料研发及能力评价、放射性和反应堆热工水力等实验设施。在实验平台建设方面，建设了核动力设计及信息化、堆外实验研究、反应堆用材料研发及评价、放射性实验研究和反应堆运行支持及维修技术等实验平台。通过基础设施和实验平台建设，研发中心将形成第三代、第四代核电技术研发平台，全面提升研发中心先进核电技术的研发能力。

研发中心以国家核电技术进步和发展需求为导向，积极培育创新体系，围绕ACP100模块式多用途小型堆技术研究、ACP1000/600三代核电关键技术研究和大型先进压水堆核电站重大专项实验课题研究等3个技术领域开展了一系列研发工作，并取得了重要进展，对形成具有我国自主知识产权的第三代核电品牌具有重要意义。一是在ACP100模块式多用途小型堆技术研究方面，基于福岛核事故的经验反馈，完成并固化了ACP100总体技术方案。与安审中心开展了多次技术交流，完成了与安审中心第一阶段联合课题研究。在验证实验方面完成了非能动应急堆芯冷却系统综合实验、控制棒驱动线抗震实验和临界热流密度实验等6项实验方案。二是在ACP1000/600三代核电关键技术研究方面，以CP1000核电技术为基础，借鉴国家引进的三代核电技术，吸收福岛事故经验反馈，完成并固化了ACP1000总体技术方案；完成了非能动余热排出系统总体方案、运行方式研究和布置方案；完成了堆腔注水冷却系统功能要求、设计和布置方案，并完成了堆内构件优化设计。在验证实验方面完成了非能动余热排出系统、堆腔注水系统和堆内构件流致振动等实验方案。三是在大型先进压水堆核电站重大专项实验研究课题方面，完成了CAP1400反应堆结构水力模拟和CAP1400堆内构件流致振动等2个实验课题项目策划书、过程质量计划和质保大纲的编制；完成了CAP1400反应堆结构水力模拟试验和CAP1400堆内构件流致振动试验方案；完成了CAP1400反应堆整体水力模拟试验装置和上下腔室可视化试验装置方案设计；完成了CAP1400反应堆整体水力模拟试验的上、下腔室流场可视化试验模型，吊篮与围筒旁通流量试验模型，吊篮出口接管旁通流量试验模型，压力容器上封头旁通流量试验模型以及模拟燃料组件部分试验模型的初步设计。

研发中心在人才队伍建设、成果创新、国际交流和产学研合作等方面均取得了重要进展。在人才队伍建设方面，研发中心组建了反应堆堆芯设计技术、反应堆工程实验研究、反应堆燃料和材料研究、反应堆安全运行技术研究等 4 个创新团队，以重大科技专项吸引和培育创新人才。目前，研发中心拥有中国工程院院士 2 名、享受政府特殊津贴的专家 10 人、四川省学术和技术带头人 5 名、四川省有突出贡献优秀中青年专家 5 名、中核集团首席专家 1 名。在成果创新方面，研发中心近两年获国家、省部级科技进步奖 22 项，其中国家科技进步二等奖 1 项、省部级一等奖 2 项；获得授权专利 93 项，其中发明专利 69 项。在国际交流方面，坚持开放、流动的机制，积极开展多种形式的国际合作与交流，全面提升研发中心的科研竞争力、社会影响力和国际化水平。在产学研合作方面，充分利用自身的创新环境，发挥工程背景优势，通过学术交流、人才培养交流、科研项目合作等方式进行研发合作。同时发挥科研优势，与其他企业的市场经营优势相结合，共同推进科研成果产业化合作。

研发中心下一步将积极消化、吸收 AP1000 三代核电技术，掌握先进核电系统设计技术，并将其应用于先进压水堆的自主研发；积极推进 ACP100 模块式多用途小型堆技术研究、ACP1000/600 三代核电技术研究和大型先进压水堆核电站重大专项实验课题研究，力争在较短时间内达到工程应用条件，形成具有自主知识产权的第三代核电品牌；充分吸收福岛核事故经验反馈，以在役、在建和拟建核电站为背景，积极开展核安全课题研究，掌握多重极端事故下反应堆系统安全及相应对策，进一步提升我国在运和在建核电机组安全技术水平和应对极端灾害叠加的能力；持续推进基础设施及实验平台建设，不断完善创新平台建设，逐步将研发中心建设成为我国先进核能研发创新基地。

8. 国家能源核电运营及寿命管理技术研发中心

研发中心依托中国广东核电集团苏州热工研究院建设，其研发方向包括：核电站寿命管理标准规范体系研究、寿命评价技术研究、重大设备更换技术研究、状态监测与在役检查技术研究、寿期经济性分析技术研究和环境影响评价技术研究等 6 大领域。

自成立以来，研发中心在基础设施和实验平台建设方面开展了一系列工作，并取得了一定成绩。基础设施建设方面，完成了在役检查冷实验大厅建设，同时改造了辐射环境实验室和高温高压腐蚀实验室。此外，在苏州市工业园区新规划约 1000 平方米实验场地，拟建流体加速腐蚀、焊接和喷涂等实验室。在实验平台建设方面，已累计投入约 2.1 亿元购置实验仪器（该项统计截至 2012 年 3 月），其中包括与北京科技大学腐蚀与防护中心合作开发的大型流体加速腐蚀（FAC）实验台架等设备。FAC 实验台架建成后可对压水堆核电站二回路碳钢流体的加速腐蚀进行研究。

为保证核电站在寿期内安全可靠运行，研发中心以重点解决核电站寿命评价与管理领域内的共性技术问题为己任，优先确定了 5 项重大研发内容——反应堆压力容器寿命管理及检测关键技术研究、核电站重要构筑物老化管理技术研究、核电站重要电气设备寿命评价与管理关键技术研究、核电站重大设备更换策略与技术研究和核电站寿期管理中环境影响评价技术研究。目前，研发中心已启动了相关研究内容，包括与中广核工程有限公司和中国核动力研究设计院联合开展的“百万千瓦级压水堆核电站反应堆压力容器国产化材料辐照性能试验研究”、与大亚湾核电运营管理有限公司联合开展的“大型商用核电站运行十年环境影响技术研究”等项目，并取得了阶段性成果。在“百万千瓦级压水堆核电站反应堆压力容器国产化材料辐照性能试验研究”项目方面，目前该项目已完成了中子注量为 $3.9\times10^{19}n/cm^2(E>1.0MeV)$ 的辐照试验工作，为国产化反应堆压力容器材料持续改进提供了支持。“大型商用核电站运行十年环境影响技术研究”项目是国内第一项大型商用核电站回顾性环境影响研究项目，将为我国今后核电站回顾性定期评价积累经验。

此外，研发中心还承担了多项国家级研究课题。2011 年 3 月 11 日日本福岛核事故后，研发中心立即组织科研人员对事故发生原因进行了讨论，并且向科技部提交了 863 课题“压水堆核电站长寿期安全运行关键技术研究”推荐书。目前，该项目正在立项过程中。研发中心正在开展的国家级课题还有牵头承担的“大型先进压水堆核电站重大专项”共性技术研究的分课题“核电站寿命管理技术研究”、国家能源应用技术研究及工程示范项目“核级焊接材料国产化开发及应用研究”等项目。另外，研发中心在专利申请方面也取得了不错的成绩。2011 年专利申请受理数为 52 项，其中发明专利申请 29 项，获得专利授权 13 项。

研发中心十分重视人才队伍建设、交流合作和标准制修订等方面工作。在人才队伍建设方面，研发中心积极引进高素质人才，已从高等院校、科研院所引进博士 7 名、硕士 20 余名。在交流合作方面，研发中心成功主办了“核电站设备可靠性及失效分析国际研讨会”，与能源行业核电标准化技术委员会联合主办了“第一届核电寿命评价与管理技术研讨会”；目前，研发中心已成为国际知名的核电材料老化研究院（MAI）的正式会员。在标准制（修）订工作方面，研发中心 2011 年共编制国家标准 5 项、能源行业标准 7 项和电力行业标准 1 项。

9. 国家能源核电工程建设技术研发（实验）中心

研发（实验）中心依托中广核工程有限公司建设。研发中心定位于打造核电建设技术研发、成果转化、项目管理、信息交流、实验应用及人才培养等多维度和综合性技术平台，并以百万千瓦级压水堆核电技术为主线，按照开放性、集成性、自主创新及产学研相结合的原则，以全面提升自主工程建设能力为指引，通过系统梳理核电工程建设领域主要的技术短板和薄弱环节，通过集成创新和专项研发，形成包括全生命周期数字化核电站仿真技术研究、工程管理技术研究、模块化设计与建造技术研究、施工技术研究、调试技术研究、数字化仪控设计及验证技术研究、设备国产化技术研究和 EPCSM 总承包“走出去”等关键技术研究在内的核电工程建设技术领域的研发方向。

在基础设施建设方面，目前研发中心项目一期主体工程已全部完成并交付使用。在实验平台建设方面，研发中心下设的 6 个重点实验室建设进展顺利。其中自动焊实验室、数字化仪控综合验证实验室、数字化核电工程虚拟仿真实验室与协作平台建设已基本完成，其他实验室建设正有序进行。此外，研发中心正策划与国内知名高校、研究机构联合共建实验室，并计划建设一系列以研发为主兼具培训功能的研发实训设施。

自成立以来，研发中心积极策划并承担国家级重大科研项目，目前已承接国家、省级重大科技项目 4 大类共 9 个重点课题。

关于核电建设关键技术研究与示范项目。2011 年 10 月，国家级重大科研项目——“核电建设关键技术研究及应用示范”正式获得国家发展改革委、国家能源局联合批准。该项目下设包括核电主管道自动焊接技术开发应用研究、核电工程总体进度精确测量与量化技术和模块化技术研究、核电站数字化仪控系统设计验证和调试装置研发、核级焊材国产化开发及应用研究等 4 个课题，重点围绕核电建设关键技术开展研究，结合示范项目建设，拟突破一批关键技术方法和瓶颈产品。

关于中央国有资本经营预算重大技术创新及产业化项目。2011 年 10 月，“核电行业标准建设”、“核电建设项目协同管理技术研究”两项课题获国家财政部下达的 2011 年中央国有资本经营预算重大技术创新及产业化资金支持。

关于福岛核事故后改进项目。研发中心组织相关专业力量，在经过深入调研的基础上，开展了“超设计基准事故缓解设备和系统研”和“中国二代加核电厂抗震能力提升及超设计基准地震裕量分析研究”两个项目的研究。“超设计基准事故缓解设备和系统研发”课题主要集中在全厂断电（SBO）和最终热阱丧失两类超设计基准事故条件下的预防及缓解措施的研究；“中国二代加核电厂抗震能力提升及超设计基准地震裕量分析研究”项目主要针对在地震条件下确保核电厂安全停堆、排出余热以及乏燃料储存系统的安全需要，以 CPR1000 核电厂为例，对中国二代加核电厂与上述功能有关的系统、设备和结构（SSCs）开展抗震能力研究，通过设计改进，提升二代加核电厂抗震能力；同时，开展地震裕量分析评估，研究核电厂抗震的薄弱环节，并提出应对措施。

关于新兴能源产业备选项目。研发中心申报了“核岛主设备设计及设计验证评价平台”项目。该项目针对核岛主设备在工程设计、制造、安装、调试和新型号研发中的需求，集成、优化配置和开发核岛主设备设计及设计验证中所需要的各种软件工具，建成核岛主设备设计的集成化平台，提高设计效率，实现从传统预测设计向准确预测设计的转变，同时利用仿真技术代替试验方法，解决工程建设中核岛主设备的设计验证问题。

研发中心在体系建设、交流合作和标准制（修）订方面也开展了颇具特色的工作。一是在体系建设方面，先后完成了专业技术研究所及实验室、管理团队和中心学术委员会等组建工作，并确立了依托三类人员、形成三个层次、实现三大功能的组织构架。二是在交流合作方面，组织了核能行业核电厂调试启动研讨会、核设施建造安全导则技术会议等一系列大型学术交流和会议活动。三是在标准制修订方面，截至2011年年末，累计承担国家行业标准编制项达到了219项，其中2011年获批下达编制任务的行业标准91项，在行业内主要承担单位中名列首位。

为贯彻《国家能源科技“十二五”规划》的指导思想和任务要求，进一步推进我国核电工程建设技术发展，研发中心将通过以下五个方面，狠抓落实，继续推进研发中心建设工作。一是继续完善和落实研发中心二期及实验室建设工作，尽快落实联合实验室和综合实训设施的选址规划和建设；二是进一步完善组织机制建设，细化各项办法和实施细则，并根据实施情况和反馈不断优化和调整；三是结合已有基础，推进一批关键技术和重大项目取得技术突破，通过政府重大研究课题开发、国家行业标准编制、形成重点技术领域有效突破和标准化，逐步实现对核电工程建设领域行业发展的有效引领；四是拓展功能，体现研发中心开放性和央企社会责任感，以开放性为原则，实现与高校、研究机构的共享，以研发带动人才培养，加大科研人员培养力度，使研发中心的价值最大化；五是打造“政产学研用”协同创新平台，推进核电装备自主化与技术升级。

10. 国家能源核电站仪表研发（实验）中心

研发（实验）中心依托上海工业自动化仪表研究院建设，通过消化和吸收国际核电仪控系统的先进技术及标准规范，促进我国核电仪控系统质量测评与验证技术的标准化，提升我国核电仪控系统自主化研发和检测能力，逐步建成国际先进、国内一流的具有专业性、独立性和综合性的核电仪控系统实验验证平台。

研发中心已经新建了仪控验证实验楼，配置了10米法电磁兼容（EMC)）实验系统、软件验证与确认（V&V）实验平台及热氧老化试验装备等。此外，研发中心还充分利用社会资源，通过授牌管理和联合共建的模式，在较短时间内完成了包括地震实验台架、辐照实验室和LOCA实验台架等在内的核电专项实验能力建设。实验条件满足了三代AP1000的试验要求，同时覆盖法国RCC-E和我国GB标准，填补了国内空白，达到了国际一流水平。

在加强实验能力建设的同时，研发中心还承担了一系列重大科技专项研究。在核安全级软件V&V技术研究方面，已基本完成了相关国际标准的消化吸收、V&V认证程序的建立、体系文件架构的设计和部分文件的编制等工作，硬件平台建设正在有序进行。另外，研发中心承接了首个嵌入式软件 V&V 的商业认证合同，构建了体系文件，建立了软件验证与确认工作条件，积累了数据，培养了人才，项目将于 2013 年 6 月全面完成。在核电仪控产品地震响应分析及抗震技术研究方面，研发中心制订了三向六自由度液压地震试验台设计方案，其各项指标均居于国内前列，完全满足三代 AP1000 核电试验要求,并覆盖法国 RCC–E 和我国 GB 标准;在抗震分析上已掌握抗震分析方法，完成了 ANSYS 有限元软件采购，正协助国产化实施项目进行抗震设计和结构优化。在核电站数字化仪控产品电磁兼容技术研究方面，研发中心已成功为美国西屋公司的用于三门 AP1000 核电站的核级控制盘柜进行了 EMC 试验，成为首家西屋认可的 EQ（设备鉴定）供货商。此外，研发中心还承担了 3 项大型先进压水堆与高温气冷堆国家重大专项课题相关子课题研究。

在国际合作与交流方面，研发中心作为中国设备鉴定（EQ）合格供应商代表参加了 IEC/IEEE 核电 EQ 标准融合委员会和 IEEE 核电工程技术委员会 EQ 分技术委员会工作会议；以中国代表身份参加了 ASME V&V30 技术委员会。同时，研发中心正在美国 ARES 公司协助下全面提升核电试验能力技术规格和运行体系。在标准制修订方面，研发中心积极参与国家能源局核电行业标准化技术委员会工作，并承担了部分标准制（修）定工作。

研发中心将开展核电站执行机构、阀门、流量、温度、压力、液位等仪表类产品试验条件完善化研究，建成国际先进、国内领先的核电站仪控设备研发与试验平台和软件验证与确认（V&V）评定中心，全面促进我国核电仪表与控制系统质量测评与验证技术标准化工作，提高核电仪控设备的国产化率，加快提升我国核电综合成套能力和国际竞争力，形成我国在核电仪控设备自主化研发技术制高点，推进核电仪控设备自主化创新能力，为核电仪控设备自主化和国产化提供保障性支撑。

11. 国家能源先进核燃料元件研发中心

研发中心依托中国核动力研究设计院和中国广东核电集团公司中科华核电技术研究院共同建设。主要研发方向包括反应堆堆芯及燃料元件设计、燃料和材料工艺及性能研究、燃料及材料堆外试验研究和燃料元件堆内辐照考验及评价等。

自成立以来，研发中心完成了燃料元件设计平台的拓展完善，正在开展燃料元件研制设施、试验验证设施、辐照考验和评价设施的配置及改造，已完成 35 台套设备中 14 台套的验收工作。

研发中心在重点技术领域和重大项目课题方面开展了一系列研发工作，在压水堆燃料元件设计制造技术和 U–Mo 合金燃料研究方面取得了显著成绩。

在压水堆燃料元件设计制造技术方面，拟通过开展自有品牌 CF 系列核电燃料组件以及国产新锆合金的研制，建立自主的压水堆核电站燃料组件研发体系，形成完整的产品供应能力，满足国内市场需求及出口国外。研发中心先后完成了Ⅰ型和Ⅱ型先进燃料组件设计；完成了N36锆合金管棒材制备工艺研究，优化和确定了工艺参数；完成了工业规模工艺试验，确定了N36锆合金管棒材工业规模生产工艺参数；完成了N36锆合金包壳管材生产工艺评审，提供了特征组件用N36锆合金管棒材；完成了相关试验装置的改造及建立、辐照试验项目策划和方案、池边检测技术及装置的调研工作。在U-Mo合金燃料研究方面，2011年，研发中心开展了基体Al-Si合金粉末的研制、燃料板芯体轴分布均匀性改进研究、燃料板中U-Mo/基体粉末的反应行为研究、U-Mo合金燃料板无损检测方法研究。

2010—2011年，研发中心共获得科研成果奖励7项，其中国防科技进步二等奖1项、三等奖1项，中核集团一等奖1项、二等奖3项、三等奖1项。共获得授权专利18项，受理专利14项。在国内外期刊上公开发表文章40余篇。

研发中心现有研究人员190名，设立了技术委员会，为研发中心的顶层宏观发展战略、科技发展规划等提供支持；设立了首席专家，对研发中心承担项目的技术工作负责；建立了4支专业团队（设计、工艺、堆外试验、辐照考验及分析），促进了研发中心核心技术实力的提升。研发中心实行开放的机制，积极开展多种形式的国际合作。在标准制修订方面，研发中心完成了核电关键材料应用性能评价技术体系框架的建立，形成了包壳材料、主管道不锈钢和传热管材料的产品规范以及在研制阶段的应用性能评价方法，并已申请建立为企业标准。

研发中心下一步的发展目标是：研发自主品牌的压水堆先进核燃料元件，系统掌握压水堆商用核燃料元件设计、试验、研制及评价的核心关键技术；积极开展压水堆MOX燃料元件、第四代核能技术超临界水堆、行波堆核燃料元件以及钍基燃料的设计、工艺及性能评价等关键技术攻关；研制出研究堆用U-Mo合金燃料的入堆辐照考验元件。通过上述发展目标的实施，完善我国核燃料研发体系，实现我国核电可持续发展，加快先进燃料的研发进程，引领我国燃料元件发展方向，为我国核电燃料元件研发作出贡献。

12. 国家能源核电软件重点实验室

重点实验室依托国家核电技术有限公司国核（北京）科学技术研究院有限公司建设。其总体目标是：开发一系列代表国家技术能力、具有自主知识产权的核心核电软件，为核电站的设计、建设、运行和管理等提供完整的软件平台；建立满足核安全法规要求的核电软件开发、验证和评价体系；培养一支高水平的核电软件研发队伍；建成国家级的核电软件技术研发基地和有较强国际影响力的核电软件开发机构。

在基础设施建设方面，国家核电技术有限公司科研创新基地于2011年7月在北京市昌平区未来科技城开工奠基，计划于2013年6月正式投入使用。在实验平台建设方面，重点实验室已建成三维数字化电厂工程技术研究中心和PDR电厂性能指标数据中心，自主开发建设电力工程系统计算与优化分析平台等。重点实验室还建立了核电软件质量管理体系及针对软件开发过程管理的“基于软件能力成熟度模型”质量控制体系。

重点实验室承担了国家大型先进压水堆重大专项“核电关键设计软件自主化技术研究”课题，拟开发具有完全自主知识产权的一整套压水堆核电厂核心设计软件，建立我国核电软件评价与审查体系，实现我国核电软件的全面国产化。具体包括以下几个方面：一是核电热工设计软件的开发，已完成子通道分析、系统分析和安全壳分析等程序的理论手册，以及系统设计说明书、模块设计说明书；完成了子通道程序、系统分析程序和安全壳分析程序的核心模块设计及源代码开发工作。二是严重事故分析程序的开发，完成了堆芯熔化机理性分析程序和一体化源项分析程序的模型和关系式详细描述，并完成了两个程序的理论手册编写。三是核电物理设计软件的开发，完成了组件参数计算程序、堆芯物理分析程序和中子动力学程序的理论手册等开发文档的编写；完成了组件参数计算程序、堆芯物理分析程序和中子动力学程序主要模块的设计图开发。四是核电软件测试平台的开发，自主开发的核电软件测试平台已开始试运行，此平台为自主开发的核电设计软件的测试提供从运行、分析到管理的一体化服务，将极大地提高软件的测试效率。五是核电热工设计软件模型的验证，提出了自主开发的核电设计软件模型验证方案，编写完成热工程序模型验证需求规格说明书和验证计划。六是核电软件模型验证数据库的建设，通过加入相关国际研究计划，获得了NEA/OECD Data Bank、ROSA I期和ROSA II期等试验数据库，已完成对模型验证数据库平台开发的需求收集和分析工作。七是先进数值模拟技术的研究，正在开展核电厂主泵、安全壳水膜、熔池、压力容器外部冷却等设备及严重事故相关的先进模拟和最佳实践导则研究，同时进行核电试验台架预分析，已完成ACME核电试验台架的压力容器、蒸汽发生器一次侧、非能动余热排出系统换热器、喷洒器、扩散器等设备的流阻和结构模拟，为台架设计、测量元件的选型提供重要依据。

在产学研合作方面，重点实验室分别与三所高校合作建立了核电软件开发联合机构——核电软件高校工作站，着重开展核电软件研发的前期研究、程序开发、验证测试、人才培养等工作，并在国家各类核电软件科研课题中开展合作，开发我国自主品牌的核电软件。

重点实验室下一步将以推进实验室建设为契机，着力开展好以下几项任务：开发具有完全自主知识产权的先进核电设计软件；研发严重事故、超设计基准事故分析相关软件；研发核电站先进数值模拟仿真软件技术；研发核电站运行管理类软件；积极培育核电软件应用市场。力争打造一支核电软件开发国家队，引领我国核电软件研发的发展。

核电工程设计、建设与管理

发展现状

核电工程设计、建设和管理的自主化能力持续提升。随着核电的快速发展，我国核电建设项目普遍采用了“精干业主加工程公司总承包、专业分包”的管理模式，提高了核电工程建设效率，成功地实现了多项目、多基地同步建设。以中国核工业建设集团公司为主的核岛工程建造队伍，全面掌握了多种堆型、多种容量的核电建造技术，同时承担的核电站核岛工程机组数量最多时达到29台。在建核电项目质量、进度和投资等得到有效控制。

核电工程设计与管理

一、中国核工业集团公司

2011年，秦山二期扩建工程、福清核电工程（1、2、3、4号机组）、秦山核电扩建项目（方家山核电工程）、三门核电工程（1、2号机组）和海南昌江核电工程等多个在建核电项目建设进展总体顺利；三门核电工程（3、4号机组）、福清核电工程（5、6号机组）、田湾核电站扩建工程（5、6号机组）、辽宁徐大堡核电一期工程、田湾核电站扩建工程（3、4号机组）和湖南桃花江核电工程等多个项目正在开展前期工作。

2011年，各在建核电项目安全、质量、进度、投资、技术、环保等均得到了有效控制，总体进展顺利。秦山二期扩建工程4号机组于11月25日首次成功并网，12月30日投入商运；福清核电工程1号机组反应堆厂房首台蒸汽发生器于9月28日就位，2号机组于4月16日实现穹顶吊装，3号机组于8月15日实现了常规岛第一罐混凝土浇筑；方家山核电工程于9月15日实现220kV倒送电，1号机组常规岛于10月18日开始安装工作，2号机组于5月27日实现穹顶吊装；三门核电一期工程1号机组反应堆压力容器于9月22日就位，2号机组CA03模块于12月18日吊装就位；海南昌江核电工程9月17日除盐水厂房主体结构完成，1号机组于12月28日提前28天完成穹顶吊装。

在工程管理领域，中核集团始终贯彻“安全第一、质量第一”的方针，着力推进规范化、标准化和精益化，在稳步推进质量工作的基础上，扎实开展安全检查工作，全力应对福岛核事故的影响，有序推进工程管理工作规划的落地，进一步提升核电工程建设管理水平。

在福岛核事故发生后，中核集团对在建核电工程提出了包括重新审查抗震设计标准的选择、按现行法规对厂址安全状况进行评价、对厂址附近发生极端自然灾害的可能性进行新一轮调查、对应急响应体系的完整性和可操作性进行审查等在内的若干安全自查工作要求，按照核安全监管部门的要求，提出了采用最先进的标准对拟建厂址重新进行安全评估的要求。对国家核安全局提出的改进意见，组织各相关单位制定并安排实施安全整改专项工作计划。

为进一步完善核电工程建设管理体系，规范各成员公司核电工程建设项目管理，以实现“安全、质量、进度、投资”四大控制目标，中核集团审查了有关工程管理程序体系的可用性及适用性，对核电工程建设 20 个领域的 34 份程序进行了修订和完善。

中核集团努力推进工程建设领域的标准化建设，推动“安全、质量、进度、投资”各领域规划任务的按期落地，为实现核电建设“一个体系、一个标准、一个网络”的改革调整目标而努力。

二、中国核工业建设集团公司

作为国家高温气冷堆技术成果产业化的主要承担单位，中核建设集团所属成员单位——中核能源科技有限公司积极开展有关科研及示范工程设计工作。2011 年，高温气冷堆设计工作有序推进，核工程设计与管理的技术和能力获得较大突破。

在设计方面。中核能源科技有限公司在继续开展核岛辅助系统施工图设计、核岛建筑结构施工图设计、BOP 施工图设计的同时，针对当前各方高度重视的工程设计中的安全性和抗震问题，重新核定了石岛湾外断层的震级，根据新确定的震级重新开展相关设计工作，并组织研究和编制核安全检查中抗震专题、防洪专题、消防专题以及初步安全分析报告中抗震部分等报告，进一步保障了示范工程设计的安全性和抗震能力。

在高温气冷堆核电站核岛三维工艺布置模型的研究与开发方面。中核能源科技有限公司借助计算机三维设计技术，开发并建立了 20 万千瓦级高温气冷堆核电站核岛厂房、主要设备（包括压力容器、蒸汽发生器、堆内构件、燃料卸料机构等）、工艺系统等的三维模型。通过搭建三维设计平台，形成了高温堆核岛厂房三维综合布置图出图手段，并通过利用三维立体模型的审核，减少了不同专业间的空间碰撞，有效提高了厂房布置的合理性。

在高温气冷堆模块化设计技术研究方面。截至 2011 年底，公司已完成高温气冷堆模块化效益分析报告，对高温气冷堆屏蔽冷却水系统、氦净化系统、氦辅助系统的排水系统、反应堆厂房屋顶、余热排出系统、一回路压力泄放等开展了模块化设计的分析和研究工作，并取得初步成果。通过开展模块化设计技术研究和模块化设计，进一步提高了具有自主知识产权的高温气冷堆模块化设计技术能力，为商用高温气冷堆核电站全面采用模块化设计扫清了技术障碍。

三、中国广东核电集团有限公司

2011 年，中广核集团在建核电机组共 16 台。工程线精心组织，充分发挥集约化和规模化优势，积极加强由各参建单位组成的核电“大工程、大项目”团队建设，有效控制安全质量风险，工程建设进展顺利。

2011 年 8 月 7 日，广东岭澳核电站二期工程2号机组顺利投入商业运行，并保持稳定运行，各项性能指标均优于设计值。至此，中广核集团商运机组达到6台，装机容量达到600万千瓦。在大亚湾核电站基础上形成的中国改进型压水堆核电技术CPR1000，通过岭澳二期的示范，其安全性、先进性、成熟性完成了全过程的工程验证，经济上具有较强竞争力，在自主化和国产化方面也完全满足国家要求。

辽宁红沿河核电项目4台机组安装工作全面展开。1号机组冷态功能试验圆满成功；2号机组冷试准备工作稳步推进；3、4号机组穹顶吊装顺利完成，全面步入安装阶段。

福建宁德核电项目4台机组建设有序推进。1号机组提前具备冷试条件；2号机组反应堆压力容器到货并安装，各项安装工作按计划推进；3号机组穹顶吊装顺利完成；4号机组土建工作稳步推进。

广东阳江核电项目1号机组压力容器、蒸汽发生器等核岛主设备开始引入，安装工作进入最关键阶段；2号机组穹顶吊装顺利完成，机组建设进入安装阶段；3、4号机组CPR1000+示范工程建设稳步推进，钢衬里模块化、自密实混凝土、堆腔注水等多项技术改进顺利实施。

广东台山核电项目一期工程借助后发优势，成功避免国外同类项目出现的问题，并在钢衬里模块化施工等方面实现多项创新，在保证安全质量的基础上，实现高效推进。1号机组穹顶吊装顺利完成，成为全球第二个完成穹顶吊装的三代EPR项目，为打造国际标杆工程奠定了坚实基础。

广西防城港核电项目以“全面提升、全面超越”为目标，注重基础，稳扎稳打，两台机组土建工作稳步推进，1号机组BOP安装等重大里程碑按期实现，穹顶吊装准备工作井然有序。

四、中国电力投资集团公司

海阳核电一期工程全年顺利完成了1号机组核岛CV4环就位、压力容器到场，2号机组核岛CV1环、CV2环、CV3环、CA01模块就位等11个重要工程里程碑节点，1号机组常规岛已全面进入安装阶段。现场继续保持良好的工程形象，各项工程质量可控、在控，现场安全情况总体良好。组建成立了项目联合调试队，调试接产工作已经启动，已有77人获得预备操纵员资格。对项目管理体系进行梳理，首次接受了工程建设同行评估，项目管控水平得到进一步提升。

红沿河核电一期工程继续稳步推进。1、2号机组压力容器、蒸汽发生器、稳压器就位，完成了冷态功能试验，安装工作全面开展。3、4号机组土建工作已基本结束，全面进入安装高峰期。

核电前期项目继续推进。海阳核电二期工程与相关方的合作框架协议已全部签订，主要设备合同已经生效，接入系统报告已通过评审，可研报告继续修编完善。

五、国家核电技术有限公司

AP1000世界首批项目建设总体进展顺利，“安全、质量、进度、成本”可控、在控。浙江三门、山东海阳的4台机组按计划已完成43个重大工程节点。AP1000主泵成功完成耐久性试验，标志着所有核岛主设备研制均已攻克，项目建设已不存在颠覆性因素。

国产 CAP1000 标准设计基本完成。安全性、经济性等关键指标较 AP1000 依托项目更具竞争力。目前正在国家有关部门指导下，积极协同有关单位，开展技术和工程准备，确保后续项目开工可以随时启动。

上海核工程研究设计院和国核电力规划设计院承担的 CAP1400 初步设计基本完成。六大项关键课题的方案均已完成，实验台架都已开工建设，水分配实验台架已基本建成。国核软件技术中心的《核电关键设计软件自主化研究》课题获得立项批准，课题年度节点全部按时完成；国核自仪系统工程有限公司 NuPAC 原理样机系统的详细设计评审和系统集成测试工作基本完成，初步具备了向国家核安全局申请民用核安全设备设计和制造许可证的条件。

核电工程建设

2011 年是核电工程建造全面进入高峰的关键一年，中国核工业建设集团公司承担了全部在建核电机组，装机容量超过 3000 万千瓦，占世界在建核电的 45%。受日本福岛核事故的影响，核安全成为全社会关注的焦点。中核建设集团始终秉承“安全第一、质量第一”的方针，认真贯彻落实国务院常务会议精神，全面开展在建核电项目的安全质量检查，不断加强核电建造核心能力建设，努力克服各种不利因素影响，使核电工程项目建设顺利开展。

2011 年核岛工程项目重大节点有：

8 月 7 日，岭澳二期 4 号机组投入商运；10 月 12 日，红沿河 1 号机组完成冷试；11 月 25 日，秦山二扩 4 号机组首次并网；11 月 28 日，宁德 1 号机组具备冷试条件；12 月 30 日，秦山二扩 4 号机组投入商运。红沿河 3 号机组（4 月 8 日）、4 号机组（9 月 20 日），福清 2 号机组（4 月 16 日），阳江 2 号机组（4 月 29 日），方家山 2 号机组（5 月 27 日），宁德 3 号机组（8 月 26 日），台山 1 号机组（10 月 23 日）、昌江 1 号机组（12 月 28 日）共 8 台机组先后实现穹顶吊装。

一、在建核电项目 2011 年建设亮点

1. 为进一步提高焊接质量，缩短安装工期，中核建设集团早在 2004 年就启动了窄间隙自动焊工艺研究，并于 2009 年获得国家发明专利。与传统手工焊相比，运用该技术后，单台机组总工期将缩短 35 ~ 45 天。

2011 年 1 月 21 日，国家核安全局审核批准宁德项目主管道自动焊工艺评定；1 月 25 日，该工艺正式运用于宁德核电站 1 号机组主管道焊接施工；8 月 19 日，1 号机组主管道窄间隙自动焊工作全部完成。中核建设集团将该工艺率先全面运用于宁德核电站，打破了国外的技术垄断，填补了我国核电站主管道自动焊领域的空白。

主管道窄间隙自动焊工艺陆续应用于红沿河、阳江、福清、方家山等核电机组的主管道焊接，在缩短工期、提高质量等方面发挥了积极作用。

2. 作为AP1000核电建造核心技术的主管道安装技术研究取得重大突破。中核建设集团2009年成立了AP1000主管道安装联合工作队，建立了AP1000主管道现场安装1:1模拟试验室，并与美国PCI能源服务公司合作，开展了多项技术研发。2011年8月30日，正式发布了AP1000主管道安装技术研究成果，开创了核电工程建造中集窄间隙焊接、激光跟踪测量、3D建模拟合和数控坡口加工技术为一体的技术链安装模式的先河，为AP1000主管道现场安装做好了技术准备。

3. 2011年10月23日，中核建设集团实现了台山项目从FCD到穹顶吊装24个月工期的新业绩，较国外在建同类堆型缩短了一半（芬兰EPR项目从FCD至穹顶吊装为48个月，法国EPR项目预计53至55个月），充分证明了中核建设集团在核电建造领域的强大实力。

二、高温气冷堆示范工程建设情况

在高温气冷堆示范工程建设方面，2011年，中核建设集团扎实做好高温气冷堆示范项目进展的跟踪工作。利用项目暂缓开工的时间，做好设计、设备采购的前期工作，做好示范工程现场的维护与管理，为项目的早日开工做好准备。中核建设集团所属中核能源科技有限公司作为示范工程EPC工程总包单位，采用国际先进核电工程建造的管理模式和手段，充分发挥设计的龙头作用，通过加强设计管理、优化设计方案等措施，进一步提高设计质量，有效控制工程投资、质量和进度，全面构建起工程质量、进度、费用、安全和风险五大控制体系。

高温气冷堆核岛工程设计、主设备采购及制造等按照计划有序进行。目前已经组织完成示范工程初可研、可研、初步设计等前期工作，已签订主要设备、机械类、电仪类等供货合同57个，金额达到核岛设备总概算的89%，完成可FCD演练及FCD的各项准备工作，现场具备FCD条件，现场施工管理信息化系统全面投用。

核设备制造

发展现状

东方电气、上海电气、哈电集团、中国一重和中国二重等主要核电设备制造企业，积极应对福岛核事故的影响，以提升管理水平、稳定产品质量为最终目的，通过突破技术瓶颈、完善质保体系，使设备制造满足了工程需求。

2011 年，国内核电设备制造产业稳步发展，通过消化吸收引进技术、自主创新和大规模技术改造，建成了具有国际先进水平的核电装备制造基地，掌握了核岛和常规岛关键设备设计、制造核心技术，产品质量稳定性逐步提高，大批产品交付用户。

与法国电力公司签署了低压加热器供货合同，实现核电产品首次出口欧洲。自主研制的国内首根核电焊接转子通过国家鉴定。目前，二代改进型核岛容器类、堆内构件不锈钢类和高温气冷堆压力容器的大锻件已全部研发成功并实现批量交货。二代改进型压水堆核电站设备国产化率达 80% 以上，已经具备每年生产 10 ~ 12 套核电关键设备的能力。

同时，通过消化吸收 AP1000 三代核电关键设备制造技术、合作生产和开展科技攻关，三代核电设备制造国产化取得重要进展。三门核电 1 号机组反应堆主冷却剂管道首批交货，1 号机组冷凝器制造完成并按时运至现场。世界首台 AP1000 机组汽水分离再热器 MSR-B 制造完成并安装就位。第一台自主设计的 AP1000 设备——咸宁核电蒸汽发生器，前期准备工作进展顺利。世界首件 AP1000 核电稳压器下封头锻件生产成功，基本掌握了蒸汽发生器和堆内构件关键部件的制造技术。台山项目 EPR1750MW 核电机组国产化制造进入交货阶段。国家重大科技专项 CAP1400 常规岛汽轮机、发电机等已进入施工设计阶段。

国内核电设备制造已实现百万千瓦级压力容器、蒸汽发生器、稳压器、堆内构件、控制棒驱动机构及汽轮发电机组的成套供货。目前，三代核电设备主管道、压力容器和蒸汽发生器大型锻件、爆破阀、钢制安全壳（CV）等相关制造技术已全部掌握，反应堆压力容器、蒸汽发生器、堆内构件、控制棒驱动机构、环吊等重点设备国产化工作进展顺利，三代核电设备国产化供应体系初步形成，核电设备标准体系逐步完善，设备鉴定体系建设加快推进。

设备自主化研制生产情况

一、哈尔滨电气集团公司

1. 哈电股份公司与中国核电工程公司签订了田湾 3、4 号机组 TG 项目供货合同，哈电股份被确定为该项目常规岛主设备供货商。这是福岛核事故后国内核电第一大单，为田湾核电站设备制造拉开序幕。

2. 哈电股份公司下属哈电动装公司同国核工程公司签订了三门核电 3、4 号循环水泵和主给水泵供货合同。这标志着哈电集团首次进入 AP1000 常规岛水泵供货领域。

3. 三门核电 2 号蒸汽发生器设备是哈电重装公司承制的国内首台 AP1000 蒸汽发生器。该项目于 2011 年 3 月 16 日开工，第一台蒸汽发生器管板于 2011 年 12 月 16 日进入深孔钻打孔工序，整体进展顺利。

4. 三门核电 1 号机组冷凝器全部制造工作于 2011 年 7 月完成，产品按时发运至现场。除氧器、高加已陆续完成交货。2011 年 12 月，世界首台 AP1000 机组汽水分离再热器 MSR-B 制造完工。

5. 在借鉴三门核电 1 号机组冷凝器生产经验的基础上，哈电集团通过合理组织、优化工艺等措施，将海阳 1 号机组冷凝器的制造工期缩短了 4 个月。

6. 哈电股份公司根据集团公司加强内部配套的要求，协调所属子公司（哈汽、哈锅、重装公司）与哈电阀门公司签订了三门核电项目常规岛通用阀门供货合同，使得哈电集团下属的哈电阀门公司通过内部配套，获得了核电常规岛通用阀门的供货业绩。

7. 咸宁蒸汽发生器项目是第一个由哈电股份公司进行项目执行的核岛设备项目，也是第一台国内自主设计的 AP1000 蒸汽发生器设备。现该项目所需大锻件均已完成投料，焊接材料也全部签订采购合同，部分焊材已具备发货条件。

8. 高温气冷堆蒸汽发生器是国内首台采用四代技术设计的蒸汽发生器，设计结构复杂，制造工艺难度大。哈电集团通过组织高层协调会及项目协调会，解决了一个又一个难点问题。现高温堆试验单元已开工制造。

9. 昌江核电 1 号汽轮发电机组汽轮机转子、发电机转子、复合钛板等关键原材料已进厂。汽轮机转子已开始加工，低压缸开始组焊。发电机转子复验合格，具备加工条件。定子机座已开始装焊。

二、东方电气股份有限公司

1. 核设备制造能力、业绩

（1）东方汽轮机有限公司(简称东方汽轮机)

东方汽轮机按照年产 4 台套控制棒驱动机构 (CRDM) 的能力配置设备，目前正在制造红沿河 5、6 号机组 CRDM。东方汽轮机目前具备年产 5 至 6 台套百万千瓦级核能汽轮机的能力。

（2）东方电气集团东方电机有限公司(简称东方电机)

东方电机具备年产 6 台套百万千瓦级核能汽轮发电机的生产能力，目前在制的设备有红沿河、宁德、方家山、福清、台山核电项目的关键设备。

（3）东方电气集团东方锅炉股份有限公司(简称东方锅炉)

东方锅炉具备年产 4 ~ 6 套 CPR1000 安注箱、4 ~ 6 套反应堆压力容器 (RPV) 外围设备不锈钢类产品、6 ~ 8 套核电常规岛蒸汽联箱的生产能力。在制核电设备有红沿河、宁德、阳江等工程的 10 余套百万千瓦级核电机组的关键设备(稳压器、硼注射器、安注箱、重型支撑等)，以及三门、海阳项目 AP1000 稳压器、蒸汽发生器重型支撑。

（4）东方电气（广州）重型机器有限公司（简称东方重机）

东方重机具备年产4套百万千瓦级核岛主设备的生产能力。在制设备有红沿河、宁德、方家山、福清、台山等项目的关键设备。

（5）东方阿海珐核泵有限责任公司（简称东方阿海珐）

东方阿海珐具备年产15台核电主泵以及20套轴密封的生产能力，且已获得岭澳二期4号机组，红沿河、宁德、阳江核电项目等60台主泵的供货合同，同时还向红沿河、宁德、阳江项目提供仪控、运行备件等部件。

（6）东方电气（武汉）核设备有限公司（简称东方武核）

东方武核具备年产百万千瓦级核电站用堆内构件4～6台（套），压力容器800吨，再生式热交换器、非再生式热交换器和非能动余热排出冷凝器等设备1.5台（套）的生产能力。其承制的广西防城港核电厂一期工程两台机组用堆内构件于2011年3月开工制造。

2. 核能科研项目进展情况

(1) 2011年4月，东方电气研制的百万千瓦级核电汽轮机低压焊接转子通过了中国机械工业联合会组织的鉴定。2011年5月，东方电气CAP1400和ACP1000两种型号的核电汽轮发电机组总体设计方案通过了中国机械工业联合会组织的专家评审。东方电气参与了CAP1400“常规岛关键设备自主设计和制造技术”课题立项工作，2011年7月课题可行性报告通过国家能源局确认。“半速1828mm末级长叶片的设计开发研究”完成了申报发明专利2项，并开始生产末级动叶片，试验和验证的准备工作进展顺利。

(2) 东方电气与国核上海核工院于2011年11月11日在成都签订了CAP1400蒸汽发生器研制课题联合协议，相关研究工作已经开始。

(3) 按照国家能源局要求，东方电气与中国原子能科学研究院积极洽谈钠冷快堆核岛设备和常规岛设备研制的战略合作事宜，已于2011年7月8日与中核集团签署快堆合作的会议纪要。

三、上海电气（集团）总公司

1. 上海电气的核电产业涵盖核岛的压力容器、蒸汽发生器、稳压器、堆内构件、控制棒驱动机构、主泵，核二、三级容器和装卸料机，常规岛的汽轮机、汽轮发电机等关键设备，以及大型铸锻件、仪控仪表和主要辅机等设备的制造和供货。

2. 在已投运的核电站中，包括秦山一期、巴基斯坦恰希玛一期和二期、秦山二期、秦山二期扩建、清华高温气冷堆、大亚湾、岭澳一期、岭澳二期等，正安全可靠地运行着上海电气提供的这些核电关键和配套设备；在建核电工程中，昌江、红沿河、宁德、阳江、方家山、福清等二代加核电项目，三门、海阳AP1000和台山EPR三代项目，高温示范堆等工程，上海电气正在承制或交付这些项目的核电关键和配套设备。上海电气的核电产品覆盖了国内的所有核电站。

3. 临港基地是上海电气新建的特大、

特重、超限的装备制造基地。临港基地一期工程于2008年投产，并于当年出产蒸汽发生器等一批重型设备。二期扩能于2009年7月正式启动，并已基本完成。这使上海电气的核电关键设备的制造能力达到年产10套堆内构件和控制棒驱动机构，6套压力容器和蒸汽发生器，12台核电主泵，50台套核二、三级泵，6套常规岛半速汽轮发电机机组。

4. 为满足包括三代技术在内的百万千瓦级核电主设备向超大、超重、高技术发展的大型铸锻件的需求，上海电气完成了核级大型铸锻件生产能力的改造，并以三个“世界之最”——1.65万吨自由锻造油压机、250吨/630吨•米锻造操作机和450吨电渣重熔炉为标志，有能力提供最大铸锻件钢锭600吨、最大铸件450吨、最大锻件350吨，实现年产百万千瓦级核岛容器类重型设备（压力容器、蒸汽发生器、稳压器和主管道）的配套锻件6套、反应堆堆内构件锻件25套的目标。

5. 上海电气涉核企业严格实施核电质量保证体系，以确保所有活动符合相关的质量保证监管要求。上海电气正在通过持续改进质量管理体系的有效性，以实现集团核电产业发展的目标。

四、中国第一重型机械集团公司

1. 中国一重准确地把握了当前核电“更安全、更经济、更清洁”的明确要求，坚定不移地走自主创新之路，采取了应对措施。一是加快生产组织方式变革，利用信息化手段，提高生产专业化水平，核电锻件粗加工、精加工等全部按专业化模式组织生产。2011年，完成了230件核电大锻件的生产，同比增长57%。二是对核电锻件在手总量进行汇总分析，提出外协粗加工方案，对外协厂家进行严格的审查和分供方评价，确定合格的外协厂家，缓解了立车超负荷问题，缩短了核电锻件的生产周期。三是加快核电新产品研发，基本掌握了蒸汽发生器和堆内构件关键部件制造技术，核电主管道试制成功。四是加强对市场形势的分析研判，做好核电产品的订货工作，使核电产品订货额继续在国内同行业中保持领先，2011年共签订核电产品制造合同9.5亿元。

2. 中国一重大大加强了核电新产品的研发力度，主要开展了以下研制工作：

(1) AP1000反应堆压力容器制造技术研究是大型先进压水堆示范工程项目的一个子课题。中国一重承担了其中制造流程及装配技术方面的研究子项，2011年完成了所有研究内容，解决了产品装配过程中的关键工艺难题，科研成果正陆续转化应用到产品实际制造过程中。

(2) 800MW快堆压力容器制造技术联合研发为“反应堆压力容器制造技术联合研发”国际合作项目的子课题。合作研究的目标是实现大功率快堆关键主设备堆容器及旋转屏蔽塞的国产化，填补国内技术空白，改变长期依赖国外相关技术的局面，为开发商用快堆提供理论支持，掌握堆容器、旋转屏蔽塞设计及关键制造技术。中国一重正与中国原子能科学研究院积极合作，以推进课题进展。

(3) 第三代核电机组关键部件技术提

升研发为2011年中央企业国有资本经营预算项目，通过此项目掌握第三代核岛主设备的关键制造技术，实现自主研发与制造。项目主要包括核岛一回路反应堆压力容器制造技术研究、蒸汽发生器制造技术研究及堆内构件制造技术研究。中国一重承担有关产品装配关键技术的研发，此项目正按计划有序开展。

(4) 核岛一回路反应堆压力容器设计技术研究目前已完成全部科研内容。通过此项科研，研究掌握核电一回路反应堆压力容器的核心设计技术，进而争取核电一回路反应堆压力容器的设计资格，力争实现国内核反应堆压力容器的设计制造一体化，使中国一重成为具有反应堆压力容器核心技术能力的国际供应商。

(5) 百万千瓦级反应堆堆内构件设计技术研究，通过此项课题研究掌握堆内构件设计计算方法，熟悉和掌握堆内构件材料的选用和使用原则，了解熟悉热工水力计算技术，进而争取核电一回路反应堆堆内构件的设计资格，力争实现国内核岛堆内构件的设计制造一体化，使中国一重成为具有核岛堆内构件核心技术能力的国际供应商。

(6) 堆内构件装配技术研究。为拓展核电制造领域，中国一重确定了民用核电厂反应堆堆内构件制造技术研究课题，目的是攻克堆内构件关键制造技术，为中国一重步入堆内构件制造领域提供必要的技术保障。中国一重承担其中装配方面的研究课题，目前科研已达到预期目标，部分科研成果已应用到中科华堆内构件模拟体的制造中。

(7) 核电蒸汽发生器制造技术研究课题中，中国一重承担了装配方面的研究，目前科研已达到预期目标，部分科研成果已应用到中科华核电蒸汽发生器模拟体的制造中。

(8) 镍基合金的焊接技术开发，是针对核电装备生产中的镍基合金焊接裂纹问题提出的。中国一重系统地研究了焊接裂纹开裂的机理，并从分析焊接接头的应力状态出发，结合实际生产的情况，提出了消除焊接裂纹的解决方案。在优化焊接工艺的同时，基于能源装备材料研究所正在研发的镍基合金的冶炼、锻造、热处理技术，中国一重配合生产实用焊接工艺，开发了配套的高质量焊接材料。

五、中国第二重型机械集团公司

1. 根据2011年核电产品销售计划，中国二重全年共实现94件核电大型锻件的产出，具有自主知识产权的世界首套AP1000核电主管道顺利完工，反应堆压力容器重型支撑4套、预埋件3套已交付用户，总量上与2010年产出相比，增长近70%。

2. 2011年，中国二重加大科研创新力度，全年共获得专利权42项，其中发明专利11项，在核电技术研发工作方面获得如下成果：

(1) 成功突破技术难关，掌握了AP1000主管道全套制造技术。

(2) 国家核电技术有限公司科研项目CAP1400冷却剂主管道、蒸汽发生器锥体重大科技专项课题取得突破性进展。

(3) 通过不断自主创新，掌握了CPR1000一次侧封头、大型常规岛半速发电机转子、拼焊汽轮机转子、RPV整体顶盖等高端产品的制造技术。

(4) 开展百万千瓦级核电设备大型铸锻件研发及产业化，完成“十一五”重大科技专项“百万千瓦级核电设备大型铸锻件关键制造技术研究”课题的验收。

(5) 成功突破第三代核电大型锻件研制、AP1000蒸汽发生器大型筒体锻件研制等难题，获四川省重大技术装备创新研制项目立项。

3. 中国二重将科研开发与实际生产相结合，在超纯净钢冶炼、浇注工艺研究，饼形锻件、筒形锻件以及异形锻件的成形研究、大型锻件热处理工艺研究及形状复杂零部件的加工工艺研究等方面开展了大量研究工作，在核电锻件研发方面成效显著：

(1) 完成了CPR1000核岛RPV、SG及PRZ全套锻件的研制工作，已经实现了批量化生产，锻件成品质量达到国际先进水平。完成了CPR1000主泵铸造泵壳、锻造泵壳及其配套锻件的研制工作。完成了SG封头类锻件、1100MW核电半速转子、半速拼焊转子、汽缸等核电常规岛重要部件的研制，目前已具备批量生产能力。

(2) 完成了AP1000蒸汽发生器筒体类及管板锻件、稳压器上下封头锻件、堆芯补水箱锻件、反应堆压力容器支撑及预埋件产品的技术开发，并成功运用于生产；完成AP1000 RPV接管段锻件及SG全套锻件的制造技术开发并运用于生产。

(3) 完成了我国高温气冷堆蒸汽发生器全套锻件的技术开发，并成功运用于生产。

核安全监管和核事故应急

核安全监管

2011 年，在役核设施安全运行，在建核设施质量得到有效控制。运行核电厂、研究堆、核燃料循环设施、放射性废物贮存和处理处置设施，以及放射性物品运输活动，均未发生 2 级及 2 级以上的安全事件（事故）。运行和在建核设施的事件、不符合项得到了及时处理。

2011 年，全国核设施和核技术应用项目数量不断增加，辐射环境质量总体保持良好。环境电离辐射水平保持稳定，核设施、核技术应用项目周围环境电离辐射总体水平未见明显变化。

2011 年，完成了日本福岛核事故应对工作，及时组织开展了全国核设施综合安全检查；组织召开了第四次全国核与辐射安全监管工作会议； 利用 2011 年中央财政主要污染物减排专项资金，开展了重点省市核与辐射应急监测调度平台及快速响应能力建设项目；建立并完善了全国辐射环境监测项目绩效考评体系，并对部分省市和外协单位开展了绩效考评工作。

一、机构队伍

2011 年，中央编办下发了《关于调整环境保护部核安全监管机构有关事宜的批复》（中央编办复字 [2011]142 号），批准环境保护部（国家核安全局）下设核设施安全监管司、核电安全监管司、辐射源安全监管司三个司，新增行政编制 26 名，编制总数达到 85 名。

二、能力建设

日本福岛核事故后，组织开展了应对福岛核事故辐射环境应急能力建设项目。财政部紧急批复国家核安全局应对福岛核事故辐射环境应急能力专项资金 6000 万元，用于购置相关设备，共计 19 种 132 台（套）。

组织启动 2011 年中央财政主要污染物减排专项资金重点省市核与辐射应急监测调度平台及快速响应能力建设专项，总投资为 2.1 亿元（其中国家补助 1.5 亿元，地方自筹 0.6 亿元）。

核与辐射安全监管技术能力基地建设项目稳步推进，编制完成《国家核与辐射安全监管技术研发基地建设规划》和《基地建设总体设计方案》，并启动一期 5 个单项可行性研究报告的编制工作。

三、强化监管

2011 年，国家核安全局依法对全国核设施实施严格、有效的监管，全国核设施处于安全状态。

截至 2011 年年底，全国 15 台运行核电机组运行情况良好，26 台在建核电机组质量受控。福岛核事故后，按照国务院常务会议的要求，组织实施全国在建和运行核电厂综合安全检查，强化核电厂安全监管。

定期开展研究堆安全审查，换发了 6 座研究堆的运行许可证，中国先进研究堆纳入民用核设施监管范围。中国实验快堆实现了初始功率提升和首次并网。

严格执行铀浓缩、元件制造等核燃料循环设施审批程序，加强设施建造和运行安全监督，严肃处理违规建设项目；完善放射性物品运输安全监督管理法规体系，严格开展放射性物品运输容器设计、制造和运输活动的审查，提高放射性物品运输安全水平；积极推动历史遗留放射性废物的处理和处置，完成了40个项目的放射性废物处理和处置审查及审批工作。

组织完成核技术应用项目现场监督检查50余家次；审查颁发辐射安全许可证11家，完成30余家单位的辐射安全许可证变更和增项，完成21家单位许可证延续换发工作。

全国电磁环境辐射水平总体情况良好。进一步规范电磁环境影响评价和竣工环保验收的审批程序，完成一批输变电建设项目环评审批及竣工环保验收，妥善解决一批电磁环境投诉信访。

进一步明确和加强了民用核安全设备许可证管理，全面推进役前和在役检查无损检验能力验证体系建设，加大核岛主设备监督检查的力度，不断完善进口民用核安全设备安全检验机制。

四、核安全规划

福岛核事故后，国家核安全局按照党中央、国务院指示编制核安全规划，组织成立了核安全规划研究编制组，多次征求意见，形成了《核安全与放射性污染防治“十二五”规划及2020年远景目标》，提出了提高核电厂安全水平等九大任务，并整合出五大工程，提出了确保规划实施的各项保障措施。规划内容涵盖了核安全与放射性污染防治两个方面，是未来一段时间全面指导我国核与辐射安全工作的纲领性文件，具有系统性、全面性和政策性。

五、核设施安全综合检查

日本福岛核事故后，国务院第147次常务会议要求，环境保护部（国家核安全局）、发展改革委（国家能源局）和中国地震局对全国民用核设施开展综合安全检查，具体包括核电厂、研究堆和核燃料循环设施等。综合安全检查于2011年3月开始启动，12月基本结束并形成最终报告。本次检查是福岛核事故后的一次安全再评估，其内容和深度与主要核能国家采取的类似检查活动基本一致。

六、政策与法规

2011年，核与辐射安全法规制修订工作取得有效进展。国务院发布了《放射性废物安全管理条例》（第612号令）；环境保护部（国家核安全局）发布了《低、中水平放射性废物固化体性能要求－水泥固化体》、《核电厂放射性液态流出物排放技术要求》和《核动力厂环境辐射防护规定》等3项国家标准。国家核安全局继续推进《核安全法》编制工作，基本完成该法的框架，并将其纳入核安全“十二五”规划目标。

核与辐射安全法规标准审查专家委员会共审查核与辐射安全法规、标准、导则、技术文件稿件等33件次。

（本部分材料由国家核安全局提供）

核事故应急

在党中央、国务院的领导下，各级核应急组织以科学发展观为统领，坚持核应急工作方针，扎实推进核应急基础能力建设、“一案三制”等重点工作，2011年我国核应急工作实现了良好开局，为“十二五”核应急工作奠定了坚实基础。

特别是在日本福岛核事故发生后，按照国务院的统一部署，各级核应急组织迅速启动核应急协调机制，组织动员力量，有力有序开展应对，为维护社会稳定，提升我国在国际社会的影响力作出了积极贡献。

一、福岛核事故应对

福岛核事故发生后，国家核事故应急协调委员会立即启动国家核应急协调机制，国家核事故应急响应中心值班室24小时专人值守，接收、分发国际原子能机构的通报及有关信息。

3月14日，国家核应急办组织召开国家核事故应急协调委员会联络员组应对日本核事故第一次会议，通报情况、部署工作。国家核事故应急协调委员会办公室组织国家相关部门和权威科研机构的资深专家，认真分析、研判日本福岛核电站事故演变趋势及对我国环境和公众健康的潜在影响。

3月16日，国务院总理温家宝主持召开国务院常务会议，听取应对日本福岛核电站核泄漏有关情况的汇报。

经国务院授权，国家国防科工局以国家核事故应急协调委名义多次召集联络员、专家咨询组和全国核应急组织办公室负责人会议研究应对措施；提交专题研究报告，供国务院领导决策参考；组织力量，科学研判，通过中央媒体向社会发布权威信息48起。

自3月17日起，国家核事故应急办公室每日会同有关部门形成权威发布稿，以国家核事故应急协调委员会名义通过央视新闻联播、新华社等主流媒体向全国公众发布，同时针对公众关注的问题，组织有关单位由国务院新闻办协调网络媒体发布核科普知识。

各有关部门及相关省份按照国家核应急协调委的统一部署，启动核应急响应机制。环保部自3月12日起全面启动全国辐射环境监测网络并将检测结果每天实时对外公布；卫生部及时部署了在北京及东北和沿海等14个省市开展食品和饮用水放射性监测的工作；气象局24小时监测大气环流，实时收集相关气象监测和其他国际环境紧急响应中心的有关信息，提供气象预报、辐射扩散传输预报和影响评估；海洋局迅速调集海上执行放射性应急监测的海监船采集海水样品，预测我国海域是否会受放射性污染物影响；国家质检总局于3月24日发布公告，禁止进口来自日本受污染地区的乳制品、蔬菜及水果、水生动物和水产品，加强了对日本其他地区生产的输华食品农产品中放射性物质浓度的监测和风险分析。相关省市全面启动辐射自动监测系统，加强核应急监测和气象预报，积极引导舆情，保障公众知情权，印发核与辐射宣传手册，确保社会稳定。

二、规划

为适应我国核事业发展的需要，在科学分析我国当前核应急现状及未来发展趋势的基础上，国家核应急办开展了国家核应急工作“十二五”规划的编制工作，完成了《国家核应急工作“十二五”规划》草案，并征求了相关部门和单位的意见。该规划草案提出了“十二五”期间全国核应急工作的指导思想、总体思路、主要目标和重点任务。

三、预案

加强核应急预案的动态管理，国家核应急办全面启动《国家核应急预案》的修订工作。根据“神盾 –2009”国家核应急联合演习的经验反馈和出现的新情况、新问题，结合日本福岛核事故的经验教训，完成了新版《国家核应急预案》的编制工作。

相关省份核应急组织及营运单位结合实际情况及日本福岛核事故经验教训，组织修订本地区本单位的核事故和核辐射应急预案，有力推动了我国核应急预案体系的建设。

四、机构建设

2011 年 8 月 19 日，中央编制委员会办公室批准国防科工局成立核应急安全司，其主要职责是承担国家核事故应急办公室的日常工作，指导、协调各级核应急组织的核应急准备工作，协调国家核应急能力建设和核事故救援工作，承办国家核事故应急有关国际合作事务等。11 月 1 日，国防科工局核应急安全司正式组建运行。

10 月 28 日，国务院办公厅下发关于调整国家核事故应急协调委员会组成单位及其成员的通知，国家核事故应急协调委员会的日常工作由设在国防科工局的国家核事故应急办公室承担，王毅韧同志兼任国家核事故应急办公室主任。

五、能力建设

积极推进国家核应急技术支持体系和救援体系建设。启动了国家核应急响应中心办公条件建设。进一步加快了国家核应急监测、辐射防护、医学救援、航空监测等专业技术支持中心和专业救援分队的建设。各省及核设施营运单位核应急组织进一步加强了专业救援队伍建设，完善设备，提高了技术水平和人员素质，提升了一线核应急处置能力。

研究探索跨省级行政区域的核应急管理模式以及核应急信息粤港通报方案，提高区域协同应对能力。启动了国家核应急资源调查，推动建立专用应急物资储备数据库，整合资源以提高利用率。积极探索全国核应急能力评估办法，推动建立评估标准。

六、演习演练及值班备勤

各级核应急组织加强演习演练，达到了检验预案、完善准备、锻炼队伍、磨合机制的目的。山东省、广西省、江西省开展了核与辐射事故应急演练，提升了应对突发事件处理能力；我国海上核生化应急救援队开展了相应演习演练，锻炼和提高了核应急综合救援能力；连云港市举行了场外核应急指挥部网上模拟演习，全面提高了该市核应急指挥部联络员的应急响应能力与水平。

严格执行核应急值班制度，保持信息渠道的畅通。保持核应急国家联络点与国际原子能机构之间及时可靠的信息沟通。加强了“两会”及重大活动期间的值班备勤工作，保证应急设施和物资装备随时处于良好状态，切实做好了应对各类核与辐射突发事件的准备。

七、国际合作与两岸交流

5月19日~21日，国家核事故应急办公室组团赴日本，与日本有关政府部门及专家就福岛核电站事故及其恢复进展情况进行了技术交流，并向日方提出了技术意见和建议，从而加强了中日双方的沟通和理解，达到了进一步了解福岛核电站事故情况、应急处理过程及现状的目的，并为今后两国在核安全与核应急领域的技术交流和合作奠定了基础。

5月22日，第四次中国、日本、韩国领导人会议在日本东京举行，在会后发表的《第四次中日韩领导人会议宣言》中，三国认为，核安全信息共享与交流，对建立和维护核设施安全运行的信心至关重要，决定加强信息共享方面的合作。

在政府间合作方面，中美继续在核应急、放射性废物管理、核安保领域开展合作，联合建设核安保示范中心获得国家有关部门批准。

6月14日，海峡两岸核电厂应急管理与技术研讨会在南京召开。会议通过技术研讨共同吸取了福岛核事故的经验教训，加强了两岸核事故应急与响应方面的信息交流与经验分享，进一步提高了两岸核应急技术与管理水平。

（本部分材料由国防科工局核应急与军工核安全监管司、核应急响应技术支持中心提供）

核专业人才培养和职工培训

目前，我国已有44所高校设立了核专业，在校生规模达到1万人。企业教育培训工作进一步加强，校企合作，已成为核专业人才培养的重要途径。高校核专业人才培养和企业培训工作的推进，有效地缓解了核电快速发展与核专业人才不足的矛盾。

中国核工业集团公司

1. 以院士遴选推荐等为重点，高层次人才队伍建设取得新进展

2011年，徐銤同志当选为中国工程院院士。中核集团组织开展了第二批首席专家和科技带头人遴选和聘任工作，产生了3位首席专家和8位科技带头人；完成政府特殊津贴推荐申报工作，获批46人，数量创历年之最；落实中央“千人计划”，加强了海外高层次人才的引进力度，全年共引进海外人才20余人，其中推荐申报“千人计划”专项人选6人；对人才引进工作的重点领域进行了广泛调研，初步确定了18个海外人才引进的重点领域；组织完成了国家青年科技奖人选的申报；组织完成了首批青年拔尖人才计划人选的申报，推荐的3人全部通过国资委组织的专家评审并上报中组部。

2. 以紧缺专业人才引进为重点，人才资源控制力和资源配置效力有了新提高

积极推进与相关高校的战略合作，完成清华大学、西安交通大学、哈尔滨工程大学、四川大学、华中科技大学等5所高校战略合作协议和人才培养协议签订工作；继续巩固清华大学定向生培养模式，完成培养合同续签工作；创新紧缺专业高校毕业生引进方式，以西安交通大学、哈尔滨工程大学、四川大学、华中科技大学等4所高校为目标，实施“订单”培养，完成195名集团公司首届“核电英才”招录、培训方案的制定、班级组建与管理等工作。

3. 以相关专题培训为重点，加强干部职工教育培训工作

落实《集团公司“十二五”干部职工教育培训规划》，启动了首期集团公司企事业单位领导人员专题研修班。

实施多层次、多领域、多方式的培训工作。有计划地选送总部各部门和企事业单位主要负责人参加中组部、国资委和其他培训机构组织的学习培训，累计培训人员27人次；继续开展境外培训，组织企事业单位主要负责人赴新加坡专题研修，培训人员15人；围绕集团公司中心工作开展培训，组织开展了企业法律顾问培训班、工程项目管理培训班；以提升能力和更新知识为目的，继续推进与高校合作开展学历学位教育；重点组织了党校班、中青班。

注重教育培训基础能力建设，完成了《核工业发展历程》等新员工入职培训教材出版前的准备。

4. 以职业修标工作为重点，技能人才队伍建设和职业技能鉴定工作取得新成绩

按照国家职业分类大典修编要求，结合集团公司实际，启动了《国家职业分类大典（核工业分册）》修标工作，完成修标指导委员会和专家委员会的组建，召开了修标工作布置会，协调各专业化公司、事业部组织召开了初审会，组织集团公司有关方面的专家40余人召开了终审会。2011年，中核集团3人获得第十届全国技术能手荣誉称号，1个单位获国家技能人才培育突出贡献奖。中核集团获国家职业技能标准开发“业绩突出单位”称号和中央企业职工技能大赛优秀组织奖。

与国家人社部、国家职业技能鉴定中心签订职业技能鉴定质量管理责任书。加强对各鉴定站的指导与管理。完成培训、鉴定、取证485人，其中技师、高级技师鉴定取证121人；完成5个核特有职业培训教材的终审，完成了全部核特有职业培训大纲的出版与发行；举办了一期核特有职业技能鉴定考务软件培训班、一期考评人员培训班和一期督导员培训班；二○二厂等12家鉴定站新一轮鉴定资质全部获批；集团公司所属24个鉴定站在国家人社部职业技能鉴定所（站）质量管理评估中，全部评估为合格。

中国核工业建设集团公司

2011年，为满足大规模核电建设对各类人才的需要，实现人力资源保障有力，中核建设集团大力加强培训基地建设，按照分类、分层次原则，采取走出去、请进来、岗位培训等多种形式，积极与国际原子能机构、国内知名大学、科研机构、培训机构广泛进行交流合作，开展行之有效的各类管理人才、技术人才和技能人才的教育培养。2011年，组织各类人员培训共162774人次，其中，对经营管理人员培训5747人次，对科研、技术类人员培训14822人次，对专业技能人员培训142205人次。

中核建设集团加强教育培训中心建设，部分成员单位已经建设了自有的教育培训基地。

在国际原子能机构（IAEA）、中国国家原子能机构（CAEA）的指导下，中核建设集团所属成员单位中国核工业二三建设有限公司与国际原子能机构合作，设立“核电建设国际培训中心”，充分利用国际原子能机构的平台，以成熟的国际核安全标准作为基础，为国际原子能机构所属成员国提供核电施工项目管理方面的相关培训、咨询服务；接受国际原子能机构或国外核电工程公司的委托，帮助计划发展核电的国家和地区，为准备建设核电站的电力部门和潜在的核电站核岛土建、安装工程承包商，以及参与核电站核岛建筑施工，核岛现场预制、安装的决策人员和项目管理人员，提供核电施工项目管理方面的建议与指导；根据核电站土建、安装工程项目管理的需要，对核电工程监理、项目管理、工程管理、工程技术和技能操作等关键岗位人员进行培训。

中核建设集团完全控股了核工业工程学校，用以加强核工业技能人才的培训。该校占地500余亩，有教职员工405人、在校学生8000余人、在籍学生19000人；中职设电子技术应用等13个专业，大专设机电一体化等5个专业。学校先后被评为“国家第一批高技能人才培养示范基地”、“国家级重点中等职业学校”、“国家高级技工学校”、“国家优质教育资源建设重点示范校”、“国家职业技能鉴定所”等。中核建设集团将充分利用学校的生源、师资力量为公司的核电建设培养大量的技能人才。

中国广东核电集团有限公司

截至2011年底，中广核集团全年培训总课时数超过250万学时，人均培训时数超过100学时（是全球平均水平的3倍多），全职从事培训工作的员工为629名，教员总数2069名，课程总数15129门。

2011年，中广核集团继续与国内相关高校通过“订单+联合”和“联合培养”等多种模式培养核电专业技术人才。截至2011年底，国内相关高校累计为中广核集团输送了2500多名核电专业技术人才。

2011年,中广核集团继续开展多层次、多样式的人才培养工作。

在管理类人才培养方面。启动了“白鹭计划”项目，并根据不同培养对象、不同培养层次，细化为新入职员工的转型训练（白鹭·破壳计划）、新任基层管理者的转型训练（白鹭·助跑计划）、新任中层管理者的转型训练（白鹭·展翅计划）及新任运营高管转型训练（白鹭·翱翔计划）等项目。“白鹭计划”充分借鉴通用电气等全球卓越企业人才培养的良好实践，针对员工在职业发展路径上的转型和能力发展需求，整体打造了一条中广核集团管理干部的成长通道。

在技术人才培育方面。分别建立了核电运营、核电工程和其他清洁能源人才培育体系。在核电运营人才培养方面，逐步建立起了以“授权上岗、全员培训、终身教育”为自身特色并行之有效的一整套核电运营人才培养体系。在核电工程人才培养方面,建立了包含核电工程知识体系(工程技术授权ETA、项目管理知识NPM、工程技术及设计知识）、核电工程项目管理、核电工程设计、核电工程调试等培养项目的培养体系。另外，中广核集团风电、太阳能、核技术、铀资源、水电等领域也都充分借鉴核电人才培养的先进经验，初步建立了相应的人才培养体系。

中国电力投资集团公司

中电投集团根据《2020年核电人力资源规划》，加强核电人才的培养，加强核安全文化理念的培训，充分利用山东海阳在建项目的工程实践，逐步建立了核电关键岗位的人才培养和职工培训的滚动机制；建立了较为完善的培训管理体系，开展了培训软硬件能力建设，建设并完善了上海高级培训中心AP1000核电理论培训基地、上海大漕泾超超临界百万千瓦火电厂的核电常规岛运行和维修技能培训基地、烟台核电技能培训基地，初步形成了一整套核电人力资源开发体系。

为使公司生产人员更加系统地理解AP1000系统和主要设备，学习美国先进的核电站运营和管理经验，强化核安全文化素养，为海阳核电项目将来的安全可靠运行奠定基础，山东核电依托AP1000核岛供应合同，与西屋公司协同合作组织了一系列培训项目，包括在海阳现场进行的八组课堂培训、在美国运行核电站进行的两批次影子培训和在设备厂家进行的设备培训。

国家核电技术有限公司

1. 积极搭建科研创新平台

2011年7月，国家核电入驻中央企业未来科技城，整合现有资源，构建了以国核（北京）科学技术研究院为依托的一体化研发平台，高起点、高标准地建设核电专业人才培养基地。

2. 推动海外高层次人才引进

召开高层次人才引进工作座谈会，总结交流各单位的良好实践，提出了进一步做好高层次人才引进工作的政策措施。吴樵教授成功入选国家第六批“千人计划”，陈培培博士入选国家第二批“青年千人计划”。

3. 加大青年人才培养力度

针对公司人才队伍青年人比重大的特点，通过岗位项目锻炼和前沿理论培训，不断增强青年员工的创新意识和创新思维，大胆放手使用青年人才，促进他们快速成长。重视“传帮带”在人才培养过程中的作用，积极鼓励老专家和业务骨干贡献知识，分享经验。通过团队的知识积累和有效传承，使青年人才的整体素质和业务能力得到全面提升。

4. 完善鼓励创新创造机制

除建立科技奖励制度外，2011年启动了面向专业技术人员的自主创新基金，依托每年的自主创新课题征集，鼓励专业技术人员在完成本职任务的同时，在自身感兴趣的专业领域进行前沿性研究，目前该项目已率先在博士中进行试点，并取得了良好成效。

中国华能集团公司

实施人才强企战略，发布实施了《华能石岛湾核电厂“十二五”人才队伍建设规划》，明确了核专业人才培养工作目标与计划。全面推进操纵员培训取照与调试、维修、技术支持等领域专业人员培训工作，示范工程首批52名预备操纵员按计划完成常规电厂运行实习和多功能模拟机培训，第二批48名预备操纵员于4月份完成HTR-10操纵员取照考试，第三批29名预备操纵员按计划完成常规电厂培训和中国核动力研究设计院岷江堆培训，14名预备操纵员于8月至9月分两批完成美国杜克能源所属核电站的生产管理培训并取得培训合格证书；31名调试管理人员依托西安热工研究院完成常规火电调试实习培训，36名维修管理人员完成田湾核电站T204大修实习培训，6名技术支持管理人员按专业分别完成无损检测取证及燃料管理岗位实习培训。加强核电专业技术队伍建设，委托清华大学核能与新能源技术研究院在公司现场开办核能与核技术工程硕士班，为专业技术人员提升业务技术能力创造条件。积极参加核行业技术交流活动，2011年累计向中国核能行业协会优选推举13名技术专家参与核电厂PSA（概率安全分析）、设备失效管理等行业技术管理活动。

深化培训管理体系建设，建立岗位授权、培训监督和效果评价制度，为全员培训工作的规范化确立制度保障。利用SAT系统化培训方法，组织编制了安全与质量37个岗位序列的培训大纲。全面落实培训资源，建立了内外部培训资源库，投用了M310全范围模拟机，为培训工作实施提供有力支持。有效执行年度培训计划，2011年完成培训项目160项，累计培训59万学时，累计培训4938人次，年度培训计划完成率达95.24%。

国际合作与交流

政府方面

一、圆满完成《核安全公约》的履约任务

1. 4 月 4 日 ~ 14 日，《核安全公约》第五次审议大会在奥地利维也纳国际原子能机构总部举行。中国环境保护部副部长兼国家核安全局局长李干杰率团出席大会并担任大会主席。中国是此次审议大会的主席国。中国代表团向国际原子能机构提交了关于福岛核事故的国家报告，并就国家报告进行了陈述，回答了相关提问，获得了大会的一致好评。

2. 严格履行防核扩散及核保障监督义务。严格执行防核扩散及核保障监督工作要求，充分发挥协调委员会沟通协调作用，主动宣传核贸易国际准则、我国所承担的国际义务、国家政策法规等，协助有关单位了解管理要求，并配合有关单位协调解决国际核贸易问题，坚决维护我国及企业权益，积极稳妥推进“走出去”战略。

二、积极应对福岛核事故

日本福岛核事故发生后，中国政府在立即采取相关应对措施的同时，积极参加国际和地区间的合作，通过落实部长级核安全大会宣言，促进核安全相关国际公约审议准备；参加国际原子能机构核安全标准和导则的修订；开展核应急、信息通报、核安全技术研发等活动；加强与国际社会在核安全领域的合作和经验共享；切实履行各项国际公约赋予的责任和义务。

事故发生后，国家环境保护部（国家核安全局）、国家原子能机构迅速启动应急响应工作，充分利用已有的核安全国际合作渠道，加强对外联络。第一时间与 IAEA 及日本政府取得联系，获得事故的相关资料，全程密切跟踪事故的进展；主动联系我驻外使馆、各国驻华使馆，了解各国对事故的应对措施；在核事故应急响应过程中，国家原子能机构秘书局共翻译 IAEA 核事故通报 104 份，处理我驻外使馆情况通报 150 余份。

按照国家外交的总体部署，我国以建设性姿态参与了福岛核事故应急、核供应国集团触发清单审议、联合国裁军谈判会议等工作，妥善处理保障监督有关问题，维护我国负责任大国的形象。

三、多边领域

（一）与国际原子能机构（IAEA）合作取得新成绩

1. 国防科工局局长陈求发、副局长王毅韧分别出席了 IAEA 的 6 月、9 月理事会及第 55 届大会，宣传我国核能安全发展政策及成就。陈求发局长两次会见 IAEA 总干事天野之弥，并签署了《中国国家原子能机构与 IAEA 在核电站安全建设领域进行合作的实际安排》，双方支持

中核建设集团成立“核电建设国际培训中心”，联合为发展中国家培训核电建设人才。

2. 在技术合作方面，依托国家原子能机构平台，与 IAEA 在铀矿地质、高放废物处置、核电长寿期管理与延寿、核安全分析、核技术应用等领域开展了广泛的合作，正在执行的 IAEA 技术援助项目共有 15 个。我国加大了对技术合作活动的管理力度，着力解决项目执行难题。2011 年，我国技术合作项目执行率达到 95%，较 2010 年提高了 15 个百分点，创历史最高水平。协助国内多家单位与 IAEA 建立联系渠道，为其拓展国际合作领域、跟踪国际先进技术提供了良好的平台。推荐专家参加 IAEA 技术会议，在国内承办会议 27 次。

3. 发挥 IAEA 平台优势，扩大宣传。9 月，国家原子能机构在维也纳 IAEA 总部举办了中国核工业展。国际原子能机构总干事天野之弥参观了展览。俄罗斯、印度等 30 多个国家的代表团参观了展览。

（二）第四次中日韩核安全监管高官会

第四次中日韩核安全监管高官会于 11 月 19 日在东京举行。中国环境保护部副部长兼国家核安全局局长李干杰率团出席了会议并致辞。中国环境保护部（国家核安全局）、日本原子力安全保安院、韩国核安全与保安委员会的三方代表出席了会议并共同签署了中日韩三国核安全合作倡议。此次高官会三国代表就各国应对福岛核事故的应急响应、监管机构的改革以及核安全大检查工作进行了深入探讨，并在会议期间举行了第六次中日韩核安全信息交流会。

（三）积极参加重大多边国际活动

1. 4 月，国防科工局局长陈求发陪同张德江副总理出席了乌克兰“安全与创新利用核能”峰会，宣传了我国应对福岛核事故的举措及加强核安全国际合作的积极态度。

2. 6 月，国防科工局副局长王毅韧率团出席了 IAEA 部长级核安全大会并作主旨发言，全面介绍了福岛核事故后我国采取的一系列应对措施，重申了我国高度重视核安全、确保核电安全发展的主张。

3. 中国核能行业协会理事长张华祝率团参加了亚洲核合作论坛部长级大会，介绍了我国核能发展经验及在核电站建设上的独特优势。

4. 加大了对第四代核能系统国际论坛（GIF）的参与力度。国防科工局与国家科技部联合设立了 GIF 联络办公室，超高温气冷堆、钠冷快堆研发两个合作项目推进顺利。

四、双边领域

（一）中美合作进入新阶段

1. 为落实 2010 年华盛顿核安全峰会上胡锦涛主席关于在华建立核安保示范中心的指示，国防科工局局长陈求发两次会见美国能源部部长朱棣文，并签署了两国政府间《关于建立核安保示范中心合作的谅解备忘录》。12 月，陈求发会见了美国能源部副部长达戈斯蒂诺，进一步推动中美核安保示范中心合作项目。

2. 国防科工局积极开展核安保示范中心筹建工作。11 月，国家核安保技术中心正式获得中编办批复成立。在技术层面，中方组织专家与美方进行了 10 轮磋商；美方同意提供示范中心所需全部技术设备，价值 1.5 亿元人民币。同时，美方还将提供通过其他渠道难以获得的核材料标准样品。

3. 在中国国家能源局与美国能源部共同组织下，中美双边核能合作不断深入，举行了中美和平利用核能技术协定和民用核能合作行动计划框架下的年度会议。中广核集团与美国阿贡国家实验室联合开展的核电概率安全分析试点项目合作取得新进展。

4. 5 月 16 日 ~ 20 日，国防科工局系统工程二司司长王敏正率团访美，代表团访问了美国能源部总部，与美国能源部 / 核军工管理局、国防部、国务院的代表就核安保、核安全与核应急监管组织结构、核安保示范中心建设等充分交换了意见，并参观了美国国家培训中心及桑迪亚国家实验室安保培训及测试基地。

（二）中俄合作取得新突破

1. 2011 年，在两国领导人的关心和支持下，核能合作取得了重大成果。铀浓缩离心机四期工程提前 282 天投运并达产，实验快堆并网发电。

2. 9 月，中俄核问题分委会第 15 次会议在莫斯科举行。双方制定了中俄核领域合作路线图，一致同意支持双方相关单位在空间核动力领域开展进一步合作，并将加强两国在浮动核电站、核安全等领域的合作；同意成立中俄第三国建造核电站协调工作组，推动在上合组织框架下，合作在哈萨克斯坦建造核电站。

（三）中法合作取得新进展

11 月，中法核能合作协调委员会会议在法国巴黎召开，确定了以协作实验室为主要合作模式，批准了 2011 – 2012 年度包括快堆技术、核电站老化管理、严重事故管理、地质处置等 8 个合作专题项目。同时，中法核燃料循环后端协作实验室的建立也取得阶段性进展，双方在“核燃料循环后端”的科研合作已进入实质性阶段。

（四）中韩合作开创新起点

1. 本着“务实推进中韩合作”的原则，中国与韩国就在核安全与核应急、小型模块堆开发等领域开展合作交流进行磋商。中韩核安全与核应急合作已经得到落实，在引进韩国小型堆技术方面取得了进展。中核集团与韩方签订了出口分离功长期合同，为今后双方在核燃料供应方面进一步合作打下了基础。

2. 12 月 14 日，中韩核能合作联委会第十次部长级会议在韩国首尔召开。受国家原子能机构主任陈求发委托，中国核能行业协会理事长张华祝率团出席。会议全面总结了中韩核能合作一年来取得的成绩，分析了福岛核事故后中韩核能合作面临的新形势，讨论确定了未来一年双方的合作项目，并签署了《中韩核能合作联委会第十次会议纪要》。

（五）中欧合作探索新方式

3 月，中国组织召开了中欧核裂变合作第三次讨论会，指导有关科研院所与欧盟合作单位完成了4个项目的申报工作，有2个项目获得欧盟资助；启动了超临界水冷堆、核电站自控软件可靠性验证合作项目，积极探索中欧核领域合作从单纯的人员培训、技术引进到联合研发合作模式的转变。

企业集团

一、中国核工业集团公司

1月18日，在国家主席胡锦涛访美之际举行的中美两国清洁能源协议签字仪式上，中国核工业集团公司与西屋电气公司签署了AP1000核燃料制造设备供应合同。

1月20日，在国家主席胡锦涛访美期间，美国Exelon公司宣布，该公司与中核集团中核核电有限公司签署的核电运营服务合作备忘录正式生效。

1月26日，中国核工业集团公司与法国阿海珐公司在上海合资成立中核阿海珐（上海）锆合金管材有限公司。

2月22日，秦山核电有限公司承担调试的巴基斯坦恰希玛核电站2号机组反应堆实现首次临界。

3月17日，中国核工业集团公司收购的铀资源海外开发项目——尼日尔阿泽里克铀矿项目正式启动试生产。

4月26日，巴基斯坦恰希玛核电站2号机组满功率试验提前圆满成功，标志着该机组由中方调试阶段转向巴方临时验收阶段。

5月12日，由中方建设的巴基斯坦恰希玛核电站2号机组竣工庆典在恰希玛现场隆重举行。该项目比合同提前111天通过临时验收。

5月26日，中国核工业集团公司总经理孙勤和乌克兰国家核能产业公司总裁尤里·涅达什科夫斯基在乌克兰首都基辅市签署双方核能领域合作谅解备忘录。

6月9日，中国核工业集团公司总经理孙勤会见了美国能源部助理部长彼得·莱昂斯一行，双方就共同关心的事宜进行了交流与探讨。

8月1日，中国核工业集团公司总经理孙勤在京会见了巴基斯坦原子能委员会主席Ansar Parvez一行。

9月7日至10日，国际原子能机构（IAEA）的官员和IAEA邀请的美国、法国、英国、瑞士和捷克等国的放射性废物地质处置专家一行10人，赴我国高放废物地质处置库预选区——甘肃北山进行了现场考察。此次考察是IAEA技术合作项目的计划任务之一。

9月18日，中国核工业集团公司总经理孙勤在巴黎会见了法国原子能委员会主席贝尔纳·毕戈（Bernad Bigot）。双方就核能合作有关议题进行了会谈。

11月11日，中核核电运行管理有限公司与美国Exelon Nuclear Partners公司（简称ENP）正式签署咨询服务合同。中核集团开始与世界先进核电运营管理模式“对标”。

二、中国核工业建设集团公司

2011年，中核建设集团贯彻国家国际化战略方针要求，大力实施“走出去”战略，在多年努力的基础上，初步形成“搭建国际资本运作平台、建设国际核电建设培训中心、开发国际核电与非核业务”的运作脉络和业务拓展模式，国际化经营取得一定突破。2011年成功控股香港上市公司，搭建起国际投融资平台；根据中国国家原子能机构与国际原子能机构正式签署的关于核电建设国际培训合作协议，建立起国际原子能机构全球首家核电建设国际培训中心；完成了对南非AVENG公司人员的首次培训；与多家国际、国内知名公司签订合作备忘录或战略合作框架协议，进行友好交流，共同开发海外核电建造市场，并取得实质进展，签订多个项目合作协议。承建的巴基斯坦恰希玛C3/C4核电站项目进展顺利，培育跟踪了多个国际核电项目。首个采用设计—采购—施工—培训总包模式承建的东帝汶全国输电项目顺利实施，建设目标如期完成。

三、中国广东核电集团有限公司

1.2月22日，在胡锦涛主席与哈萨克斯坦总统纳扎尔巴耶夫的见证下，中国广东核电集团有限公司与哈萨克斯坦国家原子能工业公司在北京人民大会堂签署了合作备忘录。

2.4月19日，在胡锦涛主席与乌兹别克斯坦总统卡里莫夫的见证下，中广核集团与乌兹别克斯坦地质和矿产资源委员会签署了深化和扩大双方在铀资源开发领域合作的框架协议。

3.抓住国际铀市场走低的契机，在英国、澳洲资本市场要约收购纳米比亚罗辛南项目，提高了国家和中广核集团的铀资源保障能力。

四、中国电力投资集团公司

2011年，中电投集团积极参与各种国际活动，与国际同行进行了积极交流，学习了世界先进核电企业的管理理念和丰富经验，提高了集团公司在国际核电业界的知名度。

2011年10月，中电投集团总经理陆启洲、副总经理余剑锋率队出席了在深圳举行的主题为“后福岛时代的WANO，持续强化全球核安全”的WANO双年会，并作了题为《中国电力投资集团公司核电发展与WANO支持》的报告。

2011年10月，中电投集团高级顾问丁中智参加了在香港举行的第二届中国国际核工业研讨会，并作了题为《人才是确保核电安全发展的基础》的演讲。

积极承担IAEA技术合作项目。截至2011年底，中电投集团承担了一项2009–2011周期技术合作国家核心项目——CPR4031“山东海阳项目管理支持”、一项IAEA技术合作区域项目——RAS4032“一体化管理系统”，成功申请了一项2012–2013周期技术合作项目——CPR2010005 “中国核电厂辐射防护设计和运行技术研究”。

积极参加IAEA组织的专业活动。2011年，中电投集团共派人参加了9次国际、国内会议与培训班，学习和了解了世界范围内核电厂建设和运行管理过程中的先进经验及作法，提升了整体核电管理和技术水平，并提高了集团在国际核电业界的知名度。

积极开展WANO技术支持项目。2011年，中电投集团共组织开展了3次WANO技术支持项目。这些项目为中电投集团核电项目的运行管理政策及规程建设、调试的组织管理和程序建设以及培训管理程序建设提供了大力支持和帮助。

五、国家核电技术有限公司

1. 不断跟进全球先进核电技术，加强与国外技术原创方在资本、技术、市场等多个层面的深度合作。加强与西屋公司的合作，与西屋续签了《商用核电业务战略合作框架协议》，将在大型非能动电站开发、后续AP1000项目等七大领域开展合作。

2. 加强与国外其他相关企业和国际组织的合作。与国际原子能机构（IAEA）、世界核电运营者协会（WANO）、美国机械工程师学会（ASME）保持合作与交流。

3. 加快“走出去”步伐，进一步开拓海外市场。国家核电下属国核电力规划设计研究院和山东电力工程咨询院有限公司在巴西、南非、印度、印尼以及孟加拉国设立了办事机构。公司与多个国际大型电力投资商、总承包商建立合作关系，海外市场开发和营销网络初步建立。

4. 上海核工程研究设计院在完成巴基斯坦恰希玛核电二期的工程设计和设备设计工作的基础上，承担了恰希玛二期燃料组件服务合同以及三、四期设计总包项目。在AP1000项目上，上海核工程研究设计院承担的绍尔公司设计分包工作以及山东核电设备制造有限公司承担的CV和模块的设备分包工作正在顺利进行。

六、中国华能集团公司

1. 8月7日至26日，华能山东石岛湾核电有限公司首批出国培训预备操纵员第一组（共7人）在美国杜克能源公司奥克尼核电站（Oconee Nuclear Power Plant）完成了生产管理培训。培训人员通过现场观摩、集中授课与分组讨论的形式深入学习了解了美国核电站的组织管理以及核安全文化在核电站中的应用等相关内容。

2. 9月13日至10月13日，华能山东石岛湾核电有限公司4名高温气冷堆核电站示范工程全范围模拟机技术人员在美国西部服务公司（WSC）完成了为期一个月的技术交流与培训。培训人员就模拟机的研发技术与开发过程中的项目管理、模拟机开发后期的测试工作、模拟机的使用及日后的维护与升级工作等内容，与WSC公司进行了深入交流。

3. 10月10日至14日，华能山东石岛湾核电有限公司派员参加了IAEA在奥地利维也纳召开的“中小型核反应堆使用者需考虑的共同问题研讨会”。华能山东石岛湾核电有限公司作为中国代表及模块式高温气冷堆技术的持有者，向大会作了题为《中国多用途高安全性模块式反应堆的发展》的报告，介绍了高温气冷堆技术特点及示范工程进展情况，引起了与会代表特别是新进入核电领域国家的广泛关注和一致好评。印度尼西亚、墨西哥、斯洛文尼亚等国家表达了合作愿望。

七、东方电气股份有限公司

6 月 7 日，东方电气与法国电力集团签署核电站低压加热器供货合同，这是东方电气首份核电产品出口合同。

另外，东方电气与法国 ALSTOM 公司联合执行的台山 EPR 项目顺利开展，到 2011 年底已完成冷凝器及部分低压缸和转子交货。

中国核能行业协会

一、成功筹办了几项大的国际活动

（一）第九届中国国际核电工业展览会

第九届中国国际核电工业展览会是在发生日本福岛核事故后不久，社会各界对核电安全提出严重质疑的关键时期如期举办的。展览会在展出面积、参展企业、媒体与公众参与等方面与上届展览会相比都有明显提高。展览会的成功举办，积极宣传了核能科普知识和发展核电的安全基础与重要意义，在坚定核电发展信心、贯彻国务院四项决定等方面起到了积极作用。

展览会总面积约 15000 平方米，来自奥地利、比利时、加拿大、捷克、芬兰、法国、德国、日本、卢森堡、韩国、俄罗斯、新加坡、西班牙、瑞典、瑞士、荷兰、英国、美国、乌克兰、中国、中国香港特别行政区等 20 个国家和地区的 300 家核电行业知名企业参加了展览。法国、俄罗斯、西班牙和芬兰等国还以国家展团形式组团参加了展览。万余名观众参观了展览会。

（二）中日核电安全与技术研讨会

福岛核事故发生以后，核电安全与技术受到各方的高度重视。6月27日～28日，中国核能行业协会与日本技术者联盟、日本原子力产业协会、日本保全学会共同筹划举办了中日核电安全与技术研讨会。会议受到各方的广泛关注，来自政府部门、核能业界、媒体的近 200 名代表参加了研讨会。会议期间，日方代表比较全面地介绍了福岛核事故的起因、发展、事故应急与处理情况、经验教训等。中日双方代表就管道防震、老化管理、核电新技术等方面进行了专题讨论。

在研讨会期间，协会理事长张华祝、副理事长赵成昆，接受了日本《读卖新闻》和日本电气协会《电气新闻》记者的采访，回答关于福岛核事故的主要教训、事故对中国的影响等问题。

（三）世界核大学清华周北京培训研讨会

7 月 4 日，由中国核能行业协会、世界核大学、清华大学共同主办的 2011 世界核大学清华周北京培训研讨会在京开幕。这是世界核大学、清华大学和中国核能行业协会第三次携手举办该活动。本次活动更加突出了核电安全与技术选择，同时兼顾核电经济性、退役、厂址选择等内容。来自中核集团、中广核集团、中电投集团、国家核电、东方电气、中科院、部分核电厂、相关政府技术支持部门等 40 余家单位，以及清华大学、上海交通大学、华北电力大学、哈尔滨工程大学等近 10 家高等院校的约 150 名代表和在校研究生参加了本次活动。

（四）第二届中国国际核工业研讨会

中国核能行业协会与世界核协会（WNA）于10月20日～22日在香港共同举办了第二届中国国际核工业研讨会。来自国际原子能机构(IAEA)、世界核电运营者协会(WANO)、世界核协会等国际核能组织的负责人和专家，以及中、美、俄、英、法、德、日、韩、澳、南非、哈萨克斯坦及台湾、香港等近30个国家和地区的近200位企业家、专家参加了会议。本次会议议题由8个部分组成，涉及福岛核事故对世界各国核电发展的影响、核教育与培训、核燃料及核供应链、核法律、风险责任及监管体系等领域。中核集团、中广核集团、中电投集团、国家核电、清华大学等国内单位以及IAEA、WANO、Exelon公司、绍尔集团公司、法国电力公司、日本原子力产业协会、香港中华电力有限公司等组织的领导、资深专家共作了30余篇报告。协会副理事长赵成昆向会议作了题为《在确保安全的基础上高效发展核电》的主旨报告。

（五）其他活动

根据核能发展形势和业界需要，2011年筹办了中法核能与公众宣传研讨会，协助有关单位举办了中国北京国际科技产业博览会绿色电力论坛、国际核电安全研讨会——福岛核事故的反思等活动。

二、积极应对福岛核事故

（一）迅速应对，及时发布信息

3月11日福岛核事故发生的当天，协会收到日本原子力产业协会（JAIF）发来的事故通报后即组织翻译并迅速上网发布，同时张华祝理事长致函JAIF表示慰问。随后，日方将核事故最新情况及时通报协会。

（二）收集信息，撰写有关福岛核事故汇报材料

事故发生后，协会即利用这几年开拓的各种合作渠道，如日本原子力产业协会、日本保全协会、世界核协会、台湾核能科技协进会以及法国、美国等合作伙伴，多方收集事故情况和各国的反响，及时汇总报告。

三、推进海峡两岸核能业界务实合作

协会与台湾核能业界积极开展合作，尤其是2009年与台湾核能科技协进会签署合作备忘录后，两岸核能业界的合作进入了一个新的阶段。

（一）及时沟通信息，推进两岸核能、核安全合作

福岛核事故发生后，台湾合作方及时将日方事故情况、国际反响以及岛内采取的应对措施等向核能行业协会通报，使协会及时了解到许多信息。

（二）关注热点问题，推进两岸互访与交流

核能协会与台湾核能科技协进会于6月14日～15日、9月20日～23日先后共同筹划举办了海峡两岸核电厂应急管理与技术研讨会、2011年海峡两岸核电厂安全运行技术培训研讨班（第二次）。

1. 举办海峡两岸核电厂应急管理与技术研讨会。6月14日，由中国核能行业协会与台湾财团法人核能科技协进会共同在江苏南京举办了海峡两岸核电厂应急管理与技术研讨会。来自两岸核能领域50

多家单位的百余名代表参加了会议。两岸核应急专家结合福岛核事故，就两岸核应急管理机制与实践、公众信息交流、应急演习与评估活动、辐射监督与后果评价等作专题报告，并进行了深入研讨。

2. 举办2011年海峡两岸核电厂安全运行技术培训研讨班。9月20日～23日，核能协会与台湾核能科技协进会共同筹划，在华能山东石岛湾核电站举办了2011年海峡两岸核电厂安全运行技术培训研讨班。本届培训研讨班为期5天，培训内容分为三个部分，即核电厂工作人员的安全意识强化、核安全案例分析、操作员管理能力实务。来自在建和在运行核电厂、研究机构、设计建造单位的90余名技术和管理人员参加了培训和研讨。

3.9月23日，协会副理事长兼秘书长马鸿琳接待了台湾核能级产业发展协会理事长许文都等。双方介绍了各自组织的基本情况，并就加强两岸核能产业界的合作交换了意见。

四、拓展国际合作渠道

（一）建立合作关系

4月6日，协会与西班牙核企业联盟在深圳签署了合作协议，建立了正式合作关系。5月20日，协会与法中电力协会在京签署了合作协议，成为合作伙伴。

协会与美国机械工程师学会进行了多次交流和沟通，双方就建立正式合作关系进行了深入探讨，并形成了初步合作框架，并拟在时机成熟时签署。

（二）做好联系会员服务工作

在华注册成立的境外独资企业成为联系会员，不仅扩大了会员范围，也为国内会员与有关跨国企业的密切交流建立了新的平台。应联系会员单位美国赛瑞丹有限公司请求，协会与该公司共同筹划了核电厂富集硼酸应用国际研讨会。

（三）加强高层交流

加强高层交流是建立中外合作渠道、推动中外业界合作的重要方式之一。一年来，协会接待来访、协会领导会见外宾达29次，有力地推动了协会与其他国家行业组织、跨国企业之间的沟通与交流。

（四）参加国际交流活动

5月，协会协调安排华能核电公司副总经理崔绍章参加了在新加坡举行的第二届核电年度会议，介绍了中国核能发展情况，了解了美、法、俄、韩、印、芬兰、马来西亚、印度尼西亚、越南、新加坡、菲律宾等国核能发展情况和计划。

11月8日，协会副理事长赵成昆出席在东京举行的最佳能源结构与核电国际研讨会，并作报告。

12月4日～7日，协会副理事长赵成昆率领由原子能院、清华大学、厦门大学等单位组成的代表团出席在香港举办的亚洲核能会议。会议专设中国专题，对福岛核事故后中国核电发展、核安全监管、新一代核电技术、国际合作等相关内容进行了研讨。

五、完成政府部门委托的任务

（一）承担国防科工局系统工程二司关于第四代核能系统国际论坛（GIF）防扩散课题

召开两次专家会议，分析研究GIF防

扩散工作组提供的“GIF 防扩散和实物保护评价方法”,整理出了中方的意见和建议,经相关政府部门审查后,报 GIF 秘书处。

（二）承担第四代核能系统国际论坛联络办公室工作

科技部、国防科工局相关部门经过认真研究，8 月 29 日正式致函协会，委托协会承担 GIF 联络办公室工作，负责与 GIF 及其成员国的日常联络，收集整理 GIF 各专业组动态信息，跟踪 GIF 进展，协调国内有关单位参与 GIF 活动及合作项目，定期组织 GIF 国内工作会议，开通网页，建立信息与合作平台等工作。

国际热核聚变实验堆（ITER）计划

一、基本情况

国际热核聚变实验堆（ITER）计划是我国迄今为止参加的最大的国际合作项目。ITER 成员包括中国、欧盟、美国、日本、俄罗斯、韩国和印度等七方。ITER 装置总造价 50 亿美元（1998 年不变价）。根据《国际热核聚变实验堆联合实施协定》，装置建在法国，在建造阶段，欧盟承担总经费的 45.45%，其余六方各承担 9.09%。

ITER 部件加工任务由七方分摊，我国承担了 12 个采购包的加工制造任务，分别为：环向场和极向场线圈导体、磁体支撑、磁体馈线、校正场线圈、磁体馈线及校正场线圈所用导体、包层第一壁和包层屏蔽模块、脉冲功率电源、交 – 直流转换器、电源无功补偿系统、气体加料系统、辉光放电清洗系统和诊断系统，预计研制费和生产制造费将达 50 亿元人民币。

为了组织实施 ITER 计划，我国设立了“国际热核聚变实验堆计划专项”，成立了“中国国际核聚变能源计划执行中心”（简称 ITER 中心）负责项目管理。

二、2011 年工作进展

2011 年，我国与 ITER 国际组织（IO）共签署了环向场线圈导体、极向场线圈导体、磁体支撑、磁体馈线、校正场线圈、磁体馈线及校正场线圈所用导体、交 – 直流转换器、电源无功补偿系统等 9 项采购包安排协议（PA）。

为了规范采购包管理，ITER 中心完善规章制度建设，建立质量管理体系，搭建信息交流平台，按照政府采购法完成相关采购包的国内招标及合同签署，按时间节点完成供应商制造检测计划（MIP）及工艺文件评审任务，委托监造机构对供应商实行过程监督。通过这些措施，采购包任务执行得以顺利实施。

到 2011 年底，相继完成下列任务：

（1）提交三个环向场（TF）线圈超导导体（Nb_3Sn）认证样品、两个次极向场（PF）线圈超导导体（NbTi）认证样品和一个校正场线圈导体（NbTi）认证样品。这些样品均一次性通过瑞士 SULTAN 实验室（ITER 国际机构指定的唯一检测单位）的检测。我国西部超导公司生产的股线，各项性能指标符合 ITER 规定，获得生产许可。在国际上所有送检样品中，只有我方样品是一次性通过测试的，这标志着我国自主生产的股线和后续导体集成满足了 ITER 组织的要求。

（2）成功完成首件验证导体（Dummy Conductor）的加工制造任务。ITER 国际组织（IO）本岛修总干事主持了竣工仪式。

（3）完成校正场线圈生产车间改造，基本完成校正场线圈制造工艺方案的编制，完成首根校正场线圈导体（916 米）的绞缆，建立了底部校正场线圈（BCC）、顶部校正场线圈（TCC）和侧面校正场线圈（SCC）的部件模型。

2011 年，我国已签订的采购包均按时间节点完成任务，总体执行情况良好，在 ITER 七方中名列前茅。与此同时，在科技部基础司主导下的国内核聚变基地能力建设、关键技术研发、高校人力资源培养等 ITER 计划国内配套项目也取得了良好进展。

（本部分材料由中国国际核聚变能源计划执行中心提供）

核能骨干企业

中国核工业集团公司

2011年是“十二五”开局之年，是中国核工业集团公司（简称中核集团）各项工作取得新进展的一年，是应对重大考验的一年，是促进科学发展的一年。中核集团突出科学发展这一主题，贯穿加快发展方式这一主线，求真务实，积极进取。面对福岛核事故带来的影响，中核集团党组坚决贯彻中央领导指示和国务院常务会议精神，团结带领全体员工统一思想、沉着应对、迎难而上、奋力拼搏，实现了“十二五”改革发展的良好开局，在打造集团核心竞争力上迈出了坚实步伐。

一、军工科研生产取得新成就

二、产业发展取得新成效

核电产业安全稳定发展。在运8台核电机组全年完成发电量444.35亿千瓦时，上网电量413.74亿千瓦时，超额完成发电任务，较2010年发电量增加7.29%，上网电量增加7.19%，商运机组平均负荷因子达到87.87%。秦山一期实现安全运行20周年。秦山二期扩建工程全面完成，4号机组于11月25日成功并网，12月30日正式投入商运。海南昌江1号机组完成穹顶吊装，实现全年里程碑节点目标。方家山项目全面进入安装阶段。福清1、2号机组实现220kV倒送电目标。三门AP1000项目1号机组进入主系统安装阶段。巴基斯坦恰希玛2号机组提前111天竣工。

铀矿地质钻探完成工作量。蒙其古尔等矿床勘查成果显著，纳岭沟等大中型矿床的合作取得新进展。尼日尔阿泽里克矿实现试生产。新疆伊犁铀矿资源综合利用示范基地建设全面启动，为铀矿资源开发利用起到了带头作用。

核燃料产能进一步提升。新工程提前投产，AP1000元件生产线开始基础施工。与阿海珐合作成立的锆材制造专业公司，已生产出合格的锆合金材料。与中广核集团签订十年长期燃料供应合同，锁定中长期市场。原子能公司按计划完成天然铀储备任务。积极开拓国际市场，核燃料保税库正式启用。

退役治理工作有序推进。清原公司与田湾核电站签订我国首个乏燃料运输长期服务协议。瑞能公司积极推进后处理产业化。

同辐公司组织实施利用重水堆生产钴-60，打破国外产品的垄断，实现产业化发展，满足国内市场80%的需求。宝原公司积极开展非核民品的梳理工作，推进服务业发展。

2011年，中核集团实现利润总额同比增长16%；万元工业增加值能耗圆满完成年度计划，全年财政资金预算执行率比上年提高4个百分点。

三、确保核电运行建设安全

2011 年，中核集团各核电厂总体安全情况良好，未发生 INES 1 级及 1 级以上事件（事故），未发生因工重伤及人身死亡事故、重大质量事故、重大火灾事故及放射性超标排放事故，未发生人因非计划停堆停机事件。

各核电厂始终坚持“安全第一、预防为主”的方针，积极推进核安全文化建设，开展了国内首次核安全文化评估；以加强和改进机组安全性和安全发电、提升效益为工作主线，组织开展了安全生产监督管理、专项评估、经验反馈、防人因失误管理等工作；以建设工程质量为核心，积极开展隐患排查治理工作，认真组织开展了“安全生产月”、“百日安全无事故”、安全大检查等活动。尤其是福岛核事故后，组织各在建和运行核电厂制订了安全专项整改计划，共计包括 25 个项目，明确了每一个整改项目的工作内容、进度计划、节点要求、责任单位及最终完成时间，有效推进了安全整改工作的落实。

坚持科技创新和技术改进，进行专业化重组与资源整合，在夯实核安全文化建设、专业人才队伍培养、人因管理的基础上，加大了运行核电机组安全管理力度，以设备可靠性管理、专项重点领域评估、核电厂业绩指标管理和高标准对标管理等重要工作为切入点，加强了对核电厂安全业绩的考评，有效地提升了机组的安全运行业绩。针对运行核电厂的管理实际，2011 年全面推广使用各项防人因失误工具，在前期印发的 3 个大类 4 种防人因失误手册的基础上，重点抓工具的应用和效果评价，把防人因失误工具的使用作为大修观察等专项评估的一个方面。此外，还建立了防人因实验室，并对基层员工开展培训。

在工程管理领域始终贯彻“安全第一、质量第一”的方针，着力推进规范化、标准化和精益化工作，在稳步推进质量工作的基础上，扎实开展安全检查工作，全力应对福岛核事故的影响，有序推进工程管理工作规划的落地，进一步提升核电工程建设管理水平。为进一步完善核电工程建设管理体系，规范各成员公司核电工程建设项目管理，以实现“安全、质量、进度、投资”四大控制目标，审查了有关工程管理程序体系的可用性及适用性，对核电工程建设 20 个领域的 34 份程序进行了修订和完善。努力推进工程建设领域的标准化建设，推动“安全、质量、进度、投资”各领域规划任务的按期落地，为实现中核集团核电建设“一个体系、一个标准、一个网络”的改革调整目标而努力。

四、科技创新成果显著

2011 年，中核集团全面落实关于加快推进科技创新的 21 条措施，科技投入力度不断加大，研发投入达到 17.4 亿元，占主营业务收入的 4%。科技创新体系不断完善，科技成果转化取得成效，重点科技专项首个研发成果——新核燃料元件运输容器产业化顺利实施。实施青年科技创新团队项目20项，科技创新机制更加灵活。

科技创新取得多项成果。按照国家最先进的标准要求，自主三代核电技术ACP1000完成顶层设计，转入工程设计阶段。多用途模块化小型堆ACP100开始初步设计。AP1000核电技术转让和自主化步伐不断加快。原子能院实验快堆实现并网发电。铀矿大基地勘查采冶技术取得新突破，定量估算了全国潜在铀资源总量，圈定了一批重点成矿区域，部分矿床水冶工艺已具备工业化应用条件。CF2试验组件制造成功，N36锆合金小批量铸锭及管材加工获得成功，CF3完成组件设计评审。后处理科研获得多项重要工艺参数，为中试厂运行提供了重要技术支持。西物院聚变科研取得重大进展。中核苏阀制造的国产化AP1000爆破阀首爆试验获得成功。工程公司、西核公司联合研制出我国首台具有自主知识产权的百万千瓦级核电站装卸料机。具有自主知识产权非能动氢气复合器通过专家鉴定。原子能院研制的低辐射绿色通道违禁品检查系统开始在高速公路上应用。

2011年，中核集团获国家科学技术进步二等奖1项；获国防科技奖等部级科技进步奖45项，其中一等奖5项；申请专利745件，比2010年增长65%；获得授权422件，比2010年增长45%。

五、改革调整取得新进展

流程再造实施以来，基本形成核动力、核电、核燃料、天然铀、核环保工程、核技术应用、非核民品、新能源等八大板块格局，初步建立起总部、事业部和专业公司、基层单位三个中心的管理架构。组建成立了中核新能源公司、中核燃料元件公司、瑞能公司、同辐公司、汇能公司等一批专业化公司，集团化运作、专业化经营取得阶段性成效。

积极推进资本运作，中核核电整体改制重组申请已获国务院批复，中国核能电力股份有限公司完成工商注册。秦山核电基地业主公司和运行公司获得国家核安全局颁发的联合持有的运营许可证，秦山地区专业化改革开始实质运作。继续加大主辅分离和非生产经营资产调整的力度，共减少非主业企业96户。同辐公司克服各种困难，全面完成华康公司的清理注销工作；核燃料板块在本年计划任务外，多完成10家调整任务。八二一厂职工分流安置工作取得较大进展。

六、管理工作得到改善

干部人事制度改革向纵深推进，人才队伍建设、绩效薪酬建设不断创新。适应三个中心的定位，重点加强集团总部建设，首次实施总部全员竞聘和双向选择，面向全社会公开招聘48个职位。加快高层次人才培养选拔，快堆首席专家徐銤当选为中国工程院院士；聘任集团公司第二批首席专家3名、科技带头人8名。创新选人用人机制，完成51家单位领导班子组建、换届、调整，全年共交流集团党组管理干部64名，选配后备干部74名。企业年金方案获得上级部委批复，集团公司企业年金制度正式建立。

财务管理进一步加强。坚持集团化融资，克服国家紧缩银根政策和福岛核事故不利影响，完成外部融资计划。坚持集团化保险，运营核电站续保费用进一步降低。成本精益管理取得突破，成本费用占主营收入比率指标处于军工行业领先水平。2011年，集团公司财务集团化运作管理成果获国家管理创新一等奖，获国防科技工业企业管理创新奖10项。

审计和风险管理取得较好成效。深入开展任期经济责任审计，风险管理监督与改进机制建设逐步加强。福清核电、二〇二厂被国家审计署评为2008～2010年内部审计先进集体。全面完成国资委第二个三年法制工作目标，积极推进全系统总法律顾问制度建设，法律风险防范能力得到提升。保密管理工作全面加强。

七、安全环保工作得到强化

积极应对福岛核事故的影响，开展全面安全检查，针对极端自然灾害情况，评估、修订应急预案，编制应急整改方案。加强安全环保风险管理，对集团公司114项重点安全环保风险实行分级管理。深入开展隐患排查治理，开展“百日安全无事故”活动。推进铀矿冶安全标准化和环保专项行动，强化铀矿冶安全环保工作。进一步加大“三同时”监管力度，对全系统建设项目进行核安全、环保、职业安全、职业卫生执法情况全面普查，对存在的问题进行整改。

2011年，中核集团核设施安全稳定运行，放射性废物、尾矿库、放射源等安全受控，全系统未发生工伤死亡事故，核设施流出物达标排放，职业照射个人剂量水平继续下降。

中国核工业建设集团公司

一、2011年工作回顾

（一）有效应对危机，主要经济指标再创新高

2011年，全球经济增速放缓，通胀压力增大，受日本福岛核事故的影响，核电发展速度放缓，行业景气度下滑。中国核工业建设集团公司（以下简称中核建设集团）面对危机及时应对，适时适度调整“十二五”发展规划。在确保核电工程建设安全质量的同时，加快国际化经营步伐，加大军工工程和民用工程的开发力度，加大开拓新能源、环保、房地产等领域的市场，加快各类资源在集团内部的调配，积极探索新的企业发展模式。

通过扎实有效的工作，经济效益和运行质量不断提高，生产经营实现平稳较快增长，主要经济指标再创历史新高。2011年，中核建设集团实现营业收入258亿元，同比增长30.2 %；实现利润总额5.8亿元，同比增长45%；新签订合同额269.8亿元，同比增长34.8%。

（二）确保在建核电工程安全质量，助推核电安全高效发展

受日本福岛核事故的影响，核安全再次成为全社会关注的焦点。中核建设集团认真贯彻落实国务院3.16常务会议精神，全面开展在建核电项目的安全质量检查，不断加强核电建造核心能力建设，努力克服设计、设备供货滞后，工程成本上升，劳动力资源短缺等困难和挑战，科学策划，精心组织，使在建核电项目顺利推进，核电建造安全质量始终处于受控状态。

2011年是核电工程建造全面进入高峰期的关键一年。截至2011年12月31日，中核建设集团承担在建核电机组29台，装机容量超过3000万千瓦。恰希玛二期工程实现首次并网，并比计划提前111天通过临时验收；恰希玛三期工程正式开工建设；岭澳二期4号机组、秦山二扩4号机组先后投入商运；红沿河1号机组完成冷试；宁德1号机组具备冷试条件；红沿河3号和4号、福清2号、阳江2号、方家山2号组、宁德3号、台山1号、昌江1号等共8台机组先后实现穹顶吊装。AP1000主管道安装技术研究取得重大突破，具有自主知识产权的主管道窄间隙自动焊技术得到广泛应用。

中核建设集团核电建造能力不断提升，有力保障了我国核电安全高效发展。

（三）“危中寻机”稳中求进，核能产业化工作继续深化

中核建设集团始终坚持“一个核心能力、两个核心业务”的发展战略，积极推进以高、低温堆为代表的核能技术产业化，努力寻求市场机会，继续深化核能产业化工作。

扎实做好高温堆示范项目的开工前准备工作。利用项目暂缓开工的时间，做好设计、设备采购的前期工作，做好示范工

程现场的维护与管理，为项目的开工做好准备。进一步加强核能产业化基础能力建设，努力提升设计能力及工程总承包能力。继续对高、低温堆产业化项目进行市场推广，积极寻找潜在用户。

积极拓展与核电、核能产业化相关产业链，探索与核能产业相关的材料生产、设备制造等领域企业的合作途径，推动中核建设集团进一步向核电工程建造、核能产业化“两业并重”的方向发展。

（四）探索发展新模式，国际化经营取得突破

坚持以核为本，大力实施“走出去”战略。通过多年来的探索与发展，“走出去”战略的定位和目标逐步清晰，基本形成“搭建国际资本运作平台、建设国际核电建设培训中心、开发国际核电与非核业务”的运作脉络和业务拓展模式，国际化经营取得一定突破。

成功控股香港上市公司，搭建国际投融资平台。实施了对香港上市公司——德兴集团可换股债券的认购、换股，成功控股该公司。国际原子能机构全球首家核电建设国际培训中心落户中核建设集团。该中心已完成对南非 AVENG 公司人员的首次培训。国际市场开发和国际合作全面展开。与多家国际、国内知名公司签订合作备忘录或战略合作框架协议，共同开发海外核电建造市场。

（五）适时提出转型升级战略，推动中核建设集团做强做优

面对中核建设集团发展的新形势，中核建设集团党组认真研究，精心谋划，适时提出转型升级战略，明确七个转型升级重点，即：由“一业为主”向“两业并重”的方向转型；由注重项目管理向提升公司化管理的方向转型；由“技能”向“技术”的方向转型；由财务管控向资本运营的方向转型；由坚持有机成长向兼顾重组并购的方向转型；由个体能力培育向整体实力提升的方向转型；由稳定国内市场向统筹国内外两个市场的方向转型。

转型升级战略的适时提出，为中核建设集团未来一段时期的发展指明了方向。转型升级，已经成为中核建设集团科学发展的强大引擎。

（六）重点工作落实有成效，集团管控再上新水平

1. 股份公司运行良好。

公司股东会、董事会、监事会，公司制法人治理结构按照上市公司的要求搭建完毕，顺利召开了年度股东大会及一届三次董事会和监事会，审议通过了公司重大决策事项和重要管理制度，科学决策机制逐步形成。

2. 安全质量环保工作得到强化。

大力推进核安全文化和质量文化建设，加强安全质量组织体系建设，推进安全标准化、信息化建设，开展安全质量环境保护监督检查，全面落实安全生产责任制，安全质量环保工作不断得到强化。

3. 科技创新能力稳步提升。

中核建设集团自主创新体系建设稳步推进，科技管理体系进一步完善，国家科技重大专项按计划顺利开展，以主管道自动焊技术为代表的一批高新技术得到推广应用。

2011 年，中核建设集团共获得专利授权 22 项，其中发明专利 6 项，登记国家版权局计算机软件著作权 8 项；新申请专利 67 项，其中发明专利 29 项。获得省部级科技进步奖 7 项。

4. 战略规划管理切实加强。

福岛核事故后，中核建设集团适当调整“十二五”发展规划并正式发布。各专题专项规划和子公司的规划编制同步推进，构建了相互支撑、上下联动的规划体系。研究制定中核建设集团规划管理办法，使规划管理常态化。

5. 业绩考核工作深入推进。

全面深化全员业绩考核，努力做到“大范围、广覆盖”。各单位初步建立了全员业绩考核体系，特别是建立了对企业副职的考核制度。2011 年，实现了对所属单位的考核全覆盖。

6. 财务集约化管理水平不断提高。

不断加强财务管理基础工作，提高预决算工作水平，大力推进资金集中管理，提高资源保障能力，健全财务制度体系，加强财务队伍建设，财务管理体系得到进一步完善，财务集约化管理水平不断提高。

7. 人力资源管理创新发展。

干部竞争性选拔工作稳步推进。重点加强总部建设，首次实现总部全员竞聘上岗。干部管理工作更加科学规范。完成 15 家成员单位的领导班子年度和换届考核，完善后备干部选拔体系。人才招聘培养更加多元化。绩效管理稳步推进，全面建立了绩效考核制度。促进了干部交流，2011 年近 40 人在集团内部交流任职，挂职锻炼。推进薪酬福利制度改革，基本实现以岗位绩效工资体系为主体，年薪和协议工资为辅的薪酬体系。

8. 党的建设工作巩固深化。

坚持经常性原则，以认真履行公开承诺、突出岗位实践为平台，深入开展创先争优活动。19 名党员、6 名群众被评选为中核建设集团劳动模范。两个基层党组织、两名个人被评为中央企业创先争优先进。组织开展庆祝建党 90 周年系列活动，深入推进学习型党组织建设，确立中核建设集团核心价值观，加强班组建设，形成企业与职工共同发展、和谐发展的生动局面。

二、未来总体发展方向

“十二五”期间，中核建设集团将践行“至诚至信、惟专惟精”的经营理念；严守“创新发展，勇当国任”的企业精神；牢记“奉献精品，成就员工，服务社会”的庄严使命；秉承“责任、安全、品质、卓越” 的核心价值观；坚持科学发展，铸就长青基业的企业宗旨；坚持科学发展，突出“一个核心能力，两个核心业务”的战略思想；坚持科学发展，追逐“培育核电建造、核能利用和环境保护的优秀团队，成为得信赖、受尊重的世界一流企业”的企业愿景。

“十二五”期间，中核建设集团将继续建立和完善适应现代企业制度的管理体系，弘扬核安全文化，高质量完成军工工程、核工程、核电工程建设任务。坚持“以核为本”，以核电工程建设为基础，拓展工程设计、设备制造、核工程技术研究与服务领域，逐步实现核电工程建设的产业链延伸。推进核能产业化，依托示范工程建设，实现核能利用的设计、制造、建造、运营四个自主化。推进“集约化、标准化、专业化、信息化”管理。全面完成“大型先进压水堆及高温气冷堆核电站”国家科技重大专项课题研究，形成相关的设计、建造技术和标准体系。投资建设高温气冷堆项目、低温核供热堆示范项目，成为高温堆、低温堆项目的主要投资方。响应国家“走出去”战略，发挥核电建造能力优势，积极开拓国际核电站建造市场。具体经营指标是：收入年均增长率保持在20%以上，利润总额年均增长率不低于22%。“十二五”末，实现营业收入580亿元，实现利润11亿元，经济增加值达到10亿元。到2020年，力争在核电工程建造领域成为国际一流的承包商，在高、低温堆领域成为具有世界领先水平的国际化投资运营商。实现中核建设集团整体营业收入超过1000亿元。

展望未来，中核建设集团将发挥集团化整体优势，努力形成管理体系科学、产业结构优良、管控能力卓越的核心竞争力，打造决策科学、管理高效、机制灵活、具有核心竞争力的国际化企业集团，成为“得信赖、受尊重的世界一流企业”。

中国广东核电集团有限公司

截至2011年底，中广核集团总资产超过2400亿元人民币，净资产超过700亿元人民币；拥有在运核电装机611万千瓦，在建核电装机1754万千瓦，为全球在建核电机组规模最大的企业；拥有风电控股装机300万千瓦，太阳能光伏发电项目累计投运20万千瓦，水电实现控股装机154万千瓦、权益装机350万千瓦，在分布式能源、核技术应用、节能技术服务等领域也取得了良好发展。

日本福岛核事故发生后，中广核集团认真贯彻落实国家的部署，积极开展在运和在建核电站安全自查，配合完成了对在运在建机组的安全大检查；根据检查结果落实安全改进，提升了在运在建机组的安全质量管理水平；强化核安全文化建设，核电安全运行业绩跻身全球先进行列。与此同时，中广核集团积极开展形式多样的核电科普宣传活动，建立了国内首个核电站核与辐射信息公开平台，开通了集团官方微博开展研讨和互动活动，普及核电安全知识，引导各界理性看待福岛核事故，增强社会各界对核电安全的信心。

截至2011年底，中广核集团已建立与国际接轨的、专业化的核电生产、工程建设、科技研发、核燃料供应保障体系，以及风电、水电、太阳能等可再生能源开发建设、节能技术推广体系，拥有6个国家级科研机构，具备了在确保安全的基础上面向全国、跨地区、多基地同时建设和运营管理多个核电、风电、水电、太阳能及其他清洁能源项目的能力。

一、主要指标

2011年，中广核集团整体经营处于良好水平，各项主要经营指标均超额完成。截至2011年底，全年上网电量达到514.29亿千瓦时，首次超过500亿千瓦时，其中核电上网电量首次超过400亿千瓦时，全年上网清洁能源电量等效减排二氧化碳3985万吨。实现营业收入283.15亿元；总资产达到2487.35亿元，净资产达到718.31亿元，分别较上年同期增长29.74%和29.42%。

二、安全生产

2011年，中广核集团扎实开展“安全质量年”活动，以贯彻落实“三实两基”为指导思想，狠抓安全三个“一”（一把手、一线班组和一流经验反馈体系），深入推进安全标准化及国际标杆创建工作，切实做好福岛核事故经验反馈和改进工作，全面开展核安全文化教育活动，在国内率先创建与国际接轨的核电工程安全评估标准，请具有国际权威的第三方对在建核电、风电和水电项目进行安全标准化评估，推动安全生产水平稳步提高。

2011年，大亚湾核电基地在运机组

安全生产持续创优，与美国104台核电机组相比，运营业绩综合指数连续8个季度排名第一；世界核电运营者协会（WANO）衡量核电站运行业绩的9项指标中，5台机组的45项指标中有28项达到国际先进水平，大亚湾核电站1号机组9项指标全部达到世界先进值。在核电工程方面，中广核集团强化“安全、质量、环境、投资、进度、技术”六大控制，坚持建设核电精品安全工程，安全核心指标优于国际中间值水平，树立核电在建工程的安全管理标杆。风电、太阳能发电、水电、铀业等安全生产形势平稳，信息系统、行政后勤服务等保障有力，安保工作到位有效。

三、工程建设

2011年，中广核集团在建核电机组共16台。工程线精心组织，充分发挥集约化和规模化优势，积极加强由各参建单位组成的核电“大工程、大项目”团队建设，有效控制安全质量风险，工程建设进展顺利。

2011年8月7日，广东岭澳核电站二期工程2号机组顺利投入商业运行后，一直保持稳定运行，各项性能指标均优于设计值。至此，中广核商运机组达到6台，装机容量达到600万千瓦。在大亚湾核电站基础上形成的中国改进型压水堆核电技术CPR1000，通过岭澳二期的示范，其安全性、先进性、成熟性完成了全过程工程验证，经济性具有较强竞争力，在自主化和国产化方面也完全满足国家要求。

辽宁红沿河核电项目4台机组安装工作全面展开。1号机组冷态功能试验圆满成功；2号机组冷试准备工作稳步推进；3、4号机组穹顶吊装顺利完成，全面步入安装阶段。

福建宁德核电项目4台机组建设有序推进。1号机组提前具备冷试条件；2号机组反应堆压力容器到货并安装，各项安装工作按计划推进；3号机组穹顶吊装顺利完成；4号机组土建工作稳步推进。

广东阳江核电项目1号机组压力容器、蒸汽发生器等核岛主设备开始引入，安装工作进入最关键阶段；2号机组穹顶吊装顺利完成，机组建设进入安装阶段；3、4号机组CPR1000+示范工程建设稳步推进，钢衬里模块化、自密实混凝土、堆腔注水等多项技术改进顺利实施。

广东台山核电项目一期工程借助后发优势，成功避免国外同类项目出现的问题，并在钢衬里模块化施工等方面实现多项创新，在保证安全质量的基础上，实现高效推进。1号机组穹顶吊装顺利完成，成为全球第二个完成穹顶吊装的三代EPR项目，为打造国际标杆工程奠定了坚实基础。

广西防城港核电项目以“全面提升、全面超越”为目标，注重基础，稳扎稳打，两台机组土建工作稳步推进，1号机组BOP安装开工等重大里程碑按期实现，穹顶吊装准备工作井然有序。

四、市场开发

2011年，面对福岛核事故的冲击，中广核集团冷静研判事态走向，及时调整核电开发策略，因势利导寻求发展机遇，实现业务平稳较快增长。

一是福岛核事故应对有力。认真落实“国四条”，扎实完成核安全大检查和厂址安全复核，核电新项目现场工作基本就绪；系统推进经验反馈，全面开展事故分析，密切跟踪国外改进措施和要求，研究制定中广核集团近、中期改进策略和计划，为后续实施做好准备；积极开展核电宣传，在国内率先发布核与辐射安全信息报告和公开制度，开通核电站运营安全信息公开平台和官方微博，主动化解公众误解和疑虑，促进形成有利于核电发展的舆论环境；建立跨专业的工作团队，开展了一系列研究和成果推介工作。

二是铀资源保障取得重大进展。抓住国际铀市场走低的契机，在国家和有关方面大力支持下，在英国、澳洲资本市场要约收购纳米比亚罗辛南项目，该项目达产后的年产量有望超过 6500 吨，占当前世界天然铀年产量的 13%，可提高国家和中广核集团的铀资源保障能力。在中央企业中率先与国土资源部中央地勘基金管理中心签署《铀资源勘查合作框架协议》，在推动国内铀资源勘查市场化改革方面迈出了新步伐。

三是可再生能源和新业务稳步发展。中广核集团下属风电公司加快能力建设，控股在运容量位居全国前十。太阳能公司同步推进电站建设与技术研发，国家级光热研发中心已通过国家能源局专家评审，初步形成甘肃敦煌、青海锡铁山、新疆哈密三大光伏基地。能源公司成功实现电价调升，努力获得碳减排收益，综合业绩得到提高。美亚电力实现并购后的平稳过渡，超额完成发电计划，韩国等地的新项目已经落实，为中广核集团探索海外业务运作机制提供了有益经验。节能公司抓住国家出台节能减排利好政策的契机，抓紧落实项目，顺利起步。核技术应用公司正式成立，中广核集团在非动力核技术应用领域的探索拉开序幕。

四是国际市场开发稳步推进。中广核集团与众多目标市场国家的相关政府部门、企业等建立了密切联系，并与法国 EDF、AREVA 等世界核电知名企业建立和保持了密切的合作关系，共同寻求在国际核电市场合作机会。通过出访推介、邀请参观、交流研讨、举办展览或专题推介会等方式，大力宣传自主研发的 ACPR1000 + 核电技术，推广中广核集团在核电设计、设备成套与采购、施工、调试、运营以及融资等方面的核心能力。

五、经营管理

2011 年，中广核集团全力推进发展方式转变，稳步开展资本运营，加大资金保障力度，推进组织与管理改进，经营管理取得新成效。

一是资本运营成绩显著。成功借壳登陆香港资本市场，搭建铀业海外融资和业务开发平台，为利用两个市场、两种资源创造了条件；美亚电力上市方案已上报国家相关部委，后续整合安排基本确定；直投平台正式成立并完成首个落地项目；核电主业重组改制及上市工作全面启动，一个符合集团业务特点和发展要求的资本运作架构初现雏形；中广核集团历史沉淀资产梳理已经完成，为后续盘活和增值奠定了基础。

二是资金筹措保障有力。面对信贷持续收紧、贷款利率上扬、部分核电项目出现提款困难等压力，中广核集团统筹谋划，提前布局和锁定银行信贷资源；及时召开后福岛时代核电形势沟通会，打消银行顾虑；充分发挥资金一体化运作优势，灵活调配内部资金；积极开辟股权信托、银行理财融资、保险债权计划等创新融资方式，基本满足了中广核集团发展的资金需求，为业务推进提供了有力保证。

三是组织管理不断优化。着力构建战略管控型总部，将中广核集团原有部门划分为职能部门和业务部门，理顺管理边界和接口，加强职能管控；成立核电运营事业部、核电工程事业部，强化专业化管理；将核电学院独立运作，成立财务共享中心、信息技术中心，促进集约化管理水平不断提高；同步梳理各类委员会和决策会议，调整成员公司分类办法及管控策略，协同效应初步显现。

六、科技创新

在20多年引进、消化、吸收国外核电技术的基础上，参照最新安全标准，依托阳江5、6号机组，加快开发具有三代核电特征的ACPR1000新机型，其安全指标达到核安全规划要求，有望成为“十二五”期间批量建设的堆型之一；以国际市场为目标，加快研发具有自主知识产权、完全符合三代核电标准的ACPR1000+，已经完成第一批设计输入与验证试验；设计科研、试验研究、设备研制、软件研发、知识产权保护等工作按计划顺利推进。

科技平台建设和基础研究迈上新台阶。2011年中广核集团下属广利核公司喜获2010年度国家能源科技进步奖，承担了国家科技重大专项工作。技术研究院牵头实施“863”项目和国家科技支撑计划项目，首个国家核电厂安全及可靠性工程技术研究中心落户中广核集团。以核电型号研发为牵引，依托深圳新能源（核电）产业基地，启动核电基础研发设施建设计划，大型水力学试验装置以及严重事故机理实验装备已经建成，相关实验工作已经开展。吸取福岛核事故教训和核安全大检查意见，全面分析现役核电厂预防和缓解极端事故的薄弱环节，开展核电厂抗震能力提升、超设计基准事故缓解系统研发、严重事故仿真平台研发等项目，促进核电厂本质安全水平不断提高。

七、信息化建设

2011年，中广核集团继续按照国资委对信息化工作的要求，稳步实施集团信息化水平登高计划，优化调整集团信息化组织机构，有序开展集团信息化各项工作，圆满完成了年度重点工作计划。集团信息化已从大规模建设阶段转入深化应用和标准化复制推广的新阶段，从支持中广核集团的核心业务向支持集团经营管理和决策分析转变，从以项目建设为主向着力提升信息化应用价值为主转变。中广核集团信息化整体水平和核心能力跨入国资委央企信息化水平先进行列，总体处于国内先进水平，在核电工程建设和生产运营管理方面已达到世界先进水平。

中国电力投资集团公司

一、2011年工作回顾

2011年，中国电力投资集团公司（以下简称中电投集团）努力提高经济效益水平，全面完成了各项目标任务，呈现出发展加快、效益提升、改革深化、和谐稳定的良好态势。到2011年年底，集团公司形成电力装机7680万千瓦、煤炭产能7350万吨、电解铝产能260万吨，全年完成发电量3259亿千瓦时；资产总额达5034亿元，营业收入1576亿元，实现预期利润目标，被财富杂志评为世界500强企业。

中电投集团是国家确定的三大核电控股建设运营商之一。目前，集团公司参股运行核电机组权益容量为164万千瓦；控股在建核电机组容量为474万千瓦、参股在建核电机组权益容量为160万千瓦。

二、核电主要工作开展情况

（一）全面推进核电管控一体化调整

一是基本完成了集团公司核电控股股权注入中电投核电有限公司（以下简称中电核公司）的工作，包括山东核电65%股权等，基本理顺了核电的资产关系。二是按照调整后的资产关系，调整核电管理关系。以核电部（中电核公司）为主体，对控股的核电项目进行统一的业务指导和管理。在管理关系的调整中，根据集团公司总体管控部署，既借鉴了国内外的成功经验，又考虑了实际现状，采用分步实施的方式，首先在核电业务和资产相关方面实现一体化和专业化管理。目前，相关接口关系已经调整到位，一体化和专业化管理已开始运行。三是调整完善组织机构，做实做强中电核公司。明晰了核电部和中电核公司的职责定位，梳理了关键业务流程和事权界面划分，成立了中电核公司党组，对中电核本部机构进行了完善，开展了人员配备工作。

（二）积极应对日本福岛核事故影响

一是密切跟踪福岛事故进展，成立福岛事故经验反馈分析工作组，全年发布事件情况报告35份，供各方面参考。二是积极加强公众宣传工作。集团公司积极参加国家能源局主办的国家核电安全宣传活动，出色完成了题为《阿核的博客》的核电安全宣传册的编写工作，受到能源局等的好评。各项目公司采取展览、座谈、邀请参观、发放宣传材料等形式，对公众和社会各界进行宣传。三是认真贯彻落实国务院常务会议精神，扎实开展在建项目安全检查。在项目自查的基础上，集团公司组织专家对海阳、彭泽项目进行了检查评估，各前期项目对可研相关专题进行了专项梳理。

（三）合理调整前期项目工作

按照“积极开发沿海厂址、把握内陆工作节奏、确保项目开发权”的工作方针，全面梳理和合理调整各核电前期项目，合理安排投资。山东海阳3、4号机组调整工作重点，做好长周期设备锻件的储备，工程设计、计划安排的深化和优化，以及现场必要工程的推进；江西彭泽按照“有保有缓有压”的原则，对工作计划进行分类，调整工作节奏；同时，开展广西白龙等项目的前期工作，并积极寻找开发沿海厂址。

（四）稳步提升安全质量管理水平

安全管理方面，中电投集团加强了专项安全检查和不定期安全巡查，通过发布安全管理月报等措施，全面掌握现场安全动态。各项目进一步完善了安全管理体系，以现场安全管理为重点，加强对承包商管理力度，加强了安全检查、危险源辨识、隐患排查、专项安全措施管理等工作。全年集团公司核电项目未发生重伤及以上安全事件。

质量保证方面，全面强化项目和专业化公司质量保证体系的有效运行，强化质保监查活动。充分发挥专家作用，吸收借鉴同行的先进经验，稳步提高质保水平。山东核电认真分析现场承包商质保体系运行情况，吸取同行经验，在工程现场积极推行“一级QA，二级QC”的质量管理措施。各项目公司和专业化公司不断完善和有效实施质量保证体系。全年集团公司未发生影响核安全和项目建设的重大质量事件。

集团公司核电前期工程质保体系和HSE管理体系标准化建设工作启动。集团公司召开核电安全质量经验交流会，取得了较好效果。

（五）扎实推进在建项目

加大协调力度，积极督促项目参建各方加大资源投入，密切跟踪、及时反馈，协调解决工程建设中重大问题，确保工程建设稳步推进。2011年海阳核电项目按计划顺利完成了11个年度工程里程碑，1号核岛CV四环就位，压力容器如期进场；2号核岛CV三环就位；离堆放射性废物处理设施（SRTF）工程开工建设，烟台核电基地主体工程、运行与维修技术大楼等工程结构完工，武警营房、消防站投入使用。山东核电全面接受了中国核能行业协会组织的同行评估，针对提出的待改进领域，分析制定了详细的整改计划。红沿河核电项目1号机组完成冷试，进入热试准备阶段，2号机组反应堆压力容器初次就位，3、4号机组全面进入安装阶段，5、6号机组完成核岛负挖。

（六）持续加强专业化能力建设

工程公司积极开展核电工程总承包，承担彭泽一期全厂项目委托管理、常规岛/BOP总承包和核岛工程监理工作；承担海阳3、4号机组常规岛/BOP施工总承包和广西白龙项目前期施工总承包工作。物资装备分公司完成了彭泽项目长周期主设备采购，承担彭泽项目和海阳3、4号机组常规岛设备总承包工作，积极介入核岛设备监造。高培中心加强核电培训标准化工作，“AP1000核电站操纵人员基础理论培训教学教案大纲及其考核题库”项目获得中国核能行业协会科学技术奖三等奖。远达环保设计供货的海阳离堆放射性废物处理设施（SRTF），取得国家核安全局建设许可，开工建设。中电华元与山东核电签署“一期工程 CI/BOP 维修服务框架协议”，成立了海阳项目部。山东核环保拓展业务领域，开展海阳项目 SRTF 委托运行的相关准备工作。核电技术中心完成组建，开展了人员招聘相关工作。

（七）继续做好生产准备调试与培训

按照生产调试准备一体化与生产人员全面参与工程的原则，实行生产调试计划的闭环管理。开展维修程序规程编制、维修工器具准备工作，基本选定维修承包商，开展厂址辐射本底调查，确立运行规程体系框架，确定了首批值长的解决方案，开展了主控室影子培训，成立了山东海阳核电一期工程联合调试队，签订 CI/BOP 调试外包合同，启动生产和调试信息系统的开发工作。全年完成生产调试准备总里程碑 2 项，累计完成 8 项。

继续加强核电培训。2011 年，山东核电共派出 9 批次，71 人次关键岗位人员到国外培训；以海阳核电项目建设为依托，加强岗位技能培训，完成 7785 人次、174966 课时培训；以高培中心为依托，继续开展核电理论培训，完成 801 人次、30784 课时培训。组织编制集团核电统编教材 22 本。开展世界核电运营者协会（WANO）对核电培训的专项技术支持活动，进一步完善培训管理体系。

（八）积极推行标准化信息化

标准化方面，完成“核电管理标准化建设（工程建设阶段）”软课题研究，成立集团公司核电生产标准化工作领导机构，发布总体工作计划，开展首批标准化产品的编制。编写《核电前期工作指南》，核电前期成果利用标准化软课题获国家能源局优秀成果三等奖。编制完成《AP1000 堆型核电站工程文件编码导则》，推进前期项目安全管理体系和质量保证大纲标准化。

信息化方面，落实集团公司统一信息化规划要求，研究提出核电信息化统一平台建设初步实施计划，完成海阳核电调试与生产管理信息系统招标采购。

（九）不断深化国内外合作交流

与中核集团就核燃料供应方面合作进行多轮协商；与浙能集团签署合作协议，共同开发浙江省内核电厂址；与清华大学核研院达成合作意向，开展核能技术研发、人才培养等方面合作。

继续加强国际合作，与西屋公司、绍尔公司等就核电设计、建造、调试等领域开展深度合作；与美国南方公司、法国电力、三菱重工等开展核电人员培训、运营管理、核应急、设备制造等领域的交流；继续承担国际原子能机构（IAEA）国家核心项目；加入世界核电运营者协会(WANO)，开展技术支持活动。全年进行对外交流活动 20 余项，安排出访及接待来访 200 余人次。

国家核电技术有限公司

一、2011 年工作回顾

2011 年 3 月 11 日发生的日本福岛核事故给全球核电发展带来巨大冲击，对我国核电发展产生重要影响，也给国家核电技术有限公司（以下简称国家核电）的经营带来较大压力。

国家核电与西屋公司共同开展了针对福岛核事故条件下 AP1000 核电厂设计评估。评估结果进一步证实了 AP1000 非能动安全技术的先进性、可靠性。

福岛核事故发生后，国家核电积极履行社会责任，为缓解事故对国内核电行业的影响做了大量卓有成效的工作，第一时间启动应急响应，密切跟踪事态发展，及时组织专家到主流媒体解疑释惑，努力缓解公众的恐慌和疑虑情绪，得到了新闻媒体的好评和公众的认可。

（一）AP1000 依托项目在攻坚克难中扎实推进，进度总体可控

2011 年，依托项目建设进入高峰期。9 月 22 日，三门核电 1 号机组反应堆压力容器就位，标志着 AP1000 世界首堆全面进入主设备安装阶段，全年完成了 10 个里程碑节点。作为一项新技术的世界首堆，三门 1 号机组的建设难度和工程管理的复杂性为业界所公认，虽然目前存在项目进度滞后的客观情况，但已不存在颠覆性因素，进度总体可控。

（二）三代核电设备国产化取得新突破，设备供应体系初步形成

2011 年，国家核电在推动三代核电设备国产化方面投入巨大精力，组织相关企业针对关键设备制造和锻件的质量问题进行攻关，取得了显著成果。三代核电设备国产化供应体系初步形成，合格供应商队伍扩大至 57 家；AP1000 核电设备标准体系逐步完善，AP1000 设备鉴定体系建设正在加快推进。

（三）AP1000 关键技术引进基本完成，技术消化吸收取得积极成果

AP1000 关键技术引进基本完成。技转文件及软件交付完成 80%；技转培训及服务完成 70%，技术评估工作完成 80%。技术转让中的一些关键问题得到解决。经积极协调，美国政府对中核包头核燃料元件股份公司、国核宝钛锆业股份公司核级锆材生产线关键设备及技术出口许可限制已经取消；国核自仪系统工程有限公司成功获得数字化仪控第三方平台技术许可。

技转分许可工作全面有序开展，完成了 30 个技转分许可协议的签署，涉及环保部核安全中心、中核、中广核及相关装备制造集团等 13 个集团的 31 家单位，为国内核电行业消化先进技术、提升整体技术水平创造了良好条件。

（四）重大专项 CAP1400 初步设计基本完成，关键试验按计划推进

上海核工程研究设计院和国核电力规划设计院承担的 CAP1400 初步设计基本

完成。六大项关键课题的方案均已完成，实验台架都已开工建设，水分配实验台架已基本建设完成。国核软件技术中心的《核电关键设计软件自主化研究》课题获得立项批准，课题年度节点全部按时完成；国核自仪系统工程有限公司 NuPAC 原理样机系统的详细设计评审和系统集成测试工作基本完成，初步具备了向国家核安全局申请民用核安全设备设计和制造许可证的条件。

（五）市场开拓和降本增效工作成效明显，经营业绩持续稳定增长

受福岛核事故影响，国家核电的生产经营面临着收入增长减缓、成本费用增加、盈利能力降低等压力，各单位积极挖潜，增收节支，使经营业绩保持稳定，经营水平稳步提升，经营指标达到国资委的考核要求。

（六）战略布局取得新突破，三代核电产业配套能力进一步增强

产业布局取得新的突破。上海发电设备成套设计研究院正式加盟国家核电，EQ 中心建设工作启动；国家核级锆材产业平台建设进展顺利，国家核电与宝钛集团、中广核集团三方将在此平台上开展核级锆材研发、生产及供应领域的业务合作。

资金实力进一步增强，科研创新基础进一步夯实，重点项目建设顺利推进。

“十二五”规划体系基本形成。根据日本福岛核事故后内外部环境的变化，国家核电发布了“十二五”规划 B 版，基本完成职能规划和子规划建设，初步形成了国家核电系统的三年滚动规划体系。

（七）与西屋等技术原创方合作不断深入，国内合作进一步拓宽

国际合作逐步深入。国家核电与技术原创方西屋公司的合作领域逐步拓展；与绍尔、EMD 公司的合作进一步深化；与洛克·马丁公司合作研发反应堆保护系统及平台技术的工作取得了积极进展。

国内合作格局进一步拓宽。2011 年，国家核电与山东省政府、北京市昌平区政府、华电集团、三峡集团、浙能集团、上海电气等达成战略合作协议，与各股东方建立了战略合作协调机制。

（八）人才队伍建设不断加强，人力资源管理体系进一步完善

人力资源管理体系进一步完善。选人用人渠道进一步拓宽。培训工作稳步推进，公司层面全年共举办各类培训班 95 期，培训约 12600 人次。国核大学的培训实施与人力资源部的培训管理形成了一体化的工作流程，将员工培训纳入了绩效考核。

（九）安全质量体系稳定有效运行，基础管理能力不断提升

安全质量方面，国家核电升版了《安全质量政策声明》，开展了“强化核安全文化建设活动”。所属各单位 HSE 管理体系有效运行。质量管理的组织体系进一步完善，监督队伍进一步加强，质量责任与质量目标的分解与落实进一步深入，全年系统内未发生一般以上质量事故。

保密应急方面，公司全年未发生失泄密事件；建立了新闻舆情监测体系；应急响应和值班机制高效运行，有效应对了福岛核事故等突发情况。

资质取证方面，上海核工程研究设计院取得《民用核安全电气设备设计资格许可证》，山东电力工程咨询有限公司取得工程咨询丙级、测绘甲级资质，山东核电设备制造有限公司取得一体化顶盖组件、核级设备模块、核级管道、D1 和 D2 类压力容器等四个制造许可证，国核电站运行服务技术公司完成了《民用核设备无损检验许可证》的扩证工作。

商务管理方面，索赔与反索赔管理体系逐步形成，国产设备不符合项处理的商务风险防范能力稳步提高，设计原因造成的联合采购方关于采购建安费用和进度损失的索赔力度不断提升。

知识产权方面，国家核电召开了首次知识产权工作会议，并颁布了“十二五”知识产权战略规划。全年公司核心专利、基础专利有实质性增长，专利申请的数量和质量大幅提升。

信息化建设方面，信息化集团管控得到进一步加强。财务、人力资源、在线培训、采购等集团管控系统应用不断成熟；资源管理体系初步形成。

（十）党建工作和企业文化建设持续深入，惩防体系建设持续推进

继续深入开展创先争优活动，进一步完善大党建工作格局，北京、上海、山东三地区党建工作协调会机制初步形成，成立了党建思想政治工作研究会。党风廉政建设责任制得到有效落实，惩防体系建设扎实推进，反腐倡廉教育和制度建设持续开展，构建了较为完善的“基于风险、突出重点、监管结合、协调一致”的“四纵四横”大监督格局。内控与风险管理体系基本建立，体系规范化文件基本形成，全员风险意识不断增强。

二、2012 年的重点工作

2012 年，三条主线仍是国家核电的中心任务，依托项目建设更是重中之重。2012 年要紧紧围绕依托项目和示范工程，全力推进技术转让、设备国产化、CAP1000 标准化、CAP1400 重大专项设计研发等各项工作。

（一）坚决贯彻落实“安全第一、质量第一”的方针。进一步强化核安全文化建设，完善安全生产责任和监督体系，把安全生产的要求和职责落实到每个管理和执行岗位，逐级进行安全生产考核，切实提高安全生产的执行力；全面实现 HSE 管理体系标准化，推行风险管理，加强安全生产监督管理队伍的自身能力建设。

（二）全力完成依托项目节点目标，为实现 2013 年首堆发电打好基础。深入分析里程碑节点目标实现的先决条件和施工逻辑，在继续以里程碑节点为抓手来推动现场各专业施工进度的同时，进一步周密安排各项计划，高效安排关键路径，通过目标分解落实责任，全面抓好综合项目进度管理工作。加强设计变更及开口项管控；加强对施工单位的管理；加快推进商务问题处理工作。优化商务问题处理流程，梳理合同变更、索赔风险点，积极推动各方问题的解决，避免风险累积影响项目进程。做好依托项目的经验和教训反馈工作。

（三）加强引进技术的消化吸收，抓紧推进CAP1000标准化和设备国产化工作。在技术转让方面，抓好设备类技转文件交付及其培训服务工作，完成技转工作的阶段性评估。持续推进技转分许可实施和费用回收。强化技转执行与实际应用的衔接，加强技转工作对依托项目、后续项目及国产化工作的支持力度。

在设备国产化方面，全力推进中外合格供应商体系建设，推动AP/CAP系列核电及核电设备标准体系建设；确保关键设备的质量和进度；保证CAP1400压力容器、蒸汽发生器和主泵等关键设备的研制进度，实现CAP1400国产化设备的成套能力。

（四）着力推进重大专项初步设计、关键试验及示范项目前期工作。

（五）在现有产业基础上，围绕“七大基础、五大平台、四项设备材料核心竞争能力”开展布局工作。

（六）做好增收节支工作，确保完成公司年度经营目标。以“增收节支”为原则，加强市场开拓，创新商业和盈利模式，加强预算管理和投资控制，严格控制成本，注重现金流管理，提升公司盈利水平和可持续发展能力。

（七）继续深化国内外合作，打造大合作大协同发展格局。以“开放、融合、共赢”的胸襟，拓宽视野，谋求与国内外合作者的务实、长久合作，充分利用国内国际两个市场、两种资源，为企业的发展提供持久可靠的市场和资源保障。

（八）加强国际化对标和精细化管理，进一步提升管理能力。开放思维，与行业引领者和国际化企业进行全面管理对标，真正将“管理对标提升年”的工作落到实处。

（九）合理配置人力资源，切实加强职业化能力建设。人力资源配置要与整体发展要求相适应，根据人力资源发展规划合理控制新增人力资源总量。进一步优化人才培养机制，强化企业大学化、学习专业化、工作职业化、发展市场化的人才发展理念，以建设一支具有国际化水准的一流职业化人才队伍为目标。

（十）继续加强党建和企业文化工作，深化大监督格局建设。

中国华能集团公司

一、2011 年工作回顾

1. 安全管理工作卓有成效。2011 年，中国华能集团公司（以下简称中国华能）继续深入开展“安全生产年”活动，组织员工参加安全培训和持证上岗培训。日本福岛核事故后，中国华能迅速与国家核安全局、中国核能行业协会等相关机构沟通，及时跟踪事故动态，编写了《福岛核事故进展报告》。公司借鉴福岛核电站事故的反馈，组织专家组重点就地震、地质、水淹和应急条件等要素，对公司核电厂址进行了安全评审。

2. 参股项目进展顺利。中国华能参股投资的海南昌江和山东海阳核电项目安全、质量、进度、投资控制良好。海南核电项目 1 号机组安全壳穹顶于 2011 年 12 月 28 日吊装成功，比二级进度计划提前了 28 天。

3. 投资项目开发取得新进展。为进一步拓展在核电领域的发展空间，华能集团积极参股高温堆燃料元件生产线建设，同时积极参与中低放废物处置业务。

4. 前期工作稳步推进。日本福岛核事故后，中国华能立即组织开展厂址安全评估工作。在专家组充分肯定华能核电厂址安全性的基础上，公司及时提出了下一步前期工作的重点和开发顺序，并调整了核电项目前期开发节奏，有效降低了项目投资风险。根据厂址评审结果，公司把工作重心及时转向了沿海厂址，并调整内陆厂址前期工作的推进节奏，加强与地方政府的沟通，取得了各级政府部门对各个项目的持续支持，对保护厂址资源起到了重要作用。

5. “请进来”和“走出去”工作效果显著。中国华能与法国、日本、英国、美国等国有关公司和机构围绕核电选址、低放废物排放等进行交流，扩大了华能核电在国内外核电业内的知名度，积极推动了华能核电与国际先进水平的接轨。此外，集团安排干部员工赴美国、英国、奥地利、新加坡和香港等国家和地区参加各类核电交流活动，向有关国家、业界同行介绍高温气冷堆特有的固有安全性等第四代核能技术特征，建立了对话渠道，对高温气冷堆的商业化推广起到了推动作用。

6. 精心组织，人才培养工作扎实有效。集团选派员工参加核电基础理论培训、核能行业质量保证监查员培训和安监人员持证上岗培训；遴选青年员工赴石岛湾核电项目和海南核电项目参与现场建设工作，并组织员工赴核燃料后处理厂、核燃料生产厂、核动力研究设计院和核电设备生产厂等学习参观，丰富员工的专业理论知识和核电建设管理经验，加深对核电全产业链的整体认识。

7. 制度体系建设得到进一步提升。为了提高制度建设的体系化、规范化、标准化水平，中国华能对现有的办公行政、财务会计、安全监督、监察审计、党群政工等管理工作的40余项制度进行了认真分析总结，制定核电公司制度体系建设工作方案。通过制度建设，进一步完善了制度体系，使公司的规范化建设得到进一步提升。

二、华能山东石岛湾核电有限公司2011年主要工作情况

1.深化项目管理，前期准备深入推进。

前期工作取得突破性进展。经过不懈努力，示范工程项目核准报告于2011年3月1日获国务院常务会议批准；建造许可证条件于3月14日经国家核安全局会议讨论确定，项目于3月16日通过国家核安全局组织的FCD前例行核安全检查，《地震设计输入变更专题》于11月17日通过审评。福岛核事故发生后，按照国务院常务会议部署及国家主管部门要求，公司认真组织开展了核安全自查及联合检查，并于7月28日顺利通过了国家主管部门组织的综合安全检查，工程正式获颁建造许可证的条件全部具备。

项目管理工作稳步推进。工程设计有序开展，核岛、常规岛施工图按计划提交。设备采购监造取得突破，反应堆压力容器、金属堆内构件所有大锻件均已交货，其中反应堆压力容器下筒体特大锻件是国内核电项目中质量最重（单件重110吨，浇注钢锭单件重460吨）、体积最大、浇注和锻造难度最大的核Ⅰ级锻件。施工准备积极开展，核岛底板已绑扎钢筋的取样及力学性能试验于3月上旬完成，并经环保部华东核安全监督站现场见证合格。

2.开展流程优化，管理能力持续提升。

公司启动实施了管理体系对标工作，完成了设计采购、施工管理、投资控制及安质环等领域共计120个工作流程的梳理和优化，进一步提升了管理体系的精细化、标准化和流程化控制水平。深入开展年度管理部门审查、程序编制升版等工作，一套以公司管理总纲为基础、以质量保证大纲等5个大纲为支撑、以280余份程序文件为主体，完整覆盖22个领域的管理体系更加完善，大纲及程序的完整性、有效性和适用性显著提升。

按照“总体规划、分步实施、急用先上”的方针，公司全面推进管理信息系统的开发与应用。2011年，在重点对工程业务管理流程进行全面优化的基础上，公司建立了与实际工作流程相匹配的信息流，开发投用了涵盖项目建设阶段审批、决策管理的工程协同管理平台。平台由施工管理、设计管理和资质管理等5大类关键业务领域共26个主要功能模块构成，全面覆盖52个主工作流程和35个子流程。

3.注重人才培养，队伍建设不断拓展。

公司编制实施《关于加强干部队伍建设的实施意见》和《“十二五”人才队伍建设规划》，有序推进人才引进和培养储备工作；按计划落实与西安交通大学核电人才联合培养等工作。强化全员培训提升，积极引入SAT方法，通过对关键岗位任务进行具体分析，制定基于岗位任务的培训课程清单，完成了安全与质量37个岗位序列培训大纲的汇编及44名中层干部

的岗位授权、培训监督及效果评价工作，并委托清华核研院开办了核能与核技术工程硕士班。

公司组建了内外培训网络和资源库，不断完善培训教材和试题库，投用了M310全范围模拟机，运行、维修、调试和技术支持等专业人才培养工作按计划实施，累计99名预备操纵员通过10MW高温气冷实验堆（HTR-10）操纵员资格考试，14名预备操纵员完成美国杜克能源下属核电厂运行管理培训；选派13名技术专家参与了中国核能行业协会等组织的技术管理活动。

4. 守护核电安全，文化引领日益强化。

公司大力倡导和弘扬卓越核安全文化的核心理念；紧密跟踪福岛核事故动态，及时举办了事故经验反馈论坛；邀请行业知名专家举办专题讲座，强化《安全文化》专刊、内部网站、《石岛湾核电报》、《生产准备》专刊、“草根讲堂”等载体作用，构建了核安全文化培育及管理交流的高效平台，营造了全员学习核安全文化，全员践行卓越核安全文化的浓厚氛围。

5. 立足长远发展，加快建设一流核电基地。

以高温气冷堆示范工程为依托，华能石岛湾核电厂汇聚厂址资源优势、管理资源优势和建造资源优势，将以“建设安全可靠、技术先进、管理一流、具有国际领先水平的核电基地”为目标，统筹开发石岛湾核电基地，培养高素质的核电人才队伍，形成科学规范的管理体系，构建以核安全为核心的优秀企业文化，为华能核电事业长远发展提供人才、管理和文化支撑，为我国核电产业技术进步和能源结构调整贡献力量。

中国大唐集团公司

一、2011 年工作回顾

2011年，是国家“十二五”规划开局年，是中国大唐集团公司（以下简称中国大唐）发展战略第三阶段起步年，也是集团组建以来面临挑战最多、压力最大的一年。集团公司按照“争创年”工作的总体要求，坚定信心，咬定目标，真抓实干，攻坚克难，各项工作都取得了良好成绩。

1. 经营形势实现重大转折。始终坚持以经济效益为中心，精心制定并认真落实“一保一降”方案，克服了电煤价格高位上涨、电价调整严重滞后、水电效益大幅下滑、财务费用显著增支等不利因素，保持了生产经营的安全稳定局面。全年实现营业收入同比增长 6.61%；实现利润 16.05 亿元，同比增加 0.83 亿元；净利润同比增加 4.41 亿元；归属母公司净利润同比减亏 20.3 亿元；资产负债率比上年末下降了 0.02 个百分点。全面完成了国资委下达的各项考核指标。

2. 结构调整取得重大突破。进一步完善并加快推进“十二五”产业发展规划，围绕“电为基础、多元经营，七大板块、协调发展”十六字方针和调整“四大结构”主攻方向，开展了大量卓有成效的工作。电源结构进一步优化，产业结构调整明显加速，盈利能力显著增强，非电产业实现利润同比增长 184%。

3. 资本运作取得重大成果。积极开展股权及债券融资工作，保证了正常经营及转方式、调结构的资金需求。加强与重点煤炭企业合作，优化了资源配置，改善了部分火电企业的经营环境。稳步推进内部改制重组和股权结构调整工作，有效提升了集团母公司的盈利能力。全年通过资本运作实现盈利，对于完成资产经营和“一保一降”的目标发挥了关键作用。

4. 争取政策取得重大成效。多渠道、多层面向政府部门积极争取政策支持，经营环境逐步改善。促进了年内两次电价上调，集团公司上调幅度均居五大发电集团首位。取消了跨区电、优惠电及分时电价。争取到国有资本经营预算、水利基金以及各种奖励、返还等权益性资金。通过争取各项财政补贴、税收减免及优惠等政策实现增利。

5. 企业改革取得重大进展。按照建设规范董事会的要求，完成了有关基础制度、工作规则及议事规则制定工作。成立了董事会，外部董事、职工董事全部到位，已召开四次董事会会议和七次专门委员会会议。调整了总部机构，并通过公开竞聘选拔，充实了有关岗位人员。开展了相关制度修订工作，完成了总部管理界面的调整，为总部高效协调运转奠定了基础。深化了“两全”管理，基本形成了体系完善、机制健全、联网运行的格局。理顺了贵州公司管理体制，启动了河南、安徽分公司改制相关工作。健全了总法律顾问制度，加强了法制工作队伍建设，提升了依法规范运作水平。

6. 创新工作取得重大成绩。经中央人才工作协调小组批准，集团公司被确定为国家第三批“海外高层次人才创新创业基地”。同时，国家能源高铝煤炭开发利用重点实验室、国家能源非粮生物质原料研发中心落户集团公司。作为唯一参与国家应对气候变化重大专项的电力企业，完成了相关研究工作。国家科技计划前瞻性项目数量不断增加，入选率首次位列五大发电集团之首。煤净化、煤制聚丙烯、煤气化等关键技术国产化取得重要突破，高铝粉煤灰提取氧化铝、氧化硅实现产业化。创新成果不断涌现，“国家能源科技奖”、“水利发电科技奖”、“电力行业管理创新成果奖”获奖成果均为五大发电集团之最。

二、核能方面的主要成绩

1. 全面启动与中核集团战略合作谈判。完成了与中核集团战略合作框架协议的谈判工作，协议中明确与中核集团等股比开发大唐集团辽宁庄河、广东阳西等核电项目，同时中核集团明确支持大唐集团承担前述项目的常规岛和BOP建设，支持大唐集团参股中核集团部分核电项目。完成了与中核集团核电分协议的谈判工作，对双方合作的具体目标、权利义务和时间安排进行了约定。

2. 适时调整前期项目计划。核电部调整了核电前期开发计划，放缓内陆核电新厂址开发，立足现有厂址开展工作。对集团公司组建核电公司事宜进行了初步研究，并从可行性、必要性，以及对集团公司未来营业收入和利润贡献等几个方面进行了初步分析。

3. 加快核电服务市场开发。为了扩大集团公司在核电检修和技术服务市场中的份额，核电部于2011年2月召开专题会议，对核电技术服务工作提出了明确要求。2011年，已签检修及技术支持合同相当于每年约2500万元。其中，安徽检修公司田湾项目检修合同每年1100万元；大唐国际秦山三期项目技术服务每年1000万元，检修每年400万元。大唐国际还与中广核签订了宁德常规岛检修协议并进行相关准备工作。此外，核电部已与秦山二期扩建项目、徐大堡项目、桃花江项目、中核核动力运行研究所、大亚湾核电运营公司等单位开展积极沟通，拓展合作空间。

4. 阶段性完成约旦核电投标工作。EPC投标工作以海外公司为平台开展，核电部总体协调与服务，共历时6个多月。中国大唐的定位是作为加拿大SLI公司的约旦核电项目BOP分包商。经过不懈努力，投标工作组已按时完成了所负责的标书，并分别于6月14日和8月14日提交给SLI公司，并已完成对EPC标书的有关澄清工作。

中国华电集团公司

一、2011年工作回顾

2011年，中国华电集团公司（以下简称中国华电）牢固树立价值思维理念，按照“抓落实、见成效”的总体要求，积极应对煤价高位运行、资金成本大幅攀升、水电来水特枯等前所未有的困难和挑战，加快结构调整，深化管理创新，提升经济效益，各项工作取得了新的成效。

（一）主要指标完成情况

公司系统没有发生较大以上安全生产事故，没有发生对公司稳定造成不利影响的事件。全年实现销售收入1692亿元，完成发电量4178亿千瓦时。

（二）主要工作成效

1. 结构调整效果明显。

与国家和地方“十二五”规划、公司五年发展纲要紧密衔接，编制完成公司“十二五”发展规划，配套制订煤炭、金融、工程技术等产业专项规划和区域规划，推进战略实施，加快结构调整，取得了明显成效。

2. 经营管理水平有效提升。

面对严峻经营形势，强化细化管理，提升了经营水平。一是重点抓好扭亏增盈。集团公司加强经营督导，实施重点帮扶，全力扭亏增盈。部分区域公司和基层企业针对存在的问题，采取一系列控亏减亏扭亏措施，取得了明显成效。二是市场营销不断加强。三是经营成本控制较好。四是争取政策成效明显。

3. 安全生产总体平稳。

扎实抓好安全生产，圆满完成全国“两会”、大运会以及迎峰度夏等重大活动和重要时段的保电任务，安全生产保持稳定局面。一是安全基础得到巩固。以抓基层、打基础、克服薄弱环节为重点，落实安全责任，完善管理制度，扎实开展季节性安全检查、外包工程治理、“两票”专项督查、应急演练等活动，安全生产总体可控在控。二是设备管理进一步加强。积极推进精密点检与远程诊断试点，抓好技术监督与防“非停”措施落实，提高了设备可靠性。三是煤炭安全生产平稳有序，实现了百万吨煤“零死亡率”的目标，金通煤矿荣获“国家级安全质量标准化煤矿”称号。

4. 科技创新和节能减排扎实推进。

立足公司需求，抓好科技环保，提升科技和节能减排水平。一是科技创新步伐加快。着力构建科技服务体系，成立科研总院，积极推进产业园建设。二是节能减排水平不断提高。扎实推进脱硫脱硝和除尘器改造，启动脱汞监测试点，完成“十二五”减排责任书年度治理项目。三是信息化建设取得新进展。积极推进ERP等核心应用系统建设，上线运行燃料管理信息系统，推进燃料全业务流程实时在线闭环管理，深化人力资源、基建信息系统应用，提升了信息化水平。

5. 资本运作和风险管控不断强化。

以降低负债率和防范风险为重点，加强资本资金运作。一是资金管理力度加大。做好资金筹集和调度，保障了重点项目资金需求。加强账户清理和资金集中管理。二是资本运作加快推进。三是经营风险可控在控。金融风险监管体系建设进一步加强。

二、核电业务发展情况

一是科学组织，提高效率。指导有关核电项目科学安排厂址普选和初可研阶段关键节点工作，统筹初可研阶段各专题和总报告编制计划，及时取得省政府支持性文件，满足评审要求。针对面临的困难和问题，及时研究部署对策和措施，加大协调和监督力度，保证了重点工作的推进。

二是建章立制，规范管理，确保前期工作有章可循、规范有序。

三是搞好协调，调动基层积极性。根据各项目的进展情况和需要，组织分支机构、设计咨询单位召开了各种专题技术讨论会，及时解决基层单位提出的技术、资金问题，调动有关分支机构和筹备处开展核电前期工作的积极性。

四是加强内外部沟通，交流管理经验。利用中国核能行业协会这一平台，组织参加核电项目参观、学习核电项目管理经验，组织参加世界核大学主办的培训班等活动。

五是积极开展核电技术交流。与国内外核电技术公司进行技术交流和沟通，广泛了解国内外核电技术的现状及发展趋势，在集团公司范围内普及和宣传核电知识。

六是组织参加国内核电技术论坛。及时了解和掌握国家有关部门的行业信息，利用相关会议、论坛的机会，组织有关区域公司和筹备处人员按时参加核电各类论坛、会议，借类似机会，加强与核电界的有关管理部门和专家的交流与沟通，探索新的发展思路，共同争取管理部门的帮助和支持。

中国国电集团公司

中国国电集团公司（以下简称中国国电）是经国务院批准，于2002年12月29日成立的以发电为主的综合性电力集团。

2008年以来，中国国电深入贯彻落实科学发展观，确立了“以大力发展新能源引领企业转型，建设一流综合性电力集团”的战略目标，企业规模不断壮大，综合实力明显增强，基本形成了以发电为主，科技环保、金融保险、物资物流产业协同发展的格局。2010年跻身世界企业500强，2011年排名大幅提升，跃升至405位。

截至2011年12月底，中国国电可控装机容量10672万千瓦、资产总额6459.6亿元，产业遍布全国31个省（区、市）。控制煤炭资源量150亿吨，年煤炭产量6505万吨。新能源发展独具特色，风电装机规模居亚洲第一、世界第二。以节能环保及装备制造为主的高科技产业在发电行业处于领先地位，累计获批国家级研发中心6个、企业技术中心8个，被命名为国家“创新型企业”，累计获得专利363项。

一、2011年工作回顾

2011年是中国国电发展史上很不平凡的一年。在党中央、国务院的正确领导下，中国国电深入贯彻落实科学发展观，坚持转型企业、挖掘潜力，全力做好“保目标、控规模、调结构、防风险”等各项工作，在极其困难的情况下圆满完成了2011年各项任务，保持了运行平稳、结构优化、质量提升、民生改善的可喜态势，实现了“十二五”的良好开局。

中国国电系统未发生人身死亡和较大及以上设备损坏事故，电力、煤矿、基建安全均保持历史最好水平。中国国电资产总额6459.6亿元，同比增加20.6%；装机容量10672万千瓦，同比增长12%；完成发电量4770亿千瓦时，同比增长13.6%；供热量达13926万吉焦，同比增长24.7%；营业收入2143.1亿元，同比增长31.8%。在燃料成本、财务费用上涨增支154.7亿元，火电调价只增收34.7亿元的情况下，实现利润60.8亿元，与上年基本持平；实现经济增加值（EVA）2.3亿元，比考核值高23.3亿元，全面完成国资委业绩考核指标。资产负债率、净利润、净资产收益率、成本费用利润率和毛利率等国资委考核评价经营指标保持可比先进水平。党建思想政治工作和反腐倡廉建设进一步加强，巩固了稳定和谐、团结奋进的大好局面。

二、核电工作概况

1.多方协调，推进核电厂址前期工作。

积极推进各省的核电厂址前期工作。其中，福建漳州核电厂址正在进行可研报告修编工作；安徽核电厂址成为福岛事故后电规总院的首个评审项目，顺利通过初可研评审并启动可研阶段长周期专题工作；湖南核电厂址正在开展可研工作，河南、江西核电厂址已完成初可研报告待审，浙江核电项目已完成普选报告待审。

2. 共赢互惠，与中核集团全方位合作。

与中核集团联合成立中核国电漳州能源有限公司，召开了第一次投资方会议；多方工作，争取将漳州核电项目纳入国家中长期核电发展规划（修订稿）及“十二五”规划。

参股中核新能源有限公司，积极参与小型堆相关工作，与中核集团签署了《小型多用途核能项目战略合作协议》。

3. 寻求机遇，推进与中广核集团的合作。

三、核电发展目标

1. 储备厂址资源，推进小堆工作。

积极推进核电前期工作，在沿海地区储备厂址资源；跟踪国家关于小型堆的法规、标准，选择适宜的小型堆厂址，推进相关工作。

2. 争取将漳州核电前期工作列入国家规划。

与地方政府、中核集团协调配合，争取将漳州核电项目纳入国家中长期核电发展规划（修订稿），力争在“十二五”末开工建设。

哈尔滨电气集团公司

一、攻坚克难，“十二五”实现较好开局

2011 年，受宏观经济的影响，企业生产经营一直面临着巨大的困难和挑战。面对极为复杂的经济环境和跌宕起伏的市场形势，哈尔滨电气集团公司（以下简称哈电集团）认真贯彻国家的各项决策部署，紧紧围绕国务院国资委提出的“一大目标”、“五大战略”、“三大保障”，积极实施“四化三领先、再造新哈电”的战略规划，全体干部职工团结一心，奋力拼搏，克服重重困难，各项工作都取得了较好效果。

1. 田湾 3、4 号机组 TG。

中国核电工程公司与哈电股份公司签订田湾 3、4 号机组 TG（即常规岛汽轮机和发电机及其辅机）项目供货合同，确定哈电股份为该项目常规岛主设备供货商。这是福岛核事故后国内核电第一大单，为田湾核电项目设备制造拉开了序幕。

2. 三门 3、4 号循环水泵和主给水泵。

哈电股份公司下属哈电动装公司同国核工程公司签订了三门 3、4 号循环水泵和主给水泵供货合同。标志着哈电集团首次进入 AP1000 常规岛水泵供货领域。

3. 咸宁蒸汽发生器。

咸宁蒸汽发生器项目是第一个由哈电股份公司进行项目执行的核岛项目。该项目是第一台国产化设计的 AP1000 蒸汽发生器。

4. 三门 2 号蒸汽发生器。

三门 2 号蒸汽发生器设备是哈电重装公司承制的国内首台 AP1000 蒸汽发生器，项目于 2011 年 3 月 16 日开工。第一台蒸汽发生器管板于 2011 年 12 月 16 日进入深孔钻打孔工序，整体进展顺利。

5. 高温气冷堆蒸汽发生器。

高温气冷堆蒸汽发生器是国内首台采用最新技术设计的蒸汽发生器，设计结构复杂，制造工艺难度大。哈电集团通过多次协调业主及清华大学，解决了项目中存在的一个又一个难点问题。

6. 三门、海阳常规岛冷凝器。

三门 1 号机组冷凝器于 2011 年 7 月完成全部制造工作，按时发运至现场。除氧器、高加陆续完成交货。2011 年 12 月，世界首台 AP1000 机组汽水分离再热器 MSR–B 制造完工，已在现场安装就位。

在借鉴三门 1 号机组冷凝器生产经验的基础上，哈电集团通过合理组织、优化工艺等措施，缩短产品制造工期 4 个月，顺利完成山东核电公司 2011 年的里程碑节点。

7. 昌江 1 号汽轮发电机组。

昌江 1 号机组汽轮机转子、发电机转子、复合钛板等关键原材料进厂。汽轮机转子开始加工，低压缸开始组焊。发电机转子复验合格，具备加工条件，定子机座开始装焊。

8. 恰希玛 C3、C4 项目蒸汽发生器、核主泵。

2011 年年底，C3–1 蒸汽发生器的管板正在与一次侧筒体及下筒体Ⅲ进行组焊，下封头气割开孔已完成，锥体正与筒体Ⅰ & Ⅱ进行组焊。C3–2 管板待车加工堆焊层，下封头正在进行 UT 探伤。一次侧筒体的拉筋板焊接完成。设备制造进展顺利。

9. 三门项目常规岛通用阀门。

哈电股份公司根据集团公司加强内部配套的要求，协调所属子公司（哈汽、哈锅、重装公司）与哈电阀门公司签订了三门项目常规岛通用阀门供货合同，使得哈电集团下属的哈电阀门公司通过内部配套，取得了核电常规岛通用阀门的供货业绩。

2011 年是“十二五”的起步之年，纵观全年的各项工作和成果，与战略规划中确定的目标相比虽有差距，但在形势十分复杂严峻、宏观经济整体回落的情况下，取得这样的成绩非常不易。可以说，通过不懈努力和奋斗，哈电集团“十二五”实现了较好的开局，为“再造新哈电”迈出了坚实而关键的一步。

二、同心聚力，坚定不移地向既定目标挺进

“十二五”期间，哈电集团总体发展思路是“四化三领先，再造新哈电”。“四化”即“集团化、信息化、国际化、相关多元化”；“三领先”即“技术领先、管理领先、人才领先”。要举全集团之力，确保完成四项核心任务：一是要完成结构调整和产业升级任务，在改造和提升已有产业的同时，全面实现核电、风电和燃压机组产业化，同时要积极进行其他新能源技术的开发和储备；二是要彻底解决历史遗留问题；三是要加强资本经营工作，资本运营能力显著提高；四是要坚决完成各项经济指标。全力打造“发电设备、驱动与控制设备、通用与环保设备、现代制造服务业”四大业务板块。加快五个转变，即“由传统产品向新能源产品转变”，“由国内市场向国内国际市场并举转变”，“由价格优势向技术优势转变”，“由生产型向生产服务型转变”和“由粗放管理向精细管理转变”，确保实现销售收入和利润总额双倍翻的“倍增”目标，再造一个新哈电。

（一）提升市场开拓能力

哈电集团必须对市场竞争的激烈程度有充分的判断，及时跟踪形势变化，不断强化风险分析，积极探索商业模式创新，调整和优化营销策略，进一步巩固和扩大市场占有率，为企业长远发展做好积累，做足储备。一是体现集团化。要推进体制机制创新，强化营销资源的整合与利用，充分发挥集团营销优势。二是体现国际化。要加快“走出去”步伐，既要防范风险，又要开疆拓土、扩大根据地，不断掌握和利用国际规则，促进企业全面与国际接轨。三是体现集成化。要开动脑筋，解放思想，创新商业模式。要探索长链条、大成套，推进从制造环节为主向研发和服务等“微笑曲线”的两端延伸，进一步延伸项目价值链条，提高附加值和增值率。

1. 密切跟踪各大业主公司相关部门，了解新建项目的进展情况，确定市场目标和策略，为市场开发提供信息支持。

2. 积极配合有关业主开展前期工作，密切跟踪 ACP1000、快堆、ACP100 小型模块化堆等新技术的进展情况，争取核电早日走出去。

3. 积极对业主公司、工程公司及设计院进行走访，深入推介集团公司设备制造能力，引导业主及工程公司更多地关注集团公司，做好市场前期工作。

4. 加快 CAP1400 重大示范项目常规岛新产品的研发工作，加快各专项计划进度，落实好长周期材料的采购资源，积极配合国核设计院的设计提资工作，争取成为依托工程 TG 项目的主要设计配合方。

5. 尽最大能力开发具有自主知识产权的常规岛产品，全力配合国家核电、中核、中广核及大唐国际等公司，做好国外核电市场的开发工作。

（二）提升自主创新能力

哈电集团要立足于企业的长远发展，不断加快自主创新步伐，加大结构调整力度，加快培育新的经济增长点，逐步由局部调整向系统调整、由被动调整向主动调整转变，进一步增强企业发展的内生动力与核心竞争力。一是完善科研体系。成立哈电股份核电设计院，以加快 AP1000 转让技术的消化吸收。同时要充分发挥好各成员企业研发部门的功能，筹建哈电集团中央研究院。二是突出技术创新。瞄准技术领先、市场前景广阔的新产品，努力突破关键核心技术，同时坚决做好自主知识产权的保护工作。三是优化产品结构。推进四大业务板块协同发展，抓好在手重大项目执行，特别要加大核电、风电、太阳能光热发电、海水淡化、燃驱电驱等产品的推进力度。四是加快自主化进程。进一步突出自主知识产权技术（产品）开发工作，在核电、风电、重型燃机、大型超超临界火电产品等重大项目上尽快实现突破，不断打破国外技术限制和封锁，增强企业国际市场的竞争能力。

（三）提升集团管控能力

加强集团管控是国务院国资委的要求，也是哈电集团优化资源配置、做强做优的内在需要。要坚定不移地通过集团管控，不断增强集团化发展的能力和水平。

（四）提升企业管理水平

在生产组织与内部管理方面，一是严格按照核质保体系、技术标准、安全标准的要求组织生产并严格监督执行，确保核电产品无质量问题。二是涉核企业按计划组织生产，确保进度满足用户的要求。三是所有涉核企业要加快投资项目建设，提高固定资产管理水平和利用效率，并要与同行企业进行对标，逐步实现盈利。四是所属企业全面梳理在手订单，有效地实施核电产品的项目计划，组织好核电项目的生产制造和建设。

（五）加快人才队伍能力建设

加大招聘、培养力度，建设高素质的人才队伍，打造一支设备设计、工艺、制造、管理等门类齐全的核电团队，以迎接国家新一轮的核电发展。

东方电气股份有限公司

东方电气股份有限公司（以下简称东方电气），总部位于四川省成都市，是中国东方电气集团有限公司控股的特大型企业之一，目前拥有东方电机、东方汽轮机、东方锅炉、东方重机、东方武核等多家核心企业，以大型发电成套设备、电站工程总承包、电站服务为主业，是我国最大的发电设备制造基地之一。

东方电气拥有国家级企业技术中心，具备大型发电设备的开发、设计、制造和电站工程总承包能力，可批量生产单机最大到1000MW等级的火电机组、单机最大到800MW的水轮发电机组、1000MW ~ 1700MW等级核电机组主设备、重型燃气轮机设备、风电设备、太阳能光伏发电设备及大型电站锅炉烟气脱硫脱硝、大型化工容器等产品。从1994年起，东方电气连年入选全球225家最大工程承包商之列，2011年全球排名第80位。

一、2011年工作回顾

2011年是“十二五”的开局之年。东方电气深入贯彻落实“调结构、抓创新、强管理、上水平”的指导思想，积极应对国际金融危机和日本福岛核事故，采取一系列有效措施使其对公司生产经营的不利影响降到最低，团结拼搏，开拓进取，实现营业收入429.2亿元、工业增加值71.8亿元，新增订单480亿元，以出色的经营业绩回报投资者。

2011年，生产任务繁重、新产品和重点产品多，给公司的原材料准备、技术准备、供应链管理带来了巨大的压力和挑战，公司加强关键设备、关键环节的控制，充分利用内外部资源，确保了产品按期交货，超额完成了全年生产任务，创造了发电设备产量3968万千瓦的新纪录。

2011年，东方电气顺利获得了制造控制棒驱动机构“民用核安全机械设备制造许可证”，以及核2、3级“民用核安全机械设备设计许可证”，标志着东方电气已经具备了成套提供核电主设备的能力。国产首台百万千瓦级压水堆核电站反应堆压力容器研制等7个项目获得国家级和省部级奖励。

2011年，东方电气进一步加强了核电项目管理，针对中核集团、中广核集团和国家核电等业主及工程单位的不同需求，克服内部资源不足等困难，强化市场意识和合同意识，积极协调各企业，继续坚持以用户为中心开展各项工作，进一步提升了东方电气核电品牌的竞争力。2011年，东方电气产出6台汽轮机、4台发电机、7台汽水分离再热器(MSR)、2台反应堆压力容器、10台蒸汽发生器和2台稳压器等核电设备，实现了核电产品的批量化产出。堆内构件已经开工制造，控制棒驱动机构设备具备开工制造条件，这标志着东方电气的核电产品及配套体系日趋完整。同时，EPR和AP1000产品全面进入生产，东方电气成为同时批量生产二代加和两种三代机组成套设备的企业。

二、国产化进展及今后的发展目标

（一）核电设备国产化取得新进展

1. AP1000海阳项目的稳压器和非能动堆芯余热排出热交换器的制造，按ASME体系完成了技术准备、材料采购、工艺评定等各项工作，进入全面制造阶段。

2. 台山EPR项目的重型设备支撑完成了制造工作，交付现场。反应堆压力容器、蒸汽发生器、稳压器进入全面制造阶段。

3. 岭澳二期核电站4号机组顺利投产，证明东方电气生产的国内首台百万千瓦核电机组的核岛主设备和半转速汽轮发电机组取得全面成功。

（二）自主研发取得突破

1. 2011年4月，东方电气研制的百万千瓦核电汽轮机低压焊接转子通过了中国机械工业联合会组织的鉴定。

2. 2011年5月，东方电气CAP1400和ACP1000两种型号的核电汽轮发电机组总体设计方案通过中国机械工业联合会组织的专家评审。

3. 半速1828mm末级长叶片的研发完成发明专利申报，并开始末级动叶片生产。

4. 东方电气与国核上海核工院于2011年11月11日在成都签订了CAP1400蒸汽发生器研制课题联合协议，相关研究工作已经开始。

（三）设计力量初步形成

东方电气核设备设计所于2009年12月成立后，完成了能力建议、人员培训、试设计等工作，2011年11月24日，国家核安全局正式向东方电气股份有限公司颁发了核2、3级设备“民用核安全机械设备设计许可证”。

（四）核电产业的发展目标

东方电气将继续着力培育设计力量，增强制造能力、完善质量保证体系、提高项目管理水平，以高品质的核电设备和全方位服务满足用户需求，致力于成为集设计、制造、服务于一体的核电设备成套供应商。

上海电气（集团）总公司

2011年，上海电气（集团）总公司（以下简称上海电气）核电工作总体平稳，亮点是实现了百万千瓦级压力容器和AP1000三代核岛主设备的首台供货业绩，也实现了百万千瓦级核岛主设备（压力容器、蒸汽发生器、堆内构件、控制棒驱动机构）和常规岛主设备的完整配套交货。

1月10日，我国首台单机容量最大的EPR项目台山核电1号机组主设备安注箱顺利发运。

1月22日，我国首台国产化百万千瓦级CPR1000机组——红沿河1号机组堆内构件通过验收。

10月19日，阳江核电1号常规岛机组发运，宣告首套具有自主知识产权的百万千瓦级核电常规岛设备研制成功。

10月20日，用于三门核电站的全球首台AP1000堆芯补水箱制造竣工发运。

12月20日，用于三门核电站的全球首台AP1000稳压器发运。

12月28日，宁德核电站2号机组压力容器竣工发运，宣告上海电气首台百万千瓦级反应堆压力容器研制成功。

一、2011年工作回顾

（一）高度重视，提升质量管理水平

上海电气（集团）总公司和下属涉核集团/企业高度重视产品制造质量。总公司在临港基地召开核电质量现场专题会；承担核电主设备制造任务的重工集团在现场召开质量工作办公会，对新形势下核电质量管理工作提出了更高要求。

所属企业重点分析质量问题产生的体系原因，健全核电质量管理体系，推进质量管理的持续改进，有规划、有计划、有制度地开展质量工作，提高批量化生产形势下的质量管理水平。

2011年，上海电气涉核企业的核电质量工作得到有效控制，企业或现场均没有反馈重大的制造质量问题。

（二）能力达标，核电项目生产平稳

企业以提高质量管理水平、稳定产品质量为纲，项目得到稳步扎实的推进。通过突破技术瓶颈、发挥扩能优势、平衡出产能力、完善批量管理模式，上海电气基本实现了年初制定的项目管理目标。批量出产能力得到验证，批量化项目执行下的管理体制和能力得到考验。

截至2011年年末，上海电气核电设备有限公司完成了约3.5套核岛容器类设备的制造量，实现了以宁德2号机组压力容器和三门1号AP1000稳压器等为代表的7台产品交货，实现了百万千瓦级压力容器和AP1000三代核岛主设备的首台业绩。上海第一机床厂有限公司累计完成13台机组堆内构件和7台机组控制棒驱动机构的制造量，实现了3套堆内构件的交付。上海电气电站设备有限公司成功交付阳江1号机组汽轮发电机组、核岛容器类设备268台和常规岛辅助设备36台。上海起重运输机械厂有限公司实现了3套百万千瓦级PMC燃料输送系统的交货。

2011年，上海电气实现了百万千瓦级核电主设备（压力容器、蒸汽发生器、稳压器、堆内构件、控制棒驱动机构）和常规岛主设备（汽轮机、汽轮发电机等）的完整配套供货业绩。

（三）稳中求进，拓展三代核电市场

上海电气努力拓展以三代百万千瓦机组为重点的核电市场工作，坚持不懈地跑市场，跟踪、掌握市场信息，紧抓国家重大专项CAP1400等项目的招标，众志成城，争取最好结果。年内签订了CAP1400、三门、咸宁项目的蒸汽发生器、主泵、稳压器等10台（套）主设备的供货合同，在福岛核事故后几近停止的核电市场中取得佳绩。

（四）突破瓶颈，提升锻件配套能力

在大锻件研发方面，二代加核岛容器类、堆内构件不锈钢类和高温堆压力容器的大锻件已全部研发成功并实现批量交货。AP1000大锻件除蒸汽发生器水室封头外已全部交货。

在产品供货方面，2011年，交付84件配套上海电气核电设备有限公司的CPR1000、AP1000和高温堆产品大型锻件；交付59件配套上海第一机床厂有限公司堆内构件锻件。

二、今后发展目标

（一）建设“世界级工厂”，提升技术和管理能级

中国已经成为全球核电开工建设项目最多的国家，核电制造企业的素质和能力提升已成为核电发展中的重点任务之一。因此，上海电气集团明确了涉核企业的战略导向：具有国际视野，推进产业发展，争创国际一流。通过创新能力、制造能力、管理能力、盈利能力等指标对比，强调持续进步的定性定量结合，强调完善硬件能力和激励提升软实力的结合；提倡集团相对统一和企业各有侧重；提倡全面诊断评估和全方位对标赶超。

从2009年开始，上海电气实施“世界级工厂”的创建工作，组织涉核骨干企业对标世界一流工厂，具体为：上海重型机器厂有限公司对标日本制钢所室兰工厂；上海第一机床厂有限公司和上海电气核电设备有限公司分别对标阿海珐的日蒙和夏龙工厂；上海电气电站集团临港工厂对标西门子缪海姆工厂；上海电气凯士比核电泵阀有限公司则消化吸收德国KSB一流技术和管理经验，以全面提升上海电气的核电技术能级和管理能力。

（二）控制和减少不符合项的发生，强化质量体系建设

“凡事有人负责、凡事有章可循、凡事有人监督、凡事有据可查”的核安全文化，也是上海电气核电产业的企业文化。为了进一步培育核电文化和弘扬创业精神，企业将继续开展“质量年”活动，实施“百日行动计划”，开展“质量诊断、质量述职、质量规划”活动，将控制和减少核电不符合项的发生作为工作的抓手，

强化全员质量意识，强化企业质量体系建设；同时将全面推进精益管理，严格按照核电设备制造规范，完善核电质量控制体系。

（三）跟踪全球市场信息，寻找国外核电供货机遇

密切跟踪国际市场，加强信息交流，发掘全球设备供货商机。积极参与外方的合格供方评审工作，争取参与国外设备项目的投标。重视与国外公司的项目合作，争取将合作扩大到国外项目中。依托核电业主的“走出去”战略，提高企业核产品的全球市场适应能力。

上海电气将进一步聚焦国家战略，立足自主创新，培育战略产业，加快核电产业发展，与核电界上下游集团通力合作，为核电发展作出新的更大的努力。

中国第一重型机械集团公司

中国第一重型机械集团公司（以下简称中国一重）已成为国内能够承制二代加核电、三代核电、四代核电大型铸锻件、核岛成套装备的企业，拥有百万千瓦级压力容器、容器类锻件、泵类锻件、支撑类锻件、泵类铸件、设备支撑件、核电主管道、百万千瓦级蒸汽发生器等制造资质，是全球举足轻重的核电装备供应商之一。

一、2011 年工作回顾

2011 年，日本福岛核事故给我国核电建设带来了巨大冲击。国务院于 2011 年 3 月 16 日召开了常务会议，会上明确提出了“严格审批新上核电项目”。这使中国一重承制的防城港 3 号、4 号，田湾 6 号、8 号等 4 台压力容器项目和已签订的田湾 5 号、6 号泵壳，彭泽蒸汽发生器等核电项目相继暂停。

面对困难和压力，中国一重准确地把握了当前核电“更安全、更经济、更清洁”的明确要求，坚定不移地走自主创新之路，采取了应对措施。一是加快生产组织方式变革，利用信息化手段，提高生产专业化水平，核电锻件粗加工、精加工等全部按专业化模式组织生产。2011 年，完成了 230 件核电大锻件的生产，同比增长 57%。二是对核电锻件在手总量进行汇总分析，提出外协粗加工方案，对外协厂家进行严格的审查和分供方评价，确定合格的外协厂家，缓解了立车超负荷问题，缩短了核电锻件的生产周期。三是加快核电新产品研发，基本掌握了蒸汽发生器和堆内构件关键部件制造技术，核电主管道试制成功。四是加强对市场形势的分析研判，做好核电产品的订货工作，使核电产品订货额继续在国内同行业中保持领先，2011 年共签订核电产品制造合同 9.5 亿元。

2011 年 12 月 30 日，福清 2 号机组核反应堆压力容器在中国一重水压试验成功。这是继福清 1 号，方家山 1 号，阳江 1 号、2 号压力容器水压试验成功后，2011 年内第 5 台核反应堆压力容器水压试验成功。中国一重一举实现了年产 5 台核反应堆压力容器的目标，创造了国内核反应堆压力容器制造的最高纪录，标志着中国一重自主化、专业化、批量化制造核电装备取得重大突破，在核电装备国产化道路上迈出了坚实的步伐。

核安全是核电事业的生命线，良好的核能设备质量是核电设施安全运行的基础。在质量管理方面，中国一重根据质量保证大纲的要求，编制了项目质保大纲，建立和完善了管理程序，实现了对设计、采购、制造、试验到现场服务等各个环节的全过程控制，保证了管理程序体系的完整性、适宜性和运作的有效性。此外，积极配合国家核安全局驻厂专家和华北站的监管工作，确保国家主管部门的监管有序。同时，与中广核驻厂监造团队精诚合作，定期召开质量例会和项目协调会，确保质量管理体系的有效运行。

二、核电产品研发力度加大

冶炼及铸锭方面，开发了真空碳脱氧加铝的冶炼技术，提高了第三代核电机型SG锻件强度及韧性；研发出新型中间包和长水口浇注，有效地防止了钢渣卷入钢锭和浇注过程中钢水的二次氧化。

锻造方面，针对整体顶盖、一体化接管段、锥形筒体等新一代核电特大异型锻件，开发出仿形锻造技术。其中，一体化接管段制造技术处于世界领先水平。针对SG水室封头、PRZ下封头等锻件，采用了胎膜锻技术，有效地提高了材料利用率。

热处理方面，开发了提高冲击韧性的预备热处理技术；依据模拟及大量的测温数据建立了加热及冷却模型；研制了非焊接排气及附偶工装。

主管道晶粒度控制及空心锻件制造技术取得了重大突破，研制出空心锻件，经粗加工、热弯成型、内外圆精加工后，第三代核电主管道的制造技术达到了国际领先水平。

在核电常规岛汽轮机低压整锻转子和发电机转子锻件研制中，中国一重掌握了600吨钢锭制造技术和第三代核电常规岛整锻低压转子、发电机转子锻件锻造技术，并研制完成了第三代核电常规岛整锻发电机低压转子，其各项力学性能指标均满足设计技术要求。首件产品顺利通过鉴定并发给用户。

核电不锈钢主泵铸造泵壳研制方面，中国一重已掌握复杂型腔超低碳耐蚀双相不锈钢铸造技术，为东方阿海珐核泵有限公司制造的不锈钢试压泵壳已经在用户使用。该泵壳完全满足RCC-M标准及用户要求。目前，第三代核电泵壳已完成热处理工序。

堆内构件方面，中国一重研制的堆芯支承板及压紧弹簧性能均一次合格，并已取得堆芯支承板、压紧弹簧M140工艺评定证书。蒸汽发生器、堆内构件等新产品的研发及取证工作正稳步进行。

2011年，中国一重核电锻件产业化项目完成了第三代核电整锻水室封头和胎膜锻整体顶盖、整体椭球封头、管板的制造，解决了CPR1000水室封头接管嘴翻边（定位）问题，稳定了第三代核电SG锻件和RPV接管段性能，成功浇注了第三代核电铸造泵壳，完成了第三代核电主管道认证及CAP1400RPV和SG锻件锻造工艺评审。

三、今后发展设想

“十二五”期间，中国一重将严格按照“四个凡事”的要求，全面加强核安全文化建设，加大培训力度，不断提高全员的质量意识和核安全意识，使核安全文化的理念深入人心。同时，进一步完善核能装备质量保证体系，加强过程质量控制；加强自检和互检，加强质保监督和过程巡检；把违规情况消灭在萌芽状态，不断提高核能装备的制造质量。

未来我国核电发展的方向是更安全、更先进的三代核电以及我国具有自主知识产权的核电技术，将以百万千瓦级以上机组为主，核电铸锻件也将朝着超大型的趋势发展。尽管中国一重已经完全突破了第三代核电大型铸锻件制造技术瓶颈，具备了CPR1000、AP1000核岛全套锻件的制造能力，掌握了超大型钢锭制造技术，但在部分核电产品批量化生产中，质量稳定性方面还存在着薄弱环节。中国一重将全面加强核文化建设，不断提高全体员工的质量意识和核安全素养，加强对广大员工的培训力度，强化核能装备生产流程，切实保证核能装备批量生产的质量。此外，中国一重将加大技术改造力度，进一步完善富拉尔基世界一流大型铸锻钢基地、大连核电设备制造基地的建设，按照批量生产核能装备的标准，完善相应的设备和手段，全面提高核电制造基地的生产水平。与此同时，在今后几年，中国一重将重点加强对核蒸汽系统的科研开发，逐步配置完善相关学科的技术力量；努力开展蒸汽发生器、堆内构件的设计制造工作，早日取得相关资质；全面掌握第三代核电机组及核岛一回路主设备的制造技术，尽快实现CAP1400、EPR、快中子堆、高温气冷堆等堆型的一回路设备成套生产，满足国家加快核能装备国产化的整体要求。力争2015年实现年产10套CPR1000和AP1000等核电大型铸锻件及5套核电蒸汽发生器、堆内构件的制造能力，为我国核能装备的国产化贡献力量。

中国第二重型机械集团公司

一、2011 年工作回顾

根据 2011 年核电产品销售计划，中国第二重型机械集团公司（以下简称中国二重）全年共实现 94 件核电大型锻件的产出，具有自主知识产权的世界首套 AP1000 核电主管道顺利完工，反应堆压力容器重型支撑 4 套、预埋件 3 套已交付用户，总量上与 2010 年产出相比，增长近 70%。

2011 年，中国二重在核电产品制造上取得了长足进步：

1. 完成 CPR1000 蒸汽发生器一次侧封头及上封头的制造，一次性通过制造技术评定，丰富了公司核电锻件品种，进一步展示了公司核电锻件制造能力，提升了公司在核电锻件供应领域的地位。

2. AP1000 主管道制造顺利完工，证明中国二重依靠自身努力已全面掌握主管道制造技术，具备批量生产主管道的实力，打造了又一个二重品牌。

3. AP1000 第三代核电大型锻件制造取得突破，完成堆芯补水箱及 PRZ 稳压器上、下封头的制造；蒸汽发生器管板、筒体类锻件也在当年实现交货；RPV 锻件技术准备进入最后阶段，为 2012 年实现全套 AP1000 核岛主锻件的制造及交货做好了技术储备。

4. AP1000 反应堆压力容器支撑及预埋件产品按期完工，满足了三门、海阳核电项目建设进度的需要，展示了公司在核电成台（套）设备制造方面的能力。

5. 中国二重制造的 CPR1000 反应堆压力容器整体顶盖各项性能满足技术要求，标志着公司在国内率先掌握 RCC—M 标准整体顶盖制造技术，为今后争取 AP1000 同类锻件合同提供了有力支撑。

二、核电产品研制

2011 年，中国二重持续技术创新，强化关键核心技术研发和攻关，坚持“核为大、核优先、核严格、核发展”的工作方针，集中力量加强以 AP1000 三代核电为重点的核电产品研发，全年共获得专利权 42 项，其中发明专利 11 项。

在核电技术研发工作方面获得如下成果：

1. 成功突破技术难关，掌握了 AP1000 主管道全套制造技术。

2. CAP1400 冷却剂主管道、蒸汽发生器锥体重大科技专项课题取得突破性进展。

3. 掌握了 CPR1000 一次侧封头、大型常规岛半速发电机转子、拼焊汽轮机转子、RPV 整体顶盖等高端产品的制造技术。

4. 开展了百万千瓦级核电设备大型铸锻件研发及产业化，完成“十一五”重大科技专项“百万千瓦级核电设备大型铸锻件关键制造技术研究”课题验收。

5. 第三代核电大型锻件、AP1000 蒸汽发生器大型筒体锻件等研制工作获得突破，并获四川省重大技术装备创新研制项目立项。

三、核电产品研制规划

1. 以前期技术积累为基础，在进一步稳定和提高锻件一次成功率上开展研发，形成自己的工艺技术，使二重核电大型锻件质量达到世界先进水平。

2. 抓紧实施提高产能、疏通瓶颈的技术改造，使核电大型锻件的制造能力满足国家核电建设的需求。

3. 以技术研发与实际生产相结合的方式，对 AP1000 蒸汽发生器上、下封头及压力容器锻件加大研发投入。

4. 在开展技术研发的同时，针对核电生产特性，进一步开展旨在提升核电管理水平的管理研发，努力提高核电质保控制水平，确保产品质量和制造周期的稳定。

四、稳步提升核电产品质量管理水平

中国二重高度重视核电安全，严格按照核电的要求建立完善的质保体系及相应组织机构，制定了齐全有效的质量体系控制文件，建立严格、清晰、可控的过程控制办法，严格按照“四个凡事”的要求，打造了二重以“核安全”为核心的核电共同价值观、“制度大于一切”的理念，以规范、受控、可靠的核电质量保证体系的有效运行，保证核电产品的质量。

中国二重加强核文化、核安全技术和核电产品技术培训，策划了 2011 年核电分专业、分岗位的专项培训。实施了热处理、焊接、冶炼、锻造、机械制造专业核电专项培训；分层次开展核文化、核安全、核意识的教育培训；强化核电产品制造技术等培训。2011 年共完成核电培训计划项目 27 项，实施项目 31 项，共培训 1170 人次。

行业协会与学会

中国核能行业协会

2011年3月11日发生的日本福岛核事故，震惊了世界。因此，这一年对核能行业来说，是极不平常的一年。面对福岛核事故，中国核能行业协会与会员单位一起积极应对，认真吸取经验教训，按照理事会通过的“2011年工作安排意见”努力做好各项工作。

一、继续开展核能行业重大问题研究，为政府决策提供技术支持

受政府有关部门的委托，围绕核能发展、产业政策和法律法规等事关行业发展的重大问题，组织开展课题研究工作。

1.《原子能法》立法工作。

在协会的积极推动下，《原子能法》立法工作已得到有关方面的重视并正式列入国务院2011年的立法工作计划。为《原子能法》立法提供支持是协会2011年的一项重点工作。在工业和信息化部及国防科工局的领导下，5月6日，中国核能行业协会成立了《原子能法》起草工作组。通过调研、研讨、征求专家和有关部门意见，按预定计划完成了《原子能法（草案）》框架和立法建议的研究和编制工作，以及《原子能法（草案）》初稿的起草工作。为配合《原子能法》的起草工作，协会于12月9日举办了“中法核法律与核责任经验交流会”。

2.受国家能源局委托，组织《中国与国际先进国家核电发展比较研究》课题研究工作。2011年完成了课题报告的初稿。

3.受中国工程院委托，组织开展《我国核电发展支撑能力评估》课题研究工作。

本课题是中国工程院咨询项目《我国核能发展的再研究》四个子课题之一，将从铀资源、核燃料循环、核电技术、人才队伍建设、设备制造、核电工程建设等6个方面对我国核电发展支撑能力进行分析和评估。2011年完成了第一阶段的工作。

4.承担的《我国核燃料产业发展及体制机制研究》课题通过国防科工局组织的验收。

5.受国防科工局系统工程二司的委托，承担关于第四代核能系统国际论坛（GIF）防扩散课题研究。

6.受国防科工局委托，继续开展了统计课题项目，完成了2010年的专项统计报告。

7.作为首都核能产业技术联盟的理事长单位，受北京市科委的委托，组织开展了《核能产业与北京市经济发展问题研究》

二、积极推进核电评估及经验交流工作

2011年2月25日、5月6日先后召开了核电厂同行评估及经验交流委员会负责人座谈会和委员会全体会议。按照委员会的工作计划，积极推动和组织各项工作的实施。

1. 有序开展核电运行评估和核电建设项目评估活动。拟定了《运行核电厂同行评估计划（2011 ~ 2015）》；分别于7月11日至15日、9月24日至25日举办了“2011核电建设同行评估员培训班”和“大亚湾核电基地WANO联合评估国内评估员培训班”；5月14日 ~ 20日实施了对田湾核电站扩建工程5、6号机组FCD前同行评估跟踪回访，10月15日 ~ 24日实施了山东海阳核电站施工阶段工程建设管理同行评估，11月21日 ~ 25日进行了大亚湾核电基地应急专项评估跟踪回访活动；做好与WANO联合组织的对大亚湾核电基地的综合评估活动的准备工作，组建了中方评估队，对中方评估员进行了培训，并组织评估队员参加了WANO评估员培训班。

2. 做好核电经验反馈和交流工作。

(1) 编制完成有关报告。编制完成了4期《运行核电厂生产季报》、《中国核电厂关键业绩指标报告（2011）》和《中国运行核电厂事件经验反馈报告（2011）》等专题报告，为委员会成员单位优化核电运行管理提供了参考依据。同时，编制完成了《核电厂大修同行评估业绩目标与准则（草案）》。

(2) 完善信息报告机制。启动了核能行业核电工程建设定期报告和事件报告共享制度。

(3) 按计划组织开展研讨活动。举办了“第二届核电站材料与可靠性国际研讨会”、“核电厂反应堆控制棒驱动系统技术研讨班”等6场研讨活动。

(4) 积极开展核电厂互访试点工作。根据成员单位提出的互访需求，委员会秘书处制定并实施了年度互访计划。

3. 积极推进专题工作组活动。2011年各工作组分别开展了多项活动。2011年委员会进行了筹建核电蒸汽发生器（SG）工作组和核电厂阀门状态管理工作组的相关工作。

4. 继续推进软课题研究。对已立项的软课题按规定进行进度审查，及时验收成果，并于12月8日至9日召开了2011年核电厂同行评估及经验交流相关软课题项目验收会，对已完成的14个软课题进行了验收。

5. 完善委员会工作体系和开展对外交流。积极吸收新成员单位加入委员会，2011年度委员会新增成员单位8家。至此，委员会成员单位已增至38家。根据国际原子能机构（IAEA）的要求，受国家原子能机构委托，委员会组织各成员单位完成了2010国际原子能机构动力堆系统（IAEA-PRIS）数据报送工作，并整理了2010IAEA-PRIS公布数据，供委员会全体成员单位共享。

三、进一步做好科技奖评奖和科技成果鉴定工作

2011年度中国核能行业协会科学技术奖的申报工作自4月19日开始，共有100项成果申报。与2010年相比，申报资料符合度、完整性都有较大提高。9月25日至26日，召开了2011年度协会科

技奖评审会，评出一等奖项目 3 个、二等奖项目 13 个、三等奖项目 36 个。

2 月 9 日，协会发布了《中国核能行业协会科技成果鉴定管理办法（暂行）》，并向会员单位发送了当年鉴定工作计划。全年协会共组织了 19 场鉴定会，完成 74 项科技成果鉴定，与 2010 年相比，增加近两倍。

四、了解会员单位需求，进一步做好为会员单位的服务工作

1. 分别召开核燃料循环、铀资源专业组会议，分别就福岛核事故及其影响、我国核燃料循环产业的发展，铀资源发展的政策研究、基础建设、技术开发与应用、机制体制建设、开展国内国际合作等问题进行了研讨。

2. 开展中小企业需求调研工作。9 月 16 日，在浙江嘉兴组织召开了部分会员单位（江浙片区）座谈会。

3. 为会员单位提供定向服务。

(1) 开展课题研究工作。

受中国广东核电集团有限公司研究中心的委托，承担了《核电技术路线与体制机制跟踪研究》、《核燃料循环后端国内情况研究》和《后福岛时代三代核电发展跟踪研究》等 3 个课题研究工作。

受中国电力投资集团公司的委托，承担并完成了中电投核电管理标准化建设（工程建设阶段）的课题研究工作。

受中国华能集团核电开发有限公司委托，就进一步完善华能集团核电管理体制开展了咨询服务工作。

受中国广东核电集团有限公司新项目开展部委托，组织业内专家完成了《内陆核电厂水环境影响的评估》专题研究。

(2) 组织编制《三代核电机组关键零部件和原材料进口清单》。

2011 年 7 月，协会组织业内相关单位编制的《三代核电机组关键零部件和原材料进口清单》正式获得财政部批准。此清单的颁布，既为国内相关企业节省了大量成本，也有利于促进三代核电技术引进以及关键设备国产化工作。

(3) 为联系会员单位提供服务。

应联系会员单位美国赛瑞丹有限公司的请求，10 月 31 日协会与该公司共同筹划召开了核电厂富集硼酸应用国际研讨会。会议就富集硼酸的特点与应用前景作报告并进行研讨。

4. 加强对行业内共同关心的重要问题的研究。

(1) 及时发布信息。

3 月 11 日福岛核事故发生的当天，协会收到日本原子力产业协会（JAIF）发来的事故通报后即组织翻译并迅速上网发布。随后，日方将核事故最新情况随时通报我方，协会将有关材料及时翻译并立即在协会网站发布，使业内外及时了解核事故进展情况，网站点击量不断攀升。

福岛核事故发生后，协会利用这几年开拓的各种合作渠道，如日本原子力产业协会、日本保全协会、世界核协会、台湾核能科技协进会以及法国、美国等合作伙伴，收集到有关事故情况和各方反响的信

息，汇总后及时报协会领导和有关专家研究参考。

根据国家有关部门的要求，及时整理了有关福岛核事故情况，撰写了《日本大地震、海啸引发的核事故分析与启示》，并于3月14日上报国家有关部门。

(2) 面向公众，接受新闻媒体采访。

福岛核事故发生后，协会面对社会和公众的关注，做了大量释疑解惑的工作。张华祝理事长、赵成昆副理事长、徐玉明副秘书长、冯毅副秘书长等多次接受新闻媒体采访。

(3) 多次开展关于福岛核事故研讨活动。

6月27日至28日，协会与日本技术者联盟、日本原子力产业协会、日本保全学会等共同筹划举办了中日核电安全与技术研讨会，就管道防震、老化管理、核电新技术等问题进行了专题讨论。

10月28日，协会与中国能源研究会在京联合召开了“后福岛时代我国核电发展高端研讨会”。与会代表对福岛核事故应吸取的教训、中国核电安全状况、中国核电的未来发展等进行了广泛、深入的讨论及交流，并对如何安全高效地发展中国核电提出了具体意见和建议。

五、认真做好质量保证培训和项目管理培训工作

举办了6期质量保证培训工作，培训了302家单位的828人次；开展了核能行业项目管理经理人员培训试点工作，举办了3期，培训人员240名。

六、继续推进国际合作与两岸交流

（详细内容见“国际合作与交流——中国核能行业协会”部分）

七、继续加强核能行业信息交流工作

信息交流与公众宣传是协会的一项重要工作，特别是福岛核事故后，协会加强与新闻媒体联系，充分发挥协会“三刊一网”的平台作用，进一步加强信息交流，扩大了协会的影响力。

1. 充分发挥协会“三刊一网”的平台作用。

(1) 发布中国核能行业2010年度十大新闻。

(2) 按期完成会刊编辑出版工作。

完成了6期《中国核能》会刊的出版、发行工作。

完成了12期《核能新闻》电子月刊的出版与网上发布。

(3) 认真做好年鉴编辑出版工作。

《中国核能年鉴》2010年卷由原子能出版社正式出版发行，并完成2011年卷的编辑。

(4) 完成协会网站的升级改造与日常的运行管理工作。

(5) 举办《中国核能》杂志通讯员培训班。

2. 做好媒体宣传工作。

由于受3.11福岛核事故的影响，公众媒体对核电空前关注。协会领导和专家先后接受中央电视（广播）台、部分地方

台、人民网等几十家媒体的采访，为公众解疑释惑。仅在深圳年会和展会期间，就有中央人民广播电台、深圳电视台、香港电视台、香港明报、英国广播公司、日本NHK等16家媒体的采访和报道。

八、认真办好几项活动

1. 做好核电安全宣传活动。

日本福岛核事故后，中国核能行业协会承担了核电安全宣传活动的具体筹备任务。在协会的组织和各集团公司的紧密配合下，编制了核电安全宣传电视片（脚本）《让核能更好地造福人类》、核电安全宣传巡展（大纲）《重安全、谋发展》、核电安全宣传册《阿核的博客》及论坛的具体方案。

2. 办好2011年年会。

4月7日，中国核能行业协会2011年年会在深圳召开。

3. 成功举办第九届中国国际核电工业展览会。

4月6日至8日，在广东深圳举办了第九届中国国际核电工业展览会。

4. 召开核专业人才培养研讨会。

11月4日至6日，协会与清华大学联合主办了“2011年核学科建设及人才培养研讨会”，对如何加快核专业人才培养、提高核专业人才培养质量、造就高层次的核专业人才队伍提出了意见和建议。

九、进一步加强协会组织建设

做好协会理事会换届的有关准备工作。召开了组织管理委员会第八、九、十次会议，批准新入会单位47家（其中联系会员11家），恢复会员资格1家，自动退会9家；调整常务理事人选2人、理事人选9人；新增理事单位5家，新当选理事5人。继续加强秘书处队伍建设和制度建设，着力提升秘书处业务能力和服务水平。

十、承担政府部门委托的其他工作

1. 为了落实3月16日国务院常务会议精神，应国家有关部门的邀请，赵成昆副理事长参加了对在运核电厂和在建核电项目安全大检查活动。

2. 受国家能源局委托，协助国家能源局组织了国家能源科技进步奖（核能专业）的评审工作。

3. 受国家核事故应急办公室委托，承担了组织专家研究应急准备中的重要问题；组织专家组的日常活动；为国家核应急工作提供技术支持等国家核应急协调委专家咨询组业务服务工作。

4. 根据地矿部要求，从2011年开始，由协会负责地矿部铀矿资源节约和综合利用工作奖励评审项目和评审专家的推荐。2011年，组织了有关铀矿单位负责人和专家，推荐了参评的8家单位和15名主审专家。

中国核学会

2011年，面对福岛核事故给我国核电发展带来的严峻挑战，围绕我国核科技事业发展的新局面，根据“三服务一加强”的职能定位，中国核学会充分发挥了学术交流主渠道、科普工作主力军、国际民间交流主要代表的作用，努力为广大核科技工作者服务，为推动我国核科学技术的繁荣与发展作出了应有的贡献，完成了理事会确定的各项工作任务。

一、加强学术研究，发挥学术引领作用，着力提升服务创新能力

（一）国内学术会议

1. 创办中国（国际）核电仪控技术大会。

第一届中国（国际）核电仪控技术大会于5月25日至27日在京举办。会议由中国核学会与中国仪器仪表学会联合主办。来自核仪器仪表制造厂（商）、科研机构、核电厂、核电工程公司的代表共250人参加了会议，就核电仪控技术的现状与发展趋势交流信息和研讨技术。经商定，“中国（国际）核电仪控技术大会”将每两年举行一届，时间为单数年5月。

2. 召开第八届“三核论坛”。

中国核学会“核科技、核应用、核经济”论坛（简称“三核”论坛）是根据各省级核学会专业范围广而每个专业从业人员相对较少的实际情况，通过联合办会，共享资源，促进专业发展而形成的长效会议机制。

本次论坛由甘肃省核学会承办，交流内容涉及基础核科研、核电站设计与建设、农业及生物技术、卫生保健、工业经济、资源环境、国防及安保等内容。

3. 成功举办2011年中国核学会学术年会。

2011年中国核学会学术年会于10月11日至14日在贵阳市举行。主题为“蓬勃发展中的核科学技术”。我国核科技工作者代表1200余人参会，32位院士莅临大会。国家能源委员会专家咨询委主任张国宝在开幕式上讲话。国家科技部、国家核安全局、国家国防科技工业局、总装备部、中国科学院、中国工程院以及贵阳市的领导出席开幕式并致辞。中国科协党组成员、书记处书记张勤出席闭幕式并致辞。

福岛核事故本身的经验教训、引进核电机组工程建设实践、核电技术自主化实践、高放废物深地质处置、铀资源及铀采冶新技术等议题，是本届学术年会关注的焦点。此外，核物理、核化学、粒子与加速器物理、核聚变与等离子体物理等基础学科领域的进展，核禁试条件下核武器发展的未来趋势，以及核医学、核农学、同位素与辐照加工技术、核技术工业应用等应用学科领域的技术进步，也引起了人们的极大兴趣。13名相关领域知名专家全面介绍了近年来我国在核安全监管、核电

及其关联产业技术、基础核科学、核技术应用、核武器等相关领域取得的进展以及未来的发展趋势。

年会期间还举办了“如何撰写科技文章”的专题讲座和青年座谈会。本次学术年会共有66名核科技工作者获奖。其中，“优秀学术论文奖”一等奖7人、二等奖21人、三等奖25人，“青年优秀科技论文奖”13人。

4. 组团赴台参加“第11届海峡两岸核能学术交流研讨会”。

本届研讨会于2011年11月27日至12月3日在台北举行。来自两岸核能领域的16位专家就后福岛时代核电站安全、核能公众沟通、核技术应用等内容进行了交流。

中国核工业集团公司、中国核工业建设集团公司、中国电力投资集团公司、国家核电技术有限公司、中国广东核电集团有限公司、台湾核能研究所、台湾电力公司、益鼎公司、新亚建设公司等单位的近100名代表参加会议。两岸专家介绍了各自在福岛核事故后采取的安全应对措施，还就核电建设、多用途小堆开发及应用、核聚变研究、锆材开发、核医学应用、核燃料储存、公众沟通等内容进行了交流和研讨。除学术交流研讨外，中国核学会代表团还参访了台湾核能研究所、台电公司、台电核三厂、中鼎工程公司、亚炬公司等。

海峡两岸核能学术交流研讨会自1996年起在两岸轮流举办。经过多年来的共同努力，该会议已经成为两岸核能学术交流的重要平台和沟通渠道，有效推动了两岸科技文化的进步与发展。

（二）国际学术会议

1. 举办国际水堆燃料性能会议。

国际水堆燃料性能会议是核燃料领域规模最大、影响力最强的专业性学术会议之一。2011年9月，由中国核学会承办的水堆燃料性能会议在成都举办。来自国际原子能机构、美国电力设计研究院、日本原委会、印度原子能部等机构的领导和专家作了大会报告。

五大洲21个国家和地区的260余名专家、学者和工程技术人员就核燃料研究领域的问题和挑战展开了深层次、多方面的交流，并且着重探讨了事故对核燃料研发科技的影响和启示。大会还组织了42名外国专家赴中核建中核燃料元件公司进行技术参观，以增强国际社会对中国核燃料产业的了解，推动中国核燃料产业走向世界。

2. 协办和组织参加第十九届国际核工程大会。

第十九届国际核工程大会（ICONE-19）于2011年10月23日至25日在日本大阪召开。中国核学会常务理事李晓明在会上作了主旨报告，重点介绍了中国的能源需求和结构，论述了中国发展核电的必要性、已具备的良好基础以及福岛核事故后中国采取的一系列行动，重申了中国政府“在确保安全的基础上高效发展核电”的决心。

3. 支持召开三个国际会议。

三个国际会议分别为“先进堆/先进

核燃料国际峰会”（GLOBAL）、“重水堆未来”（HWR-Future）和“2011年国际废物处置与利用大会”（IEEE-2011），分别在日本京都（由日本原子能学会主办）、加拿大渥太华（由加拿大核学会主办）和中国绵阳（由西南科技大学主办）召开。作为上述三个国际会议的支持单位，中国核学会的主要任务是协助主办单位征集论文、推荐论文评审专家和推荐大会报告人等。

4. 成功申办第十七届国际辐射加工大会。

2011年，中国核学会成功申办第十七届国际辐射加工大会（17th IMRP，2013年）。会议地点为上海，将在2013年10月21日至24日举办。核学会曾经承办过1992年的第八届国际辐射加工大会。该会是辐射加工技术领域的大型国际会议，有利于提高我国辐射加工行业技术水平，促进产业发展，增强产业竞争力。

（三）科技交流与互访

1月28日，西屋公司核燃料部主任Sumit Ray、中国AP1000核燃料项目经理师刘斌访问中国核学会，交流核燃料发展相关问题。

4月13日，美国赛瑞丹公司副总经理及中国区业务拓展部主任来访，交流有关日本福岛核事故及进一步拓宽双方合作事宜。

4月27日，中国核学会代表赴AREVA中国区总部拜访其副总裁及有关部门，研讨加深双方沟通与交流的新方式。

5月6日，美国密西根大学学生访华团来京访问。此项活动是“十万美国学生看中国”项目组成部分，由两国领导人2010年会晤时确定，旨在促进两国青年了解与互信。代表团由15名美国大学本科生及3名教授组成。中国核学会安排和带领代表团参观了清华大学核能与新能源研究院。

6月29日至30日，由中国核学会、美国自然资源保护委员会、美国能源基金会、美国斯坦福大学和北京大学共同主办的“国际核电安全研讨会——日本福岛核电危机后的反思”在京举行，中外代表共141人与会。13位来自美国、欧洲、印度和中国的专家作了专题报告，分析了福岛事故的经验与教训。

10月20日，国际辐射联合会（IIA）国际委员会委员Yves和Paul来华考察，商谈中国核学会承办“第十七届国际辐射加工大会”事宜。

11月16日，IEEE核工程委员会（NPEC）主席Satish Aggarwal访问中国核学会，希望将IEEE核电安全的标准与规范引入中国。

多年来，中国核学会作为我国核领域对外交流的主渠道，与国际相关组织、企业、大学保持着密切的接触和联系，积极为我国核科技工作者创造国际学术交流渠道和平台。这些国际交流促进了学术交流和产业发展，提升了中国核学会在国际上的影响力，为进一步扩大国际交流与合作打下了良好基础。

二、针对日本福岛核事故影响，大力开展科普活动，为核电发展营造良好的舆论氛围

1. 组织专家参加“科学家与媒体面对面”活动。

中国核学会于3月19日组织专家参加中国科协举办的第二期“科学家与媒体面对面”活动。核学会常务理事潘自强院士和俞卓平等专家，就人们关注的核能安全、核与辐射安全、辐射防护常识以及日本福岛核事故漂浮物对我国可能产生的影响等问题与媒体交流。

2. 组织院士参加“2011中国科协热点问题学术报告会”。

针对日本福岛核事故等社会热点，中国科协于3月29日发起组织“科学家的社会责任——2011中国科协热点问题学术报告会”。中国核学会积极响应，在会场布置展板、印发数百本科普读物，并邀请叶奇蓁院士在会上作了题为《从福岛第一核电站事故看我国核能利用与核安全》的报告。

3. 切尔诺贝利核事故25周年前夕，组织专家参与第三期“科学家与媒体面对面”活动。

4月20日，切尔诺贝利核事故25周年前夕，核学会组织专家参加中国科协第三期“科学家与媒体面对面”活动，就核污染、核辐射与防护、辐射与人类生活等问题与媒体代表进行沟通和交流。

4. 组织专家为广东省直属机关干部及地方科技人员作专场报告。

4月25日，应广东省核学会请求，中国核学会邀请叶奇蓁院士在广东科学馆为省直属机关、地方高校、科研机构、地方科协和省级专业技术团体代表共200多人作题为《我国核电发展与核安全》的学术报告。

5. 组织专家参与“全国科技活动周”系列活动。

5月12日至17日，由中宣部、科技部、中国科协等九部委联合组织的“全国科技活动周——科技列车沂蒙行”活动走进山东。核学会科普教育咨询工作委员会委员在革命老区临沭县和莒南县4所中学作科普报告，围绕核技术应用和核电等主题展开，直接受众1200人。核学会还向临沭县、莒南县教育局和相关中学赠送《走近核科学技术》20本、《核科普知识》手册400本。

5月13日，在宁夏“科技活动周”期间，应宁夏自治区科协的请求，中国核学会邀请叶奇蓁院士为宁夏吴忠市800多名干部和中学生作了题为《从福岛第一核电站事故看我国核能利用与核安全》的专题报告，增加了干部群众有关核能开发利用与安全防护等方面的知识，缓解了公众紧张情绪。

6. 开展“院士西南行”和“科普资源包”项目启动仪式。

5月25日至28日，为配合全国科技活动周“携手建设创新型国家”主题的开展，开发共享“科普资源包”项目，缓解日本福岛核事故带来的不利影响，中国核学会组织以科普咨询教育工作委员会主任

钱绍钧院士为首的“院士专家西南行”活动走进四川。16 位院士、专家为 4 所高校约 5000 名师生带来 12 场报告会和 5 场座谈会。学会还向高校赠送 60 本《走近核科学技术》科普读物、800 本《核科普知识》手册和 10 卷本《中国核科学技术进展报告（第 1 卷）》1 套。

本次科普活动时间长，范围广，参与人数众多，有效普及了核科技知识，促进了高校核专业的学科设置和人才培养，受到政府部门、高校师生的欢迎与肯定，在西南地区产生了良好的社会影响，

三、推进期刊质量建设，提升学术影响力

《核科学与工程》是中国核学会主办的国家一级期刊，是我国核科技工作者了解学科进展、交流专业信息的重要渠道，也是专家发表科研成果、体现自我价值的平台。2011 年，《核科学与工程》共出版 4 期。

为进一步提高学术水平，编辑部采取多种措施，推进期刊建设，提升社会影响力。一是跟踪国际重大课题。编辑部紧密围绕 ITER（国际热核聚变实验堆）项目、快中子反应堆等国际重大课题，与中国原子能科学研究院、中科院等离子体物理研究所、清华大学等科研院所和高校合作办刊。二是出版学术专刊。近年来，编辑部出版了《大亚湾核电增刊》、《中广核工程增刊》、《中广核仪控设计增刊》等学术专刊，获得了较好的社会效益和经济效益。三是扩大学科覆盖面，重视学术引领工作。设立了核聚变、快堆、核安全专栏，吸收了大量高水平文章。开设了特别约稿栏目，刊登了业内权威专家具有前瞻性的学术文章。四是加强编辑队伍建设。参与中国科协以及新闻出版总署等相关机构的专业技术培训和职业考试，吸纳新编委，扩大交流，提高编辑的专业素质。五是加强数字化建设。引进全新的在线办公系统，提高了编辑部的办公效率；建设了刊物门户网站，便于读者、作者查询。

2011 年，《核科学与工程》被列为原子能技术类核心期刊，被美国《化学文摘》（CA）、国际核信息系统（INIS）、日本《科技文献速报》（JICST）、《中国学术期刊（光盘版）》、《万方数据 — 数字化期刊群》等国内外权威检索系统收录。

由中国核学会各专业分会主办的其他刊物，如《核动力工程》、《铀矿地质》、《铀矿冶》、《核技术》、《核农学报》、《辐射防护》、《核化学与放射化学》、《核电子与探测技术》、《原子核物理》、《同位素》、《核聚变与等离子体》等杂志均为反映学科动态和信息、促进学术交流和成果转化发挥了重要作用。

四、承担专利信息资源应用试点项目，服务企业科技创新

作为试点单位，中国核学会承担了中国科协下达的“企业科协科技信息服务——信息加工与研究”任务。重点挑选中国原子能科学研究院、中国工程物理研

究院、核工业西南物理研究院、海军工程大学、国核电力规划设计研究院、国核自仪系统有限公司、中核四〇四有限公司等7家优势单位参与项目研发。

2011年度专利信息加工项目取得以下成果：① 遴选出4251项专利信息，建立了《2001 ~ 2007年国外专利信息二次数据库（核技术部分）》，超额完成年度任务。② 对3502件核心专利进行中文标引，并将说明书导入《2001 ~ 2007年国外专利信息二次数据库（核技术部分）》。③ 编写3万多字的《我国核电专利战略研究》报告，多角度分析研究国内外核电专利文献，得出指导性结论供核电企业借鉴参考。④ 探索出新的服务会员的模式，科技人员从信息平台中获得最新的科技信息和前沿技术。

在本项目实施过程中，中国核学会作为优秀示范单位两次在年度总结会上介绍经验。

五、学会建设及学会日常管理

（一）加强学会秘书处职业化建设

1. 通过对学会的各项职能、秘书处各项职责和项目进行认真梳理和规划，进一步明确工作分工和程序，使管理更加科学。完善有关人员招聘管理、会议管理、档案管理等方面的制度。

2. 加强秘书处员工管理和业务培训，制定学会员工岗位培训制度和岗位考核制度，通过积极措施切实提升全体员工专业学科素养和管理能力。

3. 秘书处引进内部评价、监督机制，增强市场经济意识和竞争意识，充分激发和调动工作积极性。

4. 提倡办公室人员加强学习，包括学习阅读行业刊物、会议文集等资料，并实地考察、走访相关科研单位。

（二）加强信息系统建设，为会员提供信息服务

1. 提高信息传播速度、扩大信息传播范围、完善网络会员系统。自2011年年初开通试运行以来，已经收到多名核科技工作者的网络会员申请。正在进行系统功能升级，以便向网络会员提供更多服务。

2. 积极收集行业发展数据资料，主要包括WNA世界核电发展基础资料、IAEA即时数据、OECD/NEA统计数据、JAIF发布福岛核事故进展等。

3. 实时处理与中国科协、网络服务提供商、万方数据、网站维护公司、专业分会和地方分会、科技爱好者等社会各界人士的邮件往来。

（三）完成上级部门工作要求

通过国家民政部全国学会年度检查；通过学会年度财务审计；完成国家民政部及中国科协下达的各项工作任务，按时报送各种报告、报表。

中国核仪器行业协会

一、基本情况

中国核仪器行业协会(以下简称核仪器协会)由原国家经济委员会批准，于1987年6月30日正式成立。它挂靠在中国核工业集团公司（原核工业部），是核工业第一个全国性行业协会。

核仪器协会现任会长（理事长）、法定代表人为中核集团公司副总经理邱建刚，马宇箭担任秘书长，有协会会员170余个、理事36个、常务理事16个。

核仪器协会成立后，积极发展会员，开展活动，先后完成了对国内外核仪器现状的分析、一些有关核仪器的项目论证等，提出了我国核仪器“九五”、“十五”的发展设想。

近年来，协会积极组织活动，先后召开衡阳(2008年)、太原研讨会(2009年)，开办网站，发展会员，组建人才库。2009年，协会组织20余名专家对核仪器行业进行了调研，为国家制定“十二五”规划提供了核仪器行业的有关情况和建议。

核仪器协会的主要业务范围包括行业管理、信息交流、业务培训、专业展览、国际合作和咨询服务。

二、2011年工作情况

2011年，协会工作的总体目标是：学习贯彻科学发展观，努力探讨办会的新思路，实践办会的新机制，继续完善有成效的办会经验，大力推进协会自身建设的健康发展，以会员的需求为办会的宗旨，初步实现民主管理、行为规范、自律发展的运行机制，在全体会员单位的共同努力下，把协会办成一个会员单位信赖、政府满意的优秀协会。

（一）努力将协会办成规范的、在行业内有一定影响的协会

要将协会办成规范的、有一定影响的协会，首先必须依法依规办会，要按民政部《社会团体登记管理条例》，国务院办公厅36号文以及原国防科工委1065号文要求办会。加强协会自身建设，要进一步加强协会制度建设，要着力建设好协会的理事会、常务理事会和秘书处。要把行业内的单位团结聚集在协会周围，充分发挥桥梁和纽带作用。协会努力适应新形势的要求，改进工作方式，深入开展行业调查研究，积极向政府部门反映行业、会员诉求，提出行业发展和立法等方面的意见和建议，积极参与相关法律法规、宏观调控和产业政策的研究、制定，参与制订修订行业标准和行业发展规划、行业准入条件，完善行业管理，促进行业发展。

协会积极主动向政府有关部门提供有一定价值的行业信息和行业动态，争取政府对行业的支持，努力争取承担政府委托

的一些项目。

对核电等重要项目的研发，协会呼吁国家在招投标、拨款、贷款和税收政策上给予国产核仪器支持。协会呼吁国家加大对核仪器的科研投入，呼吁从国家的层面来加强基础研究工作，支持企业和科研院所上新项目。

2011年，协会根据《民政部关于开展全国性行业协会商会、基金会和民办非企业单位评估工作的通知》要求，对评估指标和评估材料进行了认真学习，并针对协会的实际情况，进行了对照分析和自我打分，积极准备参加2012年的评估。

（二）做好行业交流平台工作，增强凝聚力

协会努力在做好交流平台工作上下工夫，通过这个平台，开展行业咨询和会员之间的交流等业务，努力促进国内核仪器行业间的联合，开展项目横向联系，互通有无，取长补短，合作交流，在资金和技术层面开展合作，共同对高新精尖核仪器以及前沿性课题进行联合攻关和开发，使国内核仪器能够在竞争中不断进步。

2011年12月13日，中国核仪器行业协会在海南省三亚市召开了“高分辨率γ谱仪现场应用研讨会”。协会会员单位代表及特邀代表50余人参加了研讨会。共有14篇论文参加了评选。最终，会议评出一等奖1篇、二等奖2篇、三等奖3篇。

（三）将核仪器行业调研活动常态化

协会组织对核仪器行业进行调研，受到业内外的普遍欢迎。通过调研，基本摸清了行业的现状，找出了不足。但由于各种原因，调研的深度和广度还不够，为弥补不足，常务理事会决定将此项工作常态化，通过调研，不断补充和完善行业调研报告，使调研报告成为具有指导意义的行业精品。

（四）召开协会理事会、常务理事会

2011年，协会召开了第五次理事会、第六次常务理事会。

（五）积极发展会员，完善协会人才库

2011年，协会本着积极稳妥的态度，对数十个申请参加协会的单位进行了审核，待会员大会批准。

协会继续完善人才库，使协会在承担新产品、新技术鉴定时，可充分利用协会人才库，为会员单位开展有效的服务。

中国核工业教育学会

一、基本情况

中国核工业教育学会（简称核教育学会）成立于1992年，是国家一级学会。登记管理部门为中华人民共和国民政部，业务主管部门为中华人民共和国教育部，行政主管部门（即挂靠单位）为中核集团人力资源部。学会是与核相关行业人才培养有关的单位和个人自愿结成的、学术性的、全国性的非营利性的社会组织，下设的专业机构有核电组、高校组、核地矿燃料组和核科技组，办事机构为秘书处。

中国核工业教育学会现拥有80多家会员单位，主要成员有中国核工业集团公司、中国核工业建设集团公司、国家核电技术有限公司、中国电力投资集团公司及国内近20家拥有核专业的高等院校等。核教育学会充分利用所掌握的人才和信息优势，本着资源共享、互惠互利、合作共赢、共同发展的宗旨，大力协同，搭建高效交流信息平台，在培养核专业技术及管理人才，提升学会各成员单位员工专业知识及管理水平，促进各成员单位长足发展方面，起到了有益的作用。

核教育学会的业务范围包括：1.学习、宣传和贯彻马列主义、毛泽东思想、邓小平理论、“三个代表”重要思想和科学发展观，以及国家关于教育培训的方针、政策；学习、研究社会主义市场经济条件下的核教育培训理论；2.开展核教育培训的学术研究、业务培训和咨询服务，探索具有核行业特点的教育培训规律；3.交流核教育培训经验，研究并提出教育培训改革与发展的意见和建议；4.组织参加核行业内外有关的学术交流活动，开展教育实践与理论的比较研究；5.开展信息交流，并及时传播与推广核教育科研成果和先进经验；6.与国内外有关行业的教育培训机构建立联系，组织开展核教育培训的对外学术交流与合作；7.经政府有关部门批准，组织核教育培训研究成果的评选活动。

二、2011年工作情况

（一）紧密围绕学会宗旨，加快核事业人才培养，鼎力支持核事业发展

2011年，学会以邓小平理论、“三个代表”重要思想和科学发展观为指导，大力实施科教兴国战略和人才强国战略，认真履行学会相关的责任和义务，积极开展与我国核事业发展紧密联系的教育培训、人力资源开发以及学术交流等多项业务，为更好地促进我国核教育事业健康、可持续发展提供源源不断的动力。

2011年，核工业管理干部学院利用学会信息平台，大力开拓培训市场，积极争取培训任务，深化改革培训机制，以加强培训管理为抓手，提高培训质量为准绳，有力地拓展了培训项目，使培训班次及人

数达到了历年来最多的一年，创造了培训效果与培训利润同步增长的局面，同时也得到了受培单位的高度认可和一致好评，为我国核事业发展注入了新的生机。

（二）大力加强学会制度化建设，完善学会管理机制，提升学会管理水平

2011 年 9 月，学会秘书处积极落实民政部要求，以评估条款为准绳，逐步完善各项规章制度，规范管理，促进学会健康有序发展。重新修订已有的规章制度，使其更贴近学会发展的实际需要，促进学会制度化建设。例如：明确了《中国核工业教育学会秘书处办公室岗位职责》；重新草拟了《中国核工业教育学会章程》。新的章程的制订使学会明确了发展方向，融入了新的核行业发展理念，为学会进一步发展注入了强大的活力和动力；草拟了《中国核工业教育学会人事管理制度》和《中国核工业教育学会秘书处管理制度》。

（三）抓住机遇，迎接挑战，打造一流的中国核教育平台

随着中国的经济建设和改革开放进入攻坚阶段，中国核事业发展面临着新的挑战和机遇，作为核事业支撑平台之一的中国核工业教育学会，在促进核教育事业发展，培养优秀的核事业接班人，提升从业人员的素质，打造高水平的核教育事业平台方面，中国核工业教育学会任重道远。

人力资源是我们核事业蓬勃发展、继往开来、薪火相传的战略资源，核专业人才培养成为当前核事业发展的关键。核教育学会将不辱使命，抓住机遇，迎难而上，力争做强做优打造世界一流的核教育平台，使之成为中国核教育事业的有力保障和坚强后盾。

中国核工业档案学会

一、基本情况

中国核工业档案学会成立于 1993 年 5 月，是国家民政部正式注册的全国性社会团体法人组织，接受业务主管单位国防科工局和社团管理机关民政部的业务指导和监督管理，是国家一级学会单位。学会挂靠在中国核工业集团公司，办公地点设在核工业档案馆。学会是中国档案学会的团体会员。学会现有会员单位 80 多家，包括中国核工业集团公司、中国核工业建设集团公司、中国广东核电集团有限公司、中国工程物理研究院所属各单位。

中国核工业档案学会的业务范围为：理论研究、学术交流、业务培训、书刊编辑、国际交流和咨询服务。学会近年主要开展的工作有：在核工业系统举办各种档案培训班、进行档案国际交流、举行档案学术论文评选和交流、编辑出版档案论文集。

二、2011 年工作情况

1. 2011 年 5 月，在河南郑州市召开核工业档案第五协作组（核燃料、安防系统）工作会，研讨交流各单位在档案基础建设、重点工程档案管理等方面的情况。

2. 2011 年 6 月，在四川成都举办“核工业第十三期档案人员上岗培训班”，邀请四川大学文秘档案学院 5 位教授授课，共有 114 人参加了为期 20 天的培训，完成了 5 门课程的学习。

3. 2011 年 11 月，在河北秦皇岛市举办“固定资产投资项目档案验收评审员业务培训班”，共有 60 人参加了培训。

企业风采

上海核工程研究设计院

核工院园区图

秦山一期

核工院园区规划图

上海核工程研究设计院组建于 1970 年 2 月 8 日，是我国核电自主设计研发的高新技术企业，隶属于国家核电技术有限公司。

建院四十二年来，研究设计了中国大陆首座核电站——秦山核电站；设计了中国第一个出口核电工程——巴基斯坦恰希玛核电站；是中国第一个参与核电工程建造管理的设计院。全院共有 330 多项设计科研项目获得国家、原国防科工委和部、省（市）级科技进步奖或优秀设计奖。其中，秦山 30 万千瓦核电厂设计与建造获国家级科技进步特等奖、全国最佳工程设计特奖；另有国家级科技进步二等奖 3 项、三等奖 6 项等。上海核工院还获得全国“五一劳动奖状”、“上海市文明单位”和“核工业先进集体”等荣誉称号。

40 多年的研究设计工作实践，积累了丰富的经验，培养造就了一大批核电工程技术人才。上海核工院现有员工 1300 余人，其中专业技术人员 1000 余人；拥有甲级工程设计、咨询资格、造价咨询等一系列证书。上海核工院经营业务范围包括工程设计（甲级），压力容器设计，环境评价，工程监理，工程承包，建筑装饰工程设计（一级），核工程及相关领域的技术服务和新产品的开发、研制、试销等。

目前，正在积极开展三代核电技术的引进、消化、吸收和再创新工作，以及大型先进压水堆核电站重大专项工作。承担了三门核电一期和海阳核电一期的总体设计、工程设计和技术服务等方面工作。在大型先进压水堆核电站重大专项中，作为科研设计总负责单位，牵头组织全国高等院校、科研院所等开展科研设计工作。同时，还承担着辽宁红沿河核电项目的设计分包任务，并为秦山核电基地、恰希玛核电站等提供运行技术服务。

上海核工程研究设计院认真执行“质量第一，信誉至上”的经营宗旨，并将一如既往，充分运用先进的工程技术和科学的项目管理理论、模式、程序和优质服务，以优良的信誉和服务面向国内外核工程及其他工业和民用工程市场。

大型先进压水堆核电站重大专项效果图

cpecc ECEPDI

中国电力工程顾问集团
华东电力设计院

华东电力设计院1953年创建于上海，是中国勘察设计单位综合实力百强，获得国家质量、环境和职业健康安全管理体系认证证书并具有工程勘察、工程设计综合甲级资质的单位。华东电力设计院主要承担电力系统规划，火电、核电、超高压、特高压输变电和新能源项目的勘察、设计、咨询、监理、总承包等业务，有在职职工1000余人。

华东电力设计院开展了一批核电工程常规岛设计，截至2012年8月底，完成设计并投产的核电项目有：秦山核电站、巴基斯坦恰希玛核电站1～2号机组、秦山第二核电站1～4号机组，目前正在开展巴基斯坦恰希玛核电3～4号机组、海南昌江核电工程、秦山核电扩建工程、福建福清核电1～6号机组、三门核电一期等多个国内外大型核电项目的常规岛设计任务，以及宁德核电一期机组BOP子项设计任务。此外，还承担了一批沿海、内陆核电项目的前期设计任务。

华东电力设计院开展了以我国首台百万千瓦超超临界燃煤机组华能玉环电厂为代表的一批大容量火力发电勘测设计项目。截至2012年8月底，全国范围内已投产的单机容量百万千瓦级超超临界火电机组共有47台，其中有24台机组由华东电力设计院设计。

华东电力设计院参与完成的“秦山三十万千瓦核电厂设计与建造”获1997年国家科技进步特等奖、“秦山60万千瓦核电站设计与建造”获2004年国家科学技术进步一等奖、“恰希玛核电工程技术研究设计”获2007年国家科学技术进步二等奖。

中电投江西核电有限公司

中电投江西核电有限公司于2007年12月19日注册成立，是中国电力投资集团公司直接管理的二级机构，是江西彭泽核电项目的业主单位，负责江西彭泽核电项目的建设、营运和管理等工作。公司股比为：中电投核电有限公司55%、江西赣粤高速股份有限公司20%、江西赣能股份有限公司20%、深圳南山热电股份有限公司5%。

江西彭泽核电项目位于江西省九江市彭泽县境内，早在1982年国家启动的全国核电厂址普选工作中，江西彭泽核电项目因其厂址区域范围地质、地壳稳定，取水天然条件和大气扩散条件好，交通运输方便，人口密度低，外部条件比较简单，被专家誉为不可多得的内陆核电理想厂址之一，被确定为江西省首个核电厂址，并于1996年成为首个通过国家“初可研”审查的内陆核电项目。2009年4月24日，江西彭泽核电项目一期工程1、2号机组的“两评报告”（选址阶段）已正式获得国家批复。截至2011年年底，江西彭泽核电项目一期工程核准所需的34个批复文件已取得29个，现场“四通一平”工作全部结束，其中1号机组核岛已具备负挖条件。

作为江西省“两核两控”的关键工程、核心工程和头号工程，以及鄱阳湖生态经济区的十大基础设施工程，江西彭泽核电项目规划建设4台125万千瓦三代AP1000压水堆核电机组，并预留两台百万千瓦级核电机组的扩建余地。

公司将秉承中电投集团“奉献绿色能源、服务社会公众”的企业精神，着力培育以核安全文化为统领，以集团公司理念为指导，融合江西优秀地域文化的“三合一”企业文化，密切关注国家最新核电政策，严格遵守国家相关核电法律法规，加大内部培训力度，不断提升管理水平，稳步推进彭泽核电项目各项前期工作。

彭泽核电项目一期工程现场场平图

彭泽核电项目一期工程1号机组核岛具备负挖条件

中电投江西核电有限公司核安全日活动

彭泽核电项目效果图

山东核电有限公司

1 号机组压力容器吊装

2 号核岛 CV 四环吊装

1 号机组蒸汽发生器 A 到场

公司春节联欢晚会

海阳核电项目全景图

山东核电有限公司是山东海阳核电项目的业主单位，全面负责项目的前期开发、工程建设、生产运营及核安全管理。

海阳核电项目位于山东省烟台市辖海阳市，厂址三面环海。项目采用 AP1000 三代核电技术，是国家第三代核电自主化依托项目之一，规划建设 6 台百万千瓦级核电机组，并预留两台扩建场地。

海阳核电一期工程建设 2 台 1250MW 机组，主体工程建设工期为 56 个月，设计使用寿命 60 年，预计总投资人民币 400 亿元。1 号机组于 2009 年 9 月 24 日浇筑核岛第一罐混凝土（FCD），计划于 2014 年投入商业运行；2 号机组于 2010 年 6 月 21 日实现 FCD，计划于 2015 年投入商业运行。目前一期工程调试工作已全面展开。3、4 号机组已获得国家发展改革委“路条”，各项工作按计划进行。

公司秉承中电投集团公司“奉献绿色能源，服务社会公众”的企业精神，着力培育以核安全文化为核心的山东核电特色企业文化，树立“忠诚、责任、务实、创新”核心价值观，以“建设精品核电工程、创造良好运行业绩、培育优秀员工队伍、提供满意投资回报、奉献低碳绿色能源”为公司使命，努力为改善地区环境状况，推动地区经济发展，构建和谐社会作出最大贡献。

上海第一机床厂有限公司

堆内构件二次支承部件

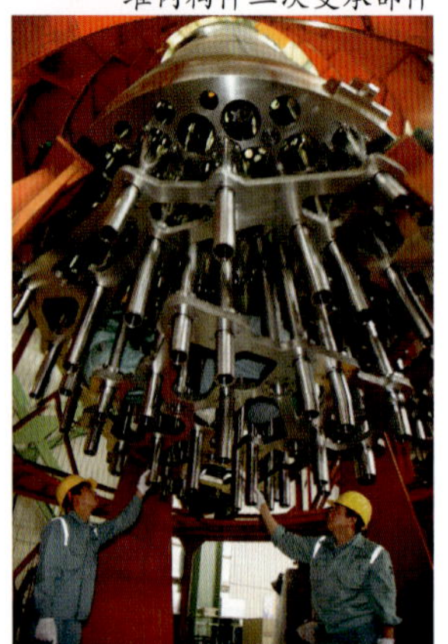
堆内构件二次支承装配

核电 300MW 600MW 900MW
堆内构件竣工

上海第一机床厂有限公司是由原上海第一机床厂核电板块和上海先锋电机厂核电、军工板块于2005年组建而成的，已成为我国核反应堆堆芯主设备——堆内构件和控制棒驱动机构两项设备的专业生产厂，积累了近四十多年的丰富的制造经验，从为秦山一期工程提供主设备开始，先后为秦山、岭澳、巴基斯坦恰希玛等核电工程提供了优质产品。公司在国家新一轮核电发展中已获得了核电厂绝大部分的堆内构件和控制棒驱动机构的制造合同。随着临港基地一期、二期扩能厂房的建成投产，企业达到了年产8 ~ 10台机组供货的能力，是国内目前唯一有能力向核电厂提供核岛主设备堆内构件和控制棒驱动机构的制造企业。

多年来，公司坚持以科技进步推动企业发展，将自主创新成果转化为核心竞争力。公司已承担了国家重大专项中AP1000的堆内构件和控制棒驱动机构研制课题，目前已形成新的核心技术，为在第三代核电站建设中实现产业化并达到国际先进水平奠定了基础。目前，公司在堆内构件上拥有自主创新技术171项，其中21项形成专利；在控制棒驱动机构上拥有自主创新技术159项，其中4项形成专利。公司累计实现了核能装备制造事业“十二个国内第一”。

三门核电供货合同签字仪式

CEEC 中国能建

广东火电工程总公司

GUANGDONG POWER ENGINEERING CORPORATION

中国能源建设集团广东火电工程总公司创建于1956年，现隶属于中国能建源设集团有限公司。公司注册资金为4.6亿元，总资产超过38亿元，是具有电力工程总承包能力的综合性大型企业。公司具有电力工程总承包一级资质，火电安装、环保、送变电工程一级资质，机电与市政工程总承包资质和调试资质，以及民用核安全设备安装，承装修电力设施、压力管道，化学清洗，大件运输和吊装等一级许可证，具有对外承包工程经营资格证书和中国实验室国家认可证书。

公司于1996年涉足核电领域，是目前国内具备核岛安装资质、能力，同时又具有核岛及常规岛施工经历的少数单位之一。经过半个多世纪的辛勤耕耘，共承担过数百项大型电力建设工程，总装机容量达5520万千瓦。

岭澳一期项目时，公司就积极介入常规岛、部分核岛安装施工。岭澳二期项目中，公司承接了常规岛及部分核岛工程，成为国内首家介入核岛安装的电建企业。之后，公司又陆续承接了广东台山一期1、2机组（EPR）常规岛安装及BOP建安工程，广东阳江一期3、4号机组常规岛建安及BOP安装工程，海南昌江一期1、2号机组常规岛及部分BOP安装工程等核电建设项目。与此同时，公司还先后承接广东岭澳一期、二期，福建宁德一期，广东阳江一期、台山一期，广西防城港一期，海南昌江等核电项目的大件设备运输及吊装工程。

此外，公司还与韩国韩水原公司等国际合作伙伴签订了核岛安装技术支持和人员培训等合作协议；与中广核工程公司签署核岛安装工程协议，并派出大量关键技术人员参与中广核各核电项目的核岛安装施工管理。公司还专门成立核岛准备机构，建立健全了一整套完整的核岛施工管理体系文件。

中国能建广东火电一直秉承“与时俱进”的科学发展观，并在国内最先运用PDMS、P3等软件优化现场设计与施工进度控制，同时运用自主研发的DP4、NIS等核电施工管理软件进行信息化施工管理，以科技立项不断实现CPR1000、AP1000、EPR等核电机组的施工与管理技术的新突破，在追求卓越的道路上，为国家新时代的核电大发展贡献力量。

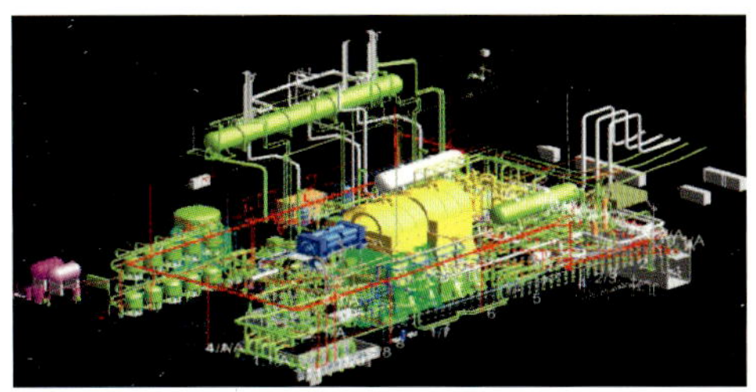

应用PDMS建立的常规岛安装模型

蒸汽发生器运输及吊装

公司与韩水原公司签订了核岛安装技术支持和人员培训等合作协议

公司与中广核工程公司签署核岛安装工程协议

上海自动化仪表股份有限公司

上海自动化仪表股份有限公司是向国内外发行A股、B股的股份制上市公司，是上海市高新技术企业，也是我国自动化装备制造类行业中规模最大、产品门类最全、系统成套综合制造能力最强的企业之一。

公司的历史沿革可上溯到1925年，是中国仪器仪表行业首家制造商，是国家重点仪器仪表制造基地之一。公司下设国家级企业技术中心，10个生产制造厂，5个控制系统公司，10家多元化经营的控股、参股公司。

公司主要产品有工业生产过程控制系统和装置，包括SUPMAX系列分散控制系统和SupNova系列PLC等控制系统、电控装置和门类齐全的现场仪表，如温度、压力、流量、物位等传感器、变送器以及气动和电动执行机构、阀门等，并拥有基于现场总线技术的全系列自动化仪表和控制系统。公司为我国核电、航空航天、轨道交通等领域的重大工程提供了各种安全等级的仪控软硬件和服务。

公司是我国核电仪表和控制系统国产化的主要基地，已先后完成41项国家级核电科研攻关项目，为国内所有商用核电站提供了近百套核电系统装置和数万台核电仪表，同时成为我国所有商用核电站（包括出口项目）的合格供应商。公司自主开发的SUPMAX系列分散控制系统在上述项目中得到应用。2008年3月，公司与国家核电技术有限公司合作投资成立国核自仪系统工程有限公司，以引进第三代核电仪控技术、承担第三代核电仪控系统工程、供应核电仪控成套设备为宗旨。

公司连续多年被上海市认定为高新技术企业，是“中国500家最大工业企业”、“全国工业企业技术开发实力百强”、“全国自主创新能力行业十强”之一，已通过ISO9001质量管理体系认证、ISO14001环境质量管理体系认证，已多年推行核电质保体系，是行业内最先拥有核级产品设计和制造许可证的企业。

产品应用在秦山一期核电站

产品应用在海外项目

公司总部大门

公司产品生产线

阿海珐集团

阿海珐阿格后处理厂乏燃料贮存水池

东方阿海珐核泵有限责任公司制造车间

阿海珐集团 (AREVA) 为客户提供低碳电力生产解决方案。卓越的专业技术以及在核电安全、设施安保、信息透明、行为准则诸方面的绝对严格要求使其成为能源领域的楷模，持续改进确保其作为一个负责任企业的发展。

作为全球核电业的龙头企业，阿海珐集团是唯一具备向电力公司提供一体化解决方案的企业，业务范围涵盖核燃料循环，反应堆的设计建造及其相关服务。此外，阿海珐集团还把业务延伸到新能源领域——风能、太阳能、生物质能、氢能及储能等，以成为该领域的世界领先企业。

通过提供这两大能源解决方案，阿海珐集团的48000名员工致力于向更广泛的人群提供更加安全、更加清洁、更加经济的能源。

随着中国对电力的需求不断增长以及减少二氧化碳排放的现实需要，核能仍然是能源结构的重要组成部分，可以提供具有极高安全性的价格合理的低碳电力。阿海珐集团同中国的各大核电企业合作已有30年，今天继续着在中国的承诺和投入。

台山核电现场全景图，2012年6月19日

艾默生电气（中国）投资有限公司

美国艾默生电气公司（以下简称Emerson，美国纽约证券交易所代码：EMR）是技术与工程领域的全球领袖，在商业、工业和消费者市场中，为全世界的客户开发并提供创新的解决方案。成立于1890年的Emerson，总部在美国密苏里州圣路易斯市，拥有60多家业务单元，在150多个国家设有235家生产设施。Emerson通过网络能源、过程管理、工业自动化、环境优化技术、商住解决方案五大业务平台，为工业、商业及消费者市场的客户提供创新性的解决方案。2011财年销售额达到242亿美元。Emerson长期排名《财富》美国和全球500强企业行列，是《财富》全美最受赞赏企业之一。20世纪70年代末，Emerson通过首个技术转让项目与中国发展业务，1992年在中国成立了第一家独资企业。1993年10月，Emerson在上海成立了艾默生电气（中国）投资有限公司。目前，Emerson在中国设立了40多家企业。

Emerson在核电行业拥有多年丰富经验与技术专长，其核电技术产品广泛应用于全球70%以上的核电站。随着世界各国对核能发电的日益关注，Emerson助力于确保世界新一代核设施的高效、可靠及安全运行。Emerson旗下费希尔阀门、罗斯蒙特、Ovation专家系统、BETTIS™拨叉式执行机构、ASCO Numatics、利莱森玛、克劳瑞德工业电源、TOPWORX、EGS电气集团等众多业务单元致力于对中国核电产业的长期承诺，为已经实现商业运行以及在建的核电设施提供了安全优质的核级技术产品，得到了业界高度认可。

Emerson 公司总部
美国密苏里州圣路易斯市

瓦卢瑞克核电管材（广州）有限公司

瓦卢瑞克核电管材（广州）有限公司是瓦卢瑞克集团在中国投资的全资子公司，2010年成立于广州南沙，致力于满足快速发展的中国核电市场的需求。得益于瓦卢瑞克核电管材法国公司40多年来积累的丰富生产经验，瓦卢瑞克核电管材（广州）有限公司集中了生产高质量管材所需要的核心技术，如冷轧、真空热处理、无损检测、弯管等工艺，预计于2013年年初可按全球最严格的技术规范要求开始生产核电蒸汽发生器管材产品。

瓦卢瑞克核电管材法国公司是世界领先的核电蒸汽发生器管材生产商，其产品广泛应用于秦山、大亚湾、岭澳等中国几乎所有运营中的核电站，以及红沿河、宁德、方家山、福清、台山、阳江、海南、三门、海阳等在建工程。

瓦卢瑞克核电管材（广州）有限公司的成立，将进一步提高瓦卢瑞克核电管材法国工厂2011年扩产后的产能，并巩固瓦卢瑞克集团在核电蒸汽发生器管材市场的全球领导地位。

大事记

中国核能行业 2011 年度十大新闻

(一) 中国重申在确保安全的基础上高效发展核电的发展战略

9 月 27 日，国务院总理温家宝在全国节能减排工作电视电话会议上重申了“在确保安全的基础上高效发展核电”的核电发展战略。

4 月 19 日，胡锦涛主席代表、中国国务院副总理张德江 19 日出席了在乌克兰首都基辅举行的“安全与创新利用核能”峰会并发表讲话。张德江强调，和平利用核能，提高清洁能源比重，是中国能源发展战略的重要内容。在核能开发利用过程中，中国政府始终坚持安全第一的原则。日本福岛核泄漏事故发生后，中国政府本着对社会和人民负责的态度迅速反应，立即采取相应措施。今后，中国政府将继续采取更加有效的安全措施，严格履行自身承担的国际义务，与各国和国际组织密切配合，共同促进核能的安全发展。

(二) 国务院常务会议作出应对日本福岛核事故的重大决策

国务院常务会议对核电作出四项决定

3 月 16 日，温家宝总理主持召开国务院常务会议，听取应对日本福岛核电站核泄漏有关情况的汇报。会议决定：

（一）立即组织对我国核设施进行全面安全检查。通过全面细致的安全评估，切实排查安全隐患，采取相关措施，确保绝对安全。

（二）切实加强正在运行核设施的安全管理。核设施所在单位要健全制度，严格操作规程，加强运行管理。监管部门要加强监督检查，指导企业及时发现和消除隐患。

（三）全面审查在建核电站。要用最先进的标准对所有在建核电站进行安全评估，存在隐患的要坚决整改，不符合安全标准的要立即停止建设。

（四）严格审批新上核电项目。抓紧编制核安全规划，调整完善核电发展中长期规划，核安全规划批准前，暂停审批核电项目包括开展前期工作的项目。

国家核安全检查团全面检查投运与在建核电站

4 月 15 ~ 8 月 5 日，由环境保护部（国家核安全局）、国家能源局、中国地震局联合组织的国家民用核设施综合检查团，对我国在役和在建核电站进行了全面安全检查。专家组成的检查团根据国务院常务会议关于对核设施进行全面安全检查的要求，严格按照国家核安全局已颁布的现行有效的核安全法规和安全导则，参照国际原子能机构所颁布的最新安全标准，采取听汇报、问题答辩、查阅文件和深入生产现场勘查的方式，对核电厂防洪抗震能力、严重事故预防和缓解、环境监测和应急体系有效性等 11 个领域进行综合检查。

环保部原则通过《核安全与放射性污染防治“十二五”规划及 2020 年远景目标(送审稿)》

12 月 9 日，环境保护部常务会议讨论并原则通过《核安全与放射性污染防治“十二五”规划及 2020 年远景目标(送审稿)》。会议决定，《规划》经进一步修改后报请国务院审批后发布实施。

(三)我国核电设备制造关键技术取得重要突破

国产化率 100% 的百万千瓦级核电站堆内构件研制成功

1 月 22 日，我国自主设计、自主制造的第一套国产化率 100% 的百万千瓦级核电站堆内构件在上海第一机床厂有限公司通过验收。

这台专为红沿河 1 号机组配套的核岛主设备身高 9 米、体重 138 吨。筒内有 1.2 万多个精密零件精准地焊接在一起，组成了这个极其精致的大型结构件。这是上海电气在中国广东核电集团有限公司、中国核动力研究设计院的大力支持配合下，经过近 30 个月的奋力拼搏，开发了 125 项制造技术，实施了 2 项管理改革、3 项新的质量管理措施，使产品达到了技术要求。

在制造过程中，首次自主应用 RCC-N 标准，全面制定了 317 项制造技术规范；首次实现了百万千瓦级核电不锈钢大锻件国产化，在上海电气内部形成了核电主设备的产业链。这是国内首台二代改进型核电堆内构件，是传统制造企业借助创新大幅度提高产品能级和核心竞争力的成果。

AP1000 核电站关键部件实现“中国造”

10 月 25 日，中国船舶重工集团公司所属渤海造船厂集团有限公司承制的三门核电 1 号机组反应堆主冷却剂管道首批交货。

AP1000 核电技术是我国从美国西屋公司引进的第三代核电技术，也是当前世界上技术最先进、安全性能最高的压水堆非能动型核电技术。主管道作为反应堆压力容器、主泵、蒸汽发生器等核岛七大关键设备之一，是连接反应堆压力容器、反应堆冷却剂泵和蒸汽发生器的关键设备，被称作核电站的“主动脉”。在 AP1000 技术转让合同中，主管道不仅是唯一没有技术转让或技术支持的关键设备，而且与其他堆型的主管道相比，其制造技术为世界首次尝试，无任何经验可供借鉴。

主管道锻件由中国第二重型机械集团公司提供。

(四)国内核电和出口核电项目建设取得新的成果

岭澳核电站二期全面建成投入商业运行

8 月 7 日，中广核集团岭澳核电站二期 2 号机组完成 168 小时稳定运行验收试验，各项技术指标符合设计要求，经电网确认，比计划提前 8 天正式投入商业运行。岭澳核电站二期拥有两台百万千瓦级压水堆核电机组，采用自主品牌核电技术 CPR1000 建设，是我国“十五”期间唯一开工建设的核电自主化依托核电项目。

作为我国首个“自主设计、自主制造、自主建设、自主运营”的百万千瓦级核电站，岭澳核电站二期在我国核电发展进程中具有里程碑意义。该项目从选址、设计、采购、施工，到设备安装、调试和竣工移交，均由中广核工程有限公司总体负责。依托项目建设，中广核工程有限公司建立了核电总承包模式下的核电站设计与设计管理、设备成套及部件采购、施工管理、自主调试管理体系与运作机制，为推进我国核电集约化、标准化、系列化发展奠定了坚实的基础。设备国产化比率达到64%；建立了覆盖核电设备制造专业领域及分布区域的设备监理组织，打破了国外的技术垄断，突破了核电批量化建设的瓶颈；培养了广东火电、天津电建等工程建设单位，促进了核电土建、安装市场的良性发展；为后续核电项目培养、输送了2000多名专业技术人才，为满足核电发展对工程建设专业人才需求作出了积极贡献。

秦山二期扩建工程4号机组首次并网成功

11月25日，20点30分，秦山二期扩建工程4号机组首次并网成功。秦山核电站二期扩建工程4号机组于1月28日正式开工。秦山二期扩建工程设计装机容量为2台65万千瓦压水堆核电机组（即秦山二期核电站3、4号机组），采用国产化核电品牌CNP600(China Nuclear Power 600MWe)技术。建成后，秦山二期的总共4台机组总装机容量将达到260万千瓦，年发电能力为180~200亿千瓦时。

中国第一座核电站——秦山核电站安全运行20周年

11月26日，中国第一座核电站——秦山核电站安全运行20周年座谈会在北京钓鱼台国宾馆举行。

秦山核电站是我国自主设计、自主建造、自主运营、自主管理的第一座核电站。1981年11月国家批准建设。1985年3月20日正式开工；1991年12月15日并网发电。

秦山核电站，自1991年建成投产以来，掌握了多项关键技术，培育了一批优秀人才，构建了独特的核安全文化，积累了丰富的自主创新和安全运行经验，为中国核电的发展打下了坚实基础，谱写了中国核电发展史上的新篇章。

巴基斯坦恰希玛核电站2号机组投入商运

5月12日，巴基斯坦恰希玛核电站2号机组投入商业运营。该核电机组是一座30万千瓦的压水堆，位于印度河左岸恰希玛大坝附近。

巴基斯坦国内政要及军事首领参加了新机组开幕式，总理吉拉尼在开幕式上致辞，高度赞扬中国、巴基斯坦两国的共同努力，提前3个月完成新机组的建设。同时还提到，巴国也应该从日本核事故中吸取安全方面的经验教训，采取适当的措施。该机组于2005年下半年开工，2011年3月14日正式并网发电。

（五）中国实验快堆实现首次并网发电

7月21日，上午10时，我国第一个

由快中子引起核裂变反应的中国实验快堆成功实现并网发电。这一国家“863”计划重大项目目标的全面实现，标志着列入国家中长期科技发展规划前沿技术的快堆技术取得重大突破。

中国实验快堆项目由科技部、国防科工局主管，中国核工业集团公司组织，中国原子能科学研究院具体实施，国内相关大学、研究院和企业等几百家单位经过多年不断的创新探索和协作攻关，并大力开展国际合作，2010 年 7 月 21 日实现首次核临界。

在长达 20 多年的实验快堆研发过程中，我国全面掌握了快堆技术，取得了一大批自主创新成果和专利，实现了实验快堆的自主研究、自主设计、自主建造、自主运行和自主管理，形成了完整的研发能力，并培养了一批优秀的技术人才队伍。

（六）海峡两岸关系协会与台湾海峡交流基金会签署《海峡两岸核电安全合作协议》

10 月 20 日，海峡两岸关系协会会长陈云林与台湾海峡交流基金会董事长江丙坤在天津签署了《海峡两岸核电安全合作协议》。

两岸核电安全合作协议主要包括：核电安全法规与标准、核电安全分析与审查评估经验、核电安全监督方法与经验、核电厂基本资讯、核电安全事件评估和运行经验反馈、核电厂老化管理、核电安全研究经验、核电厂事故紧急通报、核电厂环境辐射监测信息、核电厂事故应急管理和应急准备经验、核电安全信息公开的经验等方面内容。

（七）国际原子能机构核电建设国际培训中心在京挂牌

10 月 22 日，联合国国际原子能机构总干事天野之弥，国家国防科技工业局副局长、国家原子能机构秘书长王毅韧，共同为位于北京顺义的核电建设国际培训中心揭牌。

该培训中心是国际原子能机构目前在全球范围内设立的唯一核电建设国际培训机构，由中国核工业建设集团所属中核二三公司具体负责建设和组织开展培训任务，将为国际原子能机构及其成员国培养一流的核电建设高级管理人才。计划于 2011 年年底建成，建成后可组织开展包括理论知识培训、现场影子培训和实际操作培训等各种专业化的培训。

（八）增强核电发展信心，树立核能行业形象——2011 年中国核能行业协会年会暨第九届中国国际核电工业展览会在深举办

4 月 7 日，在东日本大地震和海啸引发的福岛核电站重大事故震惊了全世界，也给中国核能界和社会公众带来了巨大影响之际，在国际社会共同审视核电安全的关键时刻，在全行业认真贯彻落实 3 月

16日国务院常务会议关于加强核电安全的4项重要决定的重要时期，2011年中国核能行业协会年会于在深圳顺利召开。政协第十一届全国委员会经济委员会副主任、国家能源委员会委员、国家能源局原局长张国宝，国家国防科工局副局长王毅韧，以及环保部总工程师杨朝飞等领导同志出席会议并发表讲话。会议还举行了2010年中国核能行业协会科学技术奖颁奖仪式。

4月6日，中国核能行业协会主办的第九届中国国际核电工业展览会在深圳会展中心隆重揭幕。本次展会是核能协会主办的又一次核能行业大型国际性展览活动，也是在日本福岛核事故给国际社会带来强烈震撼的特殊情况下，按原定计划如期开幕的。展会展示了我国核电工业的成就和实力，对促进国际交流与合作有重要作用。国家能源局原局长张国宝，国家国防科工局副局长王毅韧，以及环保部（国家核安全局）、广东省、广州市、深圳市有关领导，法国大使馆以及展会参展商代表等嘉宾300多人应邀出席了开幕式。本届展会面积为1.5万平方米，参展企业多达300家，规模为历届之最。国内160多家企业参加了展览。来自法国、美国、德国、英国、日本、西班牙、荷兰、奥地利、韩国、加拿大、瑞士等21个国家和地区的150余家国外企业参展。

（九）企业重组改制工作取得新进展

1月19日，中国核工业建设股份有限公司在京举行了揭牌庆典。股份公司的成立，标志着中国核工业建设集团公司的管控体系的建立和成功转型。

12月30日，中核集团在北京召开中国核能电力股份有限公司创立暨首次股东大会。中国核能电力股份有限公司的成立，是中核集团积极实施“双资推进”（资产经营和资本运作）经营方针的体现。

（十）后福岛时代中国核电发展高端研讨会在京召开

10月28日，为总结和吸取福岛核事故的经验教训，促进中国核电安全高效发展，中国核能行业协会与中国能源研究会在京联合召开了后福岛时代我国核电发展高端研讨会。

国家有关部门、中国科学院、中国工程院、有关集团公司及高校领导、专家共60余人参加了会议。

与会代表畅所欲言，对福岛核电事故应吸取的教训、中国核电安全状况、中国核电的未来发展等进行了广泛而深入的讨论，并对如何安全高效发展中国核电提出了具体的意见和建议。

2011 年中国核能行业大事记

1月5日,江苏田湾核电站3、4号机组,辽宁徐大堡核电站一期工程已于近日获得国家发改委的“路条”,两大核电项目前期工作已进入实质性加快推进阶段。

1 月 5 日,作为中国和西班牙签署的 16 项政府协议和商业合同之一,国核工程有限公司与西班牙 ENSA 公司在马德里签署了浙江三门核电站 2 号机组蒸汽发生器主要部件采购合同。

1 月 6 日,全国能源工作会议在京召开。“十二五”能源发展将以转变能源发展方式、大力调整能源结构、合理控制能源消费总量为指导思想,推动能源生产和利用方式转变。

1 月 10 日,广东台山核电站 1 号机组 4 台安注箱在上海电气电站设备有限公司制造完成并装车发运,标志着国内厂家已经掌握了 EPR 机组安注箱设备制造工艺和检验试验等关键技术。

1 月 10 日 ~ 11 日,中国核工业集团公司在京召开了 2011 年度工作会议。中共中央政治局委员、国务院副总理张德江专门作出重要批示。中核集团党组书记、总经理孙勤作了题为《坚持科学发展,加快方式转变,开创集团公司“十二五”改革发展新局面》的工作报告。

1 月 17 日,中国核工业建设集团公司与俄罗斯下诺夫哥罗德核电工程公司在北京签订了战略合作框架协议。

1 月 18 日,在国家主席胡锦涛访美之际举行的中美两国清洁能源协议签字仪式上,中核集团与西屋电气公司签署了 AP1000 核燃料制造设备供应合同。国家核电技术公司与西屋公司在华盛顿续签了为期两年的战略合作协议。双方将继续在 AP1000 核电建设、维护服务、技术开发、战略投资以及合作开发海外市场等领域开展合作。

1 月 18 日,ASME/INET 核标培训授权仪式在清华大学举行。清华大学核能与新能源技术研究院成为国内首家获得美国机械工程师学会(ASME)核电规范与标准体系培训授权的单位。

1 月 18 日,中电投集团在山东海阳核电现场组织召开 2011 年核电安全工作会议。会议全面总结了 2010 年中电投集团核电安全工作经验,提出了 2011 年各核电项目安全管理目标,部署了 2011 年核电安全工作。

1 月 19 日,中国核工业建设集团公司在京举行中国核工业建设股份有限公司揭牌庆典。

1 月 19 日,中国国际工程咨询公司正式印发了《关于江苏田湾核电站扩建工程 5、6 号机组项目(申请报告)的核准评估报告》,标志着田湾核电站扩建工程 5、6 号机组项目核准评估工作全部完成。

1 月 21 日,中国核工业建设集团公司在京召开 2011 年度工作会议。中核建设集团党组书记、总经理,中国核工业建设股份有限公司董事长穆占英作了题为《总结过去 展望未来 培育具有国际竞争力的企业集团》的工作报告。

1月21日，由中国核能行业协会主编的《中国核能年鉴》2010年卷正式出版发行。

1月22日，由中国核动力研究设计院设计、上海第一机床厂有限公司制造的辽宁红沿河核电项目1号机组堆内构件通过验收，并交付红沿河核电厂。

1月24日，中广核节能产业发展有限公司正式挂牌运作。

1月24日，中广核CPR1000主管道自动焊技术顺利通过专家评审。

1月25日，国家环境保护部（国家核安全局）与中国核工业集团公司在京签署了关于加强核与辐射安全研究开发战略合作协议。环境保护部副部长、国家核安全局局长李干杰，中核集团党组书记、总经理孙勤分别代表双方签署了协议。

1月25日，具有国际先进水平的窄间隙自动焊技术在宁德核电厂1号机组（CPR1000堆型）主管道焊接中正式应用。这是自动焊技术首次在我国核电站建设中应用。

1月26日，中国核工业集团公司与法国阿海珐公司在上海合资成立中核阿海珐（上海）锆合金管材有限公司。

1月26日，三门核电1号机组CA20模块自密实混凝土第一次连续浇筑顺利实现。

1月26日，华能山东石岛湾核电有限公司与德国西格里集团在山东荣成签订高温气冷堆核电站示范工程石墨球采购合同。

1月30日，中国一重承制的福清1号机组百万千瓦级核反应堆压力容器水压试验圆满成功。

2月8日，CPR1000蒸汽发生器锥形筒节锻件通过中国广东核电集团核级设备鉴定与评定中心的评定认证。

2月11日，中国电力投资集团公司与国家核电技术有限公司在京举行了山东海阳核电项目3、4号机组核岛工程承包协议、江西彭泽核电项目一期工程核岛承包合同框架协议及役前检查框架协议签字仪式。

2月11日，中国广东核电集团有限公司与厦门大学签订合作协议，双方将在行波堆合作研发、清洁能源研究开发、新材料研究应用等方面开展合作。

2月12日，中国核工业集团公司与中国工商银行核电项目融资租赁签约仪式在京举行。

2月13日，国家原子能机构国际合作协调委员会第一次会议在京召开，标志着国家原子能机构国际合作协调委员会及秘书处正式成立。

2月15日，中国核工业集团公司与中国航天科技集团公司在京举行战略合作协议签字仪式。中核集团总经理孙勤、航天科技集团总经理马兴瑞分别代表双方签署协议。

2月15日，中国广东核电集团有限公司依托苏州热工研究院申报的“国家核电厂安全及可靠性工程技术研究中心”获得科技部批准正式立项建设，成为我国核电领域首个国家工程技术研究中心。

2 月 17 日，高温气冷堆核电站示范工程项目核准报告通过国家发改委主任办公会审议。

2 月 20 日，中国电力投资集团公司与广西自治区政府《“十二五”时期加强能源战略合作协议》签字仪式在京举行。

2 月 22 日，秦山核电有限公司承担调试的巴基斯坦恰希玛核电站 2 号机组反应堆实现首次临界。

2 月 22 日，中国广东核电集团有限公司与哈萨克斯坦国家原子能工业公司在京签署了合作备忘录，旨在进一步加深双方在核电领域的相关合作。

2 月 22 日，三门核电 1 号机组核岛 CA01 结构模块墙体自密实混凝土首次浇筑顺利完成，这标志着长周期主设备支撑结构现场施工的正式开始。

2 月 25 日，国核研发中心、山东电力咨询院有限公司在京举行了非能动堆芯冷却系统试验设施 EPC 总承包合同签字仪式。

2 月 26 日，杰出的科学家、我国核科学事业的主要开拓者之一，中国科学院和中国工程院院士、“两弹”元勋朱光亚在京逝世，享年 87 岁。

2 月 25 日，红沿河核电站 1 号机组泵站进水成功，比原计划提前 48 天完成节点目标。

2 月 27 日，田湾核电站 5、6 号机组工程总承包合同在京签订。中国核电工程有限公司作为该工程总承包商和江苏核电有限公司签订了合同。

3 月 1 日，高温气冷堆核电站示范工程项目核准报告通过国务院常务会议审议。

3 月 3 日，中国核工业集团公司核燃料专用保税仓库揭牌仪式在中核四〇四有限公司举行。

3 月 6 日，三门核电 1 号机组两台辅助变压器完成全部吊装就位工作。

3 月 8 日 ~ 9 日，中国核工业第五建设有限公司在三门核电组织召开了 2011 年度国家科技重大专项“AP1000 核岛建造技术研究”课题管理工作会议。

3 月 9 日，华能山东石岛湾核电有限公司与中国核工业第二三建设有限公司、中国核工业第二四建设有限公司在山东荣成分别签订高温气冷堆核电站示范工程核岛及 BOP 土建工程和安装工程施工承包合同。

3 月 11 日，中国核工业集团公司、中国广东核电集团有限公司分别与国家核电技术有限公司正式签署 AP1000 技术转让分许可协议。

3 月 12 日，中国一重研制成功的世界首个 AP1000 核电站稳压器下封头发往用户。

3 月 13 日，中电投集团与吉林省签署了战略合作框架协议。吉林核电有限公司揭牌成立。

3 月 13 日，海阳核电站 2 号机组钢制安全壳(CV)筒体第一环成功吊装就位。

3 月 13 日，上海电气与中国核工业集团公司在京签订战略合作框架协议。

3月14日，广东省与中央企业战略合作座谈会暨签约仪式在京钓鱼台国宾馆举行。中电投集团与广东省签订了合作协议，合作项目主要包括核电、气电、风电、煤码头的开发建设。

3月15日，巴基斯坦恰希玛核电站2号机组首次并网发电成功。

3月15日，中核陕西铀浓缩有限公司新工程建设项目首批机组比批复计划提前179天启动成功。

3月16日，国务院总理温家宝召开国务院常务会议，听取应对日本福岛核电站核泄漏事故有关情况的汇报。会议作出四项决定，决定中国暂停审批核电项目，对核设施进行全面安全检查。

3月16日，高温气冷堆核电站示范工程通过国家核安全局组织的FCD前例行核安全检查。

3月17日，中国核工业集团公司收购铀资源海外开发项目——尼日尔阿泽里克铀矿项目正式启动试生产。

3月17日，国家科技部在合肥组织召开了核聚变能发展研究人才工作会议。会议宣布了由科技部、教育部、中科院、中核集团联合制定的《关于促进磁约束核聚变人才培养工作的指导意见》，以及关于成立“磁约束聚变堆总体设计组（筹备）”的决定。

3月18日，中国广东核电集团有限公司紧急部署对在建和在运核电站进行安全评估。

3月18日~19日，中电投集团2011年核电工作会在北京召开。

3月19日，华能山东石岛湾核电有限公司组织监理、总包、土建等单位完成高温气冷堆核电站示范工程FCD第一次大型混凝土浇筑演练。

3月21日，田湾核电站1号机组用于第四次燃料循环的103组控制棒组件、48组新燃料组件和163组乏燃料组件被安全地放置于指定位置上，标志着1号机组第四次换料大修堆芯倒料工作顺利完成，首批国产VVER燃料组件装入堆芯。

3月22日，中国环境保护部在其网站上发布中国主要城市环境辐射水平。监测表明，中国环境水平未受日本核电事故影响。

3月31日，大亚湾核电运营管理有限责任公司在巴黎获得2010年度法国电力公司核电安全挑战赛六个大项评比中，分别在能力、工业安全、核安全/自动停堆、辐射防护四个项目上夺得第一。

4月1日，中国核工业集团公司与清华大学举行战略协议签约仪式。双方就核专业人才培养、科学研究等相关事宜达成协议。

4月1日，中国核工业集团公司与中国广东核电集团有限公司长期核燃料组件、铀浓缩服务供应及芯块相关合同的签字仪式在北京举行。双方共签署天然铀转化及铀浓缩加工服务等8个合同。根据合同，2020年前中广核集团核电站所需核燃料的转化、浓缩等加工服务委托中核集团的核燃料企业供应，首炉及全部换料燃料组件由中核集团核燃料元件生产企业制造。

4月1日，中核集团中核新能源有限公司揭牌成立。该公司将依托中核集团核能技术和人才优势，在已有相关成熟技术的基础上，开发小型多功能模块式反应堆。

4月3日，高温气冷堆核电站示范工程石墨坯料供应方——日本住友商社取得日本经产省颁发的技术出口许可证。石墨坯料进口工作取得重要进展。

4月6日，由国家核电技术有限公司与美国机械工程师学会（ASME）核能规范和标准委员会共同举办的中国国际工作组（IWG）筹建研讨会在上海举行。会议基于国家核电在温哥华与ASME签署的合作备忘录，落实IWG成立措施，以推进建立一个由国内核电业界广泛参与的开放式平台。

4月6日，由中国核能行业协会主办的第九届国际核电工业展览会在深圳隆重开幕。来自法国、美国、德国、英国、日本、西班牙、荷兰、奥地利、韩国、加拿大、瑞士等21个国家和地区的国外企业参展。

4月6日，山东海阳核电项目2号机组核岛CA01模块成功吊装就位于核岛钢制安全壳内。至此，山东海阳核电项目一期工程四个特大型结构模块已按计划全部吊装就位。

4月7日，2011年核能行业协会年会在深圳顺利召开。会议还举行了中国核能行业协会科学技术奖颁奖仪式。

4月7日，宁德核电站1号机组反应堆压力容器从广州南沙运抵宁德核电重件码头。该设备由东方电气制造，是我国自主生产制造的百万千瓦级核反应堆压力容器。

4月8日，红沿河核电站3号机组反应堆穹顶吊装提前7天顺利完成。

4月12日，中共中央政治局委员、国务院副总理张德江在国务院副秘书长肖亚庆、国务院国资委主任王勇的陪同下到国家核电技术有限公司视察调研。

4月14日，中共中央政治局委员、国务院副总理张德江专程视察中国原子能科学研究院。

4月15日~17日，由国家环境保护部（国家核安全局）、国家能源局和中国地震局联合组织的国家民用核设施综合检查团，对大亚湾核电基地进行了全面安全检查。

4月16日，我国核电领域的首个国家工程技术中心——国家核电厂安全及可靠性技术研究中心在苏州正式启动建设。

4月16日，福清核电站2号机组穹顶吊装顺利完成。

4月19日，中国广东核电集团有限公司与乌兹别克斯坦地质和矿产资源委员会签署了深化和扩大双方在铀资源开发领域合作的框架协议。

4月20日，内地和香港核电安全技术交流会在京举行。

4月20日，中核集团举行先进重水堆技术研讨会暨回收铀全堆应用启动仪式。

4月20日，中国广东核电集团有限公司为研发具有自主知识产权的第三代先进压水堆机组而建设的大型水力学试验台架在深圳市龙岗区大鹏镇开工建设。

4 月 20 日，三门核电 1 号机组 CA20 与 CA01 模块吊装工程被评为全国工程建设吊装行业“优秀吊装工程”。

4 月 25 日，由环境保护部（国家核安全局）、国家能源局和中国地震局共同组织的国家民用核设施综合检查团在浙江海盐召开检查前会议，正式启动秦山核电基地核设施综合安全检查。

4 月 25 日，中国核工业建设集团公司召开日本福岛核电站事故对集团公司发展影响及应对措施研讨会。

4 月 26 日，国家核电技术有限公司与中国一重、中国二重、东方电气等 10 家装备制造集团所属的 22 家指定企业签署了 AP1000 三代核电技术转让分许可协议。标志着这些装备制造企业正式获得了 AP1000 技转文件的使用权，并可进行 AP1000 主泵、反应堆压力容器、蒸汽发生器等核岛关键设备的设计和制造。

4 月 26 日，巴基斯坦恰希玛核电 2 号机组满功率试验提前圆满成功。标志着该机组由中方调试阶段转向巴方临时验收阶段

4 月 28 日，中国原子能科学研究院举行了 HI-13 串列加速器升级工程开工仪式。

4 月 28 日，海阳核电 2 号核岛 CV 筒体第二环吊装圆满完成。

4 月 29 日，国家民用核设施综合检查团结束了对秦山核电基地的三个核电厂的现场安全检查，检查团与中核集团共同召开了离厂会。

4 月 29 日，中核科技园迎来了其首个入园建设项目——中国核电工程有限公司中核东方项目，当天在此举行了开工仪式。

4 月 29 日，阳江核电一期 2 号机组核岛穹顶一次性整体吊装顺利完成

4 月 30 日，原核工业部部长、党组书记张忱在京逝世，享年 92 岁。

4 月，由中国机械工业联合会组织国内权威专家参加的鉴定会，通过了东方电气首根百万千瓦级核电汽轮机低压焊接转子的鉴定，标志着国内已经掌握百万千瓦级核电汽轮机低压转子的制造技术。

5 月 2 日，方家山核电工程 2 号核岛反应堆环吊 6 根环梁顺利吊装就位。

5 月 3 日，岭澳核电站二期 2 号机组首次并网成功。

5 月 3 日，海南昌江核电 1 号汽轮发电机厂房底板浇筑成功。

5 月 4 日 ~ 6 日，由国家环境保护部（国家核安全局）、国家能源局和中国地震局联合组成的国家民用核设施综合检查团对中核集团田湾核电基地进行全面的核安全综合检查。

5 月 6 日，东方电气重型二分厂的两台核电转子双双下线，这标志着核电转子批量生产的国产化。

5 月 6 日，海阳核电一期 1、2 号机组常规岛和 BOP 维修服务框架协议签字仪式在海阳核电现场举行。

5 月 6 日，第二届核电厂运行评估及经验交流委员会第四次全体会议在京召开。

5 月 8 日，在成都闭幕的第七届海峡两岸经贸文化论坛宣布一项共同建议，支持海协会与海基会将核电安全纳入商议议

题，推动两岸建立核电安全信息通报机制。

5月9日，中共中央政治局委员、广东省委书记汪洋到台山核电现场考察指导工作。

5月12日，由中方建设的巴基斯坦恰希玛核电站2号机组（C2项目）竣工庆典在恰希玛现场隆重举行。该项目比合同提前111天通过临时验收。

5月13日，红沿河核电项目一期工程500kV送出线路获得核准。

5月15日，方家山核电工程2号设备闸门顺利吊装就位。

5月15日～20日，由中国核能行业协会组织的核电同行评估回访队，对田湾核电站扩建工程5、6号机组FCD前同行评估进行了跟踪回访。

5月18日～20日，由国际原子能机构（IAEA）主办，上海核工程研究设计院承办的核电厂设备鉴定技术国际研讨会在上海举行。

5月19日，胡锦涛主席的代表、国务院副总理张德江出席了在乌克兰首都基辅举行的"安全与创新利用核能峰会"并发表讲话。张德江就国际社会通力合作、促进核能安全发展提出了四点主张。

5月22日，第四次中国、日本、韩国领导人会议在日本东京举行。温家宝总理就中日韩三国合作提出了七点建议，倡议建立中日韩核电安全交流与合作机制。

5月24日，第二届国家磁约束核聚变专家委员会在京成立。

5月25日，福建宁德核电1号机组堆内构件制造完工。这标志着国产化百万千瓦级CPR1000堆内构件进入批量生产阶段。

5月26日，中国核工业集团公司总经理孙勤和乌克兰国家核能产业公司总裁尤里·涅达什科夫斯基在乌克兰首都基辅市签署双方在核能领域合作谅解备忘录。

5月26日～27日，中国核学会与中国仪器仪表协会联合在京召开第一届中国（国际）核电仪控技术大会，搭建了一个国内外核电仪控学术交流平台。

5月27日，台山市人民政府与中国广东核电集团有限公司、法中电力协会举行《关于共同推进台山清洁能源（核电）装备产业园发展的合作框架协议》签约仪式，共同推进台山清洁能源装备产业园的发展。

5月27日，方家山核电工程2号机组穹顶比合同工期提前80天吊装成功。

5月28日，由长沙中联重工科技发展股份有限公司资助研发制造的超大吨位履带起重机ZCC3200NP成功下线。该起重机专门针对我国第三代核电站CAP1400施工吊装而研发。

5月30日，台湾核能管理机构发布"核安总体验初步安全评估报告"。报告称，台湾核电站需要增加更为安全可靠的备用能源。

5月30日，首批AP1000技术核岛设计任务包共计245箱"AP1000技转分许可"资料"落地"中国核工业集团公司，标志着中核集团参与AP1000技术消化吸收工作又向前迈进了一步。

5月30日，中国核工业第二三建设

有限公司正式获得 AP1000 堆型钢制安全壳安装资格许可。

5 月，中国广东核电集团有限公司申报的国家科技支撑计划项目“百万千瓦级压水堆核电站控制棒驱动系统研发”、“863”课题项目“核电站专用机器人技术与应用”获得科技部正式批准。

6 月 7 日，法国电力公司与东方电气股份有限公司签署了核电站低压加热器供货合同。

6 月 12 日，中国核工业集团公司与中国第一重型机械股份公司在大连共同举行福清核电站 1 号机组反应堆压力容器发运仪式。

6 月 15 日，我国首台完全自主设计、自主制造的百万千瓦级核电稳压器——红沿河核电 1 号机组稳压器完成制造，从东方电气发往红沿河核电项目现场。

6 月 16 日，中国广东核电集团有限公司与国土资源部中央地质勘查基金管理中心在京签署《铀资源勘查合作框架协议》，将共同探索建立铀资源勘查多元化投入与勘查成果市场化转让的良性循环机制。

6 月 18 日，田湾核电站 2 号机组历时 39.2 天完成第四次换料大修（T204）后成功并网，标志着大修提前完成并创造了 VVER-1000 机组最短大修工期的世界纪录。

6 月 20 日，中国实验物理、中子物理与裂变物理学的开拓者、“中国居里夫人”何泽慧院士在京逝世，享年 97 岁。

6 月 21 日，福清核电一期工程 1 号机组常规岛两台行车顺利吊装就位，标志着福清核电一期工程 1 号常规岛全面进入安装阶段。

6 月 23 日，秦山二扩项目 4 号机组一回路水压试验成功，工程全面进入调试阶段。

7 月 6 日，三门核电 2 号核岛放射性废物厂房开始负挖，标志着 2 号核岛放射性废物厂房正式开工建设。

7 月 7 日 ~ 20 日，由环境保护部（国家核安全局）、国家能源局、中国地震局联合组织的国家民用核设施综合检查团先后对红沿河、阳江、台山、防城港核电站进行了核安全综合检查。

7 月 8 日，国家核电技术有限公司科研创新基地开工奠基仪式在地处北京昌平区的未来科技城举行。

7 月 8 日，三门核电 1 号机组核岛内最后一个大型结构模块 CA02 吊装就位。

7 月 8 日，我国首台高放废物处置缓冲材料大型试验台架在核工业北京地质研究院启动运行。

7 月 12 日，三门核电 1 号机组非能动余热排出热交换器运抵三门核电重件码头。

7 月 12 日，国家核电技术有限公司在上海核工程研究设计院召开 AP1000 技术分许可启动会，向中国广东核电集团有限公司交付首批技术文件。这标志着中广核集团的技转分许可协议进入实质性的实施阶段。

7 月 13 日，方家山核电工程 1 号机组穹顶混凝土浇筑全部完成。

7月13日，山东海阳核电项目1号机组核岛CA03模块顺利吊装就位。

7月12日～19日，李克强、周永康、回良玉、梁光烈、马凯分别来到国家博物馆，参观正在这里举行的“基础·先行——国土资源调查评价成果展”，并专门观看了铀矿勘查成果展位，对铀资源给予了特别关注。

7月17日，三门核电1号机组最长大件设备——除氧器水箱吊装就位。

7月18日，三门核电2号机组核岛CV（钢制安全壳）筒体第三环吊装就位，较计划进度提前了12天。

7月21日，我国第一个由快中子引起核裂变反应的中国实验快堆成功实现并网发电。

7月21日，福清核电1号机组常规岛主厂房汽轮发电机运转层（简称汽轮机基座）大体积混凝土一次性浇筑成功。

7月21日，三门核电1号机组钢制安全壳（CV）顶封头最后两张瓣片，在山东核电设备制造有限公司完成装车起运。这标志着该机组的钢制安全壳主体预制工作全部完成。

7月21日，我国首台国产AP1000一体化顶盖组件（IHP）在山东核电设备制造有限公司开工制造。此件将用于三门核电2号机组。

7月22日，三门核电1号机组反应堆压力容器筒体组件在韩国斗山码头完成装船工作，于23日凌晨正式启运。

7月25日，香港重点控股有限公司（中电）宣布，旗下中电核电投资有限公司与中国广东核电集团达成协议，入股广东阳江核电站项目。该项目总投资约700亿元人民币，中电将占项目的17%权益。

7月26日，我国首台具有完全自主知识产权的核电站装卸料机——全自动数控装卸料机，通过了专家评审组鉴定。该装置将用于方家山核电项目。

7月26日至28日，由环境保护部（国家核安全局）、国家能源局和中国地震局组成的国家民用核设施综合检查团对华能石岛湾核电厂高温气冷堆核电站示范工程开展了综合安全检查

7月27日，中核核反应堆热工水力技术重点实验室成立大会暨第一届学术交流报告会和学术委员会会议在中国核动力研究设计院召开。该实验室正式投入运行。

7月28日，全国政协副主席、国家科技部部长万钢到中国原子能科学研究院考察。

7月28日，红沿河核电2号核岛安全壳主体土建工程顺利结束。

7月下旬，大连重工·起重集团成功研制出为广东台山核电站提供的三代核电站用环形起重机——EPR核电站用环形起重机，并顺利通过多方验收。这是国内首台三代核电站用环形起重机。

7月下旬，特变电工沈变公司为广东台山核电站研制的700MVA/500kV世界单项容量最大的百万千瓦级核电机组用发电机变压器一次试验合格，各项性能参数优于技术协议和IEC标准要求。

8月4日，国家能源核电工程建设技术研发（实验）中心学术委员会成立大会

在深圳举行。中国工程院院士叶奇蓁任该学术委员会主任。

8月4日，国内首次AP1000核电站常规岛设计与核电站安全交流会在京召开。

8月4日，宁德核电2号机组安全壳土建施工结束。

8月5日，国家能源局副局长钱智民与巴基斯坦水力和电力部部长赛义德·纳威德·卡马尔在京共同主持召开了中巴能源工作组第一次会议。双方就两国电力、煤炭、油气和新能源产业的发展进行了全面介绍和深入交流，并就未来务实合作达成多项共识。

8月7日，广东岭澳核电站2号机比计划提前8天正式投入商业运行。至此，大亚湾核电基地以总装机612万千瓦成为目前我国最大的核电基地。

8月8日，国核财务有限公司在北京金融街正式宣告成立，这标志着国家核电技术有限公司向金融产业迈出了重要一步。

8月9日，国内唯一一条专业化核级锆合金熔炼生产线在陕西宝鸡市开始试生产。

8月11日，中国一重承制的阳江1号机组核反应堆压力容器水压试验圆满完成。

8月14日，中国首批国际核聚变堆（ITER）部件开工典礼在安徽合肥举行。

8月15日，大亚湾反应堆中微子实验国际合作组在京宣布，位于广东大亚湾核电站内的实验装置经过历时四年的建造，在地下100米深、距反应堆360米的近点实验大厅内安装就位的两个中微子探测器，已经探测到来自核电站反应堆群的中微子。

8月15日，福清核电3号机组常规岛FCD顺利实现。

8月17日，中国核工业第二三建设有限公司首次国际化核电施工管理培训在京开班。来自南非AVENG公司的22名高级管理人员作为首批学员，参加了为期3天的核电站施工组织管理培训。

8月19日，中央编制委员会办公室批准国防科工局成立核应急安全司，承担国家核事故应急办公室的日常工作。

8月19日，秦山一、二、三期召开职工代表大会，审议通过了“关于推进核电专业化改革及职工利益保障的方案”。

8月19日，海阳核电CA02墙体模块顺利吊装就位。

8月19日，CPR1000主管道自动焊工艺首个应用项目——宁德核电站1号机组的主管道窄间隙自动焊焊接工作全部完成。这标志着国内首座在核岛安装领域正式采用自动焊工艺的核电项目施工取得成功。

8月24日，海阳核电1、2号机组大口径核级管件运抵青岛港。

8月25日，海阳核电项目1号机组循环水泵组（包括电机）抵达核电码头。

8月26日，大亚湾核电基地建设经验总结大会暨岭澳核电站二期2号机组投产仪式在深圳举行。中共中央政治局常委、全国人大常委会委员长吴邦国作重要批示。

8月26，中国核工业集团公司和青海省人民政府在青海西宁市签订战略合作框架协议。

8月26日，宁德核电站3号机组核岛穹顶吊装任务圆满完成，比计划提前了80天。

8月27日，秦山核电二期扩建工程4号机组汽轮发电机组非核蒸气冲转圆满完成，为4号机组并网发电和商业运行创造了必要条件。

8月28日，中共中央政治局委员、全国人大常委会副委员长、中华全国总工会主席王兆国视察了中核集团兰州铀浓缩有限公司。

8月29日，田湾核电站乏燃料运输长期服务协议签字仪式在京举行。江苏核电有限公司和中核清原环境技术工程公司就田湾核电站乏燃料外运事宜，达成了长期合作协议。

8月29日，福建福清核电项目1号机组首台蒸汽发生器在东方电气（广州）重型机器有限公司通过出厂验收。

8月29日~9月2日，中核核电组织完成了对我国大陆首座核电站秦山核电厂的核安全文化评估，这是国内首次核安全文化评估，为实现核安全文化的可知、可评、可测进行了积极探索。

8月30日，中国核工业第五建设有限公司组织召开了AP1000主管道安装技术研究成果发布会，AP1000建造关键技术取得了全面突破。

8月30日，三门核电2号机组大口径核级管件抵达宁波港。至此，我国三代核电依托项目4台机组的大口径核级管件主合同订购产品已全部到货。

8月30日，台山核电一期工程2号机组核岛安装工程正式开工。

8月31日，《华能山东石岛湾核电厂高温气冷堆示范工程可行性研究阶段厂址地震动参数复核报告》获中国地震局正式批准，为示范工程抗震设计优化提供了依据。

9月1日，作为中广核集团进驻深圳市新能源（核电）产业基地的第一个建设项目，中广核集团综合热工水力与安全实验室建设项目正式开工。

9月6日，国家核安全局检查组对中核兰州铀浓缩有限公司目前正在建设的工程项目实施核安全检查。

9月6日，中国核工业集团公司地矿事业部揭牌仪式在京举行。

9月6日，华能山东石岛湾核电有限公司管理创新项目——《石岛湾核电工程协同管理系统的开发与应用》荣获全国电力行业企业管理创新成果一等奖。

9月13日，国务院发布了《国务院办公厅关于调整国家能源委员会组成人员的通知》。调整后，国务院总理温家宝任主任，国务院副总理李克强任副主任，有关部委办领导21人任委员。

9月13日，国家核电技术研发中心在清华大学200号昌平基地举行国核能源实验室启用仪式。

9月13日~14日，2011国际水堆燃料性能会议在四川成都举行。来自20多个国家的260余名专家、学者和工程技术人员，就当前核燃料研究领域的问题和挑战展开了深入的交流和探讨。

9月15日，福清核电1号机组第一台蒸汽发生器在东方电气制造完工并发运。

9月15日~16日，CPR1000主管道自动焊技术通过了中国核能行业协会组织的专家鉴定。

9月15日，“CAP1400非能动安全壳冷却系统壳内冷凝试验”试验方案专家评审会在上海核工程研究设计院召开。该课题是大型先进压水堆重大专项研发工作的重要组成部分。

9月16日~17日,国家发改委副主任、国家能源局局长刘铁男，国家能源局副局长钱智民一行先后赴三门核电现场和秦山核电基地调研。

9月19日，中俄总理定期会晤委员会核问题分委会第15次会议在莫斯科召开。会议由分委会中方主席陈求发和俄方主席C. B. 基里延科共同主持。

9月20日，由中国核能行业协会、财团法人核能科技协进会共同主办，华能山东石岛湾核电有限公司承办的“2011年海峡两岸核电厂安全运行技术培训研讨班”在山东荣成华能石岛湾核电厂举办。

9月20日，红沿河核电站一期4号机组核岛厂房一次性整体吊装成功，标志着该机组全面进入设备安装阶段。

9月20日，中国核能行业协会专家委员会铀资源专业组会议在江西召开。

9月22日，三门核电1号机组反应堆压力容器吊装成功，这意味着该机组进入关键主设备安装阶段。

9月22日，海阳核电项目1号核岛CV（钢制安全壳）筒体第四环成功吊装就位。

9月23日，海阳核电项目1号机组反应堆压力容器水压试验在韩国斗山获得成功。

9月24日~28日，田湾3、4号机组主仪控系统项目合同启动会在阿海珐德国总部举行。

9月26日，宁德核电站1号机组蒸汽发生器二次侧水压试验成功。

9月26日，“CAP1400核电项目主泵供货合同”正式签约。根据合同内容，上海电气凯士比核电泵阀有限公司将为国内首套CAP1400项目石岛湾示范电站提供4台50赫兹湿绕组电机主泵。

9月27日，国务院召开全国节能减排工作电视电话会议。国务院总理温家宝提出，着力调整优化产业结构，促进节能减排，特别提出在确保安全的基础上高效发展核电。

9月27日，由东方电气制造完成的宁德核电站1号机组核岛主设备稳压器正式运往工地。

9月28日，“CAP1400熔融物堆内滞留（IVR）研究及试验”课题的试验方案评审会在上海核工程研究设计院召开。该课题是大型先进压水堆重大专项研发工作的重要组成部分。

9月28日，国家能源局批准成立“国家能源核电软件重点实验室”。

9 月 30 日，方家山 1 号机组核反应堆压力容器水压试验一次成功。

10 月 10 日，EDF R3 低压加热器试订单合同项目启动会召开。东方电气与 EDF 的合作项目执行正式拉开序幕。

10 月 11 日，国务院副总理王岐山与来华出席中俄能源谈判代表工作会会晤的俄罗斯副总理谢钦参观了中国实验快堆。

10 月 11 日，江苏核电有限公司与中国核电工程有限公司在京签署了《田湾核电站 3、4 号机组工程承包合同》。

10 月 12 日，红沿河核电 1 号机组核岛冷试顺利完成，各系统的联合调试工作基本完成，进入商运前全面调试阶段。

10 月 12 日 ~ 14 日，海阳核电 1 号机组反应堆压力容器在韩国斗山重工顺利通过出厂验收。

10 月 15 日 ~ 24 日，由中国核能行业协会组织的同行评估队对山东海阳核电站工程施工阶段的工程建设管理进行了现场同行评估。

10 月 19 日，中核集团在中国核动力研究设计院召开 ACP1000 专项研究及首堆总体设计动员会，标志着该技术从科研设计转入工程总体设计阶段。

10 月 19 日，罗马尼亚国有核电厂运营商和中国广东核电集团有限公司在京签署了一项保密协议。该协议允许中广核寻求核反应堆的详细信息，中广核集团将投资罗马尼亚切尔纳沃德核电站两个核反应堆。

10 月 19 日，中科华核电技术研究院所属仿真公司与环境保护部核与辐射安全中心在京签署《核安全监管技术支持系统——全范围验证模拟机合同》。该项目是国家核安全监管系统首个重大项目。

10 月 20 日，海峡两岸关系协会会长陈云林与台湾海峡交流基金会董事长江丙坤在天津举行两岸恢复协商以来的第七次会议。双方签署了《海峡两岸核电安全协议》。

10 月 20 日，用于三门核电站 1 号机组的全球首台堆芯补水箱在上海电气核电设备有限公司制造竣工。

10 月 20 日 ~ 22 日，中国核能行业协会与世界核协会在香港共同举办了第二届国际核工业研讨会。来自 30 多个国家和地区的 200 位企业领袖和专家参加了会议。

10 月 22 日，国际原子能机构总干事天野之弥到中国核工业建设集团公司进行友好访问，并为国际原子能机构核电建设培训中心揭牌。这是全球首家核电建设国际培训中心。

10 月 23 日，台山核电 1 号机组核岛穹顶吊装就位。

10 月 24 日，高温气冷堆核电站示范工程联合设计机构（JDO）在清华大学召开高温气冷堆核电站示范工程新燃料贮存、运输协调会，讨论确定了示范工程新燃料厂内、厂外运输及贮存方案。

10 月 24 日 ~ 25 日，以“后福岛时代的 WANO，持续强化全球核安全”为主题的第 11 届世界核电运营者协会（WANO）双年会在深圳召开。来自 36 个国家和地区、152 家公司和机构的 579

位核电业界高管出席会议。大亚湾核电运营管理有限公司总经理卢长申获 2011 年 WANO 核能卓越奖。

10 月 27 日，上海市国资委与国家核电技术有限公司在上海正式签署了关于上海发电设备成套设计研究院联合重组的协议，该院正式加盟国家核电。同日，上海电气与国家核电技术有限公司签署战略合作框架协议。根据协议，双方将共同促进上海市核电产业的研发、设计、制造、工程总承包和运行服务等方面的集约化发展。

10 月 27 日，由核工业标准化研究所承办的能源行业核电标准化技术委员会一届二次会议在京召开。截至 2011 年 9 月底，该委员会完成了 101 项能源行业核电标准的报批、编校和印刷工作，经国家能源局批准后发布实施。

10 月 28 日，中国核能行业协会与中国能源研究会在京联合召开了后福岛时代我国核电发展高端论坛。

10 月 28 日，国务院办公厅下发关于调整国家核事故应急协调委员会组成单位及其成员的通知。国家核事故应急协调委员会的日常工作由设在国防科工局的国家核事故应急办公室承担，王毅韧同志兼任办公室主任。

10 月 30 日，海阳核电 2 号机组钢制安全壳（CV）筒体第三环吊装就位。

10 月 31 日，中核集团中国原子能科学研究院与北京大学签订共同推动建设 ISOL（在线同位素分离）型大科学装置合作协议。

10 月 31 日，国核（北京）科学技术研究院揭牌成立。

10 月下旬，由上海高泰稀贵金属股份有限公司制造的第一批共 8400 支核级锆 -4 包壳管运抵中核建中核燃料有限公司。

10 月下旬，由北京广利核系统工程有限公司承担的核电站反应堆保护系统定期实验装置项目获得了国家科技部基金管理中心颁发的项目验收证书。

11 月 1 日，中国核工业建设集团公司与东华理工大学签署合作协议。东华理工大学将为中核建设集团提供专业人才培养、干部培训、继续教育服务，为中核建设集团发展需要提供特色科技支撑；中核建设集团将为东华理工大学学生实习创造良好条件，支持学校的核电工程、核能利用、核工程技术等科学研究。

11 月 2 日，在出席二十国集团领导人戛纳峰会前夕，国家主席胡锦涛在接受法国《费加罗报》书面采访时指出，中方愿同法方加强各层次各领域的交流和对话，深化核电、航空等传统领域的务实合作，开拓可持续发展领域合作。

11 月 3 日，中国核工业集团公司秦山核电基地三个核电厂运营许可证申请顺利通过了国家核安全局审评。

11 月 4 日，中国核能行业协会与清华大学主办、浙江海盐县承办的“2011 年核学科建设及人才培养研讨会暨教育部核工程与核技术专业教学指导委员会第六次会议”在浙江海盐召开。

11 月 7 日 ~ 9 日，由国家能源核电站寿命评价与管理技术研发（实验）中心主办的核电站设备可靠性与失效分析国际会议在江苏省苏州市召开。

11 月 8 日，第五次中国－欧盟能源对话在比利时布鲁塞尔进行。会议纪要指出，中欧将加强核安全技术方面的交流与合作，确保本国核设施绝对安全，同时加强对国际安全标准的全面贯彻。

11 月 9 日，海阳核电项目 1 号机组反应堆压力容器顺利到达海阳核电重件设备海运码头。

11 月 14 日，中核新能源有限公司与漳州市政府在福建漳州签订《漳州小型堆示范工程项目合作协议》。此前，在北京，中核集团与国电集团签署了《关于小型多用途核能项目的战略合作协议》，双方在全国范围内共推小型堆。

11 月 16 日，中国核能行业协会在京召开了第四代核能系统国际论坛（GIF）工作研讨会。

11 月 16 日，广东省核电建设联席会议第二次会议在深圳召开。会议主题为“总结经验，确保安全，坚定不移推进广东省核电建设和核电产业发展”。

11 月 16 日，中核集团核动力事业部成立暨揭牌仪式在京举行。

11 月 16 日，红沿河核电 2 号机组第二台蒸汽发生器吊装就位。

11 月 17 日，东方电气首次自主成套供货的宁德核电站 1 号机组汽轮机高中压缸扣缸顺利完成。

11 月 17 日，中核集团中核瑞能科技有限公司揭牌仪式在京举行。

11 月 18 日，由中国矿业联合会核地矿专业委员会、江西省核学会主办的“加快推进江西天然铀生产大基地建设”专题论坛在金安铀业举行。

11 月 19 日，国内首台 CPR1000 主泵泵壳在中国一重打压成功。该泵壳是国内首台 CPR1000 堆型的锻造主泵泵壳。

11 月中旬，国家核电技术中心与国家环保部核与辐射安全中心在京签署了《AP1000 技术使用许可协议》。

11 月 21 日 ~ 24 日，由中国核能行业协会组织的核电同行评估回访队，对大亚湾核电基地应急领域专项评估进行了跟踪回访。

11 月 24 日，方家山核电 1 号机组发电机定子顺利吊装就位，起吊重量达 371 吨，是整个核电厂单体最重的设备。

11 月 25 日，由东方电气为三门核电站研制的世界首套 AP1000 第三代核电蒸汽发生器垂直支撑，正式运往三门核电站。

11 月 25 日，秦山二核扩建工程 4 号机组成功并网发电。

11 月 26 日，中国核工业集团公司在京召开座谈会，庆祝我国大陆首座核电站——秦山核电站安全运行 20 年。在座谈会上，国家核安全局局长李干杰向中核集团秦山核电基地颁发了新型运营管理模式下的运行许可证。

11 月 26 日，红沿河核电站 2 号机组第三台蒸汽发生器顺利就位。至此，东方电气制造的红沿河核电站 2 号机组三台蒸汽发生器全部就位。

11 月 28 日，福清核电 220kV 倒送电工程成功送电。

11月28日，宁德核电1号机组冷态功能试验正式启动。

11月28日，中核国电漳州能源有限公司正式挂牌成立。中国国电的参股股比为49%。漳州公司负责漳州核电项目、古雷半岛小堆项目、青径风电等电源项目的前期工作和建设、运营。

12月4日，由中科院合肥物质科学研究院等离子体所承担的国际热核聚变实验堆（ITER）计划中国制造任务的首件产品“ITER环向场（TF）超导导体”正式交付启运。

12月8日，中国工程院公布了2011年院士增选结果，中国核工业集团公司快堆首席专家、中国原子能科学研究院快堆工程部总工程师徐銤当选为中国工程院院士。

12月8日，中广核铀业发展有限公司与Kalahari Minerals Plc宣布，将通过与中非发展基金会合资成立的Taurus Mineral Limited以现金方式对Kalahari公司进行要约收购。总价约为6.32亿英镑。Kalahari公司持有澳大利亚证券交易所上市公司Extract公司约42%的股权，Extract公司持有湖山（Husab）项目100%的权益。湖山铀矿项目位于非洲纳米比亚共和国的纳米布沙漠地区，总资源量位居全球第四。

12月8日，中广核（北京）核技术应用有限公司在京正式揭牌成立。

12月9日，环境保护部召开部常务会议，讨论并原则通过了《核安全与放射性污染防治“十二五”规划及2020年远景目标（送审稿）》。

12月9日，由中国核能行业协会和法国电力公司共同主办的核法律与核损害责任经验交流会在京举行。

12月14日，秦皇岛哈电重装承制的海阳核电1号机组首套堆芯补水箱（CMT）水压试验一次成功。

12月15日，中国核工业建设集团公司与中国农业银行在京签署战略合作协议。中国农业银行将向中国核工业建设集团公司提供300亿元意向性信用授信额度。

12月中旬，哈尔滨锅炉厂顺利完成了三门核电项目的首批两台高压加热器生产任务。

12月16日，中核建设集团中核二三成功控股香港上市公司，董玉川任董事局主席。

12月20日，由上海电气核电设备有限公司制造的首台AP1000国产化核岛主设备——三门核电站1号机组稳压器从临港基地发运。

12月21日，阳江核电项目1号机组最后一台蒸汽发生器在东方电气南沙核电制造基地发运。

12月21日，中电投核电技术中心（北京）有限公司揭牌仪式在中电投集团总部举行。

12月23日，由中国核动力研究设计院和中国核电工程有限公司联合研制的核电厂非能动氢复合器通过专家组鉴定。该产品的性能指标达到了国外同类产品水平，并在多方面有技术创新。

12月23日，主管道窄间隙全位置自动焊技术在福清核电项目正式应用。

12月26日，中电投集团与浙江省能源集团在杭州签署了能源项目合作战略框架协议。

12月28日，海南昌江核电工程1号机组提前28天实现穹顶吊装。

12月30日，秦山二扩4号机组正式投入商业运行。

12月30日，福清核电2号机组核反应堆压力容器在中国一重水压试验成功。

核能协会
活动报道

2011 年中国核能行业协会主要活动报道

张华祝接受《能源》杂志记者采访（2011-01-13）

1 月 12 日，新年伊始，中国核能行业协会理事长张华祝接受了《能源》杂志记者的采访，围绕我国核电发展的形势，“十二五”发展目标；作为唯一大规模替代能源，核电有哪些优势；核电发展会对哪些产业带来投资的利好机会等问题回答了记者的提问。

针对记者提到的“贫铀国家”的说法，张理事长说，我们不能妄自菲薄，不能自我矮化！“十一五”以来，我们在新疆伊犁盆地，内蒙古鄂尔多斯、二连盆地中部地区等的铀资源勘查取得了很好的成果，还探明了 3 万吨以上的超大型铀矿。

张华祝指出，利用海外资源发展核电已经是各国通行的做法。我国利用海外资源起步较晚，但在新一轮核电发展中占了先机，通过开发海外铀资源和利用国际天然铀贸易获取资源还是有足够空间的。

张华祝强调，我们要努力构建国内生产、海外开发和国际贸易三者并举的我国铀资源保障体系。在可以预见的发展规模下，铀资源不会成为我国核电发展的制约因素。

针对记者关于中国发展核电对国际铀价会产生什么影响的提问，张理事长指出，影响国际天然铀价格的因素较多，诸如铀产量、库存量、高浓铀稀释所能提供的量、浓缩尾料回用量等等。至于我国核电发展对国际铀价的影响究竟有多大现在还不明朗，至少目前还未成为铀价上涨的推动力。

针对记者关于长寿命核废料是否会成为发展核电的瓶颈的问题，张华祝说，所谓“长寿命核废料”，对奉行“一次通过”式核燃料循环政策的国家而言，就是乏燃料；对采取燃料“闭式循环”来说，是指乏燃料后处理生成的高放废液经固化工艺变成物理化学性能比较稳定的“玻璃体”，对其进行严密包装再置于 500 米左右的地下稳定地质构造中长期贮存。

世界各国都十分重视这个问题。我国相关科研工作和重要设施建设也在抓紧开展。长期安全处置长寿命核废料不存在技术上的问题，而且新的技术还在不断发展。

可以肯定的是，在加快发展核电的同时，同步发展乏燃料后处理技术，发展高放废物处理、处置技术，并建设相应的工程设施，就可有效保证高放废物的妥善处置，而不会使之成为核电发展的“瓶颈”。

中科华院长一行到访核能协会 (2011-01-19)

1 月 18 日，中科华核电技术研究院有限公司杨忠勤院长一行 6 人到中国核能行业协会访问。协会张华祝理事长、马鸿琳副理事长兼秘书长、赵成昆副理事长、冯毅副秘书长参加了会见。宾主双方就

2010 年的工作情况和 2011 年的工作设想进行了深入交流。

张华祝理事长感谢中科华核电技术研究院有限公司对协会工作的大力支持。他说，中科华作为协会核电同行评估和经验交流的支持单位之一，做了大量卓有成效的工作，对推动协会业务、服务行业发展起了很大作用。张理事长希望双方继续深化合作，为推动我国核能事业的发展作出新的贡献。

大全集团公司领导到访中国核能行业协会（2011–01–19）

1 月 19 日，大全集团公司行业总经理左岚林到访中国核能行业协会。协会马鸿琳副理事长兼秘书长、冯毅副秘书长等参加了会见，双方就 2010 年的工作情况及 2011 年的工作设想进行了沟通。

2011 年核能协会理事长座谈会在京召开（2011–01–21）

1 月 21 日，中国核能行业协会 2011 年理事长座谈会在京召开。张华祝理事长作了关于核能协会 2010 年的工作和 2011 年工作的初步考虑的讲话。马鸿琳副理事长兼秘书长围绕举办 2011 年中国核能行业协会年会和第九届中国国际核电工业展览会作了专题发言。冯毅副秘书长作了关于开展项目管理培训工作的专题发言。国防科工局副局长王毅韧、国家能源局副局长钱智民、国防科工局系统二司司长王敏正出席了会议。协会副理事长赵成昆、李永江、杨岐、丁中智、张廷克、程建平、李冠兴，以及中国核工业集团公司、中国广东核电集团有限公司、中国大唐集团公司、中国东方电气集团公司、国家核电技术有限公司、中国华电集团公司、上海电气（集团）总公司、大亚湾核电运营管理有限责任公司等副理事长单位的代表，共 20 人出席了会议。中核建设集团时传清副理事长因事请假。

张华祝理事长回顾了 2010 年协会的工作，并介绍了 2011 年协会工作的初步设想。

与会副理事长（或代表）围绕协会 2010 年的工作和 2011 年的工作设想踊跃发言，并对改进协会工作提出了许多宝贵的意见和建议。国家能源局副局长钱智民、国家国防科工局副局长王毅韧，在讲话中对协会工作提出了殷切的希望。

在随后召开的《中国核能》编委会上，《中国核能》会刊编辑部副主编汪兆富汇报了编辑部 2010 年的主要工作，并汇报了 2011 年的宣传报道要点。编委会原则同意编辑部关于 2011 年会刊工作的安排意见。并希望贯彻好 2011 年的办刊总体思路，在 2010 年的基础上，把《中国核能》办得更好。

核能协会在京召开网站建设座谈会（2011–01–25）

1 月 24 日，中国核能行业协会在核建大厦六层召开了网站建设座谈会。核能协会副秘书长冯毅出席会议并围绕协会工作和网站建设讲了话。核能协会网刊工作部就协会工作情况和网站建设情况进行了介绍。中国核工业集团公司、国家核电技术有限公司、中国华能集团公司、中核核电有限公司、华能山东石岛湾核电有限公司等网站建设人员参加了座谈会。

摩根士丹利亚洲有限公司代表团访问协会（2011-01-26）

1月26日下午，摩根士丹利亚洲有限公司代表团访问了中国核能行业协会。协会副秘书长冯毅会见了摩根士丹利代表团一行。协会国际合作部主任龙茂雄和技术服务部副主任杨波分别介绍了协会情况及中国核电发展概况。双方针对核电及铀资源供应等话题进行了交流和讨论。

代表团一行共八人，包括摩根士丹利亚洲有限公司的执行层及来自中国大陆、香港、英国等投资公司的主管人员。

《中国核能年鉴》2010年卷正式出版发行（2011-01-28）

1月21日，由中国核能行业协会主编、原子能出版社出版的《中国核能年鉴》2010年卷正式出版发行，并与出席2011年核能协会理事长座谈会的与会代表见面。《中国核能年鉴》，是由中国核能行业协会组织编撰的一份综合性年刊，于2010年创刊并出版了2009年卷。

《中国核能年鉴》的出版发行，可以为政府有关部门和各级领导科学决策提供依据，为广大会员单位提供丰富的行业信息资源，也为国内外各界人士了解、认识我国核能行业开启一扇窗口，有助于协会更好地发挥信息交流和桥梁纽带作用。

财政部关税司领导莅临协会指导工作（2011-01-28）

1月28日，财政部关税司副司长申书海、处长杨全洲等一行3人莅临核能协会，听取了协会情况介绍和工作汇报，与核能协会张华祝理事长、马鸿琳副理事长兼秘书长、赵成昆副理事长就协会性质、主要工作以及设备和零部件减免税政策等方面进行了沟通和交流。

核能协会研讨项目管理经理人员培训及考核工作（2011-01-30）

1月27日，由中国核能行业协会举办的“核能行业工程项目管理经理人员培训及考核大纲（草案）研讨会”在北京召开。协会副理事长时传清、李永江到会并讲话，协会副秘书长冯毅主持会议并作小结。来自中核集团、中核建设集团、中广核集团、中电投集团、国家核电技术公司、中国华能、中国大唐、哈电集团、东方电气、上海电气、清华大学等单位的32位专家参加了研讨活动。会议围绕核能行业工程项目管理培训及考核大纲（草案），就服务需求、产品定位、目标及内容、课程设计、组织方式、考核标准等进行了热烈讨论，达成广泛共识。

法国核工业协会驻中国首席代表访问核能协会（2011–02–18）

2 月 18 日，核能协会国际合作部主任龙茂雄等与到访的法国核工业协会(GIIN)驻中国首席代表徐靖策先生进行了会谈。双方就 2010 年的业务情况以及 2011 年的活动计划进行了沟通和交流。

法国核工业协会成立于 1959 年，总部位于法国巴黎，2007 年在北京设立办公室，同年与中国核能行业协会建立合作关系，现有会员公司 200 余家，主要是法国核能设备制造与供应企业。

张华祝 赵成昆接受《中国核能》记者专访 (2011–02–24)

2011 年 1 月 6 日 ~ 7 日，全国能源工作会议在北京召开。会议总结了我国“十一五”期间坚持科学发展、着力推进能源结构调整取得的成就，充分肯定了核电等清洁能源快速发展的良好势头，提出了“十二五”期间加快开发新能源和可再生能源，在确保安全的基础上高效发展核电的发展思路和发展目标。与此同时，有期刊载文对我国核电发展的规模和长期安全风险问题提出了质疑，引起了国内外舆论和相关机构的广泛关注。为此，《中国核能》记者于春节前夕，就相关问题采访了中国核能行业协会理事长张华祝和副理事长赵成昆。

张华祝理事长和赵成昆副理事长重点回答了记者以下的提问：对当前我国核电发展的总体形势评价；我国核电发展规划的调整；西方发达国家在核电技术方面的改进和发展；我国二代改进型的安全水平到底怎么样；切尔诺贝利事故是怎么回事；三代与二代技术的安全性差别真有那么大吗；我国核电发展的前景展望。

赵成昆会见法国电力公司中国区新任首席执行官（2011–02–25）

2 月 24 日，中国核能行业协会副理事长赵成昆会见了到访的法国电力公司（EDF）中国新任首席执行官马平川先生（PIERRAT Michel）一行。

赵成昆首先对马平川一行的到访表示热烈欢迎，他说，中国核能行业协会自成立以来一直与法国电力公司保持着良好的合作关系，双方已在核燃料循环、内陆核电厂选址与建设等领域共同举办了几次大型国际研讨会。EDF 协助协会组织国内专家赴法国就内陆核电选址进行了研讨和实地考察。赵成昆说，随着中国核电的大规模发展，未来双方可合作的领域还很广泛，法国电力公司中国办公室作为首批加入协会的联系会员可积极向协会建言献策，扩大合作，以促进中国核电的安全高效发展。

核电厂运行评估及经验交流委员会负责人座谈会在京召开(2011–03–02)

2 月 25 日，核电厂运行评估及经验

交流委员会（以下简称委员会）负责人座谈会在北京召开。委员会主任张华祝主持会议并作小结；委员会副主任贺禹的代表胡文泉、郭利民，俞培根的代表王晓航，陈桦的代表张涛等参加了座谈会。在听取委员会秘书处有关工作报告后，与会同志就委员会“十一五”期间的工作、今后的发展方向、国际合作策略等进行了认真讨论，形成了重要共识。

会议认为，在政府有关主管部门的指导下，自2002年建立并逐步完善的我国核电同行评估及经验交流制度，已成为核电行业自律评价、共享经验的重要管理工具。“十一五”期间，与核电市场化加快发展相适应，委员会创新了工作机制、拓展了服务领域，积极开展了核电同行评估、运行经验反馈、行业交流与研讨、专项技术服务等业务活动，在优化核电运行、提升建设管理、更新行业知识储备、解决共性问题等方面发挥了独特的作用。

会议指出，为切实贯彻国家“在确保安全的基础上高效发展核电”的方针，“十二五”期间，委员会将适应社会主义市场经济下的新型核电行业管理体制要求，全面提升服务水平。把夯实行业安全基础、完善自律评价机制、建设学习型行业、满足成员单位的需要作为委员会发展的出发点。为此，委员会将做好治理结构改进、业务领域拓展、成员单位增加、管理办法修订、联络工程师派遣、专业工作组资源保障等重点工作。同时，委员会将在以我为主、突出特色的基础上，积极探索深化国际合作的新途径。

美国机械工程师学会驻中国首席代表访问核能协会（2011–03–04）

3月3日，核能协会国际合作部主任龙茂雄等与到访的美国机械工程师协会（ASME）驻中国首席代表张强先生进行了交谈。双方就各自2010年的业务情况以及2011年的主要工作进行了交流。

西班牙对华核企联盟总经理访问核能协会（2011–03–10）

3月10日，核能协会国际合作部主任龙茂雄等会见了到访的西班牙对华核企联盟（SNGC）总经理Carmelo Palacios先生一行。双方就当前的业务开展情况以及未来合作进行了交流。

2011核能行业防人因失误管理工作组会议在深召开（2011–03–11）

3月9–11日，由中国核能行业协会主办、大亚湾核电运营管理有限责任公司承办的“2011核能行业防人因失误管理工作组会议”在深圳召开。来自核能协会、核电集团公司、核电厂业主、营运单位、核电工程公司、研究设计院所、高校等24家单位的40多位专家参加了会议。协会副秘书长冯毅致开幕词，大亚湾核电运营管理有限责任公司培训中心经理陈泰主持会议并致欢迎辞。

会议推选了工作组组长。在充分交流的基础上，与会专家重点讨论了工作组工作规范、工作规划、培训考核大纲，以及 2011 年度工作计划和安排。与会专家还应邀参加了大亚湾安全文化及防人因失误培训体验。

协会领导会见台山市市委书记一行（2011–03–14）

3 月 11 日下午，核能协会副理事长兼秘书长马鸿琳会见了前来拜访的广东省台山市市委书记吴晓谋一行 5 人。马鸿琳秘书长首先介绍了核能协会的基本情况和主要工作，吴晓谋在介绍了台山市的人文风情、地理环境、区位优势之后，着重对广东省在台山成立核电装备产业园的情况进行了介绍，并希望借助协会的平台和优势，在产业园的规划建设、宣传推介、招商引资等方面获得协会的指导和帮助，使产业园能尽快形成规模。

赵成昆做客央视财经频道环球财经连线访谈（2011–03–15）

3 月 14 日晚 10 点，赵成昆副理事长作为嘉宾参加了中央电视台财经频道环球连线访谈节目，回答了著名主持人芮成钢关于日本福岛核电站事故进展、发展趋势和原因，以及对我国的影响等问题。访谈精彩、专业、简要，受到节目制作方的好评。具体访谈内容详见中央电视台财经频道网站。

赵成昆做客人民网强国论坛（2011–03–16）

3 月 15 日，中国核能行业协会副理事长、专家委员会常务副主任赵成昆做客人民网强国论坛，以日本核电站泄漏对我国及周边国家和地区的影响为主题与网友进行了在线交流，热情地回答了网友提出的有关问题。

赵成昆接受中央电视台英语频道采访（2011–03–16）

3 月 15 日，赵成昆副理事长接受了中央电视台海外节目中心・英语频道制片人韩斌的采访，回答了东日本大地震引发的核电站事故对我国可能造成的影响，以及我国核电建设等方面的问题。

协会领导会见法国 V&M 钢管公司董事长（2011–03–24）

3 月 23 日，中国核能行业协会副理事长赵成昆会见了到访的法国 V&M 钢管公司董事长兼法国勃艮第核电中小企业协会（PNB）会长 Gerard Kottmann 先生一行。

双方首先对日本核事故及其未来对世界核电发展产生的影响交换了意见，双方都认为应从这次核电事故中认真吸取经验教训，以确保世界核电安全、可持续地发展。

双方还就各自机构的成立背景、部门设置、会员构成以及业务开展等交流了情况，就未来潜在的合作领域进行了讨论。

张华祝出席低碳能源与应对气候变化国际会议（2011-03-25）

3 月 24 日，应清华大学 - 剑桥大学 - 麻省理工学院“低碳能源大学联盟”的邀请，中国核能行业协会理事长张华祝出席了在清华大学召开的低碳能源与应对气候变化国际会议，并就中国核电发展与面临的挑战作专题发言，讲话受到与会代表普遍关注。

张理事长在发言中指出，上世纪七八十年代发生的三里岛事故和切尔诺贝利事故使全球核电经历了 20 多年发展低潮。刚刚发生的日本福岛核电事故又一次把核电的安全问题推到“风口浪尖”，正接受各国政府和社会公众的严厉审视，面临着严峻挑战。

3 月 16 日，国务院常务会议作出全面安全检查和在核安全规划批准前暂停审批核电项目等四项决定。这将有力推动我国核电界，认真吸取日本福岛事故教训，寻找薄弱环节，切实加以改进，构建更加牢固的安全基础。就全球而言，有上世纪成功应对两起核事故影响，针对预防和缓解严重事故后果，推进技术进步的经验，福岛事故的沉痛教训必然导致新的技术改进和管理创新，使核能更好地造福于人类。

核能协会第一届理事会第五次会议在京召开（2011-03-25）

3 月 25 日，中国核能行业协会第一届理事会第五次会议在北京西苑饭店召开。协会理事长张华祝主持了会议。共有 30 名理事和 46 名理事代表出席了会议，符合法定人数。协会秘书处各部门负责人列席了会议。

会议审议了协会副理事长兼秘书长马鸿琳作的《中国核能行业协会 2010 年工作总结及 2011 年工作安排意见》，审议了《协会 2010 年财务决算及 2011 年财务预算的报告》、《关于理事会成员调整的建议》、《关于申请入会单位会员资格的报告》、《关于开展项目管理培训工作的建议》和《关于秘书处人事调整的建议》，审议了协会理事长张华祝将在中国核能行业协会 2011 年年会上作的《中国核能行业协会理事会工作报告》。经过审议，理事会一致同意以上的报告与建议。

中国核能行业协会理事长张华祝在发言中强调，东日本大地震、大海啸引发的福岛核电站重大核事故，震惊了全世界，也对中国核能界和公众造成了巨大影响。国务院总理温家宝主持召开的国务院常务会议，听取了应对日本福岛核电站核泄漏有关情况的汇报，并作出了 4 项重要决定。在当前形势下，学习好、贯彻好、落实好国务院常务会议的精神，是核能协会和广大核能企事业单位的重要责任。他希望全体会员共同努力，担起核安全责任，做好自己的工作，为在确保安全的基础上高效发展核电贡献力量。

第十二期核能行业质量保证监查员培训班在苏州举办（2011-03-28）

由中国核能行业协会主办，苏州热工

研究院核电培训中心承办的第十二期核能行业质量保证监查员培训班于 3 月 21 日 ~ 26 日在苏州举办。来自核电、营运、铀业、研究设计、工程、建设安装及设备制造等 58 个单位，共 131 名学员参加了培训。协会副理事长赵成昆为培训班讲了第一课《核能安全管理与核安全文化》，并针对东日本大地震和海啸引发的日本福岛核电站核事故，从技术及核安全角度，作了简要的解析。

培训班邀请了业内 4 名资深专家为教员，根据《核能行业质量保证培训大纲（试行）》的要求，安排了质量保证法规和标准、质量保证基本知识、监查技术、质量事件案例分析等 7 个方面的教学内容，完成了大纲规定的培训任务。

张华祝会见法国电力公司副总裁（2011–03–31）

3 月 31 日，中国核能行业协会理事长张华祝在京会见了来访的法国电力公司（EDF）副总裁兼亚太区总裁马识路（HERVE MACHENAUD）先生一行。宾主双方在十分友好和坦诚的气氛中，交流了对日本福岛核事故的看法。双方认为，福岛核事故是在核电站遭遇超过设计基准的超强自然力破坏下，受到致命打击而引发的一场严重事故。双方相信，与美国三里岛核事故和前苏联切尔诺贝利核事故一样，只要我们认真总结经验教训，重视经验反馈，改进和提高核安全技术，核电的安全性必将再一次大大提高，从而促进人类和平利用核能事业的持续发展。

双方还针对中法核能合作交换了意见和看法。双方表示，将就日本福岛核事故进展状况和经验反馈加强沟通和交流，共同分享经验和教训，促进中法两国核能合作。

赵成昆在“中核大讲堂”作专题讲座（2011–04–01）

为了更加深入地学习、贯彻和落实 3 月 16 日国务院常务会议关于加强核电安全的 4 项重要决定，3 月 31 日，中国核工业集团公司邀请中国核能行业协会副理事长赵成昆走进《中核大讲堂》，作了题为《核安全与核电安全质量管理》的专题讲座。讲座中，赵成昆还结合当前形势介绍了日本福岛核电站事故的情况，以及此次核事故对我们的启示。

第九届中国国际核电工业展览会在深圳隆重揭幕（2011–04–06）

中国核能行业协会主办的第九届中国国际核电工业展览会，于 2011 年 4 月 6 日在深圳会展中心隆重揭幕。

国家能源局原局长张国宝，国家国防科工局副局长王毅韧，环保部（国家核安全局）总工程师杨朝飞，广东省副秘书长林英，广州市副秘书长周灵，深圳市副市长唐杰，法国大使馆杜迪克洛先生，国家国防科工局刘永德副司长、孙莉副司长，中国核能行业协会领导，以及展会参展商代表、中广核集团员工代表等嘉宾300多人应邀出席了开幕式。中外媒体的记者参加了开幕式。

开幕式由中国核能行业协会副理事长、中国广东核电集团有限公司总经理张善明主持。中国核能行业协会理事长张华祝代表主办方致开幕辞。王毅韧、林英、唐杰分别致辞。

张华祝指出，本次展会是继2009年北京第八届中国国际核电工业展览会之后，本协会主办的又一次核能行业大型国际性展览活动，也是在日本福岛核事故给国际社会带来强烈震撼的特殊情况下，按原定计划如期开幕的。

张华祝代表展会的主办方和承办方，对所有参展商信守约定、踊跃参展表示最诚挚的感谢！你们的积极参与，充分表明了业界对核能发展和产品质量的坚定信心和加强交流合作的强烈愿望。

张华祝说，三里岛事故和切尔诺贝利事故曾使全球核电发展遭受重创，但并没有阻止人类和平利用核能的脚步。从某种意义上讲，也正是有了这两起事故的沉痛教训和经验反馈，才推动了过去20多年全球运行核电站的技术改进和管理创新，推动了核电新技术的开发和应用。张华祝表示，我们有充分的理由相信，福岛核电站事故同样不会让全球核电发展止步，而只能促进各国核电同行加强合作与交流，在科学分析的基础上认真吸取事故教训，针对薄弱环节采取得力措施，使核电安全发展建立在新的更加牢固的基础之上，使核电在全球低碳能源发展中继续扮演重要角色。

张华祝衷心感谢应邀出席今天开幕式的领导和嘉宾，以及前来观看展览的社会各界朋友！你们的光临，带来了业界、政府主管部门、有关地方政府和社会人士对中国核电发展、核能技术进步和以主要核电供应商为代表的全球核电供应链的高度关注，带来了对中国核电和世界核电安全发展的良好期盼。

王毅韧副局长在致辞中指出，中国政府审时度势，作出“在确保安全的前提下高效发展核电”的决定，在国家统筹规划和政府有关部门的指导下，中国核能行业发展势头良好。王毅韧强调，日本福岛核电站严重事故警示我们，在发展核能的同时，要重视安全，要加强核应急基础能力建设，加强放射性废物管理力度，确保核设施绝对安全，切实推进核能事业的又好又快安全发展。他希望，来自世界各地的和来自中国的核能专家、企业家利用这次宝贵的机会充分交流和沟通，探讨研发更安全的核电技术和装备，探讨核能行业的可持续发展，共同面对核安全、核保安、防核扩散等一系列的严峻挑战。

本届展会面积为1.5万平方米，参展企业多达300家，规模为历届之最。国内160多家企业参加了展览。作为国内核电龙头企业，中国核工业集团公司、中国广东核电集团有限公司的展出面积均超过300平方米；中国电力投资集团公司、国家核电技术有限公司、中国华能集团公司、中国大唐集团公司、中国华电集团公司等，以集团形式展示各自在核电或常规电力方面的实力；黑龙江（以哈尔滨电气设备集团公司为主）、四川（以东方电气为主）、上海电气以展团形式参展；浙江海盐核电关联企业（中国核电城）、江苏常州核电设备协会、成都双流新能源开发区等地方核电关联企业组团参展。

来自法国、美国、德国、英国、日本、西班牙、荷兰、奥地利、韩国、加拿大、瑞士等20个国家和地区的150余家国外企业参展。

本届展会展品内容包括核电设计、燃料元件制造、铀资源开发、核电建设、安全运行等众多领域，涉及专业领域广泛，展品内容丰富、制作精美。

展会期间，法国、西班牙、美国等国企业在会展中心7号展馆（国际馆）共举办了7场技术交流活动，包括“核电站抗震设计与核设施退役”、“K1级电缆与设备连接”、“新一代γ便携监测仪”等。三天来，参观观众达近万人，除业内专业人士参与展览交流外，展会还吸引了大量社会公众、媒体参观展览。

全国政协经济委员会副主任、国家能源委员会专家委主任张国宝，国家国防科工局副局长王毅韧、广东省政府副秘书长林英，广州市政府副秘书长周灵、深圳市副市长唐杰等相关部门和单位领导参观了展览。4月7日，立陶宛能源部部长ARVYDAS SEKMOKAS先生一行专程参观了展览。

本届展会不但使广大观众有机会近距离了解核电知识和核电技术发展现状，也大大增进了参展商之间的交流与合作，为构建核电安全发展的基础作出了应有的贡献。

国家能源局、国家原子能机构、国家核安全局和广东省人民政府为本届展会的指导单位。国家国防科技工业局新闻宣传中心、海岸国际展览有限公司为本届展会的承办单位。

中国核能行业协会与西班牙核企联盟签署合作备忘录（2011-04-07）

2011年4月6日，中国核能行业协会与西班牙对华核企联盟在深圳会展中心进行了双边会谈并签署了合作备忘录。

张华祝理事长表示，两协会在核电站运行、核燃料及设备制造、核安全等方面存在着深入交流和广泛合作的基础，本次福岛核电站的事故更凸显了国际合作的必要性。

西班牙核企联盟的主席Mariano Rodriguez表示，对核电行业来说，分享技术经验对于加强核电安全具有十分重要的意义。本次协议的签署代表了双方合作的意愿，希望各自的会员单位根据自身需求进一步寻求合作方向、探索合作机制，促进世界核电行业合作发展与良性竞争。

中国核能行业协会年会在深圳召开（2011-04-08）

东日本大地震和海啸引发的福岛核电站重大事故，震惊了全世界，也给中国核能界和社会公众带来了巨大影响。正是在国际社会共同审视核电安全的关键时刻，在全行业认真贯彻落实3月16日国务院常务会议关于加强核电安全的4项重要决定的重要时期，2011年中国核能行业协会年会于4月7日在深圳顺利召开。

政协第十一届全国委员会经济委员会副主任、国家能源委员会委员、国家能源局原局长张国宝，中国核能行业协会理事长张华祝，国家国防科工局副局长王毅韧，国家核安全局总工程师杨朝飞，中国华能集团公司副总经理张廷克，中国核能行业协会副理事长赵成昆等领导同志在主席台就座。

300多名来自协会副理事长单位、有关省市经济（核电）管理机构，以及核电建设运营、核燃料生产、铀资源开发、研究设计、建筑安装、设备制造、技术服务、人才教育、医疗、商务咨询等会员单位和联系会员单位的代表齐聚一堂，共商我国核能发展大计。

中国核能行业协会副理事长张廷克、杨岐分别主持了上下午的会议。

中国核能行业协会理事长张华祝，代表协会理事会在会上作了工作报告。张华祝理事长强调，这次年会是在十一届全国人大四次会议刚刚通过国民经济和社会发展第十二个五年规划纲要的形势下召开的，是在国务院就加强核安全工作做出四项重要决定的背景下召开的，也是中国核能行业协会第一次在京外召开年会，具有不同寻常的重要意义。这赋予了我们这次年会以不平凡的意义，赋予了我们每位参会代表以更重大的责任。

张华祝的报告包括三个部分的内容：一是“十一五”我国核能行业的主要进展；二是2010年核能协会的主要工作；三是核能协会2011年的重点工作。（工作报告内容见另外报道）

会上，张国宝、王毅韧、杨朝飞先后作了重要讲话。

会议隆重举行了中国核能行业协会科学技术奖颁奖仪式。2010年11月9日，通过中国核能行业协会科学技术奖评审委员会审定，共产生了一等奖2项，二等奖13项，三等奖42项。颁奖仪式上，中国核能行业协会副理事长赵成昆代表协会宣读了中国核能行业协会科学技术奖获奖名单。主席台上的领导同志为获奖代表颁发了奖励证书。

中国核能行业协会副理事长、协会专家委员会副主任赵成昆在会上作了题为《日本福岛核事故对中国核电发展的启示》的报告。他共讲了4个问题：一、日本核电发展概况；二、日本福岛核事故基本情况及目前的影响；三、我国政府及相关企业的应对措施；四、福岛核事故对我国核电建设的启示。赵成昆表示，福岛核电站事故给我们敲响了警钟，但我个人仍然充满信心，我们必须通过全行业的共同努力，认真贯彻、全面落实国务院常务会议做出的四项决定，确保我国核设施安全。落实国务院四条决定并不是一件很容易的事情，需要全行业包括政府监管部门，包括企业乃至核能行业协会的积极参与，只有这样，我们才能让政府放心、让公众放心。

会议邀请中国核工业集团公司、中国核工业建设集团公司、中国广东核电集团有限公司、中国电力投资集团公司、国家核电技术有限公司、中国华能集团公司、上海电气（集团）总公司、中国第一重型机械集团公司、法国电力公司中国部和江苏银环精密钢管股份公司等 10 家会员（或联系会员）单位的代表作了大会发言，受到全体与会代表的热烈欢迎。

最后，中国核能行业协会理事长张华祝作了会议总结。

张华祝会见法中电力协会主席（2011-04-09）

在第九届中国国际核电工业展览会暨 2011 年中国核能行业协会年会期间（4 月 7 日），中国核能行业协会理事长张华祝在深圳会展中心会见了法中电力协会主席普罗内（JC Prenez）一行。宾主双方回顾了双方良好的合作关系，讨论了如何加强两会之间以及两会成员单位之间的合作。双方表示，将深入探讨合作模式，并就签定两会合作协议或备忘录进行进一步的协商。

赵成昆副理事长会见美国赛瑞丹公司客人（2011-04-11）

4 月 8 日，中国国际核电工业展览会期间，核能协会副理事长赵成昆在深圳会见了美国赛瑞丹有限公司副总裁 Michael A. Kraft 一行。

双方针对如何利用协会平台，组织技术交流活动等合作内容进行了沟通。会谈结束后，赵成昆还应邀参观了赛瑞丹公司展台。

中外媒体踊跃采访协会年会和核电展（2011-04-12）

在发生东日本大地震和福岛核电站事故的背景下，第九届中国国际核电工业展览会和 2011 年中国核能行业协会年会如期顺利地在深圳举办。福岛核电站事故震惊了全世界，也给中国核能界带来巨大的影响。

基于此，境内外媒体非常重视核能协会主办的第九届核电展和 2011 年年会，争相要求采访。期间，中央人民广播电台（中国之声）、广州日报、深圳特区报、南方日报、深圳电视台、羊城晚报、香港电视台、香港明报、英国广播公司（BBC）、日本 NHK 电视台、日本每日电视台等 16 家境内外媒体报名采访。张华祝理事长接受了中央人民广播电台（中国之声）、深圳电视台及日本 NHK 电视台的采访；赵成昆副理事长接受了香港电视台及美国《核能周刊》记者的采访；徐玉明副秘书长接受了《新世纪周刊》记者的采访。

通过媒体记者的采访和报道，让更多的公众进一步认识到我国核能事业发展的重要性，以及确保核安全的必要性。

第二届核电站材料与可靠性国际研讨会在沈阳召开（2011-04-15）

4 月 12 日 ~ 14 日，由中国核能行业协会和中国科学院沈阳金属研究所联合主办，第二届核电站材料与可靠性国际研讨会在沈阳召开。来自核能协会、核电集团公司、核电厂业主、营运单位、核电工程公司、研究设计院所、高校等 48 家单位的 100 多位专家参加了会议。中科院沈阳分院副院长韩恩厚担任本次大会的主席并主持会议，协会副秘书长徐玉明应邀到会并作专题报告。来自美国、英国、法国、日本、加拿大、瑞典、韩国等国的 11 名核材料领域国际专家应邀在会上作了专题报告。

会议期间，与会代表围绕“核岛设计制造中关键部件的材料问题”，“核电站现场的材料环境行为与相应机制”，“实验室核材料的失效行为与机制”，“核电站的寿命评估、安全运行和关键部件的可靠性”等四个主要议题进行了深入交流和研讨。大家普遍认为，此次会议推动了核材料领域的国际交流与合作，有利于促进核电安全高效发展。

马鸿琳接受《中国核能》杂志记者采访（2011-04-15）

4 月 14 日，中国核能行业协会副理事长兼秘书长马鸿琳在协会接受了《中国核能》杂志记者的采访，围绕 2011 年核能协会年会和第九届中国国际核电工业展览会回答了记者提出的一系列问题。

在谈到核能协会年会和核电展为何安排在深圳时，马秘书长说，这是去年 3 月召开的协会理事会第四次会议确定的，包括年会以开放的形式召开。在日本福岛核电站因地震及海啸引发的严重事故情况下，经理事会研究确定，如期举办核电展、召开年会。在谈到协会年会和核电展两项活动的特点时，马秘书长强调说，在当前形势下，开好年会，办好展会，就是要彰显核能行业发展的实力及坚定业界发展核电的信心。本次年会的突出特点是对外开放，同时安排了 10 个会员单位进行大会交流。本届核电展是规模最大，也是参展商最多的，展会上显著增加了核安全方面的内容。展会期间还举行了多场技术交流会。作为核能协会的品牌，协会会把隔年举办的中国国际核电工业展览会坚持办下去，而且越办越好。中国国际核电工业展览会不仅要展示我国核电产业发展的业绩和实力，同时还要成为国际核能界交流与合作的平台。

张华祝应邀在清华时事大讲堂作专题讲座（2011-04-22）

4 月 18 日，中国核能行业协会理事长张华祝回到母校，为到场的近 300 名师生深入解读了福岛核事故的状况及其影响。本次活动是清华大学校团委主办的时事大讲堂系列高端讲座之一。

张华祝首先介绍了日本核电发展概况及核电基本概念。随后就福岛核事故的基本情况进行了详细讲解。他从地震的情况谈起，介绍了福岛第一核电站发生核事故的全过程，并对事故后果、特点及根本原因进行了分析。然后，张华祝介绍了中国核电事业的发展情况，并指出，核电是我国低碳能源的主角，将在节能减排等方面发挥重要作用。张华祝从技术和管理、政策和发展目标等方面分析了此次核事故所带来的影响。在谈到对我国核电事业的影响时，他表示，我国核电发展的方针和中长期发展目标不会改变，但原计划近期获准开工的核电项目将暂时受到影响。

最后，张华祝还就核废料的处理、核电发展的前景等问题与现场师生进行了交流互动，认真、详细地回答了有关提问。

核电安全宣传活动协调会召开（2011-04-28）

4 月 28 日，根据国家能源局关于在 2011 年开展一次核电安全宣传活动的有关要求，中国核能行业协会在京召开了核电安全宣传活动协调会。中核集团、中广核集团、中电投集团等单位的代表出席了会议。会议由中国核能行业协会副理事长兼秘书长马鸿琳主持。

与会的各单位代表均表示，政府主管部门提出开展核电安全宣传活动，非常正确，非常及时，一定尽全力支持，努力按照协会的分工完成任务。讨论中，与会代表对举办这次宣传活动提出了很多有益的建议。

2011 核电厂反应堆控制棒驱动系统技术研讨班举办（2011-05-05）

4 月 28 ~ 29 日，由中国核能行业协会主办、中科华核电技术研究院承办、上海第一机床厂有限公司协办的“2011 核电厂反应堆控制棒驱动系统技术研讨班”在沪举办。来自核能协会、核电厂营运单位、核电工程公司、研究设计院所、高校、制造厂等 32 家单位的 70 多位专家参加了研讨。

来自大亚湾核电运营管理有限责任公司、上海第一机床厂有限公司等单位的 12 名专家作了专题报告。与会代表就控制棒驱动系统设计、制造工艺、调试创新、维修经验等议题进行了深入交流和讨论。会上正式成立了核能行业核电厂反应堆控制棒驱动系统工作组。研讨结束后，与会代表参观了上海第一机床厂有限公司的相关生产线。

本次研讨活动对于推动核电控制棒驱动系统领域的交流与合作，优化运行、维修管理并提高相关设计制造水平将有积极的影响。

第二届核电厂运行评估及经验交流委员会第四次全体会议在京召开（2011-05-10）

5 月 6 日，核电厂运行评估及经验交流委员会（以下简称委员会）第四次全体会议在北京召开。委员会主任、中国核能行业协会理事长张华祝主持会议并作会议总结，国家能源局电力司、相关核电集团公司、核电营运单位、技术支持院所的委员和代表共 45 人参加了会议。

会议审议通过了"核电厂运行评估及经验交流工作报告（2010–2011 年度）"、"2010 年度工作经费决算和 2011 年度工作经费预算"；会议评议了"核电厂运行业绩指标及运行事件经验反馈报告（2010 年度）"和"核电工程建设同行评估进展报告（2010 年度）"两个专题报告；会议还听取了防人因失误、调试启动、可靠性维修（RCM）和大型变压器运行分析等 4 个专题技术工作组代表的工作报告。

关于 2011 年工作安排，会议同意秘书处提出的工作建议。同时，为满足我国核电建设发展需要，会议同意将核电工程项目评估纳入我国核电厂评估体系，委员会将更名为"核电厂同行评估及经验交流委员会"。会议指出，在"十二五"开局之年，应切实贯彻国家"在确保安全的基础上高效发展核电"的方针，适应社会主义市场经济条件下的核电行业管理体制要求，全面提升服务水平。委员会要充分履行核心服务职能，在治理结构改进、业务拓展、成员单位增加、管理办法修订、联络工程师派遣、专业工作组资源保障等方面迈出新步伐。

2011 核电厂反应堆主泵技术研讨会在沈阳举办（2011–05–13）

5 月 10 ~ 11 日，由中国核能行业协会主办，中科华核电技术研究院和沈阳鼓风机集团核电泵业有限公司共同承办，"2011 核电厂反应堆主泵技术研讨会"在沈阳举办。来自核能协会、相关核电集团公司、核电营运单位、研究设计院所、高校、制造厂等 35 家单位的 80 多位专家参加了研讨会。16 名专家作了专题技术报告。与会专家围绕我国核级泵技术发展现状、研发制造能力、运行管理实践及趋势分析、AP1000 主泵技术问题及风险分析等主要议题，进行了研讨，交流了核电主泵设计、制造、运行、老化、安装和施工管理中的共性问题、处理对策及优化措施等。

会议正式成立了"核电行业核级泵工作组"，推选并确定了工作组组长、副组长的人选，推荐了高级顾问；确认工作组执行秘书处工作由委员会技术支持单位中科华核电技术研究院负责。会议听取并讨论了秘书处关于工作组发展规划与建议的汇报、《核电厂反应堆冷却剂泵运行状况技术分析报告（提纲）》，以及工作计划、职责和分工等，确定了以"专题研讨"、"专项培训"、"课题研究"、"信息共享"和"前研跟踪"等为主的工作内容，对工作组今后的活动提出了建议。

核燃料循环专家组召开研讨会（2011–05–18）

5 月 11 日 ~ 14 日，为促进我国核能事业的发展，推动核燃料循环技术水平不断提高，并加强专家之间的联系与沟通，中国核能行业协会专家委员会核燃料循环专家组，在国核宝钛锆业股份公司和中核四〇四有限公司召开了研讨会。核燃料循环专家组成员、中国核能行业协会、中核集团、中广核集团、国家核电技术公司、清华大学、相关科研设计单位，以及核燃料制造及后处理厂的代表和专家共计 23 人参加了研讨。研讨会由中国核能行业协会专家委员会核燃料循环专家组陈宝山组长主持，中国核能行业协会副理事长兼秘书长马鸿琳到会并致开幕词。在研讨会上，7 名专家就核燃料循环相关专题作了主旨发言，特邀专家国家核电技术公司专家委员会委员郝东秦作了日本福岛核事故分析及影响的报告。

张华祝一行拜访国家核电技术有限公司（2011-05-18）

5 月 17 日上午，中国核能行业协会理事长张华祝、副理事长兼秘书长马鸿琳、副理事长赵成昆、副秘书长冯毅等一行拜访了国家核电技术有限公司。国家核电技术有限公司董事长王炳华、总经理顾军、董事陈肇博等会见了张华祝一行。

中国核能行业协会和法中电力协会在京签署合作协议（2011-05-20）

5 月 20 日，核能协会理事长张华祝、副理事长兼秘书长马鸿琳会见了到访的法中电力协会（PFCE）主席普罗内（JC. Prenez）先生一行 4 人。

会见时，双方分别介绍了各自机构的最新情况，并就近期可能开展的合作活动进行了探讨。

张华祝表示，福岛核事故对世界核电发展带来了冲击，在这种情况下，加强国际合作，交流经验，对提高核电安全水平很有必要，希望两个协会进一步加强合作，共同促进世界核能事业的发展。

普罗内对此谈到，法中电力协议非常珍视与核能协会的合作，未来希望能在核电设备鉴定等领域深化合作，并相信，法国的经验将有助于中国核电项目的顺利进展。

马鸿琳秘书长和普罗内主席分别代表各自协会签署两个协会的合作协议。

核能协会组织鉴定中广核工程公司 8 项科技成果（2011-05-23）

5 月 12 日 ~ 13 日，中国核能行业协会在深圳大亚湾核电基地组织对中广核工程有限公司“百万千瓦级机组自主调试与创新”等 8 项科技成果进行了鉴定。中国核能行业协会副理事长赵成昆担任此次鉴定委员会主任，来自国家核安全局核与辐射安全中心等 7 个单位的 9 名专家组成鉴定委员会。

鉴定委员会听取了成果完成单位科技研究总结报告，审查了提交的技术文件资料，经过质询、答疑及讨论等环节，对 8 项成果的先进性、创新性做出了科学、客观的鉴定。鉴定委员会认为，此 8 项成果紧密结合核电项目的工程实践，有较强的应用性，有些成果实现了行业上的突破，在国内核电建设中具有较好的应用前景和可预见的良好社会经济效应，同意通过鉴定。同时，委员们对每项成果的不足及后续工作提出了建议。

此次成果鉴定是国家百万千瓦级核电站自主化依托项目——岭澳二期核电工程科技成果首次集中鉴定，必将推动我国百万千瓦级核电技术自主化及创新成果的进一步推广应用。

第十三期质保监查员培训班在苏州举办（2011-05-24）

中国核能行业协会主办的“第十三期核能行业质量保证监查员培训班”于5月16日～21日在苏州举办。来自核电、核燃料、铀业、研究设计、工程、建设安装及设备制造等系统的67个企事业单位，共127名学员参加了培训。协会副理事长赵成昆为培训班讲了《核能安全管理与核安全文化》，并从核安全与重大核事故应急角度，分析了日本福岛核事故的原因、基本情况、发展趋势、应对措施，以及对中国核电建设的启示。

根据《核能行业质量保证培训大纲（试行）》的要求，培训班邀请了业内4名专家讲授了核安全文化、质量保证法规和标准、质量保证基本知识、监查技术、质量事件案例分析等7个方面的教学内容，完成了大纲规定的培训任务。

田湾扩建5、6号机组FCD前同行评估回访结束（2011-05-25）

5月15日至20日，应江苏核电有限公司邀请，由中国核能行业协会组织的核电同行评估回访队，对田湾核电站扩建工程5、6号机组FCD前同行评估进行了跟踪回访。评估队队长、中广核工程有限公司副总工程师秦国安，副队长、中核核电有限公司项目建设与技术管理部经理钟华，电厂代表以及各领域评估员、电厂对口人等35人全程参加了回访活动。

依据行业卓越标准，回访队通过现场巡视、人员访谈、文件查阅、实事确认，对2010年待改进领域纠正行动计划的落实情况进行了认真核实，并给出了评估结果。这次评估取得的积极成果，有助于江苏核电有限公司进一步提高田湾核电站扩建工程5、6号机组的建设管理水平，也为丰富我国核能行业核电建设同行评估实践积累了宝贵经验。

第十四期核能行业质保监查员培训班在哈举办（2011-06-02）

中国核能行业协会“第十四期核能行业质量保证监查员培训班”，于5月30日在哈尔滨电机厂有限责任公司会展中心开班。这是应哈尔滨电机厂有限责任公司的申请举办的一次定向质量保证培训。来自哈电机公司及其43个直属单位的各级党政领导及有关技术人员280多人参加了培训。

中国核能行业协会副理事长赵成昆就我国核能及核能安全现状、核能行业安全管理体系、核安全文化和核安全监督及许可证管理等内容讲了第一课。他从核安全的角度，分析了日本福岛核事故的原因、状况、趋势和对世界核能发展的影响、启示。

根据《核能行业质量保证培训大纲（试行）》的有关规定和要求，本次培训安排了48学时、6个方面的教学内容，包括核安全文化、质量保证基本知识、监查技术、质量事件案例分析等。

核能协会领导访问中国华能集团公司（2011-06-08）

6月7日，中国核能行业协会理事长张华祝带领协会一行9人，赴中国华能集团公司总部进行了参观访问。

中国华能集团公司副总经理、核能协会副理事长张廷克介绍了华能的基本情况、华能核电事业的主要成绩，热情地回顾了华能与核能协会之间的密切合作，并表达了进一步加深双方合作的愿望。

张华祝理事长代表核能协会对中国华能几年来给予协会工作的大力支持表示感谢，对中国华能积极推动产学研结合、促进高温气冷堆核电站示范工程前期工作顺利进展表示钦佩。同时他表示，核能协会将一如既往，根据中国华能的需要，做好各方面的服务工作。

张华祝接受日本广播协会（NHK）记者采访（2011-06-08）

在广东岭澳核电站二期工程2号机组即将于6月中旬正式投入商业运行的前夕，6月8日，中国核能行业协会理事长张华祝，在协会接受了日本广播协会（NHK）记者的采访。

张华祝理事长指出，岭澳核电站二期工程1号机组从2010年9月15日投入商业运行以来，一直保持安全稳定运行。岭澳核电站二期工程是“十五”期间开工建设的唯一的核电项目，2号机组即将正式投入商业运行具有重要意义，

首先在于它是我们中国人自己为主设计的百万千瓦级大型商用核电站。

其次，在一期工程两台机组的基础上，它作了包括数字化仪控、先进的主控室、先进核燃料、半速汽轮发电机组在内的15项重要改进，进一步增强了核电站的安全性，经济性也得到很大的提高。

第三，中国在建核电中还有18台同类机组，岭澳核电站二期工程的全面投产，具有重要的示范意义。

针对记者提出的“中国会不会放弃发展核电”的问题，张理事长强调，出于中国电力发展的需求，调整能源结构的需求，整个经济社会发展的需求，中国不会弃核。经过日本福岛核事故，我们要做的是进一步吸取经验教训，以确保核电更安全、更健康地发展。我们要进一步做好安全工作，做好公众宣传工作，讲清楚中国为什么要发展核电，发生核事故后应该如何应对。只有让更多的人了解为什么发展核电，发生事故后如何应对，才能为核电创造一个好的环境。

《百万千瓦级核电机组凝结水精处理系统的研究与应用》科技成果通过鉴定（2011-06-09）

6月3日，中国核能行业协会在北京组织召开国产首台“百万千瓦级核电机组凝结水精处理系统的研究与应用”科技成果鉴定会。中国工程院院士、中核科技委副主任叶奇蓁担任鉴定委员会主任委员。中国核能行业协会副秘书长徐玉明主持会议。中国电力工程顾问集团公司、中国核电工程有限公司等单位的9位专家组成鉴定委员会。

会议听取了主要研制单位——中国华电工程（集团）有限公司的技术研究、性能测试等报告。

协会领导会见阿海珐客人（2011-06-09）

6月7日，中国核能行业协会理事长张华祝、副理事长赵成昆在协会会见了到访的法国阿海珐集团中国区总裁安德龙（Marc de ANDOLENKO）先生一行。宾主双方主要针对日本福岛核电站事故进行了讨论。

法方介绍了阿海珐参与应对日本福岛核事故的情况，并对EPR设计理念等作了说明。张华祝提出，希望双方加强信息交流，包括福岛核事故经验教训以及事故对欧洲核能发展政策可能的影响等；在时机成熟时，双方可以组织召开专家会议，专门研讨福岛核电站事故及影响。

赵成昆会见法国驻华使馆核参赞（2011-06-09）

6月8日，中国核能行业协会副理事长赵成昆会见了到访的法国驻华使馆核工业参赞杜迪克洛(du CLOS)先生一行3人。双方就福岛核事故的经验与教训交换了看法，并对在核设备鉴定等领域开展合作进行了探讨。

杜迪克洛谈到，福岛核事故后，中法两国都在进行核安全的全面检查。法国核电企业，特别是核电设备制造商非常关注中国在福岛核事故后标准的提高情况，并希望年内能够通过共同主办研讨会等形式，深入交换两国在安全标准、核级设备鉴定等领域的情况。

赵成昆向来宾简要介绍了中国核电设备鉴定基本内容。就法方提出的共同举办核电设备鉴定研讨会一事，赵成昆表示，在明确了会议目的和内容后，核能协会将积极支持两国在核电标准和设备鉴定等领域的交流与合作，双方工作层可以就筹备会议的有关细节进一步沟通。

海峡两岸核电厂应急管理与技术研讨会在南京开幕（2011-06-15）

6月14日，由中国核能行业协会与台湾财团法人核能科技协进会共同主办，江苏省城市应急协会承办的海峡两岸核电厂应急管理与技术研讨会在南京隆重召开。核能协会理事长张华祝出席会议并致开幕辞。核能科技协进会董事长欧阳敏盛、江苏省核应急办主任苏振远致辞。出席开幕式的嘉宾还有核能科技协进会董事兼执行长陈胜朗、江苏省城市应急协会理事长张永康等。核能协会副秘书长徐玉明主持了开幕式。

张华祝在开幕辞中指出，本次会议是中国核能行业协会与台湾核能科技协进会继2010年成功举办核电厂安全培训之后又一次重要的技术交流活动。日本福岛核事故发生后，两岸核能界共同认识到加强核应急体系建设和核应急信息交流的重要性。在第七届两岸经贸论坛上，国共两党共同建议，加强两岸在核电事故应急管理与安全技术领域的交流，提高核信息技术与管理水平，因此，在现阶段举办这次研讨会具有特别的意义。他表示相信，福岛核电站事故不但不会终结人类和平利用核能的进程，而且会最终成为全球核电界共同的经验和宝贵财富。

欧阳敏盛在致辞中说，核应急对保障两岸人民的福祉起了非常重要的作用。安全保障贵在日常的积累、准备和应急演练，需要不断积累能力、资源和技术。大陆在核与辐射应急领域做了许多工作。本次研讨会将为双方提供一次良好的切磋技术和交流经验的机会，相信通过大家的共同努力，两岸的核电安全一定能得到更大的保障。

本次会议得到了国家核应急办、国家核安全局、环保部核与辐射安全中心、国防科工局核应急响应技术支持中心、江苏省核应急办、福建省核应急办，台湾原子能委员会辐射侦测中心、放射性物料管理局，台湾核能研究所等部门和单位的大力支持，共有来自两岸核能领域50多家单位的百余名代表参加了会议。两岸核应急专家结合福岛核事故，就两岸核应急管理机制与实践、公众信息交流、应急演习与评估活动、辐射监督与后果评价等作专题报告，并进行深入研讨。

2011核能行业RCM高级管理人员培训班在成都举办（2011-06-20）

6月15至16日，由中国核能行业协会主办、中科华核电技术研究院承办的“2011核能行业以可靠性为中心的维修（RCM）高级管理人员培训班”在四川省成都市成功举办。

来自环保部核与辐射安全中心、相关核电公司、核电工程公司、检修公司、研究院和高等院校等共21家单位的39名核电企业中高层管理人员接受了培训并获合格证书。

通过课堂讲解、小组讨论、案例练习等方式，培训班向学员重点讲授了核电站设备可靠性管理体系与实践、RCM核心理念和过程、核电站推行RCM的技巧与策划概要等内容，帮助学员在本单位推行RCM应用中发挥重要作用。

本次培训班是继2010年首期核能行业RCM分析员培训班之后的一次面向管理人员的RCM专业培训，对于进一步推动RCM技术在我国核能行业的应用具有积极意义。

核电安全宣传活动工作会议在京召开（2011-06-27）

6月24日，中国核能行业协会在北京核建大厦召开了核电安全宣传活动工作会议。会议由中国核能行业协会理事长张华祝主持。协会副理事长兼秘书长马鸿琳传达了有关部门领导的指示精神，说明了开展核电安全宣传活动的初步设想。中核集团、中核建设集团、中广核集团、中电投集团、国家核电、中国华能、中国大唐、中国华电、哈电集团、东方电气、上海电气和清华大学等12个单位共20多人参加了会议。

张华祝理事长要求参会同志及时向单位和部门领导汇报会议的精神和要求，安排人员认真完成好各单位担负的工作。希望各单位能站在全行业的高度，经过共同努力，最终拿出体现中国核能行业水准的精品来。

中日核电安全与技术研讨会在京开幕(2011-06-27)

为深入了解日本福岛核事故的有关情况，交流和探讨核电安全与技术相关问题，由中国核能行业协会与日本技术者联盟、日本原子力产业协会、日本保全学会共同举办的中日核电安全与技术研讨会，于6月27日在北京西苑饭店开幕。

在会议开始前，中国核能行业协会理事长张华祝等会见了日方代表团主要人员，双方就本次会议举办背景、筹备情况及未来合作等交换了意见。

中国核能行业协会副理事长赵成昆主持了开幕式。中国核能行业协会理事长张华祝致开幕辞。日本东京电力公司高级顾问榎本聪明致辞。

这次中日核电安全与技术研讨会，是福岛核电站发生严重事故以后，由中日双方首次共同举办的，受到了中日两国核能界人士和媒体的广泛关注。来自中日两国的210多名专家出席了研讨会。

开幕式后，由中国核能行业协会副理事长赵成昆和日本原子力产业协会秘书长石塚昶雄共同主持了《日本福岛核事故经验初探》专题研讨。日本东京电力公司高级顾问榎本聪明、日本原子力学会安全委员会主任植田伸幸和日本原子力产业协会秘书长石塚昶雄，分别作了题为《福岛核电站的基本情况》、《福岛核事故应对对策与经验总结》、《福岛核事故应对对策与经验总结及舆论导向》的专题报告，并与会议代表进行了互动交流。

这次中日核电安全与技术研讨会上，中日两国核能专家围绕日本核电站防灾对策与中国核电站运行安全状况、中日核电新技术交流两个专题进行交流研讨。中国原子能科学研究院、国家核电技术公司、中国核动力研究设计院、清华核研院等单位的专家，分别以《中国快堆技术的发展以及对若干安全问题的思考》、《中国高温堆研发情况》、《中国AP1000项目的进展》、《福岛事故后中国多用途模块式小堆改进措施研究》为题作专题报告。

中法核能与公众宣传交流研讨会在京举行(2011-06-29)

6 月 29 日，中法核能与公众宣传交流研讨会在北京国谊宾馆举行。法国电力公司（EDF）中国代表处的专家给中国同行介绍了法国核能发展概况和开展核能公众宣传的作法与经验。

法国电力公司亚太地区交流专员李晓雅，介绍了法国核能发展的概况，并通过丰富的实例和资料，介绍了法国政府和法国电力公司在开展核能公众宣传方面的具体作法与主要经验。

法国是名副其实的核能大国，现在拥有 19 座核电站共 58 台核电机组。从上世纪 80 年代以来，法国电力公司就以“公开、透明”为原则，广泛开展了形式多样、内容丰富、针对不同人群的核能公众宣传。法国政府在 2005 年颁布了《能源法》，2006 年颁布了《关于核能透明与核安全》的法令。李晓雅专员详细介绍了法国核安全局、核安全信息透明最高委员会、核信息地区委员会和重大建设项目全国公开辩论委员会等机构的各自职责及其在公众宣传方面承担的责任。

来自核能协会和中核、中电投、国核技、华能等集团公司的代表共 20 多人参加了研讨会。

核能协会组织鉴定上海核工院 7 项科技成果(2011-06-30)

中国核能行业协会于 6 月 22 日至 23 日在上海核工程研究设计院（简称上海核工院）组织了《核电厂运行安全性能指标评价体系开发》等 7 项科技成果的鉴定会。参加鉴定的项目包括：《核电厂运行安全性能指标评价体系开发》、《恰希玛核电厂工程 2 号机组内部火灾、内部水淹分析及其应用》、《低功率和停堆工况下内部事件一级 PSA 技术应用研究》、《核电厂新型数字化棒控系统样机》、《核电厂 Z40 型阻尼器换型改造》、《稳压器波动管及三通老化管理及寿命评估研究》、《恰希玛核电厂 2 号机组最终热阱抗震设计研究》。

核能协会副秘书长徐玉明主持了鉴定会，叶奇蓁院士担任鉴定委员会主任。来自中国核工业集团公司、中国广东核电集团有限公司、国家核电技术有限公司、秦山第三核电有限公司、清华大学、中原对外工程公司、国家环保部核与辐射安全中心等国内多家单位核电领域知名专家组成的鉴定委员会对成果进行了鉴定。

核能协会组织鉴定国核电力院 3 项科技成果（2011-06-30）

6 月 10 日，由中国核能行业协会组织的国核电力规划研究设计院(以下简称国核电力院)科技成果鉴定会在北京召开。来自上海核工程研究设计院、北京和利时系统工程有限公司、北京国电华北电力工程有限公司等单位的专家出席了会议。

会上，专家对国核电力院的 3 项科技成果，即《核电常规岛主厂房超限设计问题研究》、《核电站除盐水箱材质的选型研究》和《开关量仪表与模拟量仪表选取原则研究》进行了审查和鉴定。在认真听取汇报、审查资料和讨论之后，鉴定委员会一致同意国核电力院 3 项成果通过鉴定。

第十五期核能行业质保监查员培训班在苏州举办（2011-07-05）

中国核能行业协会“第十五期核能行业质量保证监查员培训班”于 6 月 27 日至 7 月 2 日在苏州举办。来自核能行业 53 个企事业单位的 125 名学员参加了培训。中国核能行业协会副理事长赵成昆在开班仪式上，分析了日本福岛核事故的经验教训，以及对中国核能发展的影响和启示，并为培训班讲了《核能安全管理与核安全文化》一课。

培训班邀请了业内 4 名专家为教员，根据《核能行业质量保证培训大纲（试行）》的要求，安排了核安全文化、质量保证法规和标准、质量保证基本知识、监查技术、质量事件案例分析等 7 个方面的教学内容，完成了大纲规定的培训任务。

2011 世界核大学清华周北京培训研讨会在京开幕（2011-07-05）

7 月 4 日，由中国核能行业协会、世界核大学、清华大学共同主办的 2011 世界核大学清华周北京培训研讨会在京开幕。中国核能行业协会副理事长兼秘书长马鸿琳、世界核协会副总干事 Steve Kidd、清华大学研究生院副院长高策理出席并致辞。

马鸿琳秘书长在致辞中回顾了前两届活动的举办情况，分析了福岛核事故对世界核电发展的影响，介绍了中国政府以及核能业界应对福岛核事故所采取的措施。他表示，福岛事故将给全球核电复苏带来巨大影响，在短期内也会影响我国核电新项目的审批，但是中国在确保安全的基础上高效发展核电的方针没有改变，在充分吸取福岛事故经验教训的基础上，中国核能和平利用事业的步伐将迈得更加坚实有力。

来自中核集团、中广核集团、中电投集团、国家核电技术有限公司、东方电气集团公司、中科院有关研究院所、有关核电公司等 40 余家单位，以及清华大学、上海交通大学、华北电力大学、哈尔滨工程大学等近 10 家院校的约 150 名代表和在校研究生参加了本次活动。

2011 核能行业仿真技术及应用研讨会在京举办（2011-07-11）

7 月 7 日 ~ 8 日，由中国核能行业协会主办，中科华核电技术研究院承办、中广核（北京）仿真技术有限公司协办的 2011 核能行业仿真技术及应用研讨会在北京举办。来自环保部核与辐射安全中心、核能协会、相关核电集团公司、核电厂营运单位、研究设计院所、高校、设备制造厂等 42 家单位的 100 多位专家参加了研讨。

中国工程院院士李伯虎等 22 名专家作了专题技术报告。与会专家围绕我国核能行业仿真技术的发展现状，关键技术研究、管理、发展趋势，系统建模与仿真，集成测试技术等议题，展开了热烈讨论和交流，分享了行业内仿真技术的最新成果。

数字化仪控系统运行分析工作组第一次会议在京召开（2011-07-11）

7 月 6 日，由中国核能行业协会主办、核动力运行研究所承办的数字化仪控系统运行分析工作组第一次会议在北京召开。来自环保部核与辐射安全中心、核能行业协会、核电营运单位、研究设计院所、高校、工程公司等 28 家单位的 47 位专家参加了会议。

来自运行核电厂、在建核电厂和工程公司的 11 名专家作了发言，介绍了本单位(或参建核电厂)数字化仪控系统(DCS)的设计、建造、组态、调试、运行等方面的情况，与大家交流了经验。

会议进行了选举，产生组长 1 名、副组长 6 名。大家讨论并通过了工作组的运作模式、长期规划，以及 2011 年度的工作计划，同时审议通过了核电厂数字化仪控系统运行经验专题报告框架。

核电建设同行评估员培训班开班（2011-07-18）

7 月 12 日 ~ 15 日，由中国核能行业协会主办，中科华核电技术研究院、中电投江西核电有限公司共同承办的 2011 核电建设同行评估员培训班在江西省九江市举办，来自 15 个单位的 46 位领导和同行专家参加了培训。7 月 12 日上午，中国核能行业协会理事长张华祝、副理事长李永江、副秘书长冯毅，中核三门核电有限公司副总经理缪亚民，中电投江西核电有限公司总经理郝宏生、副总经理陈志刚等出席了开班式。张华祝在开班式上就福岛核事故后我国核电发展问题发表了讲话。

张华祝说，本期培训班的主要目的是为即将开展的山东海阳核电站施工阶段同行评估做好准备；同时，也是为完善我国核电自律评价制度、促进行业安全高效发展进行认真研讨。张华祝强调，在发生日本福岛核事故的背景下，我国核能行业应当坚定信心、扎实工作，应对危机、克服困难，努力促进我国核电在确保安全的基础上高效发展。

在谈到 3.11 日本福岛核事故的态势及其影响时，张华祝说，这次事故是继 1979 年美国三里岛、1986 年苏联切尔诺贝利事故之后，又一起十分严重的核事故。虽已过去 4 个月，迄今核事故危机尚未解除，事故反应堆循环冷却迟迟不能建立，覆盖反应堆厂房的方案似乎还在讨论之中，实施路线图面临诸多挑战；电站周边地区长期撤离的居民，正常生产生活受到严重影响。福岛核事故使核电安全问题再一次成为公众关注的焦点，德国、瑞士等少数欧盟国家宣布放弃核电，全球核能复苏的努力遭受挫折，核电发展面临着严峻挑战；值得庆幸的是，多数国家，特别是几个核能大国都能理性地面对事故，宣称坚持本国的核能政策并将继续发展核电，给全球核电走出事故阴影带来了信心和希望。回顾世界核电发展历程，三里岛事故和切尔诺贝利事故曾使全球核电发展受到重大影响，但最终并没有阻止人类和平利用核能的步伐。而且，正是因为有了这两起事故的沉痛教训和经验反馈，才推动了过去20多年全球运行核电站的技术改进和管理创新，推动了核电新技术的开发和应用。因此，我们有充分的理由相信，日本福岛核电事故同样不会让全球核电发展就此止步！

在谈到当前我国核能行业的重点工作时，张华祝指出，为有效应对日本福岛特大核事故的不利影响，我国核能行业正认真贯彻落实国务院3月16日常务会议的精神，为确保我国核电安全、恢复公众信心，实现“十二五” 期间核电持续健康发展，作出不懈努力。我们必须按照国务院常务会议的精神，以对国家和人民高度负责的精神，充分认识核安全的重要性，切实把核安全放在第一位，贯彻落实好国务院的四项决定。要认真汲取日本福岛核电事故的经验教训，进一步提高安全意识、质量意识和风险意识，提升核电厂外部事件防范和严重事故预防、缓解能力，更加注重技术创新和安全文化建设，提高核安全监管水平，确保核电安全运行，确保核电建设质量，确保从业人员、公众和环境的安全，让国家放心，让人民放心。目前，按照国务院常务会议的精神，核安全大检查还在进行之中，核安全规划编制工作和核电中长期发展规划调整完善工作也在抓紧进行。从短期看，核电发展节奏有所放缓，有利于全面审视我国核电安全发展状况，认真汲取福岛核事故教训，并采取相应措施；从中长期看，我国核电发展的方针和发展目标不会改变，核电安全发展的基础将更加牢固，核电必将在我国能源建设和经济社会发展中发挥更大的作用。

在谈到日本福岛核事故后，中国核能行业协会加强行业自律管理的具体举措时，张华祝指出，开展核电同行评估及经验交流，是核能行业协会服务我国核电科学发展的重要方式之一。他说，我国从2002年逐步建立起自己的核电厂同行评估及经验交流制度，目前已形成了核电同行评估、行业经验反馈、共性知识研讨、行业专题小组等四位一体的核心服务产品。在核电同行评估方面，国内已实施了17次同行评估活动，其中，运行评估12次、核电建设评估5次。直接参与的评估专家和对口人员达440人，共产生317个待改进领域、58个管理强项。实现了同行评估领域从运行扩展到建设的管理创新。在经验反馈方面，建成中国核电运行信息网并投入运行，实现了核电生产、关键业绩指标、运行事件的在线报送和分享，核电建设行业经验反馈及共享机制也正在策划之中。在核电共性知识研讨方面，为更新行业知识储备并推动学习型行业建设，2007年以来，协会已组织20多场专业研讨活动。核电管理及技术交流实现了常态化。在行业专题小组方面，已试点成立核电大型变压器、应急柴油发电机组、以可靠性为中心的维修（RCM）应用、防人因失误管理、主泵、控制棒驱动机构、老化及寿命管理、数字化仪控等12个专题小组，为形成核电供应链闭环经验反馈和行业创新网络提供了有力支撑。总体上看，国内已初步建立了核电领域自律评价、行业交流、相互借鉴、持续改进的工作机制，为提高我国核电行业管理水平发挥了不可或缺的重要作用。目前，一个由国家能源局业务指导，核能行业协会组织运作，核电厂营运单位主体参加，科研院所技术支撑的委员会工作机制运转正常。与我国核电中长期发展目标相适应，作为我国核电营运单位共同的分享经验、持续改进的工作平台，该委员会工作机制将发挥日益重要的作用。他表示，希望会员单位积极参与有关活动，共享各类服务，更欢迎大家对这项工作提出好的意见和建议。

张华祝也对办好核电建设同行评估员培训班提出期望和要求。他说，应中电投山东核电有限公司的申请，核能行业协会计划于今年 10 月份对山东海阳核电厂实施施工阶段建设管理的同行评估。山东海阳核电厂是首批 AP1000 引进项目，国内外核能界高度关注。规范、安全、高质、高效地推进该工程的技术研发、工程建设和长期营运，是我国政府有关部门、相关工程实施责任单位和核能行业协会的共同期待。在实施对该项目的同行评估过程中，我们应牢牢把握同行评估的自律性、服务性、企业主体性等特征，继续坚持“平等自愿、合作开放、规范有序、共享经验、持续改进”的工作方针。他说，本期培训班是确保现场评估效果的基础性工作，是现场评估前的热身，也是培育评估队团队文化的难得机会。请各位参评专家探索创新、集中智慧，平等协作、积极研讨，为确保首次核电施工阶段建设同行评估活动的成功，为拓展我国核电同行评估新领域作出更多贡献！

协会领导会见美国客人（2011-07-22）

7 月 21 日，中国核能行业协会副理事长赵成昆，在京会见了到访的美国赛瑞丹有限公司副总裁兼硼产品公司总经理 Dennis Manning 先生一行。宾主双方就将于 10 月共同举办的富集硼酸应用国际研讨会的筹备情况、日本福岛核事故后国际核能形势等进行了交流。

作为协会的联系会员，美国赛瑞丹有限公司希望与协会共同筹办富集硼酸应用的国际研讨会，介绍富集硼酸技术最新情况，邀请国内外相关专家研讨富集硼酸在核电厂中的应用，为改进和提高核电厂安全性和运行水平做出贡献。

福岛核事故经验教训专题报告会在京召开（2011-07-22）

7 月 20 日，由中国核能行业协会主办的福岛核事故经验教训专题报告会在京召开。协会邀请了在概率风险评估（PRA）方面资深美国专家沈聿博士就福岛核事故经验教训作专题报告。核能协会理事长张华祝、副理事长兼秘书长马鸿琳、副理事长赵成昆等出席了报告会。来自中核集团、中广核集团、中电投集团、国家核电、中国华能等单位的代表参加了报告会。

沈聿博士详细介绍了福岛核事故后，

日本、韩国、美国、欧盟、阿联酋等的响应、安全检查、压力测试、围绕全厂断电（SBO）和严重事故缓解导则（SAMG）的超设计基准事故，以及不同国家的核安全文化与挑战等方面的情况。作为阿联酋Braka核电公司（BNPP）安全检查项目的负责人，沈聿博士还重点介绍了Braka核电厂的安全检查目标、领域和方法。

研讨中，与会代表就关键技术和公众宣传等领域的问题与沈聿博士进行了交流。

协会领导接受新华社记者采访（2011-07-25）

7月22日，中国核能行业协会理事长张华祝、副理事长赵成昆，在协会接受了新华社记者的采访。围绕借鉴国外发展核工业的有益经验、日本福岛核事故对我国和平利用核能的重要启示，以及怎样加强核电的安全保障等问题，张华祝、赵成昆回答了记者的提问。

核能行业核级泵专家组技术支持研讨会在深圳举行（2011-07-26）

7月21日至22日，由中国核能行业协会、大亚湾核电运营管理有限责任公司共同主办的核能行业核级泵专家组技术支持及技术问题研讨会在深圳大亚湾核电基地举行。来自中国核电工程有限公司、中国核动力研究设计院、东方阿海珐核泵有限责任公司、上海阿波罗机械股份有限公司、沈阳鼓风机集团核电泵业有限公司、中广核工程公司、中科华核电技术研究院有限公司、四川日机密封件股份有限公司及主办方等10个单位的30多位专家和技术人员参加了研讨。

会议期间，与会专家就我国主泵及核级泵设计、制造、安装、调试、运维等领域中的关键技术及发展现状作了专题介绍，并对电站设备管理、维修、工程改造、性能试验等问题，进行了原因分析，给出了建设性的意见与反馈。

核电工程项目管理项目经理人培训班在沪举办（2011-07-28）

7月25日，由中国核能行业协会主办，中电投高级培训中心承办的核电工程项目管理项目经理人第一期培训班在上海正式开班。来自31家单位的83名学员参加了培训。

本次培训班是核能行业协会在核电工程项目管理领域人才培养方面的一次全新尝试，对提升我国核电工程项目管理水平有着十分积极的作用。

协会领导会见美国客人（2011-08-08）

8月5日下午，中国核能行业协会副理事长赵成昆在京会见了到访的美国约翰霍普金斯大学高级国际问题研究学院副院长蓝普顿（David Lampton）先生一行二人。双方就中国核能发展现状、中国核安全监管、中美和平利用核能的机遇与挑战等议题进行了交流与探讨。

核能协会召开第八次常务理事会（2011–08–16）

根据协会章程规定，7 月 15 日中国核能行业协会以通信方式召开了第一届常务理事会第八次会议。会议审议并通过了《关于申请入会单位资格审查情况的报告》和《关于调整理事、常务理事人选的建议》。

会议审议了组织管理委员会《关于申请入会单位情况的报告》，同意中国国电集团公司、台山核电合营有限公司、中橡集团沈阳橡胶研究设计院、东方电气（武汉）核设备有限公司、上海丰瑞投资集团有限公司、上海爵格工业工程有限公司、华润新能源控股有限公司、上海临港经济发展（集团）有限公司、北京同方电子科技有限公司、中核华兴达丰机械工程有限公司、大连华阳光大密封有限公司、渤海重工管道有限公司、广西金雨伞防水装饰有限公司、北京市君合律师事务所、湖南核电有限公司、上海三一科技有限公司等 16 家单位为核能协会会员单位；同意山特维克国际贸易（上海）公司、华尔卡密封件制品（上海）有限公司、固力保安全系统（中国）有限公司等 3 家境外法人独资企业为核能协会联系会员单位。

会议审议了组织管理委员会《关于调整理事、常务理事人选的建议》，同意江苏核电有限公司推荐该公司总经理吴秀江担任协会常务理事；同意中核陕西铀浓缩有限公司推荐的焦成襄、辽宁红沿河核电有限公司推荐的杨晓峰、三门核电有限公司推荐的缪亚民、中国核电工程有限公司推荐的刘巍、福建福清核电有限公司推荐的蒋国元担任协会理事。

核能协会领导会见捷克代表团（2011–09–08）

9 月 6 日上午，中国核能行业协会副理事长赵成昆在京会见了到访的捷克政府能源安全无任所大使巴尔图什卡（Vaclav Bartuska）先生一行 6 人。双方就各自国家核电发展现状以及福岛核事故对世界核电发展的影响进行了交流与探讨。

赵成昆应邀回答了捷克关注的中国核电发展情况及所面临的挑战等方面的问题。

2011 年运行核电厂年度报告专家审评会在京召开（2011–09–13）

9 月 8 日至 9 日，2011 年运行核电厂年度报告专家审评会在北京世纪国建宾馆召开。来自中国核能行业协会、核电厂营运单位、研究设计院所的 16 位专家参加了会议。

报告编制单位对《中国运行核电厂事件经验反馈报告（2011）》（草案）、《中国运行核电厂关键业绩指标报告（2011）》（草案）和《WANO 性能指标技术导则》3 份报告的编写情况作了汇报。与会专家围绕报告展开认真讨论，形成了审查意见。

此次专家审评会对优化经验反馈报告的结构和内容，反映行业管理需求，深化核电厂经验反馈工作具有积极意义。

第十六期核能行业质量保证监查员培训班在苏州举办（2011-09-13）

中国核能行业协会“第十六期核能行业质量保证监查员培训班”于8月29日至9月3日在苏州举办。来自政府有关监管部门、核电、工程和建安公司、研究院及设备制造等32个企事业单位的78名学员参加了培训。环保部核与辐射安全司副司长汤博为培训班讲了第一课——“核安全文化”。

培训班邀请了业内4名专家为教员，根据《核能行业质量保证培训大纲（试行）》的要求，安排了核安全文化、质量保证法规和标准、质量保证基本知识、监查技术、质量事件案例分析等7个方面的教学内容，完成了大纲规定的培训任务。

中国核能行业协会召开部分会员单位座谈会（2011-09-19）

9月16日，为深入了解制造企业、中小企业会员单位的服务需求，倾听其意见和建议，中国核能行业协会在浙江嘉兴组织召开了部分会员单位（江浙片区）座谈会。31家会员单位的35名代表参加了会议。

2011核能行业防人因失误培训班在大亚湾举办（2011-09-19）

9月6日至8日，由中国核能行业协会主办、大亚湾核电运营管理有限责任公司承办的“2011核能行业防人因失误培训班”在大亚湾核电基地举办。来自相关集团公司、核电公司、工程公司和研究院等共8家单位的36名学员接受了培训。

本次培训班是由“核能行业防人因失误工作组”具体策划和组织的培训试点，有利于在行业内强化核安全意识，改善员工行为习惯，减少电厂人因事件的发生。培训班安排了核安全文化、防人因失误基本理论，防人因失误工具卡训练等内容。

2011年海峡两岸核电厂安全运行技术培训研讨班在山东举办（2011-09-22）

9月20日，由中国核能行业协会、财团法人核能科技协进会共同主办，华能山东石岛湾核电有限公司承办的“2011年海峡两岸核电厂安全运行技术培训研讨班”在山东荣成举办。核能协会副理事长兼秘书长马鸿琳出席开幕式并致开幕辞；财团法人核能科技协进会执行长陈胜朗出席会议并致辞。

马鸿琳在开幕致辞中说，日本福岛核事故对包括中国在内的全球核电行业造成重大影响，世界主要核电国家与国际组织都在认真研究福岛核事故的经验与教训，并提出了应对措施。作为全球核电在建规模最大的国家，中国政府在福岛核事故发生后迅速出台了四项措施，并对全国在运和在建核电厂进行安全大检查。马鸿琳强调，福岛核事故的发生再次向核电业界敲响了警钟，我们要在深刻认识核电对人类社会可持续发展发挥不可替代作用的同时，还必须充分了解它的潜在风险，牢固树立安全至上的理念，从事故中总结经验教训，不断改进核电技术，加强安全管理，提高核电安全水平。马鸿琳还表示，人才培养是我国核电安全高效发展的关键，核能协会愿意为业界搭建平台，促进两岸核能合作与交流。

本届培训研讨班为期 5 天，培训内容分为三个部分，即核电厂工作人员的安全意识强化、核安全案例分析、操作员管理能力实务。具体课程包括：核电安全理念与体系、核电厂安全技术性能指标的认知及应用、核电厂运行值班管理思路、提高操作员素质的管理和技术性措施、日本福岛核电厂、美国三里岛核电厂和苏联切尔诺贝利核电厂事故分析、防范超设计基准事故的因应措施等 10 多个专题。培训研讨班邀请了大陆和台湾地区长期从事核电厂运行和管理的资深专家授课。共有来自在建和在运行核电厂、研究机构、设计建造单位的 90 余名技术和管理人员参加了培训和研讨。

核能协会专家委员会铀资源专业组会议在赣召开（2011-09-22）

9 月 20 日，中国核能行业协会专家委员会铀资源专业组会议在赣召开。中国核能行业协会副理事长、专家委员会常务副主任赵成昆参加了会议。

会议期间，赵成昆副理事长和中国地质科学院王安建教授先后作了《后福岛时期与中国核电思考》和《我国能源资源概况和预测》的专题发言，为与会代表的讨论开拓了思路。与会代表发言踊跃，围绕对我国铀资源的情况进行了深入广泛的交流，在资源发展的政策研究、基础建设、技术开发与应用、机制体制建设、开展国内国际的合作等发表了意见，提出了很多建议。专家希望中国核能行业协会能进一步发挥平台作用，汇集行业专家的力量研究问题，积极向国家有关部门反映并提出行业的意见，为我国核电发展提供资源保障作出贡献。

台湾核能级产业发展协会访问核能协会（2011-09-27 ）

9 月 23 日，台湾核能级产业发展协会（TNA 核产会）理事长许文都一行 7 人到核能协会进行访问。中国核能行业协会副理事长兼秘书长马鸿琳接待了台湾朋友。

马秘书长表示，希望中国核能行业协会和台湾核能级产业发展协会彼此间能常来常往，共同促进两岸核能界的交流与合作。

许文都理事长介绍了台湾核能级产业发展协会成立一年以来的情况，表达了和中国核能行业协会建立更紧密的联系，进行更多更有效合作的愿望。

台湾核能级产业发展协会（TNA 核产会），成立于 2010 年 6 月 14 日，汇聚了台湾核能界产学研 40 多家单位。TNA 以持续推动台湾核能级产业的应用，整合台湾机械、电气、仪控、电子及软件设计、材料、工程设计服务等产业之技术并构建可发展的平台，使核能级产业获得永续发展为宗旨。

2011 核能行业质量管理研讨会在京举办（2011–10–08）

9 月 26 日 ~ 27 日，由中国核能行业协会主办、华能核电开发有限公司承办的 2011 核能行业质量管理研讨会在北京举办。来自工业和信息化部科技司、核能协会、环保部核与辐射安全中心、相关核电集团公司、核电厂营运单位、研究设计院所、高校、设备制造等 70 家单位的近 150 位代表参加了研讨。中国核能行业协会副理事长赵成昆致开幕词。

赵成昆强调，要充分汲取日本福岛核事故教训，认真总结先进管理经验，传播推广先进质量管理工具和方法，坚持将质量保证工作贯彻到核电产业链条的各个环节和每一个参与主体，系统推进核电质量保证技术、管理和法规的完善与提升。

来自业内的 20 名专家作了专题技术报告。与会专家围绕我国核能行业质量管理和质量管理基本理论及应用，国内外质量管理现状、最新的质量管理方法、发展趋势，质量保证分级管理、管理目标及体系建设、经验反馈及如何充分发挥行业自律作用等议题，展开了热烈讨论和交流。

核电站液体放废处理技术研讨会在京举办（2011–10–09）

9 月 23 日，中国核能行业协会主办、华能核电开发有限公司承办的核电站液体放废处理技术研讨会在京举办。来自环保部核与辐射安全中心、中核集团、中广核集团、国家核电技术公司及华能核电开发有限公司、华能石岛湾核电有限公司近 30 名专家参加了研讨会。

美 EnergySolutions 公司的 3 名专家分别就 AP1000 液体废物零排放 / 再循环系统、 氚去除系统、严重事故放废液体处理等专题作了报告并与中方专家进行了热烈讨论。本次研讨会对积极吸取福岛核事故的经验，借鉴国际先进的液体放废处理技术以及保证我国核电站的安全和保护环境，提升公众对核电的信心有着积极作用。

核能与核技术产业研讨会在蓉举行（2011–10–09）

9 月 28 日，由中国核能行业协会、四川省核技术应用协会 / 核学会和成都市人民政府联合主办，四川省双流县人民政府承办的核能与核技术产业研讨会在成都举行。来自各大核电集团及相关单位的领导和专家近 90 人出席了研讨会。

会议以内陆核电厂相关问题及解决途径，以及核技术应用与核电装备发展研究为主题，邀请了国内外资深专家作了相关专题的发言。中国核能行业协会副理事长赵成昆主持了会议并作了题为《后福岛时期和对中国核电发展的思考》的报告。会议对提高我国内陆核电厂安全的认识及研讨相关问题的解决途径，推动我国核技术产业化和核装备制造的国产化，以及成都市核电产业聚集起到积极作用。

核能行业质量管理工作组会议在京召开（2011-10-09）

9 月 27 日，为全面促进核能行业质量管理工作，借全国“质量月”和“2011 核能行业质量管理研讨会”的契机，中国核能行业协会核能行业质量管理工作组会议在京召开。来自核能协会、核电集团公司、核电厂业主、营运单位、核电工程公司、研究设计院所、高校等 25 个单位的 27 位有关领导和专家参加了小组领导机构的推选和座谈。

会议确认了工作组组长、副组长和执行秘书。在充分交流的基础上，与会专家听取并重点审议了工作规划、活动规则，并就该领域面临的挑战、存在的焦点问题以及工作组下一步工作目标、计划等进行了讨论，确定了以专题研讨、专项培训、课题研究、信息共享等为主的工作内容，对工作组的活动提出了宝贵的建议和意见。本次会议标志着核能行业质量管理工作组正式启动。

第十七期核能行业质量保证监查员培训班在苏州举办（2011-10-24）

中国核能行业协会“第十七期核能行业质量保证监查员培训班”于 10 月 17 日至 22 日在苏州举办。来自核电、工程、研究设计、建设安装、设备制造等 49 个企事业单位的 87 名学员参加了培训。

培训班邀请了业内 4 名专家为教员，根据《核能行业质量保证培训大纲（试行）》的要求，安排了核安全文化、质量保证法规和标准、质量保证基本知识、监查技术、质量事件案例分析等 7 个方面的教学内容，完成了大纲规定的培训任务。

第二届中国国际核工业研讨会在香港举办（2011-10-24）

继首届中国国际核工业研讨会去年在北京成功举办之后，中国核能行业协会（CNEA）与世界核协会（WNA）于 10 月 20 日 ~ 22 日在香港共同举办了第二届中国国际核工业研讨会。中国核能行业协会副理事长、核电秦山联营有限公司高级顾问李永江出席开幕式并代表协会理事长张华祝致开幕辞，世界核协会主席、美国 Exelon 公司总裁兼首席执行官 Chris Crane 先生主持了开幕式并致辞。

来自国际原子能机构 (IAEA)、世界核电运营者协会 (WANO)、世界核协会等国际核能组织的负责人和专家，以及中、美、俄、英、法、德、日、韩、澳、南非、哈萨克斯坦及台湾、香港等近 30 个国家和地区的近 200 位企业领袖、专家参加了会议。本次会议议题由 8 个部分组成，涉及福岛事故对世界各国核电发展的影响、核教育与培训、核燃料及核供应链、核法律、风险责任及监管体系等领域。中核集团、中广核集团、中电投集团、国家核电技术有限公司、清华大学等国内单位以及 IAEA、WANO、Exelon 公司、绍尔集团公司、法国电力公司、日本原子力产业协会、香港中华电力有限公司等组织的领导、资深专家共作了30余篇报告。协会副理事长赵成昆向会议作了题为《在确保安全的基础上高效发展核电》的主旨报告。

世界核协会总干事 John Ritch 先生、中国核能行业协会副秘书长龙茂雄出席会议并致闭幕辞。

山东海阳核电站工程施工阶段同行评估圆满结束（2011-10-25 ）

10月15日～24日，中国核能行业协会组织由协会副理事长赵成昆为领队、三门核电有限公司副总经理缪亚民为队长、中广核集团工程公司副总工陈李华为副队长，共35位核电工程建设同行专家组成的同行评估队对山东海阳核电站工程施工阶段的工程建设管理进行了现场同行评估。从去年11月山东核电有限公司提出评估申请，到双方确定评估领域、评估队预访问、文件准备、评估员培训至此次现场评估，历时一年。

10月15日，中国核能行业协会理事长张华祝、中电投集团领导、评估队全体队员、山东核电有限公司的领导及评估队对口人参加了入场会。张华祝理事长在发言中对评估队员及山东核电有限公司为此次评估活动所做的准备工作表示感谢，对山东核电有限公司在海阳 AP1000 项目工程进度紧、难度大的情况下申请这次同行评估表示充分肯定，并强调抓好核电建设管理、确保工程建设质量对当前我国核电发展具有特别重要的意义。他表示我国核电工程建设同行评估工作正在随着工程建设实践和评估活动的开展不断完善，将为保证我国核电建设工程顺利建设，提高管理水平发挥重要作用。

在为期10天的现场评估过程中，评估员依据《核电工程建设业绩目标与准则》，通过现场巡视、人员访谈、文件查阅等形式对山东海阳核电项目工程建设的项目整体管理、设计管理、采购与合同、设备监造、设备与材料管理、土建施工管理、设备安装管理、调试管理、生产准备、质量保证、安全与环境管理、进度控制、投资管理、培训与授权、信息管理、风险管理等共16个领域进行了评估，得出了评估结果。

此次评估活动是对我国三代核电项目工程建设管理的首次同行评估，也是首次对核电工程建设16个领域的全面综合评估，对提高我国核电工程建设同行评估的水平和能力、积累评估经验具有重要意义。

后福岛时代中国核电发展高端研讨会在京召开（2011-10-31 ）

为总结和吸取福岛核事故的经验教训，促进中国核电安全高效发展，10月28日，中国核能行业协会与中国能源研究会在京联合召开了后福岛时代我国核电发展高端研讨会。国家有关部门、中国科学院、中国工程院、有关集团公司及高校领导、专家共60余人参加了会议。

与会代表畅所欲言，对福岛核电事故

应吸取的教训、中国核电安全状况、中国核电的未来发展等进行了广泛而深入的讨论，并对如何安全高效发展中国核电提出了具体的意见和建议。

核学科建设及人才培养研讨会暨教育部核工程与核技术专业教指委第六次会议在浙召开（2011-11-04 ）

2011 年 11 月 4 日中国核能行业协会与清华大学主办、浙江海盐县承办、核电秦山联营有限公司协办的“2011 年核学科建设及人才培养研讨会暨教育部核工程与核技术专业教学指导委员会第六次会议”在浙江省海盐县召开。国家环保部核安全司、国家能源局电力司和有关集团公司、企业、各设核专业高等院校、研究院所等单位的代表及中国核能行业协会专家委员会、教育部核工程与核技术专业教指委的专家 100 余人出席了会议。

中国广东核电集团有限公司、清华大学、中国核工业建设集团公司、哈尔滨工程大学、中国电力投资集团公司、南华大学、东华理工大学的代表分别就核专业人才现状、需求与培养的情况及问题进行大会交流，对如何加快核专业人才培养、提高核专业人才培养质量、造就高层次的核专业人才队伍提出了意见和建议。

核能协会核人才专业组扩大会在浙召开（2011-11-05）

11 月 5 日，中国核能行业协会专家委员会核专业人才培养专业组扩大会在浙江海盐召开。中国核能行业协会专家委员会核专业人才培养专业组专家、用人单位、高等院校的代表共 32 人参加了会议。中国核能行业协会副理事长兼秘书长马鸿琳主持了会议。

与会专家和代表对核能行业核人才培养方面的现状、存在的问题等进行了分析和研讨。大家认为，核专业人才培养有其特殊性，无论企业和高校都要努力，才能形成核专业人才有序培养的机制。企业要根据自己的发展提出用人需求和规划，高校要针对自己的优势，提出自己的发展方向。

在核专业人才培养方面，大家认为应更加注重质量，更加注重加强核安全文化的培养，更加注重学生的实践工作能力。

大家认为，中国核能行业协会为人才供需单位搭建了很好的平台，希望中国核能行业协会在进一步促进校企业联合、建立共享平台方面做出更多的努力。

赵成昆赴日出席最佳能源结构与核电国际研讨会（2011-11-10）

11 月 7 日，应日本能源经济研究院（IEEJ）邀请，中国核能行业协会副理事长赵成昆赴东京参加了“最佳能源结构与核电国际研讨会”，就福岛核事故后中国核电的基本情况向会议作了报告，并回答了会议代表提出的关于中国核电安全监管、核电人才培养、核电国际合作等方面的问题。本次研讨会由 IEEJ 与日本读卖新闻社共同主办。参加本次会议的共有包括来自日本核能界的近 300 名代表。

协会领导会见美国机械工程师学会全球开发总监（2011–11–11）

11 月 10 日，中国核能行业协会副理事长赵成昆在京会见了到访的美国机械工程师学会（ASME）全球开发总监 Mark E. SHEEHAN 先生一行 3 人。双方简要介绍了各自机构的基本情况及最新动态。通过交流，双方认为两家机构在宗旨与职能等方面存在相似之处，未来要进一步加强互动，深化了解，共同推动相关核电标准的持续改进。双方还对签署合作备忘录交换了看法，一致同意在来年适当时机签署两会合作备忘录。

第四代核能系统论坛（GIF）工作研讨会在京举行（2011–11–18）

11 月 16 日，中国核能行业协会在京召开了第四代核能系统国际论坛（GIF）工作研讨会。GIF 专家组中方成员，以及来自中国广东核电集团有限公司、国家核电技术有限公司、清华大学、上海交通大学、中国原子能科学研究院等单位的代表参加了研讨。

随着 GIF 工作不断深入展开，国内外协调联络工作日益增多，经过认真研究，科技部、国防科工局有关部门决定成立 GIF 联络办公室（简称“联络办”），并委托核能行业协会承担联络办的工作。会上宣读了《关于委托承担 GIF 论坛联络办公室工作的函》（国科外函【2011】251 号），介绍了联络办成立的背景、目的和意义，并对近期主要工作和 2012 年 GIF 工作会提出了要求。各位专家和与会代表针对联络办工作机制，加入项目管理理事会（PMB）、超临界水堆（SCWR）、如何充分发挥中方在 GIF 工作的作用等以及 2012 年 GIF 工作会召开的时间、地点和承办单位等事项进行了讨论。

与会代表一致认为，政府主管部门依托行业协会成立联络办非常必要和及时，希望联络办在政府部门的指导下，充分发挥平台作用，完善联络渠道，积极指导和协调国内参加单位，加强与 GIF 秘书处的沟通和联络，全面深入地参与 GIF 各项活动。

张华祝会见法国电力公司高级执行副总裁（2011–11–18）

11 月 15 日，中国核能行业协会理事长张华祝在京会见了前来拜访的法国电力公司高级执行副总裁兼首席财务官托马斯·皮格马、执行副总裁兼亚太区总裁马识路等一行 9 人。双方回顾了两国良好的核能合作历程，并就福岛核事故后本国核电的发展情况进行了充分的交流。

张华祝说，福岛事故对世界核电发展产生了巨大的影响，但主要核电国家，如美国、法国、英国、韩国、中国、印度等国家的核电发展政策都没有大的变化。对中国而言，福岛核事故发生后，中国政府相关部门对所有运行核电厂和在建核电项目进行了综合性的安全大检查，检查结果是令人鼓舞的，尽管现在还很难确定何时重启项目审批工作，但中国在确保安全的基础上高效发展核电的方针没有改变。他也表示，希望两国都能早日走出福岛核事故的阴影，互通信息、密切合作，共同促进两国核电安全、健康发展。

法方谈道，中法两国在核电领域有着长期良好的合作，双方应加强经验分享与交流，共同提升安全等级，使之达到国际最高安全标准。日本福岛核事故发生后，法国电力公司组织 300 人对法国核电厂的安全性进行了重新评估，并将评估结果和建议上报法国核安全机构审核。

《中国核能》通讯员培训班在北京举行（2011-11-21）

11 月 17 日，中国核能行业协会第四期《中国核能》通讯员培训班在北京举办，来自协会会员单位的近 40 名通讯员参加了培训。培训班邀请了两位媒体资深人士讲课，讲授了消息与专题的写作，以及向媒体投稿的方法和技巧，对通讯员搞好宣传工作有一定的指导意义。《中国核能》编辑部汇报了《中国核能》会刊的办刊情况，对通讯员投稿中应注意的问题提出了要求。

中国核能行业协会第一届常务理事会第九次会议在京召开（2011-11-22）

11 月 18 日，中国核能行业协会第一届常务理事会第九次会议在北京举行。中国核能行业协会理事长张华祝主持了会议。

会议听取了中国核能行业协会副理事长兼秘书长马鸿琳所作的《中国核能行业协会 2011 年主要工作进展情况的报告》，对协会一年来的工作给予了充分肯定，并对协会工作提出了很好的意见和建议，希望协会能在提供决策咨询、引导公众舆论、凝聚行业共识、构建安全基础等方面发挥更大作用。

会议审定了国家核电技术有限公司北京软件技术中心等16家单位的入会申请，同意国家核电技术有限公司北京软件技术中心、通标标准技术服务有限公司、天津天地伟业数码科技有限公司、成都神钢工程机械（集团）有限公司、浙江百基特材科技有限公司、海盐科路人力资源有限公司、阿尔斯通（武汉）工程技术有限公司、中广核（北京）技术应用有限公司、苏州热工研究院有限公司、中核河南核电有限公司为协会会员；同意罗尔斯·罗伊斯商业（北京）有限公司、瑞士西屋电气（亚洲）有限公司北京代表处、德士达建材（广东）有限公司、颇尔过滤器（北京）有限公司为协会联系会员。

会议审议了中国原子能科学研究院、中核第四研究设计工程有限公司提出的变更理事人选的申请，同意中国原子能科学研究院推荐万钢院长接替赵志祥担任协会理事、中核第四研究设计工程有限公司推荐吴忠俭总经理接替车大水担任协会理事的意见。

会议同意在秘书处设立核电评估部的建议。

会议同意张华祝理事长关于2012年理事会换届工作的意见，审议并通过了关于做好中国核能行业协会理事会换届工作的决议。

核电厂调试启动工作组成立大会在云南召开（2011–11–29）

11月24日，为搭建核电厂调试启动领域经验交流平台，形成行业技术创新网络，促进核电调试领域专业发展，持续提升核电调试安全管理水平，核能行业核电厂调试启动工作组在云南省大理市召开了成立大会。

中国核能行业协会副秘书长龙茂雄介绍了工作组成立的背景，强调了在福岛事故后，加强在建核电项目和运行电厂同行评估和经验交流的重要性。他提到，协会为加强同行评估和经验反馈工作，在刚刚结束的第一届理事会第九次常务理事会上，成立了核电评估部。他说，行业专题工作组是协会近年来根据发展需要，搭建的经验反馈、技术交流新平台，希望调试启动工作组在规范标准制定、先进技术应用、管理创新等方面凝聚专家智慧，研究解决该领域的共性问题，在追求卓越管理、确保核电建设顺利推进和安全运行等方面发挥积极作用。

来自核能行业30多个企事业单位，90余位领导和技术骨干参加了会议。本次会议的成功召开，标志着核能行业核电厂调试启动工作开始进入规范发展的新阶段。

核电厂调试启动培训研讨班在大理市举办（2011–11–29 ）

11月24日～26日，为共享核能行业调试启动良好实践和管理经验，提升核电厂调试启动管理水平，由中国核能行业协会主办、中广核工程有限公司承办的2011核能行业核电厂调试启动培训研讨班在云南省大理市举办，来自核电厂、工程公司、研究设计院所、建设、安装、监理、维修公司等36个单位的95名学员参加了培训。

培训班上，通过专家讲授、多媒体教学和互动等方式，参训学员系统地学习了调试总论、实施和移交过程、调试试验、调试期间安全和质量控制等课程，对调试启动管理的基本内容、技术与管理要求等有了较深入的理解和把握。

本次培训活动是调试启动工作组在核电厂同行评估及经验交流委员会的指导下的一次成功试点，为我国即将到来的核电项目调试高峰，在人才储备和调试管理准备等方面，作了积极有效的探索。

大亚湾核电基地应急专项评估跟踪回访圆满结束（2011–12–02）

11月21日～24日，由中国核能行业协会组织的核电同行评估回访队，对大亚湾核电基地应急领域专项评估进行了跟踪回访。依据核电行业卓越管理标准，回访队通过现场巡视、人员访谈、文件查阅、事实确认，对受评电厂于 2010 年 10 月提交的待改进领域纠正行动计划的落实情况进行了认真核实，并给出了评估结论。

这次评估取得的积极成果，将有助于大亚湾核电基地进一步完善应急管理体系、不断优化应急响应机制，为我国核能行业同行评估实践积累宝贵经验。

赵成昆率团出席 2011 年亚洲核能会议（2011–12–07）

12 月 5 日 ~ 7 日，由质量与生产力国际中心（IQPC）等国际组织筹办的 2011 年亚洲核能会议在香港举行。来自中、英、法、日、韩、芬兰、巴基斯坦、印度、泰国等国政府部门、行业协会和企业的 90 多位代表参加了会议。中国核能行业协会副理事长赵成昆应邀率团出席会议并作了题为“福岛事故后中国核电发展”的主旨发言。会议围绕福岛事故后加强核电安全监管，注重核电站选址、设计、建造，以及废物处置、核燃料最佳实践等内容进行了研讨。

赵成昆在发言中阐述了中国核电发展现状、福岛事故的影响、我国核电安全检查初步情况以及安全高效发展核电的内涵与要求等内容。他强调，由于福岛核事故影响和中国自身加强核安全、调整核电发展节奏的需要，中国核电项目审批目前仍处于暂停状态，但中国发展核电的信心和决心没有动摇，“在确保安全的基础上高效发展核电”的方针没有改变。他表示，通过认真吸取福岛核事故的经验教训，不断提高安全标准和水平，核能将继续为中国和世界的持续发展提供动力。

12 月 6 日，会议还专门安排了中国核能发展的机遇与挑战的专题讨论，来自中国核能行业协会、中国原子能科学研究院、清华大学核研院、厦门大学的 5 名专家就中国核电发展、核安全、先进核电技术等相关问题与代表们进行了交流和沟通。

协会领导会见英维斯集团新任首席执行官（2011–12–08）

12 月 7 日，中国核能行业协会副理事长兼秘书长马鸿琳在北京会见了来访的英维斯集团新任首席执行官埃德蒙先生一行 5 人。

会见中，马秘书长向埃德蒙先生介绍了中国核能行业协会的主要职能以及协会成立近五年来所开展的主要工作。他说，福岛事件再次说明了核能安全的极端重要性。核安全无国界。加强核安全领域的国际交流与合作对于全球核能事业的可持续发展尤为重要。

埃德蒙先生高度赞赏中国核能行业协会在促进核能发展、公众宣传、解疑释惑等方面所做的卓有成效的工作。他说，福岛事件对全球核电发展造成了严重影响。目前不少国家的核电决策被赋予了太多的感情因素。中国坚持继续发展核电的政策令人欣慰。同时，也必须意识到，任何微小的安全纰漏对于如此庞大的核电发展规划都是不可接受的。因此，英维斯集团愿通过协会平台与中国核能企业开展更加广泛、务实的合作，进一步提升核电的安全与可靠性。

核电厂同行评估及经验交流相关软课题项目验收会在京召开（2011-12-12）

12月8日～9日，“2011年核电厂同行评估及经验交流相关软课题项目验收会”在京召开。来自核能行业协会、有关核电集团公司、核电厂营运单位、研究院所等10个单位的36名专家，课题组成员参加了会议。中国核能行业协会理事长张华祝主持会议，协会副理事长赵成昆，副秘书长徐玉明、龙茂雄，特邀专家俞卓平、丁云峰、张初明等参加了课题评审及验收。

会上，张华祝强调为推动我国核电厂同行评估工作的持续改进，增强核能行业经验交流工作的质量和水平，委员会启动了软课题研究项目。他概括了已开题的14个软课题研究项目的立项背景和基本情况，并对本次软课题的评审和验收提出了具体要求。

与会专家听取了10个结题的软课题报告，查阅了有关成果文件，并进行了集中审评，提出了验收意见；听取了3个未结题项目的进展情况报告，提出后一段研究工作的建议。会议认为，本次提交验收的10个软课题项目基本达到了项目研究的目标，部分研究课题经修改和升版后，可在行业内进行推介。

经认真讨论，与会专家一致认为，委员会开展的软课题项目研究和依托项目成立的专题技术工作组，对推动核电行业先进技术的引进、吸收和应用，对提高核电运行和建设安全具有十分积极的意义，值得继续支持和推广。

核法律与核损害责任经验交流会在京召开（2011-12-13）

12月9日，由中国核能行业协会和法国电力公司（EDF）共同主办的核法律与核损害责任经验交流会在京召开。来自政府主管部门、相关研究院所、高等院校、核电营运公司以及律师事务所等36家单位的54名代表参加了会议。

会议邀请了法国电力公司资深法律顾问BIZET先生和广东核电集团有限公司法律顾问陈刚分别就第三方核责任、中国核法律实践的思考作了专题报告。

日本福岛核事故发生以后，核损害赔偿责任问题引发了包括中国在内的世界各相关国家的高度关注。本次研讨会为我国进一步完善核损害赔偿法律制度提供了有益的借鉴与参考。

张华祝率团出席中韩核能合作联委会第十次部长级会议（2011-12-15）

12月12日～14日，受国家原子能机构主任陈求发的委托，中国核能行业协会理事长张华祝率团出席了中韩核能合作联委会第十次部长级会议，与教育科技部副部长金昌经为团长的韩国代表团，就两国在核电、核科技研发、核燃料与放射性废物管理、核安全与应急、核技术应用等领域开展的合作以及未来的合作意向进行了广泛而深入的探讨。在听取相关工作组汇报和讨论后，张华祝作了总结发言。随后，两国部长批准合作项目并签署了会议纪要。

张华祝在发言中回顾了近20年来中韩两国在核能与核技术领域开展的卓有成效的合作。他指出，两国政府十分重视核能在本国能源结构中的战略地位，各自制定了宏伟的核电发展规划；多年来，通过互利合作，提高了双方核能和核技术应用能力和安全水平。他希望，双方参与单位加强沟通和协商，加深现有的合作领域，不断开拓新的合作领域，不断深化和提高两国核能合作，从而使核能与核技术更好地造福于两国人民。

12月13日，张华祝还顺访了韩国古里核电站，了解了该电站运行情况和APR1400核电机组的建设情况。

中国代表团成员由中国国家原子能机构、中国核能行业协会、环保部核与辐射安全中心、中核集团、中广核集团、清华大学等单位的20余位代表组成。韩国代表团由韩国教育科技部、核安全与安保委员会、中韩科技合作中心、韩国核国际合作基金会、韩国原子能研究院、韩国核安全研究院、韩国电力、斗山重工、韩国水原电力公司等单位40余名代表组成。

张华祝在东京会见日本朋友（2011-12-19）

12月15日，中国核能行业协会理事长张华祝在出席第12届亚洲核合作论坛（FNCA）部长级会议期间，访问了日本原子力产业协会和日立株式会社，先后与日本原子力产业协会理事长服部拓也、日立株式会社前会长京井务等进行了沟通和交流。

在与服部先生的会谈中，张华祝回顾了双方从2009年签署双边合作协议以来良好的合作关系，尤其是今年6月底两协会在北京成功举办的“中日核电安全与技术研讨会”，初步总结了福岛核事故经验，讨论了双方在核电安全与技术方面的合作，受到两国核能界的广泛关注。服部先生说，中方专家的报告对于在目前严峻形势下，推动日本核电继续向前发展有着积极的参考价值。双方还针对福岛事故后两国核能发展、核电安全状况、人才培养等方面坦诚地交换了意见和看法，并商定将继续在核电发展、事故经验交流等方面及时深入地交换意见，共同组织相关经验交流与技术研讨活动，推动两国核能界的务实合作。

张华祝率团出席第12届亚洲核合作论坛部长级会议（2011-12-21）

12月14日～18日，由日本内阁府和日本原子能委员会主办的第12届亚洲核合作论坛（FNCA）在日本东京召开。受国家原子能机构主任陈求发委托，中国核能行业协会理事长张华祝率中国代表团出席了会议。来自中国、日本、韩国、菲律宾等12个成员国的政府主管部长级官员以及50余位代表出席了会议。会上，张华祝就福岛事故后中国的核能发展和FNCA活动情况作了国家报告。他介绍了福岛核事故后，中国的核能发展和核技术应用情况，通报了中国开展的核安全全面检查情况和初步结论。他指出，中国坚持在确保安全的基础上高效发展核能的方针，坚信核能在应对能源短缺、气候变化和节能减排等方面将继续发挥重要作用；他呼吁成员国充分利用FNCA这一多边平台，总结共享福岛事故经验教训，分享各自在核能和核技术领域的先进成果，共同促进核能和核技术更好地造福本地区民众。

核电厂二回路管道壁厚管理研讨会在沪召开（2011–12–21）

12月19日～20日，由中国核能行业协会主办，国核电站运行服务技术公司承办的2011核电厂二回路管道壁厚管理研讨会在上海举办。来自核能协会、环保部核与辐射安全中心、核电集团公司、核电营运、运行服务技术支持、研究设计院所、高校、设备制造等35家单位的70位专家和代表参加了研讨。19位行业专家在会上作了专题技术报告。

与会专家围绕核电厂二回路管道壁厚管理实践、经验反馈、无损检测方法、相关研究进展及标准化等四个议题展开了研讨，就我国核电厂二回路管道壁厚管理领域的发展现状、实践应用、评定标准及发展趋势等进行了交流。

本次研讨会是核能行业第一次针对核电厂二回路管道壁厚管理专题召开的技术研讨活动，对促进我国核电厂二回路管道壁厚减薄缓解措施的应用与经验交流、搭建行业信息共享平台、推动行业标准化管理具有积极意义。

张华祝会见法国驻华使馆核参赞（2011–12–28）

12月27日，中国核能行业协会理事长张华祝在京会见了即将离任的法国驻华使馆核参赞杜迪克洛(du CLOS)先生和新任核参赞科尔迪耶（Pierre–Yves CORDIER）先生。

张华祝谈道，中国核能行业协会已经与法国原委会等机构开展了良好的合作，双方围绕核燃料、内陆核电厂等专题联合举办了几次国际研讨会并组织了技术参观，这对加强两国核能领域的交流和相互借鉴发挥了积极的作用。未来，中国核能行业协会将继续积极、稳步地推进中法两国在核能领域的全面合作。

双方还就未来在核电设备监造、福岛核事故经验交流、法国核电厂压力测试等方面的合作深入交换了意见。

内陆核电厂水环境影响评估专题评议会在京召开（2011–12–31）

12月28日，中国核能行业协会在北

京组织召开了“内陆核电厂水环境影响评估专题”评议会议。来自国家核安全局、国家国防科工局、环保部核与辐射安全中心、中国核工业集团公司、中国广东核电集团有限公司、中国电力投资集团公司、国家核电技术有限公司、中国华能集团公司、中国电力规划设计总院、中国国际工程咨询公司、中国核电工程有限公司、中广核工程有限公司、中核湖南桃花江核电有限公司、中广核咸宁核电有限公司、中电投江西核电有限公司、中核河南核电有限公司、安徽芜湖核电有限公司、苏州热工研究院有限公司、上海核工程研究设计院、中国原子能科学研究院、清华大学等 22 家单位的 50 多位领导和专家参加了会议。中国核能行业协会副理事长赵成昆主持会议，中国工程院院士潘自强主持了专家评议。

该课题是中国核能行业协会组织二十多名核辐射环境影响评价领域的资深专家共同合作完成的。内容包括：我国有关内陆核电厂放射性液态流出物排放要求及与国际相关标准的比较；美国内陆核电厂水环境影响评估的内容与结论，法国内陆核电厂放射性液态流出物排放的控制与评估；核电厂严重事故辐射影响、教训与缓解措施；我国内陆核电厂运行对水环境影响的基本估计和周围水资源安全的保障条件。

与会专家和代表认为：报告内容丰富，资料详实，在充分调研国内外相关资料的基础上，对我国内陆核电厂水环境影响评估进行了分析和论证，得出的分析意见具有很好的说服力。该项工作是我国首次对内陆核电厂水环境影响评估领域进行全面和深入的研究，具有里程碑意义。课题研究得出的结论和建议，可以为我国内陆核电建设，相关单位的内陆核电技术研究工作以及政府部门的决策提供重要的咨询和参考。

（括号内日期为该消息上网日期）

附 录

2011 年第九届中国国际核电工业展览会

一、概况

2011 年 4 月 6 ~ 8 日，由中国核能行业协会主办的第九届中国国际核电工业展览会，在深圳会展中心隆重举行。国家能源局、国家原子能机构、国家核安全局和广东省人民政府为本届展会的指导单位。国家国防科技工业局新闻宣传中心、海岸国际展览有限公司为本届展会的承办单位。

全国政协第十一届委员会经济委员会副主任、国家能源委员会委员、国家能源局原局长张国宝，国家国防科工局副局长王毅韧，环保部（国家核安全局）总工程师杨朝飞，广东省副秘书长林英，广州市副秘书长周灵，深圳市副市长唐杰，法国大使馆杜迪克洛先生，国家国防科工局刘永德副司长、孙莉副司长，中国核能行业协会领导，以及展会参展商代表、中广核集团员工代表等 300 多人应邀出席了开幕式。

开幕式由中国核能行业协会副理事长、中国广东核电集团有限公司总经理张善明主持。中国核能行业协会理事长张华祝代表主办方致开幕辞。王毅韧、林英、唐杰分别致辞。

张华祝指出，本次展会是继 2009 年北京第八届中国国际核电工业展览会之后，核能行业协会主办的又一次核能行业大型国际性展览活动，也是在日本福岛核事故给国际社会带来强烈震撼的特殊情况下，按原定计划如期开幕的。

张华祝代表展会的主办方和承办方，对所有参展商信守约定、踊跃参展表示最诚挚的感谢！这充分表明了业界对核能发展和产品质量的坚定信心和加强交流合作的强烈愿望。

张华祝说，三里岛事故和切尔诺贝利事故曾使全球核电发展遭受重创，但并没有阻止人类和平利用核能的脚步。从某种意义上讲，也正是有了这两起事故的沉痛教训和经验反馈，才推动了过去 20 多年全球运行核电站的技术改进和管理创新，推动了核电新技术的开发和应用。张华祝表示，我们有充分的理由相信，福岛核电站事故同样不会让全球核电发展止步，而只能促进各国核电同行加强合作与交流，在科学分析的基础上认真吸取事故教训，针对薄弱环节采取得力措施，使核电安全发展建立在新的更加牢固的基础之上，使核电在全球低碳能源发展中继续扮演重要角色。

张华祝衷心感谢应邀出席开幕式的领导和嘉宾，以及前来观看展览的社会各界朋友！大家的光临，带来了业界、政府主管部门、有关地方政府和社会人士对中国核电发展、核能技术进步和以主要核电供应商为代表的全球核电供应链的高度关注，带来了对中国核电和世界核电安全发展的良好期盼。

王毅韧副局长在致辞中指出，中国政府审时度势，作出“在确保安全的前提下高效发展核电”的决定，在国家统筹规划和政府有关部门的指导下，中国核能行业发展势头良好。王毅韧强调，日本福岛核电站严重事故警示我们，在发展核能的同时，要重视安全，要加强核应急基础能力建设，加强放射性废物管理力度，确保核设施绝对安全，切实推进核能事业的又好又快安全发展。他希望，来自世界各地的和来自中国的核能专家、企业家利用这次宝贵的机会充分交流和沟通，探讨研发更安全的核电技术和装备，探讨核能行业的可持续发展，共同面对核安全、核保安、防核扩散等一系列的严峻挑战。

本届展会面积为1.5万平方米，参展企业多达300家，规模为历届之最。国内160多家企业参加了展览。作为国内核电龙头企业，中国核工业集团公司、中国广东核电集团有限公司的展出面积均超过300平方米；中国电力投资集团公司、国家核电技术有限公司、中国华能集团公司、中国大唐集团公司、中国华电集团公司等，以集团形式展示各自在核电或常规电力方面的实力；黑龙江（以哈尔滨电气设备集团公司为主）、四川（以东方电气为主）、上海电气以展团形式参展；浙江海盐核电关联企业（中国核电城）、江苏常州核电设备协会、成都双流新能源开发区等地方核电关联企业组团参展。

来自法国、美国、德国、英国、日本、西班牙、荷兰、奥地利、韩国、加拿大、瑞士等20个国家和地区的150余家国外企业参展。

本届展会展品内容包括核电设计、燃料元件制造、铀资源开发、核电建设、安全运行等众多领域，涉及专业领域广泛，展品内容丰富、制作精美。

展会期间，法国、西班牙、美国等国企业共举办包括“核电站抗震设计与核设施退役”、“K1级电缆与设备连接”、“新一代γ便携监测仪”等7场技术交流活动。

展览会于4月8日在深圳会展中心落下帷幕。3天来，参观观众达近万人次，除业内专业人士参与展览交流外，展会还吸引了大量社会公众、媒体参观。

二、开幕辞

人类和平利用核能的脚步不会停止
——中国核能行业协会理事长张华祝

本次展览是继2009年北京第八届国际核电工业展览会之后，由中国核能行业协会主办的又一次核能行业国际展览活动，是在日本福岛核事故给国际社会带来强烈震撼的特殊情况下，按原定规模如期开幕的。

首先，我要代表展会的主办方和承办方，对所有参展商信守约定，踊跃参展表示最诚挚的感谢！你们的积极参与，充分表明业界对核能发展和产品质量的坚定信心和加强交流合作的强烈愿望。

其次，我还要衷心感谢应邀出席今天开幕式的各位领导、各位嘉宾以及前来观看展览的社会各界朋友！你们的到来，带来了业界、政府主管部门、有关地方政府和社会人士对中国核电发展、核能技术进步和以主要核电供应商为代表的全球核电供应链的高度关注，带来了中国核电和世界核电安全发展的良好期盼。

据初步统计，参加本届展览的参展企业和单位达到300家，展出面积15000平方米，为历届之最；展品内容包括核电设计、燃料元件制造、铀资源开发、核电建设、安全运行等各个领域。本届展览的一个新的特点是相关地方核电产业园区、核电管理部门和社会组织组团参加。

本届展览参展商众多，涉及专业领域广泛，展品内涵丰富、制作精美。可以相信，本届展览不但可以使广大观众近距离了解核电知识和核电技术发展现状，也会大大增进参展商之间的交流与合作，为构建核电安全发展的基础作出应有的贡献。

三里岛事故和切尔诺贝利事故曾使全球核电发展受到重大影响，但并没有阻止人类和平利用核能的脚步；从某种意义上讲，正是有了这两起事故的沉痛教训，才推动了过去20多年全球运行核电站的技术改造和管理创新，推动了核电新技术的开发和应用。

因此，我们有充分的理由相信，福岛核电站事故同样不会让全球核电发展就此止步，而只能促进各国核电同行加强合作与交流，在科学分析的基础上认真吸取事故教训，针对薄弱环节采取得力措施，使核电安全发展建立在新的更加牢固的基础之上，使核电在全球低碳能源发展中继续扮演重要角色。

真诚地希望本届展览能在宣传核电知识，加强交流合作，增强核电安全发展信心等方面起到应有的作用。

预祝展览会圆满成功！

三、展会全景

在日本福岛核电站事故后、全球共同审视核安全的关键时刻举办的此次展览会，与以往的核电展相比，有了更为独特的“味道”。

彰显安全主题，核电科普受关注

国内企业展厅内，随处可见的、让人感受最深的是核电安全成为展示的突出内容。

展览厅内，中核集团公司展出的主题是确保核安全，对国家和人民高度负责。中广核集团的“安全第一，质量第一，追求卓越”，中电投集团致力确保核电安全，国家核电技术公司核电非能动安全系统的展示也异常醒目。

与往届展会不同的是，核安全知识走进了展厅并被展示在显要的位置。核电为什么是安全清洁高效的能源？核电站厂址是如何选定的？为什么说三代核电技术AP1000更安全？展会上发放的核电知识手册更是全面普及了核知识，多媒体互动让公众在触模中学习核安全知识。一位参观核电展的深圳市民道出了核电科普知识对他们的意义。“以前感觉核离我们很远，甚至谈核色变。参观这样一个展会，对核能有了更多更深的了解，减少了对核的恐惧。同时也了解了我国核电发展的情况。”

置身展览大厅，参观者可以感受到参展企业为展示企业发展实力所作的精心准备。各大集团在展览中充分展示了我国自主创新的最新成果。尤其是中核集团 900 平方米的展示面积展出了核电、核燃料以及天然铀、海外科工贸、核技术应用、核仪器设备、核环保工程、非核民品的“2+6”产业格局。我国首座实验快堆、中国先进研究堆实现临界，地质勘探发现超大型铀矿床，核电系列品牌研发取得重要突破，首座乏燃料后处理中试厂热试成功等；中广核集团的自主知识产权的核电站全范围模拟机、核电国产化数字仪控系统等；国家核电技术公司大型先进压水堆 CAP1400；华能集团的高温气冷堆……众多自主创新成果引来人们追逐的目光，一个个发展的亮点折射出中国核电向前发展的脚步，展现出中国核电自主创新的整体实力。

展览中还展示了中国核电装备国产化的最新进展。二代、三代核电大锻件的国产化突破，自主设计制造的大型设备代表着中国核电设备自主化的水平。

中国核电的发展引得世界核能界刮目相看。中国核电这几年发展迅速，取得了许多新的成果，技术不断进步，许多科研创新成果、第一台套设备的研制成功为中国核电自主化插上了飞翔的翅膀。

在世界核能发展这个大平台上，中国核电的发展不仅引来国外企业的关注，国外企业也表示出与中国企业联合走向国外市场的强烈愿望。

进军中国核电市场不会改变

此次展会上，法国、俄罗斯、西班牙、芬兰等以国家展团形式参展，全方位展示本国核能发展的能力和水平。核电展中不乏更多的新面孔。比利时、捷克、新加坡、荷兰、乌克兰等国企业首次参展，展示其核能发展能力。

福岛核电站事故后，人们对于日本参展企业也格外关注。在日本三菱重工展示的正在设计的先进压水型模型前，人们更多地关注先进压水堆与福岛第一核电站沸水堆两者之间的不同。专家也向参观者讲解了如果在强大的地震和海啸面前，正在设计的先进压水堆二回路的设计能够避免放射性物质排放到环境中，大于福岛核电站 10 倍的更大的安全壳内空间避免氢气的快速集聚，高强度混凝土安全壳抗飞机撞击的坚固性以及外用电源更高的设计位置等方面的安全设计能够确保核电站处于安全状态。专家也介绍了日本政府在福岛核电站事故后，已提出了核电设计安全上的要求，最直接的就是对于外用电源的房间设计要防水，放置的高度从原来的 5 米增加到 10 多米高。此外，核事故调查之后，日本还会有更多的对于核安全的要求。这也意味着，世界核电站安全设计标准将会越来越高，对安全监管的要求也会越来越严格。专家也表示，三菱重工与中国一直有良好的合作关系，并将进一步加深合作。中国核电近年来发展很快，三菱重工不排除与相关企业共同走向更大的国际市场。

由西班牙4家企业组成的西班牙核企联盟一直活跃在中国核电市场。在此次展会上他们还进行了技术交流，并与协会签订了合作备忘录。

法国核工业协会带领31家法国企业参加了展览。其中有6家是第一次参加核电展。“我们虽然只是一个小的密封垫生产厂家，但一直为中国的常规岛供应产品。以前觉得参与份额小，没有参加展览。现在中国核电发展很快，我们也想借展览的机会让大家来充分了解，并能够获得更大的市场份额。”已在市场上占有相当份额的一家特种核级阀门企业表示，虽然现在中国的核电设备国产化对他们的产品有一定的冲击，但他们还会以产品更高的质量来获得更多的市场。

从小到一个密封垫片、小型阀门到大型核能阀门、大型设备，国外众家企业进军中国核电市场的初衷不会改变。中国核电项目目前暂停审批，经过短暂的调整之后，对于中国核电发展，他们还是看好的。这也代表了首次参展的众多国外企业的一致声音。

国际合作将会变得越来越重要。正如法国电力公司办事处一位代表所说的那样，不管是展会也好，还是年会也好，都适应了国际化发展的要求。法国与中国在核电发展中一直保持着良好的合作关系。今后将会在更多、更广泛的领域内加大合作力度。

关联产业蛋糕越做越大

每次核电展上都不乏核电配套产业的身影。这次，核电关联产业企业参展阵营更加强大。以海盐中国核电城为代表的地方政府带领县内关联企业高调展出最为引入注目。浙江省、海盐地方政府为企业搭台，从核电关联产业到中国核电城，再到此次展会上推出的浙江省关联产业联盟，无不展现着核电关联产业发展的更大潜力。江苏常州核电设备协会等多家地方核电关联企业组团亮相，许多配套企业首次参展。

“对于我们这些中小企业，跨入了核电高门槛，以前想都不敢想。正是有了政府搭建的平台，我们也与核电有了直接的接触。现在正在进行核级产品认证工作。”虽然有些企业与核电签的合同只有几十万元，但它的意义却非同寻常。进入核电就像企业的一块金字招牌，不仅是外在的，更在于有利于企业整体要求的提升。核电产品要求高，这考验着企业的整体水平。

作为一家有实力的火电设备生产厂家，进军核电是“力源”的梦想。如果说跨入核电门槛需要再迈高一步，他们早已做好了充分的准备。“有我们自己的实力，再加上政府的推动，从2007年进入核电市场，我们现在每年有上亿元的产值。”经过几年的发展，回过头来，如果说以前在玻璃门外看核电风景，如今的“力源”已在核电门内感受核电发展带来的丰厚成果。不仅仅是产品质量的提升，更多的在于对整个产品流程、质量管理的考量。“我们的企业管理已提升了一个层次。现在回过头来做火电业务，显得更容易了。”

经济改革开放的前沿深圳也正在开启核电产业园规划；广东台山的装备产业园已经起步。“作为最早的核电配套产业发展基地，广东核电特区越来越具规模。”

黑龙江省有重要的装备制造企业哈电集团和中国一重。新能源已作为黑龙江省推进的十大新兴产业之一，省里将继续大力支持核电装备产业的发展。“每年我们都是组团参展。今年准备展览的时候，正是我国核电发展势头很好的时候。近一年来，核电装备业取得了很好的业绩。我们这次展示的许多是自主创新的成果。组团参展可以更多地带动一些中小型的设备配套企业来参展。”展会上一位负责同志介绍道。

福岛核事故对我国的核电发展短期内还是会有一定的影响。“原定的本来马上签订协议的现在都推迟了。但长期来看，核电还是要发展的。我们不会放弃核电市场。”许多装备企业的参展商表达了继续进军核电市场的愿望。

遍地开花的核电装备产业园区，也从一个侧面反映了核电市场的强大需求。众多的核电关联企业正分享着核电发展带来的巨大“蛋糕”。

2011 年度中国核能行业协会科学技术奖获奖项目

一等奖项目 (3 项)

序号	项目名称	主要完成单位	主要完成人
1	中国实验快堆核岛关键主设备（堆容器 堆内构件和旋转屏蔽塞）制造技术	中国第一重型机械股份公司	刘恩清、杜文江、郭景坤、杜寿涛、范维河、张富生、孙晓芳、李　伟、赫玲波、孟北方、刘玉平、林洪玉、邢其辉、王晓东、包河山、王　红、冯宏佳、孙　刚、赵　杰、张景利
2	我国首台国产化百万千瓦级核电堆内构件制造技术	1. 上海第一机床厂有限公司 2. 中广核工程有限公司	孙忠飞、龚宏伟、戚丹鸿、金伟芳、李延葆、杨春乐、肖立新、薛　松、胡晨辉、楼国华、李利景、郭　亮、孔繁申、陈小荣、任大峰、施东铭、秦沈杰、杨惠成、徐敏春、曹骏康
3	秦山三核重水堆生产钴 -60 同位素设计研究	1. 上海核工程研究设计院 2. 秦山第三核电有限公司 3. 中国同位素有限公司 4. 中核北方核燃料元件有限公司 5. 上海交通大学	景　益、苗富足、邱忠明、朱丽兵、杨　波、梅其良、刘　刚、蔡银根、陈明军、高　雷、杨　萍、张少泓、刘　鑫、廖承奎、周云清、方立凯、徐道平、王玉岭、付亚茹、翁志敏

二等奖项目(13项)

序号	项目名称	主要完成单位	主要完成人
1	中国实验快堆换料控制系统设计与研制	中国原子能科学研究院	董升国、朱　皓、马洪盛、唐基本、赵莉霞、段天英、张喜梅、梁洪才、马大园、藺健茹、刘　建、马建明、晏　华、金　叶、白欣然
2	广东岭澳核电站二期核岛安装工程主系统自主化施工管理	中国核工业第二三建设有限公司	董玉川、曾　浩、戴雄彪、江　超、赵德生、王占云、杨广平、卢　毅、周志清、李金洲、胡　岷、刘良昌
3	大亚湾核电站压力容器材料辐照监督试验及评价	1. 中国核动力研究设计院 2. 大亚湾核电运营管理有限责任公司	李国云、吴宇坤、冯明全、闫新龙、蒋国富、唐锡定、伍晓勇、张海生、王国华、黄　娟、刘开弟、李福荣、莫华均、顾剑涛、吕焕文
4	秦山三期重水堆钴调节棒操作工艺和专用工具研发	1. 秦山第三核电有限公司 2. 上海核工程研究设计院	胡四光、章日俊、刘　刚、奚　群、熊扣红、翁　娜、傅　强、张春东、王　丰、廖家麒
5	新疆中新生代盆地砂岩型铀矿成矿条件和成矿模式研究	1. 核工业北京地质研究院 2. 核工业二一六大队 3. 核工业二〇三研究所	董文明、王　果、刘红旭、陈宏斌、王国荣、鲁克改、刘章月
6	岭澳二期核电站汽水分离再热器自主化制造	1. 东方电气(广州)重型机器有限公司 2. 中广核工程有限公司	唐　伟、刘远彬、梁　化、刘晓鸿、梁　宇、汪　静、邓道勇、杨　云、伍龙燕、尤俊杰、蔡泽波、陈晓娟、郑明仁、钟标全、许海伦
7	一二级概率安全评价技术研究及其在恰希玛核电厂二期工程设计中的应用	上海核工程研究设计院	严锦泉、张琴芳、仇永萍、周全福、邱忠明、陈　松、苗富足、史国宝、杨　萍、李肇华、张忞隽、何建东、王　喆、许以全

序号	项目名称	主要完成单位	主要完成人
8	我国首台国产化百万千瓦级核电控制棒驱动机构制造技术	1. 上海第一机床厂有限公司 2. 中广核工程有限公司	王惠祥、夏荣芳、戚丹鸿、于耀华、米大为、陈振伟、任正秋、吴敏莉、王毅夫、许美英、潘令平、倪顺利、黄建强、何雅杰、陈曼极
9	百万千瓦级核电机组 CPR1000 调试管理与技术创新	中广核工程有限公司	禹　阳、李　靖、李乐晓、田　青、侯佑胜、毕枫川、陈　军、黄铁明、黄清武、田锡锋、金成毅、宋文奎、赵　岩、冯光宇、赵春光
10	恰希玛核电厂工程 2 号机组内部火灾 内部水淹分析及其应用	上海核工程研究设计院	严锦泉、苗富足、李肇华、刘海滨、张琴芳、仇永萍、邱忠明、颜　珍、贾红轶、申　森、张忞隽、何建东、史国宝、陈　露、周全福
11	秦山核电公司全范围模拟机改进研制	核动力运行研究所	李　青、周子卿、刘　伟、张　耀、曲　鸣、吴　昊、吴　艳、郭蔓华、吴　婷
12	核电站建筑工程成套技术国产化研究	1. 中国建筑第二工程局有限公司 2. 中建电力建设有限公司	吴　荣、程惠敏、马合生、谢利红、李　政、张巧芬、范广军、方　涛
13	巴基斯坦恰希玛核电厂热检修车间设计研究和技术开发	上海核工程研究设计院	顾国兴、张世栋、陈志清、陈　斌、章俊武、王建民、胡士光、郭安吉、马志才、黄国军、林宇清

三等奖项目（36 项）

序号	项目名称	主要完成单位	主要完成人
1	秦山核电公司控制棒组件检查及延寿	1. 秦山核电有限公司 2. 上海核工程研究设计院	郑宏练、李卓群、薛新才、黄锦华、廖泽军、邹　森
2	恰希玛核电站二期工程非岩性地层深基础施工技术	中国核工业华兴建设有限公司	赵月洲、周　博、刘润成、黄　权、杨　尚、魏建国、单意志、钱伏华、王德桂、宋建义
3	310MW 发电机定子局部改造	1. 秦山核电有限公司 2. 上海电气电站设备有限公司上海发电机厂	侯健红、陈　超、章海斌、冯　梅、秦景泉
4	中国大唐集团公司核电发展战略研究报告	中国大唐集团公司	郑文元、吴大庆、阮大伟、王海忠、陈世齐、温鸿钧、丁　勇、张庆春、刘德光、王宏渊
5	内蒙古阿拉善右旗沙枣泉地区物探测量	核工业二〇三研究所	赵希刚、贺建国、赵翠萍、姬海军、娄汉生
6	鄂尔多斯盆地北部含烃低温流体活动特征与铀成矿关系研究	核工业北京地质研究院	欧光习、张　敏、李子颖、孙　晔、李林强、张建锋、邱林飞、赵宏刚、葛祥坤、崔建勇
7	江西省桃山地区花岗岩型铀矿资源潜力评价典型示范	1. 核工业北京地质研究院 2. 核工业航测遥感中心	徐　浩、蔡煜琦、郭庆银、谢迎春、朱鹏飞、汪远志、李兵海、孙秋菊、张文明

序号	项目名称	主要完成单位	主要完成人
8	中国实验快堆核岛过程检测系统设计与设备制造	中国原子能科学研究院	陈道龙、杨建伟、董康乐、李同生、李新颖、彭盛志、王 轩、张 燕、肖 贺、吕 鹏
9	中国先进研究堆（CARR）重水及其相关系统设计	中国原子能科学研究院	韩海芬、张金山、李军德、黄兴蓉、石家娟、姜百华、王 强、刘天才、戴守通、张瑛琦
10	核电厂安全仪控系统多功能测试诊断和培训平台的研制	江苏核电有限公司	任春香、李东旭、管运全、郭 春、李烨刚、王 琪、翟世民、韦绍峰
11	机组失去两路厂外电源时防止辅助给水泵过载的设计创新	江苏核电有限公司	顾颖宾、张 毅、张 迅、孙佰一、武 杰、赵怀阔、刘世江、支凤春、赵亚城、邹 晓
12	核电厂调试及生产准备信息管理系统设计和开发	核电秦山联营有限公司	张 涛、洪源平、昌正科、袁 旭、尚宪和、于 涛、程 稳、王 剑、尹 峰、郑云龙
13	模拟机接口系统国产化研制	核电秦山联营有限公司	谭虎成、陆言琳、俞士平、文树林、常文杰、栾志慧、王剑
14	核电厂运行经验管理系统的开发和研制	核动力运行研究所	姚祥英、李 喆、王爱玲、张 焰、徐士明、李 丹、凌建群、刘国仿、范炜玮、吴有运
15	重大设备状态监测与信息平台开发及应用	大亚湾核电运营管理有限责任公司	王勤湖、洪振旻、曾晓晖、侯 晔、夏玉秋、夏朋涛、任合斌、周 勇、彭展业、何继强

序号	项目名称	主要完成单位	主要完成人
16	核电站功率工况水淹概率安全评价模型的建立与应用	中科华核电技术研究院有限公司	杨志超、戴忠华、黄卫刚、彭常宏、杨英豪、张佳佳、钟　山、郭建兵、张　宁、陈捷飞
17	堆芯内控制棒卡棒解决方案的研究与实施	大亚湾核电运营管理有限责任公司	乔素凯、黄家权、李春常、尹佳林、陈兰航、杨学鹏、徐成明、马志勇、孙智强
18	百万千瓦级压水堆核电站辅助给水汽动泵	1. 中国核电工程有限公司 2. 上海阿波罗机械股份有限公司 3. 杭州汽轮机股份有限公司	于　勇、明国卿、叶　钟、李　军、赵坚勇、陆金琪、李栋梁、毛汉忠、张景新、张瑞萍
19	百万千瓦级核电站棒控棒位系统设备	1. 中国核动力研究设计院 2. 中核（北京）核仪器厂	黄可东、乔　风、许　余、魏　颖、刘春明、郑　杲、刘艳阳、范祖光、李国勇、田　宇
20	核工程专用四声道直射式气体超声流量计研制与应用	上海中核浦原总公司	刘泽玲、石泓然、朱　琦、陆宝钧、夏铁新、左文雄、罗建忠、陈雄生、林宇斌、傅　彬
21	田湾蒸汽发生器涡流检测探头研发	国核电站运行服务技术有限公司	曹　刚、邵庆荣、郭　韵、师绍猛、王冬冬、王巍超、毕　琦、杨宝初、卞雪飞、叶　琛
22	百万千瓦级压水堆核岛核级通风空调系统成套设备（核级风机 风阀 空调 净化 11 类设备）	1. 南方风机股份有限公司 2. 中国核电工程有限公司 3. 中广核工程有限公司	刘　静、戴一辉、林继德、刘自旺、徐晓冬、黄燕壮、郭建辉、周　晖、陈达海、甘瑞霞
23	百万千瓦压水堆核电站安全壳泄漏率在线监测系统	1. 北京广利核系统工程有限公司 2. 中广核工程有限公司	郑　俊、彭子桥、郑　儿、宋宪均、马吉强、张睿琼、陈卫华、杨　琦、张文欣、高景斌

序号	项目名称	主要完成单位	主要完成人
24	1000MW压水堆核电站核级标准支吊架	1. 中国核电工程有限公司 2. 浙江瀚源电力装备制造有限公司	王宏杰、郭存钧、刘　虎、楼高峰、张双旺、吉智勇、王红扬、易拥林、弓振邦、商宏学
25	核安全级电缆状态监测及寿命评估技术研究	1. 上海核工程研究设计院 2. 国核电站运行服务技术公司	顾申杰、陆祖祥、顾国兴、李劲松、钟志民、徐玮瑛、楼天杨、贺天荣、陈　磊、夏俊超
26	核电站仿真技术在反应堆控制系统调试启动中的应用	1. 中广核工程有限公司 2. 上海交通大学	杨宗伟、林　萌、栾振华、刘鹏飞、时小龙、侯　东、李贤民、杨燕华、仇少帅、王晓宇
27	核电站给水系统及除氧器瞬态分析技术	中广核工程有限公司	姜成仁、张世军、李平洋、李强峰、刘　星、阎丽静、庞志清、李晓爱
28	核电站凝汽器瞬态计算及故障信号分析技术	中广核工程有限公司	姜成仁、丁佳鹏、乔丕业、卢　刚、程　磊、黄美华、王　磊、胡安彬、宋延吉、杨鹭翔
29	岭澳二期厂用电源切换试验自主与创新	中广核工程有限公司	姜　涛、张　灏、陈　军、黄清武、张立强
30	AP1000核电厂操纵人员基础理论培训教学教案大纲及其考核试题库	1. 中国电力投资集团公司高级培训中心 2. 山东核电有限公司 3. 中国原子能科学研究院	盛培忠、常　鸿、楼　捷、谢常岳、李泽华
31	基于系统化培训方法的培训管理项目	核动力运行研究所	邹源浩、刘国仿、魏晓光、雷　霞、巴　军、韦训科、白　喆、杨　剑、王晓波、楼宝川
32	核电站多媒体教学系列课程开发与应用	大亚湾核电运营管理有限责任公司	刘志宏、鲁子荟、李　广、张　俭、占玉刚、王晓文、郝　俊、刘晓萍、李中新、陶维丽

序号	项目名称	主要完成单位	主要完成人
33	核电项目施工管理信息系统的开发与应用	中国核工业第二三建设有限公司	蒋　勇、杨本广、曹　勇、李建军、张　军、王　娜、张辞莉、宋凌捷、涂　然、林　强
34	秦山核电二期扩建工程土建建造新技术的应用研究	中国核工业第二四建设有限公司	伍崇明、赵景发、邓国平、严　鹏、代通华、丛成河、刘天宇、高　飞、寇继胜、温新中
35	三维PDMS在核电项目的应用	中国核工业华兴建设有限公司	李　兵、杨　尚、张卫兵、陈宝智、秦亚林、赵月洲、张　新、黄　波、何　强、葛恒飞
36	以设备管理为中心的生产物资平台	中科华核电技术研究院有限公司	卢文跃、陈世均、林树顺、王　斐、邹先明、瞿　猛、何善红、江　旭、欧阳辉、陈鸿鹏

中国核能行业协会

中国核能行业协会组织结构

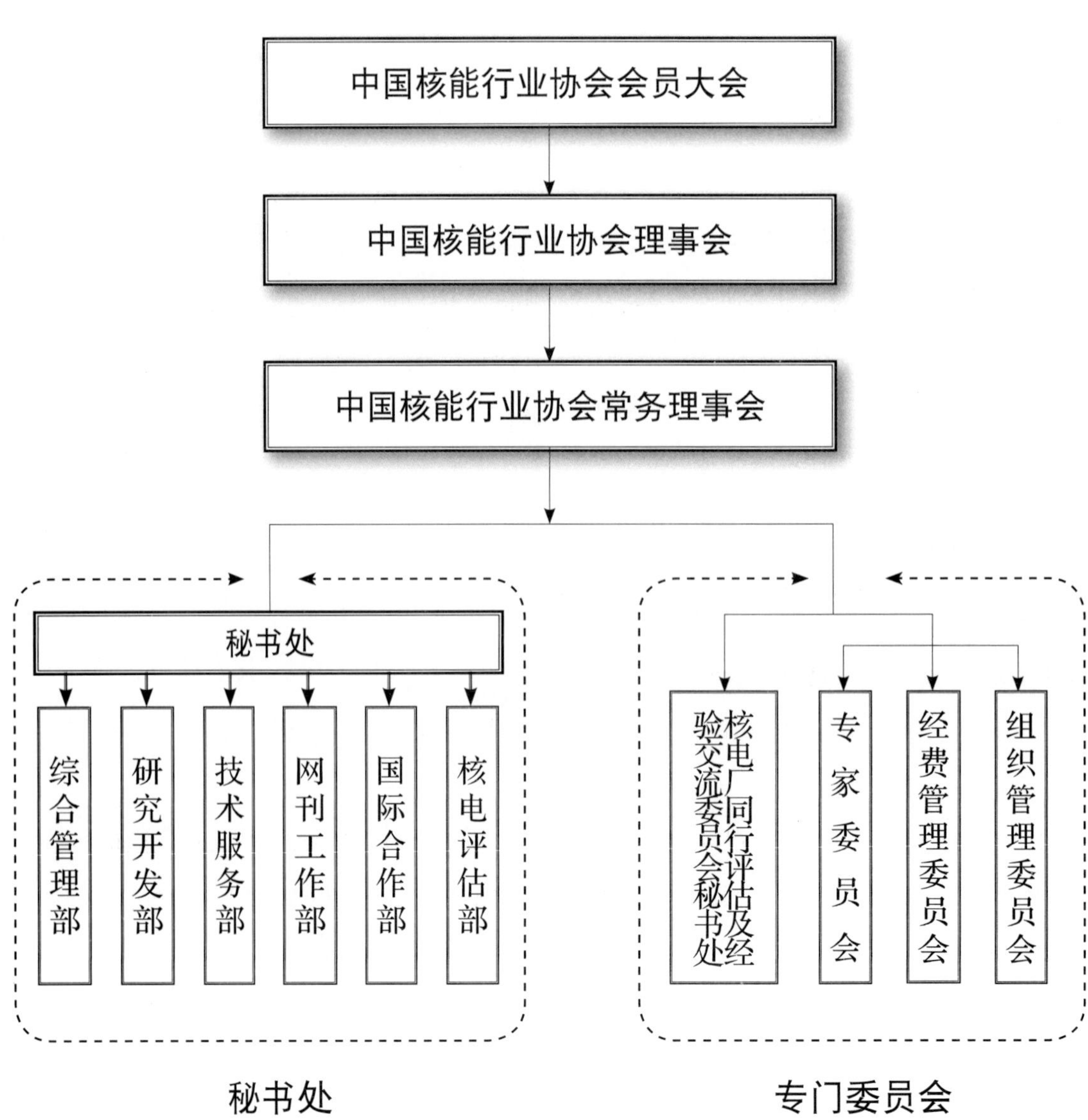

中国核能行业协会第一届理事会、常务理事会及协会负责人名单

理事长：张华祝

副理事长（按姓氏笔画为序）：

丁中智　马鸿琳　云公民　王毅韧　吕亚臣　杨　岐　李永江　李冠兴　时传清　余剑锋
张廷克　张善明　赵成昆　贺　禹　韩建伟　斯泽夫　程建平　翟若愚　魏　锁

常务理事（按姓氏笔画为序）：

丁中智　于福庆　马鸿琳　云公民　王　骏　王迎苏　王常力　王德林　王毅韧　吕亚臣
杨　岐　李大宽　李永江　李冠兴　李德连　严嘉鹏　束国刚　时传清　何小剑　余剑锋
张华祝　张志宏　张廷克　张善明　陆素娟　陈宝智　陈晓非　林　坚　周士荣　周振兴
赵　洁　赵成昆　贺　禹　徐玉明　韩建伟　蒋国元　斯泽夫　程建平　翟若愚　潘　力
魏　锁

理事（按姓氏笔画为序）：

丁中智　于福庆　万　钢　马鸿琳　云公民　王　宏　王　骏　王凤学　王迎苏　王俊峰
王常力　王德林　王毅韧　戈晓海　毛晓明　左岚林　卢洪早　史庆丰　吕亚臣　吕宏伟
曲志敏　刘　滨　刘伟瑞　刘志颖　汤　搏　许大庆　孙忠飞　杨　岐　杨忠勤　李一农
李大宽　李永江　李冠兴　李德连　严嘉鹏　束国刚　时传清　吴　岗　吴生富　吴忠俭
吴美景　何小剑　余剑锋　邹树梁　张　平　张卫东　张文平　张华祝　张志宏　张廷克
张作义　张善明　张献豪　陆素娟　陈良柱　陈宝智　陈晓非　陈建华　陈鉴平　陈国祥
林　坚　范　仲　畅　欣　郑本文　郑明光　金有忠　周士荣　周振兴　胡文泉　胡修奎
赵　虎　赵　洁　赵成昆　赵晓明　钟开华　贺　禹　徐　杰　徐玉明　徐凯祥　涂　彧
黄小桁　黄敏刚　龚　俊　韩建伟　韩新华　蒋达进　蒋国元　斯泽夫　程建平　雷增光
翟若愚　潘　力　薛思雄　魏　锁

中国核能行业协会会员名录（截至2011年底）

序号	会员单位名称
1	中国核工业集团公司
2	中国核工业建设集团公司
3	中国广东核电集团有限公司
4	中国电力投资集团公司
5	国家核电技术有限公司
6	中国华能集团公司
7	中国大唐集团公司
8	中国华电集团公司
9	中国国电集团公司
10	哈尔滨电气集团公司
11	中国东方电气集团公司
12	上海电气（集团）总公司
13	中国核动力研究设计院
14	中核北方核燃料元件公司
15	大亚湾核电运营管理有限责任公司
16	清华大学
17	核电秦山联营有限公司
18	广东核电合营有限公司
19	中电投核电有限公司
20	华能山东石岛湾核电有限公司
21	华能核电开发有限公司
22	江苏核电有限公司
23	秦山核电有限公司
24	秦山第三核电有限公司
25	中国核工业地质局
26	四川省核工业地质局
27	中核金原铀业有限责任公司
28	中广核燃料有限公司
29	电力规划设计总院
30	中国核电工程有限公司
31	中科华核电技术研究院有限公司

序号	会员单位名称
32	广东省粤电集团有限公司
33	中广核工程有限公司
34	中国核工业华兴建设有限公司
35	中国核工业第二三建设有限公司
36	大全集团有限公司
37	哈尔滨工程大学
38	中联重科股份有限公司
39	上海市核电办公室
40	浙江省海盐县中国核电城建设办公室
41	山东核电有限公司
42	中核集团三门核电有限公司
43	辽宁红沿河核电有限公司
44	阳江核电有限公司
45	福建宁德核电有限公司
46	福建福清核电有限公司
47	中核四〇四有限公司
48	中核陕西铀浓缩有限公司
49	中核燃料元件有限公司南方分公司
50	江西省核工业地质局
51	中国电力工程顾问集团华东电力设计院
52	中国原子能科学研究院
53	中核新能核工业工程有限责任公司
54	上海核工程研究设计院
55	国防科工局核技术支持中心
56	国家环境保护部核与辐射安全中心
57	核工业北京化工冶金研究院
58	核工业标准化研究所
59	核工业理化工程研究院
60	中核第四研究设计工程有限公司
61	核动力运行研究所
62	深圳中广核工程设计有限公司
63	中国中原对外工程公司
64	中国核工业第二二建设有限公司

序号	会员单位名称
65	中国核工业第二四建设有限公司
66	中国核工业第五建设有限公司
67	核工业南京建设集团有限公司
68	中国第一重型机械集团公司
69	中国第二重型机械集团公司
70	上海电气核电设备有限公司
71	上海自动化仪表股份有限公司
72	上海第一机床厂有限公司
73	中核苏阀科技实业股份有限公司
74	东方电气（广州）重型机器有限公司
75	东方电气集团东方锅炉股份有限公司
76	西安核设备有限公司
77	南方风机股份有限公司
78	沈阳东管电力科技集团股份有限公司
79	贵州航天新力铸锻有限责任公司
80	浙江宏伟实业有限公司
81	东华理工大学
82	苏州大学
83	南华大学
84	清华大学核能与新能源技术研究院
85	中国原子能工业有限公司
86	华电国际电力股份有限公司
87	四川省重大技术装备办
88	上海工业自动化仪表研究院
89	江苏申港锅炉有限公司
90	海南核电有限公司
91	中国科学院金属研究所
92	江苏银环精密钢管股份有限公司
93	台山核电合营有限公司
94	上海三一科技有限公司
95	成都神钢工程机械（集团）有限公司
96	苏州热工研究院有限公司
97	福建省核电办公室

序号	会员单位名称
98	大唐国际发电股份有限公司
99	辽宁核电有限公司
100	岭东核电有限公司
101	岭澳核电有限公司
102	香港核电投资有限公司
103	国核宝钛锆业股份公司
104	广东省核工业地质局
105	宁夏核工业地质勘查院
106	辽宁省核工业地质局
107	吉林省核工业地质局
108	陕西省核工业地质局
109	青海省核工业地质局
110	浙江省核工业二六九大队（核工业金华建设工程公司）
111	浙江省核工业二六二大队
112	湖南省核工业地质局
113	中国国核海外铀资源开发公司
114	中核北方铀业有限公司
115	中核抚州金安铀业有限公司
116	中核浙江衢州铀业有限责任公司
117	中核二七二铀业有限公司
118	中核赣州金瑞铀业有限公司
119	西安中核蓝天铀业有限公司
120	湖北三〇三库
121	新疆中核天山铀业有限公司
122	中国工程物理研究院
123	中国核科技信息与经济研究院
124	中国辐射防护研究院
125	上海发电设备成套设计研究院
126	广东省电力设计研究院
128	中核能源科技有限公司
129	国核电力规划设计研究院
129	国核电站运行服务技术公司
130	核工业工程技术研究设计有限公司

序号	会员单位名称
131	核工业计算机应用研究所
132	核工业北京地质研究院
133	核工业西南勘察设计研究院有限公司
134	湖南省电力勘测设计院
135	中国能源建设集团广东火电工程总公司
136	中国核工业中原建设有限公司
137	中核投资有限公司
138	天津电力建设公司
139	安徽电力建设第二工程公司
140	江苏省电力建设第三工程公司
141	河北省电力建设第一工程公司
142	郑州中核岩土工程有限公司
143	核工业西南建设集团公司
144	浙江省火电建设公司
145	上海一核阀门制造有限公司
146	上海电气电站设备有限公司－上海发电机厂
147	上海电气电站设备有限公司－上海电站辅机厂
148	上海电气电站设备有限公司上海汽轮机厂
149	上海阿波罗机械制造有限公司
150	上海重型机器厂有限公司
151	上海起重运输机械厂有限公司
152	上海阀门五厂有限公司
153	大连大高阀门有限公司
154	大连苏尔寿泵及压缩机有限公司
155	大连宝原核设备有限公司
156	大连深蓝泵业有限公司
157	广东亚仿科技股份有限公司
158	广州秀珀化工股份有限公司
159	南通中兴能源装备股份有限公司
160	中国电能成套设备有限公司
161	中核（北京）核仪器厂
162	中核动力设备有限公司（四七一厂）
163	江苏一汽铸造股份有限公司

序号	会员单位名称
164	东方电机股份有限公司
165	东方汽轮机有限公司
166	北京广利核系统工程有限公司
167	北京中核东方控制系统工程有限公司
168	北京和利时系统工程有限公司 业务发展部
169	四川三洲川化机核能设备制造有限公司
170	宁波奥崎自动化仪表设备有限公司
171	石家庄工大化工设备有限公司
172	安徽电缆股份有限公司
173	江苏大明金属制品有限公司
174	江苏华光电缆电器有限公司
175	西安核仪器厂
176	沈阳盛世高中压阀门有限公司
177	沈阳鑫通电站设备制造有限公司
178	国核自仪系统工程有限公司
179	环球阀门集团有限公司
180	陕西煤炭建设公司管件设备厂
181	哈尔滨电机厂有限责任公司
182	哈尔滨汽轮机厂有限责任公司
183	哈尔滨锅炉厂有限责任公司
184	浙江三方控制阀股份有限公司
185	浙江中达特钢股份有限公司
186	浙江中控技术有限公司
187	浙江宝纳钢管有限公司
188	浙江金盾风机风冷设备有限公司
189	烟台台海玛努尔核电设备有限公司
190	常州八益电缆有限公司
191	湖南湘投金天新材料有限公司
192	群星集团公司
193	嘉兴多角电线电缆有限公司
194	上海交通大学
195	中国电力投资集团公司高级培训中心
196	华北电力大学核科学与工程学院

序号	会员单位名称
197	西安交通大学
198	西南科技大学
199	核工业管理干部学院（核工业培训中心）
200	北京柯瑞生物医药技术有限公司
201	苏州大学附属第一医院
202	中国太平洋财产保险股份有限公司
203	中国平安财产保险股份有限公司
204	上海中核浦原总公司
205	北京宇航恒基文化传播有限公司
206	北京斯帕顿矿产资源投资咨询有限公司
207	兴原认证中心有限公司
208	河北省核电工作领导小组办公室
209	中国建筑第二工程局有限公司
210	中建电力建设有限公司
211	中国华电工程（集团）有限公司
212	中电投江西核电有限公司
213	山东电力工程咨询院有限公司
214	中电投电力工程有限公司
215	国核工程有限公司
216	辽河石油勘探局通辽铀矿
217	中国核保险共同体
218	中国科学技术大学核科学技术学院
219	厦门大学能源研究院
220	沈阳航天新星机电有限责任公司
221	中能电力科技开发有限公司
222	远东电缆有限公司
223	通裕重工股份有限公司
224	江苏天源华威电气集团有限公司
225	江苏神通阀门股份有限公司
226	申科滑动轴承股份有限公司
227	上海阀门厂有限公司
228	中信建投证券有限责任公司
229	浙江国泰密封材料股份有限公司

序号	会员单位名称
230	河南力威管道设备有限公司
231	常州电站辅机总厂有限公司
232	哈尔滨天达控制工程有限公司
233	南通昆仑空调有限公司
234	广州华晟建筑材料有限公司
235	四川省简阳龙头磨料磨具有限公司
236	北京首宏钢科技开发有限公司
237	江苏宝丰特钢有限公司
238	湖南圣川控股集团有限公司
239	江苏省核应急办公室
240	无锡市新峰管业股份有限公司
241	浙江博凡动力装备有限公司
242	北京华圣金程科技有限公司
243	秦皇岛融大工程技术有限公司
244	中国原子能出版传媒有限公司（中国原子能出版社）
245	上海元达律师事务所
246	陕西柴油机重工有限公司
247	中国电力工程顾问集团华北电力设计院工程有限公司
248	南京新核复合材料有限公司
249	浙江电力建设监理有限公司
250	北京金瑞致科技发展有限公司
251	宁波泰索科技有限公司
252	苏州维瑞科技咨询有限公司
253	北京市万商天勤律师事务所
254	中电华元核电工程技术有限公司
255	台山市清洁能源核电装备产业园有限公司
256	江西省水电工程局
257	吴江市东吴机械有限责任公司
258	江苏华冠电器集团有限公司
259	苏州宝骅机械技术在限公司
260	江苏新求精不锈钢有限公司
261	天津华油天元石化设备有限公司
262	常熟市辐射技术开发应用研究所

序号	会员单位名称
263	北京京能恒基新材料有限公司
264	南阳市核电项目前期工作领导小组办公室
265	江西省火电建设公司
266	上海森林特种钢门有限公司
267	西北工业大学
268	攀钢集团江油长城特殊钢有限公司
269	巨力索具股份有限公司
270	宝银特种钢管有限公司
271	海龙核材科技（江苏）有限公司
272	江苏新恒基重工有限公司
273	上海申江锻造有限公司
274	成都新能源产业技术研究院
275	北京市大成律师事务所
276	上海福克斯波罗有限公司
277	中橡集团沈阳橡胶研究设计院
278	东方电气（武汉）核设备有限公司
279	上海丰瑞投资集团有限公司
280	上海爵格工业工程有限公司
281	华润新能源控股有限公司
282	上海临港经济发展（集团）有限公司
283	紫光同能（北京）信息技术有限公司
284	中核华兴达丰机械工程有限公司
285	大连华阳光大密封有限公司
286	渤海重工管道有限公司
287	广西金雨伞防水装饰有限公司
288	北京市君合律师事务所
289	湖南核电有限公司
290	国家核电技术有限公司北京软件技术中心
291	通标标准技术服务有限公司
292	天津天地伟业数码科技有限公司
293	浙江百基特材科技有限公司
294	海盐科路人力资源有限公司
295	阿尔斯通（武汉）工程技术有限公司

序号	会员单位名称
296	中广核（北京）核技术应用有限公司
297	中核河南核电有限公司
298	浙江嘉上不锈钢有限公司
299	上海海得控制系统股份有限公司
300	浙江省海盐经济开发区管理委员会
301	江苏苏阀高压阀门有限公司
302	广东核电投资有限公司
303	大连天瑞机电设备有限公司
304	福建上润精密仪器有限公司
305	法国电力公司（EDF）北京办事处
306	斯堪伯奥科技（北京）有限公司
307	贝迪投资管理（上海）有限公司
308	堡盟电子（上海）有限公司
309	日立（中国）有限公司
310	大连日立机械设备有限公司
311	魏德米勒电联接国际贸易（上海）有限公司
312	莱茵检测认证服务（中国）有限公司
313	广州司态结构监测技术咨询有限公司
314	西门子（中国）有限公司
315	希西艾流体控制设备（上海）有限公司
316	阿海珐（北京）咨询公司
317	瓦卢瑞克核电管材（广州）有限公司
318	伯合乐焊接产品贸易（上海）有限公司
319	美国赛瑞丹有限公司北京代表处
320	山特维克国际贸易（上海）公司
321	华尔卡密封件制品（上海）有限公司
322	固力保安全系统（中国）有限公司
323	罗尔斯 罗伊斯商业（北京）有限公司
324	西屋电气公司北京代表处
325	德士达建材（广东）有限公司
326	颇尔过滤器（北京）有限公司

中国核能行业协会网站与出版物

为了更好地为广大会员单位提供较高质量的信息服务，2011 年网站的版面进行了更新，确保了网站的安全运行。截至 2011 年 12 月 14 日，共上传各类新闻稿件 3402 条。由于网站的版面新颖，新闻上传及时，2011 年中国核能行业协会网站的点击率大大提高。截至 2011 年 12 月 14 日，网站的总访问量已超过 214 万次。平均日访问量达 3700 次以上，比上一年提高了 2.5 倍。截至 2011 年 12 月 15 日，《协会动态》栏目共发布 159 篇稿件，及时全面地报道了协会举行（办）的各种会议（活动）。协会领导多次接受《人民日报》、《中央电视台》、《人民网》、《中国能源报》等媒体采访的活动，都在网站上得到了反映。特别是日本福岛核事故发生后，协会领导和专家在第一时间出面回答公众关注的问题，协会网站都进行了及时报道，受到公众的好评。

为加强对外宣传，协会开展了核能行业年度十大新闻评选活动。1 月 11 日，正式在会刊和网站上发布了《2010 年中国核能行业十大新闻》。

协会会刊——《中国核能》全年出版 6 期，已经成为协会与会员单位及社会联系沟通的窗口。11 月 17 日，《中国核能》杂志在京举办了第四期通讯员培训班。

协会全年共出版了 12 期《核能新闻》电子月刊。《核能新闻》及时向会员单位和访问协会网站的广大读者提供了国内外的重要核新闻,受到了读者的肯定和好评。

《中国核能年鉴》（2010 年卷）于 2011 年 1 月由原子能出版社正式出版发行。作为中国核能行业协会组织编纂的一份综合性资料年刊，《中国核能年鉴》如实记载了我国核能行业各领域改革发展的情况。

图书在版编目（CIP）数据

中国核能年鉴．2012 年卷 / 中国核能行业协会编．
—北京：中国原子能出版社，2012.12
ISBN 978-7-5022-5775-0

Ⅰ．①中… Ⅱ．①中… Ⅲ．①核能－中国－2012 －年鉴
Ⅳ．① F426.23-54

中国版本图书馆 CIP 数据核字 (2012) 第 283912 号

中国核能年鉴 · 2012 年卷

出版发行　中国原子能出版社（北京市海淀区阜成路 43 号 100048）
责任编辑　谭　俊
责任校对　冯莲凤
责任印制　潘玉玲
印　　刷　北京盛通印刷股份有限公司
经　　销　全国新华书店
开　　本　787 mm × 1092 mm 1/16
印　　张　20.5　　　　　　版面字数　512 千字
版　　本　2012 年 12 月第 1 版　2012 年 12 月第 1 次印刷
书　　号　ISBN 978-7-5022-5775-0　定　　价　168.00 元

网址：http://www.aep.com.cn